AF514935

Henri Barbusse

Das Feuer

(Tagebuch einer Korporalschaft)

Übersetzt von Leo von Meyenburg

„Mit schmerzhafter Eindringlichkeit beschreibt Barbusse seine Eindrücke des ersten Weltkriegs. Mühevolle Schanzenarbeit, stundenlange Irrmärsche durch die Dunkelheit und allgegenwärtiger Tod – Barbusse nimmt dem Krieg jegliche fehlgeleitete Romantik, die doch so viele junge Männer seiner Zeit mit naiver Begeisterung in den Krieg ziehen ließ.“ *Redaktion Gröls-Verlag* (Edition I Werke der Weltliteratur)

Redaktionelle Hinweise und Impressum

Das vorliegende Werk wurde zugunsten der Authentizität sehr zurückhaltend bearbeitet. So wurden etwa ursprüngliche Rechtschreibfehler regelmäßig *nicht* behoben, denn kleine Unvollkommenheiten machen das Buch – wie im Übrigen den Menschen – erst authentisch. Mitunter wurden jedoch zum Beispiel Absätze behutsam neu getrennt, um den Lesefluss zu erleichtern.

Wir sind bemüht, ein ansprechendes Produkt zu gestalten, welches angemessenen Ansprüchen an das Preis/Leistungsverhältnis und vernünftigen Qualitätserwartungen gerecht wird. Um die Texte zu rekonstruieren, werden antiquarische Bücher von leistungsfähigen Lesegeräten gescannt und dann durch eine Software lesbar gemacht. Der so entstandene Text wird von Menschen gegen eine Aufwandsentschädigung gegengelesen und korrigiert – Hierbei können gelegentlich Fehler auftreten. Wenn Sie ebenfalls antiquarische Texte einreichen möchten, wenden Sie sich für weitere Informationen gerne an

www.groels.de

Informieren Sie sich dort auch gerne über die anderen Werke aus unserer

Edition | Bedeutende Werke der Weltliteratur

Sie werden es mit 96,007 %iger Wahrscheinlichkeit nicht bereuen.

Die Deutsche Nationalbibliothek verzeichnet dieses Werk in der Deutschen Nationalbibliografie.

Verleger: Marcel Hermann-Josef Gröls, Poelchaukamp 20, 22301 Hamburg.
Externer Dienstleister für Distribution und Herstellung: BoD, In de Tarpen 42, 22848 Norderstedt

I. Die Vision

Gegenüber der Dent du Midi, der Aiguille Verte und dem Mont-Blanc schauten auf der Liegehalle des Sanatoriums blutlose Gesichter aus den Decken.

Die Terrasse überragt auf der ersten Etage des Palace-Sanatoriums die Welt, hängt gleichsam frei in der Luft mit ihrer geschnitzten Holzgalerie und ihrer Glaswand, die sie vor Winden schützt.

Nichts regt sich unter den feinen, roten, grünen, tabakbraunen und weissen Wolldecken, aus denen die strahlenden Augen zarter Gesichter blicken; denn auf den Liegestühlen herrscht völliges Schweigen. Jemand hustet, dann hört man nur noch zuweilen das Geräusch einer Buchseite, die nach regelmässigen Pausen gewendet wird; dann und wann auch murmelt jemand eine leise Frage, auf die der Nachbar ebenso leise antwortet; plötzlich wieder schnurrt ein Fächergeräusch, wenn die Krähen aufflattern und in der klaren Luft wie ein schwarzer, perlender Rosenkranz davonfliegen.

Das Schweigen ist hier Gebot. Uebrigens haben jene reichen und unabhängigen Menschen, die sich aus allen Weltgegenden, vom gleichen Unglück heimgesucht, hier eingefunden haben, die Gewohnheit der Unterhaltung verloren. Sie sind mit sich selbst beschäftigt und denken über ihr eigenes Leben und über ihr eigenes Ende nach.

Ein Zimmermädchen ist auf der Liegehalle erschienen; sie schreitet sanften Schrittes in ihrer weissen Tracht und bringt Zeitungen, die sie verteilt.

* Der Würfel ist geworfen, sagt einer, der die Zeitung zuerst entfaltet hatte, der Krieg ist erklärt.

Wie sehr man auch auf diese Nachricht gefasst war, so ruft sie dennoch eine gewisse Bestürzung hervor; denn man ahnt das grenzenlose ihrer Tragweite.

Jene denkenden und gebildeten Leute, die, durch ihr Leiden vertieft, sich von den Dingen und vom Leben fast losgesagt haben und der übrigen Welt fernstehn, als seien sie schon ein Stück Nachwelt, * sie schauen vor sich ins Weite nach jenem Reich der Lebenden und der Wahnsinnigen hin, die sie nicht mehr verstehn.

* Es ist ein Verbrechen, das Oesterreich begeht, meint der Oesterreicher.

* Frankreich muss Sieger sein, sagt der Engländer.

* Ich hoffe, Deutschland wird besiegt werden, sagt der Deutsche.

~

Dann ziehn sie ihre Decken und ihre Kissen wieder zurecht, und vor ihnen leuchten die Berge am Himmel. Aber die Stille und die klare Luft sind voll jenes Ereignisses, das sich soeben offenbart hat.

* Krieg!

Einige wiederholen das Wort auf ihren Liegestühlen, sprechen es halblaut in die Stille hinein und denken darüber nach, dass es das grösste Ereignis der modernen Zeit und vielleicht der ganzen Weltgeschichte bedeutet.

Zugleich steigt, durch die Nachricht heraufbeschworen, ein düsterer Traum der Wirrnis über die friedvolle Landschaft, an der die starren Blicke jener Menschen haften.

Vom friedlichen Tal herauf mit seinen rosenfarbenen Dörfern, von den samtweichen Weiden her, von den farbenschwangeren Flächen der Berge, dem schwarzen Spitzengewebe der Tannen und dem weissen Spitzentuch des ewigen Schnees her bewegt es sich plötzlich wie lärmendes Menschendurcheinander.

Menschenmassen regen sich in sichtbaren Haufen; auf den Feldern stürzen sie zum Sturm vor, Welle auf Welle und bleiben plötzlich stecken; Häuser werden aufgeschlitzt wie Menschenleiber, und Städte stürzen wie jene Häuser. Dörfer liegen in kalkweissem Schutt, als wären sie vom Himmel auf die Erde geplatzt. Nun schleppen sich Ladungen von Toten und Verwundeten durch die Ebenen.

An den Grenzen nagt der Mord und die Nationen reissen sich ohn' Unterlass frische, vollblütige Soldaten vom Herzen; und man verfolgt mit den Augen diese Zuflüsse lebendiger Kraft in den Strom des Todes.

Im Norden, im Süden und im Osten, überall toben Schlachten in der Ferne; wohin man sich auch wendet, es gibt keine Himmelsrichtung, die nicht auf den Krieg deute.

Einer jener Bleichen zählt, auf dem Ellbogen gestützt, mit seherischem Geist die Kriegführenden auf, die gegenwärtigen und die zukünftigen: Dreissig Millionen Soldaten. Ein anderer aber stammelt, den Blick voller blutender Bilder:

* Zwei Armeen, die sich bekämpfen, sind eine grosse Armee, die Selbstmord an sich übt.

* Man hätte es nicht so weit kommen lassen sollen, meint der erste in der Reihe mit tiefer, schwindsüchtiger Stimme.

Ein andrer fügt hinzu:

* Es ist der Wiederbeginn der französischen Revolution.

* Die Throne werden wackeln! prophezeit einer murmelnd.

Der dritte aber fügt hinzu:

* Vielleicht ist es der letzte Krieg.

Dann tritt Schweigen ein und ein Schaudern geht über manche Gesichter, auf denen die fahle Tragödie der Nacht und die schweissfeuchte Schlaflosigkeit ihre bleichen Spuren hinterlassen hatte.

* Dem Krieg ein Ende setzen! Kann man wohl den Kriegen ein Ende setzen? Die Wunde der Welt ist nicht heilbar!

Jemand hustet. Dann leuchtet wieder im herrlichen Frieden der Sonne das Bild der prunkenden Wiesen, mit den glatten, sanften Kühen und den schwarzen Wäldern, den grünen Flächen und den blauen Fernen, dahinter die blutige Vision und der rote Schein des Feuers erlischt, in welchem die alte Welt brennend untergeht. Im grossen Schweigen verstummen die Hassgesänge und die Leiden der unheilvollen Weltverwirrung. Mählich zieht sich auf der Liegehalle jeder wieder in sich selbst zurück und seine Gedanken halten sich wieder an das Geheimnis seiner Lungen und das Heil seines Leibes.

Um die Stunde aber, da der Abend ins Tal schleicht, platzt ein Gewitter über dem Rücken des Mont-Blanc.

Dann ist es verboten auszugehen; denn der Abend ist heimtückisch; verspürt man doch selbst auf der Veranda * diesem Hafen, in den jene sich geflüchtet haben *, die letzten Wellen des Windes.

Diese Schwerverwundeten, die eine innere Wunde frisst, heften die Blicke auf jenes Bersten der Elemente: sie schauen zu, wie über dem Berg der Donner kracht und Wolkenbarren aufpeitscht wie ein Meer; wie er jedesmal zugleich einen Feuerpfeil ins Abenddämmern schleudert und Wolkensäulen türmt. Dann verfolgen jene fahlen Gesichter mit hohlen Wangen den Flug der Adler, die am Himmel kreisen und durch den Abenddunst hindurch vom Himmel auf die Erde hinabsehen.

* Den Kriegen ein Ende setzen, denken sie. Kann man den Gewittern ein Ende setzen?

Jene beschaulichen Menschen aber, die, an der Schwelle der Welt, geläutert von den Leidenschaften der Parteien, befreit von übernommenen Begriffen und von der blinden Macht der Ueberlieferung, das Leben überdenken, fühlen etwas wie von einer grossen Einfachheit der Dinge und ahnen Möglichkeiten, die sich auftun.

Der erste in der Reihe aber ruft aus:

* Sieht man dort unten nicht kriechende Kreaturen?

* Ja ... es sind wie lebendige Wesen.

* Sie sehn wie Gewächse aus ...

* Sind es nicht Menschen?

Im schaurigen Blitzlicht des Gewitters, unter zerfetzten Wolkenschatten, die sich dehnen und sich über die Erde strecken gleich unseligen Engeln, glauben sie eine weite Ebene zu schauen. Gestalten kriechen aus der Ebene, die lauter Kot und Wasser ist, und sie krampfen sich wie schiffbrüchige Ungeheuer an die Erde, unter der Last des Kotes, der sie blind macht. Den Beschauern aber ist, als seien es Soldaten. Die ungeheure Ebene trieft von Feuchtigkeit und die parallelen Spuren langer Kanäle durchfurchen sie; Löcher bohren sich voll Wasser in die Erde. Jener Schiffbrüchigen aber, die aus der Erde kriechen, sind es Unzählige ... Und die dreissig Millionen Sklaven, die das Verbrechen und der Irrtum in jenen Krieg des Kotes gestürzt, heben ihr Menschenantlitz empor, in welchem endlich ein Wollen keimt. Die Zukunft liegt in den Händen der Sklaven und man versteht nun, dass eine neue Welt erstehn wird in der Verbrüderung jener, deren Zahl und Elend ohne Grenzen sind.

~

II. In der Erde.

Donnerschläge grollen unterm grossen, bleichen Himmel und jedesmal, wenn ein Blitz rotleuchtend aufzischt, zerfällt ein Feuerstrang dort unten, wo die Nacht noch dunkelt und eine Rauchwolke steigt hinauf ins anbrechende Morgenlicht.

Hoch oben, in der Ferne hört man den Flug schrecklicher, unsichtbarer Vögel, die mit machtvollem und schnurrendem Atemzug zum Himmel steigen, sich die Erde zu besehn.

Die Erde! Mählich erscheint diese Wüste, unbegrenzt und wassertriefend in der endlosen Trübseligkeit des Morgengrauens. Man entdeckt feuchte Flächen und Trichter, in denen das Wasser unter dem scharfen Morgenwinde erzittert; dann sieht man die wässrigen Spuren, die nächtliche Züge und Truppenteile in jenes Feld der Unfruchtbarkeit eingestampft haben. Wie lange Schienen ziehn sie sich durch die Ebene und haben einen metallnen Glanz im armseligen Dämmerlicht. Hier und dort stecken zerbrochne Pfähle einsam in Kothügeln und gekreuzte Stützpflöcke liegen zerschlagen neben aufgerollten, zerschundnen Drahtbüscheln. Es scheint, als schwimme ein riesengrosses, graues Tuch auf dem Meere, stellenweise überschwemmt. Es regnet nicht, aber alles ist nass, triefend schiffbrüchig und verwässert und das fahle Licht scheint über die Landschaft zu fliessen.

In langen Gräben, die sich durch die Ebene schlängeln, verkriechen sich die letzten Schatten der Nacht. Es ist der Schützengraben, auf dessen glitschigem Grund der Fuss kleben bleibt und sich bei jedem Schritt zischend loslöst. Es stinkt um die Unterstände herum vom Urin der Nacht und auch aus den Schlupfwinkeln stinkt es, wenn man sich im Vorbeigehn hineinbeugt, wie aus Mäulern.

Ich sehe aus den seitlichen Schachten Schatten ragen, die ihre plumpen und unförmigen Massen hin und her bewegen, wie knurrende, tappende Bären. Diese Schatten sind wir.

Wir sind eingemummt wie Lappländer und eingepackt in Wollzeug, in Decken und Säcke, die uns überragen und uns grotesk aufblähen. Einige strecken sich, laut gähnend. Man sieht rötliche oder bleifarbne Gesichter mit Schmutzstreifen, die ihnen wie Schmisse im Gesicht sitzen, ihre Augen blinzeln wie schläfrige Nachtlichter und haben klebrige Ränder. Verwilderte Bärte sitzen büschelartig an den Wangen; andere haben kotige Stoppeln am Kinn.

Tak! Tak! Pam! Gewehrschüsse schnarren, Kanonen brummen; über uns, überall her knattert es, donnert ein gedehntes Rollen oder knallen einzelne Schüsse; und dieses wütende, flammende Gewitter hat nie, nie ein Ende. Seit mehr als fünfzehn Monaten, seit fünfhundert Tagen dauern auf diesem Erdfleck das Gewehrfeuer und das Schiessen ununterbrochen an, vom Morgen bis zum Abend und vom Abend bis zum Morgen. Man hockt verscharrt in ein endloses Schlachtfeld, aber wie man damals in jener fast märchenhaften Zeit das Ticken der Uhren in unseren Stuben nur hörte, wenn man hinhorchte, so auch hier den Lärm.

Jetzt kriecht ein Puppengesicht aus der Erde mit aufgedunsenen Augenlidern und karminroten Bäckchen, als habe man sie mit roten Quadrätchen beklebt und öffnet ein Auge und dann das andere; es ist Paradis. Auf seiner Haut kleben noch wie Striemen die eingedrückten Spuren seines Zelttuches, in das er zum Schlafe den Kopf eingewickelt hatte.

Er blickt mit seinen kleinen Augen um sich, sieht mich, nickt mir zu und sagt:

* Wieder eine Nacht vorbei, Alter!

* Ja, mein Sohn, und wie viele werden wir noch durchzuhalten haben?

Er streckt seine dicken Arme zum Himmel, hat sich auf der Leiter aus dem Unterstand herausgequetscht und steht neben mir. Dann stolpert er über eine dunkle Masse, die im Halbdunkel kauert, kratzt sich krampfhaft unter rauhen Seufzern und humpelt von hinnen wie ein Pinguin in einer sündflutlichen Landschaft.

~

Allmählich tauchen die Leute aus ihren Schlupfwinkeln hervor und Schattenklumpen lösen sich aus allen Ecken los; dann bewegen sich diese menschlichen Schatten und nehmen deutlichere Formen an und einer nach dem andern wird erkennbar. Da steht einer, seine Decke über dem Kopf; er sieht aus wie ein Wilder oder vielmehr wie das Zelt eines Wilden, das schaukelnd herumschwankt. Von nahem unterscheidet man, in ein breites gestricktes Wollzeug eingerahmt, ein viereckiges, jodgelbes Gesicht mit dunklen Flecken und gebrochner Nase, eng zusammenstehenden Schlitzaugen mit rosiger Umrandung und einem kleinen Stoppel-Schnurrbart, feucht wie eine Fettbürste.

* Hola Volpatte! Wie gehts Firmin?

* Es geht, es geht, immer hin und her, sagt Volpatte.

Er hat einen trägen Tonfall, den seine Heiserkeit noch beschwert. Dann hustet er.

* Ein Husten, zum Verrecken! Du, hast du gehört heut Nacht, die Attacke? Alter, das war ein Bombardement, das reinste Absieden!

Er zieht die Luft durch seine eingefallne Nase und fährt mit dem Aermel drüber. Dann schiebt er die Hand unter Mantel und Weste, greift nach seiner Haut und kratzt sich.

* Dreissig Stück hab ich beim Kerzenlicht gefangen, grunzt er. Im grossen Unterstand neben dem Schleichweg kannst du was erleben; im Stroh sieht man sie rumkrabbeln, wie ich dich hier sehe.

* Wer hat angegriffen, die Deutschen?

* Sie und wir auch, bei Vimy; ein Gegenangriff. Hast du nichts gehört?

* Nein, antwortet für mich der dicke Lamuse, der Stier-Kerl. Ich schnarchte. Kannst dir ausrechnen, letzte Nacht Dienst gehabt.

* Ich hab was gehört, sagt Biquet, der kleine Bretone. Hab' schlecht geschlafen, oder, besser gesagt, gar nicht geschlafen. Ich hab 'nen Spezial-Unterstand. Das Hurenloch, da guck her.

Er zeigt mit dem Finger auf einen nicht sehr tiefen Graben, in dem es auf einem dünnen Mistbett gerade für einen Platz hat.

* In der Nusschale schlafen, sagt er, und nickt mit seinem kleinen, harten und eckigen Schädel, der aussieht, als sei er noch nicht fertig ausgefeilt. Ich hab fast nicht geschlafen; eingeschnarcht war ich zwar schon, aber die Ablösung vom 129ten ist hier durch und hat mich aufgeweckt, aber nicht durch den Lärm, sondern durch den Gestank. Die Kerle mit ihren Füssen an meiner Nase vorbei! Das weckt einen totsicher auf; Nasenfieber kriegst du davon.

* Ich kenne das. Wie oft bin ich nicht selbst im Schützengraben aufgewacht an jener schweren Stickluft, die eine Abteilung beim Marsche wie eine Spur hinter sich herzieht.

* Wenn die Läuse wenigstens dran kaput gingen, sagt Tirette.

* Bewahre, die kriegen im Gegenteil Beine davon, meint Lamuse. Je dreckiger du bist, je lausiger, sag ich dir, um so mehr lieben sie dich, die Läuse.

* Uebrigens war's mein Glück, fährt Biquet fort, dass sie mich mit dem Stinkgeruch aufgeweckt haben. Ich erzählte es soeben dem dicken Schmerbauch da, hab zur rechten Zeit meine Gucklöcher aufgesperrt und erwischte grad noch das Zeltdach über meiner Schlafkapsel, sonst hätte sie mir so ein schuftiger Mistkäfer gemaust.

* Lauskerle sind die vom 129ten.

Zu unsern Füssen unterscheidet man, unten im Graben, eine menschliche Gestalt, die das Morgenlicht noch nicht traf; sie hockte unten im Loch und ramschte mit beiden Händen ihre Kleider zusammen und schüttelte sich; es war Vater Blaire.

Zwei Aeugelchen blinzelten in seinem staubigen Gesicht. Ueber der Oeffnung seines Mundes, in dem kein Zahn mehr zu sehen war, sass als gelber Büschel ein dichter Schnurrbart. Seine Hände hatten einen finstern Zug und ihr Rücken war derart verdreckt, dass sie ein Fell zu decken schien; die Handfläche war hart und grau. Seine ganze Gestalt, mürbe wie eine verschrumpfte, erdbedeckte Wurzel, hatte den muffigen Geruch eines alten Kochtopfes.

Er kratzte sich und sprach mit dem langen Barque, der ein wenig von ihm Abstand wahrte und nur sein Ohr hinhielt.

* Zu Hause bin ich nicht so dreckig, meinte er.

* Da hast du dich verdammt geändert, antwortete Barque.

* Dein Glück, platzte Tirette heraus, sonst kriegte nämlich deine Frau Negerbengels von dir.

Blaire wurde wild und zog seine Brauen an seiner schwarzbesudelten Stirn zusammen.

* So lass mich doch in Frieden. Was du nur mit mir hast? Krieg ist Krieg. Glaubst du, der ändert dir deine Manieren nicht, du Bohnenfratze? Begaff dich doch selbst, du Affenschnauze, Arschbackengesicht du! Die Redensarten bringt auch nur ein Kamel wie du raus.

Er fuhr mit der Hand über die graue Schicht, die sein Gesicht bedeckte; sie war durch den Regen dieser Tage klebrig geworden und tatsächlich nicht zum wegbringen. Dann fügte er hinzu:

* Uebrigens wenn ich bin, wie ich bin, so ist das meine Sache. Erstens hab ich keinen Zahn mehr. Der Bataillonsarzt hat mir schon lange gesagt: "Hast keinen Zinken mehr, das langt nicht. Bei der nächsten Pause, hat er gesagt, gehst du in den estomatologischen Wagen."

* Tomatologischer Wagen, berichtigte Barque.

* Stomatologisch, belehrte Bertrand.

* Man kriegt's zwar umsonst, fuhr Blaire fort, aber gegangen bin ich doch nicht.

* Ha, und weshalb nicht?

* Halb wegen der Versetzung, antwortete er.

* Bist reif zum Küchenoberst, meinte Barque; das war eigentlich was für dich.

* Ganz deiner Meinung, machte Blaire einfach, worüber man lachte. Dies aber beleidigte ihn, er stand auf und meinte:

* Ich kriege Bauchgrimmen bei euch, ich geh 'nen Kaktus pflanzen.

Als er dann im Morgengrauen verschwunden war, wurde von den andern jene Wahrheit noch mal durchgekaut, dass es nichts gemeineres auf Erden gibt als die Köche.

* Wenn ein Kerl derartig schmierige Haut und dreckige Kleider hat, dass er nur noch mit Zangen anzugreifen ist, so kannst du Gift drauf nehmen, 's ist ein Küchenchef. Je dreckiger, desto eher ist er Küchenchef.

* Das ist sicher wahr und wahrhaftig, sagte Marthereau.

* Da kommt Tirloir. He! Tirloir!

Tirloir beschäftigt ein Gedanke; er schnüffelt nach rechts und schnüffelt nach links; sein dünner, chlorbleicher Schädel wiegt sich im Wulst seines Mantelkragens, der ihm viel zu dick und zu weit ist. Sein Kinn ist zugespitzt und die obere Zahnreihe vorspringend; um seinen Mund gräbt sich tief eine Falte ein wie ein Maulkorb. Er ist wütend wie gewöhnlich, und wie immer hat er was zu schimpfen.

* 's hat mir einer meinen Brotsack gemaust, heut Nacht.

* Wohl einer von der Ablösung vom 129ten. Wo lag der Brotsack?

Tirloir deutet auf ein Bajonett, das in der Wand steckt, neben dem Eingang eines Unterschlupfes:

* Da hing er, an dem Zahnstocher hier.

* Schafskopf! tönt es allgemein. Da langt doch jeder mit der Hand hin! Bist wohl verrückt?

* 'ne Gemeinheit ist es doch, jammert Tirloir.

Dann packt ihn plötzlich die Wut. Sein Gesicht schrumpft in Falten zusammen, wutschnaubend; seine kleinen Fäuste ballen sich wie Seilknoten, mit denen er in der Luft herumfuchtelt.

* Das kann ich nur sagen: wenn ich den Hund erwische, hau ich ihm 's Maul kaput, den Ranzen stoss ich ihm ein, ich ... ein ganzer Camembert war noch drin. Ich werde noch mal auf die Suche gehn.

Er massiert sich den Bauch mit der Faust, wie eine Gitarre mit kleinen, knappen Schlägen und macht sich davon. Seine Silhouette schreitet in die Morgendämmerung davon, würdig und zugleich wie die Fratze eines Kranken, der sich in seinen Schlafrock verkriecht. Noch hörte man ihn fluchen, bis er schliesslich verschwand.

* Das Kamel, machte Pépin, worauf die andern lachten.

* Er hat einen Spleen, er ist total verrückt, erklärt Marthereau, der die Gewohnheit hat, durch den gleichzeitigen Gebrauch zweier Synonyma seinen Aeusserungen das Rückgrat zu stärken.

~

Da, Alterchen, sagt Tulacque, der soeben erscheint, guck dir mal das an.

Tulacque ist ganz hervorragend. Er trägt ein zitronengelbes Wams, das er sich aus einem geölten Schlafsack zurechtgeschneidert hat. Für den Kopf hat er in der Mitte ein Loch herausgeschnitten und über das Ganze seine Achselriemen und den Gurt geschnallt. Tulacque ist gross und knochig im Bau. Wenn er geht, streckt er sein energisches Gesicht vor; in seinem Blick liegt etwas verdächtiges. In der Hand hält er einen Gegenstand.

Heut nacht hab ich das gefunden beim graben am "neuen Schlauch", als man die verfaulten Holzrahmen ausgewechselt hat. Hat mir gleich imponiert, das Zeug. 'S ist ein Beil, älteres Kaliber.

"Aelteres Kaliber" stimmte unbedingt: es bestand aus einem zugespitzten Stein und einem braunen Knochen als Griff. Es schien mir ein prähistorisches Stück zu sein.

* Es liegt einem famos in der Hand, sagt Tulacque, indem er das Werkzeug schwingt. Tatsache, gar nicht so schlecht ausgedacht, jedenfalls besser, als das heutige Ordonnanz-Beil. Tadellos, weisst du; da, probier mal ... was? Aber wieder zurückgeben. Ich behalt mir das Zeug auf; das kann mir sicher mal Dienste leisten ...

Er schwingt sein vorsündflutliches Beil und scheint selbst ein Pitecanthropus mit Flittergold, der in den Eingeweiden der Erde haust.

~

An der Biegung des Schützengrabens stehen wir nun aneinander, wir von der Bertrandschen Korporalschaft und vom halben Zug. An dieser Stelle ist der Graben etwas breiter als an seinem geraden Teil, und wenn andre vorübergehn, drückt man den Rücken an die Wand, aber die Bäuche streifen noch aneinander.

Unsere Kompagnie steht in Reserve in einem Parallelgraben zweiter Linie. Hier gibts keinen Wachpostendienst. Nachts sind wir für Erdarbeiten vorne gut, aber tagsüber gibt es für uns nichts zu tun. So hocken wir aneinandergepfercht, Ellenbogen an Ellenbogen, und schlagen, wie's geht, bis zum Abend die Zeit tot.

Das Tageslicht ist schliesslich in die endlosen Erdschlitze, die diese Gegend durchfurchen, eingesickert und beleckt die Schwelle unserer Höhlen. Trübseliges Licht des Nordens, niedrer und schlammiger Himmel, an dem der Rauch und Gerüche von Fabriken zu kleben scheinen. In dieser bleichen Beleuchtung erscheint die Gelegenheitskleidung jener tiefsten Menschenschicht ungeschminkt in der unendlichen und verzweifelten Armseligkeit, die sie schuf. Aber es steht damit wie mit dem eintönigen Tik-Tak des Gewehrfeuers und dem Brummen der Kanonen: zulange schon dauert das Drama, das wir spielen, als dass man sich noch über das Aussehen aufhielte und über die Verkleidung, die man sich erfunden hat, zum Schutze gegen den Regen, der von oben kommt, gegen den Dreck, der von unten kommt und gegen die Kälte, die wie eine Unendlichkeit überall fliesst.

Tierfelle, Deckenbündel, Tücher, Pelzmützen, Wollkappen, gefütterte Mützen, Halstücher, dick über den Mund gezogen oder als Turban über dem Schädel auspolsternde Unter- und Oberleibchen, Ueberzüge von geteerten, gummierten und Kautschuk-Kappen, schwarze und solche in allen möglichen, verblichenen Regenbogenfarben; alles dies verhüllt die Leute, verwischt ihre Uniformen und ihre Gesichter und lässt sie ins Ungeheuerliche wachsen. Dem einen hängt im Rücken ein weiss- und rotkarriertes Wachstuch, das er im Vorübergehn irgend in einem gastfreundlichen Esszimmer aufgegabelt hat: es ist Pépin, den man von weitem schon an diesem Harlekinfetzen besser erkennt als an seinem bleichen Apachengesicht. Hier wölbt sich Barques Brustlatz, den er sich aus einer Steppdecke ausgeschnitten hat, früher mal rosafarben, jetzt aber unter Staub und Regen abgeschossen und moiriert. Dort steht der mächtige Lamuse wie eine Turmruine mit Reklame-Ueberbleibseln. Der kleine Eudore trägt einen Rückenpanzer aus Moleskin, so dass er von hinten aussieht wie ein polierter Käfer; aus allen heraus aber ragt Tulacque mit seinem gelben Häuptlings-Brustkasten.

Der Helm überm Kopf bringt eine gewisse Einförmigkeit, und dies auch nicht immer! Manchem sitzt er nämlich auf dem Käppi, wie dem Biquet, oder wie Cadilhac auf der Pelzmütze, andern wieder auf der Baumwollmütze, wie Barque; das alles kompliziert noch die Sache und bringt die verschiedensten Spielarten hervor.

Und unsre Beine! ... Eben kroch ich gebückt in unsern Unterstand, eine niedere Höhle, in der man über leere Konservenbüchsen und schmutzige Lumpen glitscht und wo es nach muffiger Feuchtigkeit riecht; zwei lange Leiber lagen schlafend am Boden, während eine knieende Gestalt beim Kerzenlicht in einem Brotsack stöberte ... Als ich nun wieder hinauskletterte, kamen mir, indem ich durch die rechteckige Oeffnung sah, Beine zu Gesicht. Da gab es wagrechte, senkrechte und schiefstehende, ausgebreitete, eingeklappte und verstrickte, die den Durchgang versperrten und die von jenen verwünscht werden, die sich durchdrücken möchten. Sie bieten jedenfalls eine an Farben und Formen äusserst reiche Auswahl: Gamaschen, schwarze und gelbe Wadenbekleidungen, lange und kurze, aus Leder, gegerbtem Tuch oder sonstigem wasserdichtem Gewebe: dunkelblaue, hellblaue, schwarze, resedafarbige, kaki und hellgraue Wadenbinden ... nur Volpatte trägt noch, einzig in seiner Art, von der Mobilisation her, die kleinen Ordonnanzbinden. Mesnil André führt seit zwei Wochen ein Paar dicke, grüne und gerippte Wollstrümpfe spazieren, während man Tirette von jeher mit grau und weiss gestreiften Tuchbinden gekannt hat, die von einer Zivilhose herrühren und gottweiss, wo diese Zivilhose bei Kriegsausbruch gehangen hat ... Und Marthereau erst, dessen Binden nicht genau gleich in der Farbe sind; als er sie nämlich zurechtschneiderte, konnte er unmöglich zwei Mantelfetzen ausfindig machen, die gleich abgenützt und dreckig gewesen wären. Daneben gibt es in Lumpen, ja sogar in Zeitungen eingewickelte Beine, um die sich Schnüre und, was noch praktischer ist, Telephondrähte spiralenförmig winden. Pépin protzt vor den Kameraden und den Passanten mit einem Paar fuchsgelben Gamaschen, die er einem Toten gepumpt hat ... Barque, der auf Findigkeit und Ideenreichtum Anspruch erhebt (womit er einem, weiss Gott, zuweilen auf die Nerven geht), der Bruder Barque leistet sich weisse Waden: er hat sich nämlich Verbandbinden um die Gamaschen gewickelt, um sie zu schonen; diese weisse Farbe an der Basis seiner Gestalt passt zu seiner Baumwollmütze, die unter seinem Helm herausschaut und unter der wiederum der feuerrote Haarbüschel eines Clowns hervorguckt. Poterloo marschiert seit einem Monat in den Stiefeln eines deutschen Infanteristen herum; es sind schöne, fast noch neue Stiefel mit Hufeisen am Absatz. Caron hat sie ihm anvertraut, als er seines Armes wegen wegkam. Caron selbst hatte sie einem bayrischen Mitrailleur abgenommen, der auf der Pylones-Strasse gefallen war. Ich höre noch Caron die Geschichte erzählen:

* Jawohl, mein Lieber, da lag er, der Bruder Hiroton, zusammengeklappt, den Hintern in einem Loch; er blinzelte den Himmel an, die Beine in der Luft. Er hielt mir seine Komisstiefel hin, als wollte er sagen, der Streich lohne sich. Werden wir schon machen, sagt ich mir. Aber Mensch, die Schinderei, dem die Stiefel auszuziehn! Abgeschunden hab ich mich, dran gezogen, gedreht, geschüttelt ... eine halbe Stunde, mein Ernst; mit seinen stocksteifen Haxen, ohne Behilflichkeit seinerseits. Und als ich eine lange Zeit dran gewürgt hatte, da gingen dem Leichnam schliesslich die Beine an den Knien aus dem Leim und seine Büchsen desgleichen und die ganze Bescherung nach, mit einem Ruck! Auf einmal stand ich da, in jeder Pfote einen gefüllten Stiefel. Und nun hiess es, die Beine und die Füsse rausnehmen.

* Na, du trägst dick auf!

* Frag den Radfahrer Euterpe, ob's nicht wahr ist. Wenn ich dir sag, dass er dabei war: mit den Händen haben wir Knochen, Sockenfetzen und Fusstücke rausgezogen. Aber guck her, gelohnt hat sich die Sache!

... Und während Carons Abwesenheit trägt Poterloo für ihn die Stiefel ab die der bayrische Mitrailleur nicht mehr selbst hat abtragen können.

Und so wehrt man sich mit regsamem Erfindungsgeist und allerlei kühnen Hilfsmitteln gegen den schrecklichen Mangel an häuslicher Einrichtung. Jeder ist wie ein Zeugnis dessen, was er in der tiefen Armseligkeit, die ihn überfallen hat, zu erfinden wusste und auszuführen sich nicht scheute.

Mesnil Joseph schlummert, Blaire gähnt, Marthereau qualmt stieren Blickes. Lamuse kratzt sich wie ein Gorilla und Eudore wie ein Seidenaffe; Volpatte hustet und sagt, ich werde verrecken; Mesnil André hat Spiegel und Kamm vorgeholt und pflegt seinen schönen braunen Bart wie eine seltene Pflanze. Die eintönige Stille wird zuweilen durch Anfälle verzweifelten Schüttelns unterbrochen, hervorgerufen durch die endemische, chronische und ansteckende Gegenwart der Parasiten.

Barque aber, der ein guter Beobachter ist, lässt seine Blicke in der Runde spazieren, zieht seine Pfeife aus dem Munde, spuckt, zwinkert mit dem Aug und meint:

* Man sieht sich doch verdammt unähnlich.

* Wie sollte man auch? fügt Lamuse hinzu; das wär schon ein Wunder.

~

Unser Alter? Alle möglichen Alter haben wir. Unser Regiment ist ein Reserveregiment, das durch verschiedentlichen Nachschub teils aus der aktiven Armee, teils aus der Landwehr ergänzt worden ist. In dem einen halben Zug gibt's Landwehr-Reserven, Anfänger und Halbflügge. Fouillade ist vierzig, Blaire könnte Biquets Vater sein, der selbst ein Fläumling ist und zum Jahrgang 13 gehört. Der Korporal redet den Marthereau mit "Grossvater" an oder mit "alter Schutthaufen", je nachdem er im Spass oder im heiligen Ernst spricht. Mesnil Joseph wäre jetzt in der Kaserne, wenn nicht Krieg wäre. Es berührt uns schon merkwürdig, wenn wir uns führen lassen müssen von unserm Sergeanten Vigile, einem kleinen netten Kerl mit einem Anflug von Härlein an der Oberlippe und der letzthin im Standquartier mit kleinen Mädchen Seil hüpfte.

In unserer zusammengewürfelten Gruppe, in dieser Familie ohne Verwandtschaft, an diesem Herd ohne Heim sitzen dicht nebeneinander drei Generationen und leben, warten reglos wie unförmige Statuen, wie starrende Meilensteine.

Unsre Rassen? Alles mögliche ist bei uns vertreten und aus allen Gegenden sind wir zusammengelaufen.

Meine Nachbarn zum Beispiel: Poterloo ist Minen-Arbeiter aus der Calonne-Grube und hat eine rosige Gesichtsfarbe, strohgelbe Augenbrauen, flachsbläuliche Augen und einen dicken goldgelben Schädel, für den man lange in den Magazinen nach der mächtigen blauen Schüssel gesucht hat, die ihn behelmt. Fouillade dagegen ist Schiffsmann von Cette und rollt ein Paar teuflische Augen; er hat das lange, magere und geigenbraune Gesicht eines romantischen Haudegens und eingefallene Wangen; so sind meine beiden Nachbarn in der Tat voneinander verschieden wie Tag und Nacht.

Und nicht minder der Kontrast zwischen Cocon, jener langen, bebrillten Bohnenstange, mit der vom Grosstadtdunst zersetzten Hautfarbe und zwischen Biquet, dem rauh zugeschnittenen Bretonen mit grauer Gesichtsfarbe und seinem Pflastersteinkiefer; und André Mesnil, der gemütliche Apotheker aus der normannischen Unterpräfektur, der einen hübschen, zarten Bart trägt und der so viel und so gut spricht; er hat nicht viel gemeinsames mit Lamuse, dem fetten Bauern aus dem Poitou, mit seinen Faustbacken und seinem Stier-Nacken. Barque, der sämtliche Strassen von Paris abgeklopft hat, spricht die Sprache der Pariser Vorstadt, wogegen andere aus dem 3. Landwehr-Regiment den singenden, fast belgischen Akzent des Nordens haben; dazwischen tönt wiederum die klangvolle Sprache der 144., die über die Silben wie über Pflaster rollt und schliesslich der Dialekt der Auvergnaten vom 12., die sich wie Ameisen gegenseitig anziehen und inmitten der übrigen einen abgesonderten Block bilden ... Ich erinnere mich noch, wie Tirette, dieser Spassvogel, sich mit folgenden Worten vorstellte: "Ich, Kinder, ich bin von Clichy-la-Garonne! Wer hat da noch Worte?" Und jene erste Klage, die mich Paradis näher brachte, als er jammerte: "die andern futieren sich um mich, weil ich aus dem Morvanschen bin".

Unsere Berufe? Auch so ziemlich alles durcheinander. In früheren Zeiten, als man sich noch einer sozialen Stellung erfreute und man seine Zukunft in diese verregneten und beschossenen Maulwurfslöcher, die man immer wieder neu aufscharren muss, noch nicht vergraben hatte, damals waren wohl die meisten von uns Ackersleute und Arbeiter. Lamuse war Knecht, Paradis Fuhrmann; Cadilhac, dem der Kinderhelm auf seinem spitzen Schädel wackelt gleich einer Kuppel auf einem Kirchturm, wie sich Tirette ausdrückt, Cadilhac ist Grundbesitzer; Papa Blaire war Pächter in der Brie; Barque dagegen war Laufbursche und vollbrachte auf seinem Dreirad akrobatische Kunststücke, sich zwischen Pariser Trambahnen und Taxametern durchschlängelnd, wobei er, nach seiner eigenen Aussage, auf den Strassen und Plätzen den bestürzten Hühnerstall der Fussgänger in ganz hervorragender Art anbrüllte; Korporal Bertrand, der sich stets schweigsam und korrekt ein wenig abseits hält, mit seinem regelmässigen und exakt zugeschnittenen Gesicht, mit seinem schönen, wagerechten und mannhaften Blick, war Werkmeister in einer Röhrenfabrik. Tirloir bepinselte Kutschen, ohne zu murren, wie versichert wird. Tulacque hatte eine Weinpinte an der "barrière du Trône" und Eudore, der bleiche und sanfte Eudore führte an einer Landstrasse unweit von der jetzigen Front eine Wirtschaft; sie hat unter den Geschossen sehr gelitten * natürlich, denn, wie bekannt, hat Eudore kein Glück. Mesnil André, der noch die letzten Spuren von Zivilisation aufzuweisen hat und seine Haare pflegt, verkaufte Natron und garantiert unfehlbare Mittel (an einem grossen Platz); sein Bruder Joseph verkaufte Zeitungen und illustrierte Romane in einem Bahnhof der Staatseisenbahn, während Cocon, der Ziffermensch, fern von hier, in Lyon, hinter dem Ladentisch einer Eisenhandlung mit einer schwarzen Bluse und bleifarbenen, polierten Händen sich zu schaffen machte. Becuwe, Adolphe und Poterloo dagegen stiegen, wenn der Morgen graute, hinter dem armseligen Sternchen ihrer Laterne in die Kohlengruben des Nordens.

Und andere hat es noch, deren Berufe man immer wieder vergisst und die man miteinander verwechselt; und dann die Landstromer, die zehn Berufe zugleich in ihrem Ranzen führen, Pépin nicht zu vergessen, der zweifelhafte Pépin, der wohl nie einen Beruf gehabt hat (alles was man weiss, ist, dass er vor drei Monaten, nach seiner Wiederherstellung im Depot geheiratet hat, um ... die staatliche Unterstützung der Wehrmannsfrauen zu beziehen).

Freie Berufe gibt es keine in meiner Umgebung. Lehrer sind Unteroffiziere bei der Kompagnie oder bei der Sanität. Im Regiment befindet sich ein Marist als Sergeant, dem Sanitätsdienst zugeteilt; ein Tenor ist Radfahrer beim Bataillons-Arzt; ein Advokat Sekretär des Obersten; ein Rentier Küchenkorporal bei der Verwaltungs-Kompagnie. Bei uns dagegen nichts von alledem; denn wir sind kämpfende Soldaten, wir; und während dieses Krieges werden die wenigsten unter den Intellektuellen, den Künstlern oder den Reichen ihr Gesicht an eine Schiesscharte vorgewagt haben, allerhöchstens im Vorbeigehen oder mit ein paar Streifen am Käppi.

Gewiss, man ist grundverschieden von einander.

Und doch sieht man einander so ähnlich.

Trotz Altersunterschiede, trotz verschiedener Herkunft, Bildung und Stellung, trotz alledem, was früher war und trotz der Abgründe, die uns einst von einander trennten, sind wir im grossen und ganzen einer wie der andere. Hinter einer rauhen Silhouette verbergen sich und zeigen sich die gleichen Sitten, die gleichen Gewohnheiten, der gleiche vereinfachte Mensch, der auf den Urzustand zurückgekommen ist.

Die gemeinsame Ausdrucksweise, jenes mit einigen Neubildungen aus der Werkstatt-, Kasernensprache und Dialekt gewürzte Gemisch verbindet uns wie eine Sauce jener gedrängten Ansammlung von Männern, die seit Monden Frankreich entleert, um sich im Nord-Osten anzustauen.

Und dann kettet uns hier das gleiche unwiderrufliche Schicksal aneinander, wo uns eine höhere Macht und das gewaltige Abenteuer auf die gleiche Stufe stellt. So muss man wohl nach Wochen und Monaten einer allgemeinen Aehnlichkeit unterliegen. Die schreckliche Enge des gemeinsamen Daseins, das uns aneinanderdrängt, passt uns gegenseitig an, verwischt alle Unterschiede, und jeder wird unwiderruflich davon angesteckt; so dass wir einander schliesslich ähnlich sehen, ohne dass man erst aus der Ferne zum Eindruck jener Gleichheit gelangte, aus einer Ferne, für die wir nur Staubkörnchen sind, die in der Ebene umhergetrieben werden.

~

Man hockt da und wartet; dann wird man müde vom hocken und steht auf. Beim Aufstehen aber quetschen einem die Gelenke wie gleitendes Holz oder alte Türangeln; in der Feuchtigkeit rostet der Mensch ein wie 's Gewehr, langsamer zwar, aber gründlicher. Und dann fängt das Warten wieder von vorne an, und man versucht es auf andere Weise.

Ein Warten ohne Ende ist der Kriegszustand. Man wird zur Wartemaschine. Augenblicklich wartet man gerade auf die Suppe. Dann kommen die Briefe an die Reihe. Doch jedes Ding zu seiner Zeit: erst wenn man mit der Suppe fertig ist, wird man an die Briefe denken. Und dann wird es irgend was anderes zum abwarten geben.

Hunger und Durst sind brennende Instinkte, die auf den Geisteszustand meiner Kameraden mächtigen Einfluss haben. Und da die Suppe auf sich warten lässt, werden sie ungehalten und murren. Das Bedürfnis nach Nahrung und Trank knurrt ihnen zum Mund heraus.

* Acht Uhr schon. Wo bleibt diese gottverdammte Brühe?

* Und mir brummt schon seit gestern zwölf Uhr der Magen, knurrt Lamuse, mit sehnsuchtsfeuchten Augen und weinroten Backen.

Von Minute zu Minute wächst der Missmut zu Erbitterung an.

* Plumet hat sich wohl meinen Lakritzensaft hinter die Binde gegossen, anstatt ihn herzubringen und liegt besoffen, weiss der Teufel wo.

* Das ist sicher und gewiss, meint Marthereau.

* Halunken, Ungezieferbagage! brüllt Tirloir, gemeine Bande alle mit einander, diese Ober-Faulpelze! Auf dem Ranzen liegen den ganzen Tag, hinter der Front und sich nicht einmal zur Zeit herschleppen können. Wenn ich Prinzipal wäre, ich wollte sie schön an unserer Stelle in die Schützengräben stopfen, und dran glauben müssten die bequemen Herrn! Erstens müsste jeder mal schmutzig werden und die Brühe kochen dürfen; d. h. wer dazu Lust hätte, versteht sich. Und dann ...

* Pépère, der Schweinehund, schreit Coco, wird natürlich an der Bremserei schuld sein. Erstens tut er's mit Fleiss und zweitens kriegt man morgens den Satan nicht aus den Federn, das arme Kerlchen. Sechs Stunden Lauskapsel braucht er zum ausschnarchen, wie ein Milchsüppchen, und tags über liegt er auf der faulen Haut.

* Ich möcht ihm schon Feuer unter die Hosen zünden! schimpft Lamuse. Den wollt ich prompt aus den Federn jagen, wenn ich dabei wäre. Den Hirnkasten würd' ich ihm eintrommeln, an seinen Stelzen rausangeln sollte man ihn.

* Letzthin, sagt Cocon, hab ich's ausgerechnet: sieben Stunden siebenundvierzig Minuten hat er gebraucht vom Unterstand Nr. 31. Fünf gut gestampfte Stunden brauchst du, nicht mehr.

Cocon ist ein Zahlenmensch.

Er ist mit Gier ins Genaue-Dokumentiertsein vernarrt; überall steckt er wie ein Wiesel seine Nase hinein, ob es nicht nach Statistiken rieche, die er dann mit Ameisenfleiss anhäuft und jedem geduldigen Ohr als Schmaus anbietet. Augenblicklich fuchtelt er mit Zahlen herum wie mit einer Waffe und Wut verzerrt sein dünnes Gesicht, das aus lauter Dreiecken und Winkeln besteht, auf denen die zwei Kreise seiner Brillen ruhn.

Er steigt aufs Schiessbrett, das noch aus der Zeit stammt, als hier die vorderste Linie durchlief; dann streckt er seinen Kopf wütend über die Böschung; dabei sieht man im dünnen, kalten Lichtstreifchen, das über die Erde kriecht, die Brillengläser glänzen und auch einen Tropfen, der ihm wie ein Diamant an der Nase hängt.

* Und überhaupt mit dem Pépère, kein Wunder, so ein Spundloch; unglaublich, was er sich kiloweise Saft an einem Tag hinter die Binde giesst.

Der alte Blaire mistet seine Ecke. Man sieht, wie dabei sein dichter, weisslicher Schnurrbart zittert, der ihm wie ein weisser Kamm aus der Nase steht.

* Soll ich dir was sagen? Die Suppenmannschaft, das ist überhaupt der Typus eines Schweinetypus. Bei ihnen heisst's immer: scheiss drauf, leck mich am Arsch, Scheiss-Arsch und Compagnie.

* Auf dem Mist sind sie gewachsen, seufzt in tiefster Ueberzeugung Eudore, der der Länge nach mit halbgeöffnetem Mund wie ein Märtyrer auf dem Boden liegt und Pépin unentwegt betrachtet, der wie eine Hyäne hin- und herrennt.

Die hassgeschwängerte Erbitterung gegen die Verspäteten wächst von Minute zu Minute,

Tirloir, das Reklamierkaliber, kommt überhaupt nicht mehr zur Ruhe. Er ist in seinem Element und stupft die Wut der Kameraden mit kleinen, spitzen Gesten an:

* Wenn man wenigstens den Trost hätte, dass einem die Sache schmecken wird, aber die Schlampe, die du dir in den Schlauch stopfen sollst.

* Und gestern, ha! meint Tirette, den Braten, den sie gebracht haben; Schleifstein ist nichts dagegen! Rindsbeefsteak nennen sie das; hat sich was mit dem Veloschlauch. Den andern hab ich gesagt, sie sollten beim kauen aufpassen: beisst euch die Dominos nicht dran kaput, hab ich gesagt, wenn der Schumacher im Falle einen Nagel dran vergessen hätt.

Tirette, heisst es, sei Exregisseur einer Kinotruppe; sein ausgeschriener Witz hätte zu einer andern Zeit die Lachmuskeln gereizt; jetzt aber ist die Stimmung getrübt und auf den Witz antwortet nur ein allgemeines Knurren.

* Und dann pappen sie einem als Fleisch zur Abwechslung was Weiches in den Magen; sowas wie ungesalzner Schwamm, oder fades Senfpflaster; beim Essen hast du's Gefühl, es rutscht dir ein Viertel Liter Wasser den Schlauch runter.

* All das Zeug ist ohne Bestand, meint Lamuse, und hält nicht an im Magen. Und wenn du meinst, du bist voll, dann hast du doch 'ne leere Kiste; und dann kippst du allmählich um von wegen zu wenig Nahrung.

* Das nächste Mal, schreit Biquet, geh ich zum Alten und sag ihm: "Herr Hauptmann ..."

* Ich, sagt Barque, meld mich bleich und sag zum Arzt: "Herr Major ..."

* Und wenn du Wände einrennst, hast du nichts davon. Die sind sich doch alle einig, den Soldaten auszunützen.

* Unsre Haut wollen sie, alle, sag ich dir!

* Genau wie mit dem Schnaps. Das Recht drauf haben wir; irgendwo, wo weiss ich nicht, aber irgendwo, weiss ich bestimmt, ist drüber abgestimmt worden; nun sind wir schon drei Tage lang hier, und Schnaps! Hat sich was, mit Heugabeln schenken sie ihn uns ein?

* Hol's der Teufel.

~

* Endlich kommen die Fressalien! meldet einer der an der Biegung Auslug hielt.

* Höchste Eisenbahn!

Nun legt sich plötzlich wie verhext das fluchende Gewitter, und die Wut wandelt sich in Zufriedenheit.

Drei Leute Suppenmannschaft stellen, ausser Atem und schweisstriefenden Gesichtes, zwei grosse Kannen, eine Petrolkanne, zwei Tucheimer und an einer Stange aufgespiesste Kugeln auf die Erde. An die Grabenwand gelehnt, wischen sie sich mit ihren Taschentüchern oder ihren Aermeln den Schweiss von der Stirn. Dabei seh ich Cocon sich an Pépin lächelnd heranmachen; schon hat er die Beleidigungen, mit denen er ihn vorhin bedacht hatte, vergessen, und deutet auf eine jener Feldflaschen, die dem Pépère wie ein Rettungsgürtel um den Bauch hängen.

* Was gibt's zu futtern?

* Da steht's, antwortete ausweichend der zweite Träger.

Die Erfahrung nämlich hatte ihn gelehrt, dass die Ankündigung des Speisezettels stets eine bittere Enttäuschung hervorruft.

Er schimpft auch deshalb, ohne noch seinen vollen Atem gefunden zu haben, über den langen und schlechten Weg, den er soeben zurückgelegt hatte: "Ueberall liegen sie herum wie die Beduinen, man kommt kaum durch. Dünn wie Zigarettenpapier müsste man sein, manchmal, um sich durchzuquetschen ..." "Und dabei hat's noch welche, die meinen, bei der Küchenmannschaft seien sie alle Drückeberger." Dagegen behaupte er, tausendmal lieber im Schützengraben zu arbeiten oder auf dem Wachtposten zu stehn, als dies elende Handwerk zweimal in der Nacht und zweimal am Tag ausüben zu müssen.

Paradis hat die Deckel der Kannen gelüftet und den Inhalt untersucht:

* Oelbohnen, gekochtes Leder und Schlamm; das ist alles.

* Gottverdammich! Und wo bleibt der Wein? brüllt Tulacque und trommelt die Kameraden zusammen.

* Da schaut her! So was geht über's Bohnenlied! Nicht mal Wein haben sie gebracht.

Sie laufen alle zusammen und schneiden lange Gesichter; denn ihre Gaumen sind ausgetrocknet.

* Scheissbande! rufen die Leute, tief bis in die Eingeweide hinein enttäuscht.

* Und da drinnen, was hat's da drinn? meint einer der Träger, noch immer krebsrot und nass vom Schweiss, und deutet mit dem Fuss auf eine Kanne.

* Ja so, sagt Paradis, ich habe mich getäuscht, also doch Wein.

Drauf zuckt der Träger mit den Achseln und wirft ihm einen Blick grenzenloser Verachtung zu und sagt: Setz dir Kuhbrillen vor die Augen, wenn du blind bist.

Dann fügt er hinzu:

* Ein Viertelliter pro Mann ... kann sein, dass es nicht ganz reicht, 's ist mir nämlich im Wald so'n Rindvieh dran gestossen, dabei ist ein Tropfen rausgespritzt ... Dann fügt er aber schnell hinzu: wenn ich nicht beide Hände voll gehabt hätte, hätt ich dem Kerl den Absatz in den Bauch gesteckt, sag ich, ja wohl! Aber die vierte Geschwindigkeit hat er eingeschaltet, das Kamel!

Trotz dieser energischen Versicherung, macht er sich schleunigst auf die Socken, verfolgt von den beleidigenden Anspielungen, die die andern seiner Ehrlichkeit und seiner Temperenzlerseele nachwerfen und auch von den Verwünschungen, die die eingestandene unvollständige Ration auslöst.

Nichtsdestoweniger stürzt man sich auf die Nahrung, und sie essen stehend, kauernd, knieend, auf einer Kanne hockend oder auf einem Tornister, der aus dem Schlafloch gezogen wird; andre liegen auf dem nackten Boden, den Rücken in der Erde vergraben; die Vorübergehenden aber stören sie und man flucht sich gegenseitig an. Ausser diesen fluchenden Bemerkungen spricht keiner etwas, denn das Essen nimmt sie völlig in Anspruch; dabei trieft der Mund von Fett wie der Verschluss der Gewehre.

Nun ist alles zufrieden.

Nach einer Weile aber ruhn die Kiefer aus; dann werden Zoten aufgetischt. Alles fuchtelt mit den Armen durcheinander und jeder überschreit den Nachbar und hastet nach der günstigen Gelegenheit, seinen Witz anzubringen. Und Farfadet lächelt, Farfadet, der zerbrechliche Mairie-Beamte, der zu anfang den Anstand wahrte und sich putzte, dass man ihn für einen Fremden oder einen Rekonvaleszenten hielt. Lamuse aber zieht sein flixendes Maul bis hinter die Ohren und seine Augen blinzeln freudetriefend; wogegen das rote Gesicht von Poterloo strahlt und glänzt wie eine Pfingstrose; die Runzeln des alten Blaire zittern vor Ausgelassenheit; er ist aufgestanden, streckt die Nase vor und schüttelt seinen dünnen Leib, der wie ein Stiel für seinen mächtigen, hängenden Schnurrbart aussieht; ja selbst der arme Cocon hat ein Fünkchen Heiterkeit auf seinem kleinen Runzelgesicht.

~

* Ja und ... der Schlamm, wird der nicht gewärmt? fragt Becuve.

* Womit nur? Blas drauf, vielleicht kriegt er Hitze davon.

* Lasst mich nur machen. Ich weiss schon, wie das zu drechseln ist; wahrlich, keine Hexerei; macht ihr mir nur einen kleinen Herd mit den Käsmesserscheiden zurecht; ich geh derweil Späne holen mit meinem Messer; werdet schon sehn ... Mit diesen Worten macht er sich auf die Holzsuche.

Die andern rollen sich Zigaretten oder stopfen ihre Pfeife, solang der Kaffee kocht.

Hierzu zieht ein jeder seinen Tabakbeutel heraus, seinen Leder- oder Kautschukbeutel, den er beim Krämer gekauft hat; das leisten sich nur die wenigsten; Biquet holt seinen Tabak aus einem Strumpf hervor, dem er dann mit einer Schnur den Hals würgt. Die meisten gebrauchen als Tabaktasche die Wattesäckchen der Gasmasken. Sie sind aus wasserdichtem Stoff hergestellt und eignen sich vorzüglich zum Aufbewahren des Knasters. Andere aber bergen ihren Tabak einfach in den Tiefgründen ihrer Manteltasche.

Die Raucher spucken im Kreis herum gerade auf den Eingang des Unterstandes zu, in dem das Gros des halben Zuges haust und überschwemmen mit gelber Nikotinspucke gerade die Stelle, wo man auf Händen und Knieen ein- und auskriecht.

~

Ein Brief, den Marthereau von seiner Frau erhalten hat, bringt das Gespräch auf die Lebensmittelfrage.

* Meine Alte hat mir geschrieben, sagt Marthereau. Wisst ihr, was ein leibhaftiges Mastschwein kostet, jetzt?

... Die volkswirtschaftliche Frage artet in einen heftigen Streit zwischen Pépin und Tulacque aus.

Die endgültigsten Worte sind ausgetauscht worden, und schliesslich meint einer:

* Mir doch Wurst, was du sagst und was du nicht sägst. Halt's Maul!

* Wenn's mir passt, Scheisskerl!

* Ein drei Liter-Krug möcht dir s'Maul zufrieden stellen!

* Ja, und wo hast du den?

* Komm nur her, komm her doch!

Sie sind schäumend vor Wut und rücken zähneknirschend aufeinander los. Tulacque fasst sein prähistorisches Beil und seine zweideutigen Augen werfen Blitze von sich. Der andere steht da, bleich, mit grünlichem Auge und dreckiger Fratze und denkt offensichtlich an sein Messer.

Lamuse aber, mit blutrotem Gesicht streckt seine friedliche Hand, dick wie ein Kinderkopf, zwischen beide Männer, die sich mit den Blicken auffressen und mit Worten zerfleischen.

* Langsam, langsam, Kinder; ihr werdet euch doch nicht in Fetzen hauen; 's wär, weiss Gott, schade drum.

Dann treten auch die anderen dazwischen und die beiden Gegner werden von einander getrennt. Beide aber werfen sich über die Kameraden hinweg wütende Blicke zu.

Pépin spuckt noch seine letzten Flüche aus mit giftigem und schnaubendem Tonfall:

* Der Apache, der Halunke, der Stromer! Nur abwarten, ich werd's ihm schon heimzahlen!

Seinerseits vertraut sich Tulacque dem Soldaten an, der neben ihm steht:

* Der Lumpenkerl! Hast du ihn gesehn? Weisst du, richtig ist das schon: man verkehrt hier mit allerlei Kerlen und weiss nicht, woher das Pack alles herkommt. Man kennt einander und kennt einander eben doch nicht. Aber wenn der die grosse Schnauze haben will, so ist er an die richtige Adresse geraten: ich werde sie ihm dieser Tage schon mal demolieren, nur Geduld.

Während dann die Unterhaltung allgemein wieder in Gang kommt und sie das aussterbende Doppelecho übertönt, sagt Paradis zu mir:

* Also alle Tage; gestern wollte Plaisance ums Verrecken dem Furnex auf die Schnauze geben, weiss der Teufel weshalb, wegen Opiumpillen oder so was. Und wenns der eine nicht ist, dann ist es der andere. Wird man hier wirklich zum Stück Vieh, weil man äusserlich danach aussieht?

* Gott, das sind doch alles keine seriösen Leute, meint Lamuse, Kinder sind sie alle.

* Na, ja, 's wären doch sonst keine Männer.

~

Der Tag ist unterdessen vorgeschritten. Ein wenig mehr Licht sickert durch den Dunst auf die Erde; aber der Himmel bleibt bewölkt und jetzt schmilzt er zu Wasser. Der feuchte Dunst fällt in dünnen Fäden auf das Land. Es sickert Feuchtigkeit. Der Wind streicht über uns seine grosse nasse Leere mit verzweifelnder Trägheit. Unterm Nebel und den feuchten Tropfen weicht alles auf und wird grau: sogar der Möbelstoff, den sich Lamuse über die Backen zieht, und die gelbe Schale in der Tulacque steckt; und das Dunstwasser löscht in uns die helle Freude, die die Mahlzeit angefacht hatte. Der Himmel hat sich auf die Erde gedrückt, und so lehnt sich das Feld der Trübsal an den Acker des Todes.

Und man steht da wie angewachsen und ohne Beschäftigung. Heute wird das Ende des Tages wieder kaum zu erreichen und der Nachmittag schwer zu erwürgen sein. Man schlottert; alles ist ungemütlich und man drückt sich von Stelle zu Stelle, wie eingepferchtes Vieh.

Cocon erklärt seinem Nachbarn die Anlage und die Verquickung unserer Schützengräben. Er hat einen Hauptplan gesehen und sich darnach manches ausgerechnet. Der Sektor des Regimentes begreift fünfzehn Linien französischer Schützengräben; die einen stehen leer; das Gras ist wieder drüber gewachsen und sie sind fast wieder mit Erde ausgefüllt; die anderen werden andauernd offen gehalten und sind gespickt mit Menschen. Diese Parallelgräben sind verbunden durch unzählige Verbindungsschläuche, die sich durch die Erde winden wie alte Gassen. Das Grabennetz ist bedeutend dichter, als wir glauben, wir, die wir selbst drin leben. Auf die fünfundzwanzig Kilometer Breite, die die Front der Armee ausmachen, kommen tausend Kilometer Gräben; Schützengräben, Verbindungsgräben, Sappen. Und das französische Heer hat zehn Armeen. Es sind demnach auf französischer Seite rund zehntausend Kilometer Gräben zu rechnen und ebensoviel auf deutscher Seite ... Und die französische Front ist ungefähr nur der achte Teil der ganzen Kriegsfront, die sich über die Erde erstreckt.

So spricht Cocon und schliesst seine Rede mit der Bemerkung:

* Kannst Dir nun ausrechnen, was unsereins in der ganzen Geschichte vorstellt ...

Der arme Barque senkt das Haupt. Er hat das bleichsüchtige Gesicht eines Vorstadtkindes, und seine roten Schnauzhaare lassen es noch blasser erscheinen. An seinem Schädel aber sitzt ein Haarbüschel wie ein geschwungener Apostroph.

Bei Gott, wenn man's überlegt, dass ein oder sogar mehrere Soldaten in diesem Haufen rein nichts, weniger als nichts bedeuten, dann kommt man sich wie verloren und verwischt vor, wie ein paar Tropfen Bluts in diesem sündfluthaften Durcheinander von Menschen und Dingen.

Barque seufzt und verstummt * und dann hört man eine Geschichte, die einer in dieser Lautlosigkeit halbleise erzählt:

* Er war mit zwei Pferden gekommen. Pssiiii ... eine Granate. Dann blieb ihm nur noch das eine Pferd ...

* Man vergeht vor Langeweile, sagt Volpatte.

* Man muss durchhalten, murrt Barque.

* Wofür? fragt Marthereau, skeptisch.

* Es braucht keinen Grund, man muss einfach.

* Es hat auch keinen Grund, versichert Lamuse.

* Freilich hat's einen, sagt Cocon. Und zwar ... es hat sogar mehrere ...

* Klappe zu! Es ist besser, es hat keinen, da man nun doch mal aushalten muss.

* Und wenn ich's euch sage, knurrt Blaire, der keine Gelegenheit verpasst, seinen Vers aufzusagen: und wenn ich's euch sage, dass sie unsre Haut wollen!

* Anfangs, sagt Tirette, hab ich über allerlei nachgedacht, ich studierte, ich berechnete: jetzt denk ich überhaupt nicht mehr.

* Ich auch nicht.

* Ich auch nicht.

* Ich, ich hab's überhaupt nie versucht.

* Du bist doch nicht so dumm, wie du aussiehst, du Wanzenfratze, meint Mésnil André mit seiner spöttischen Fistelstimme.

Der andere, der nicht weiss, ob er sich geschmeichelt fühlen soll, führt weiter aus:

* Erstens, wissen kannst du überhaupt nichts.

* Es genügt dies eine zu wissen, nämlich dass die Deutschen im Land sind, eingewurzelt, und dass ihnen die Passage versperrt bleiben muss und dass man sie das eine oder das andere Mal * und zwar so schnell als möglich vor die Türe setzen muss, sagt Korporal Bertrand.

* Freilich, freilich, was denn sonst? 'S hat gar keinen Wert, sich weiter den Gehirnschmalz anzustrengen. Nur dauert die Geschichte ein wenig lang.

* Ha! ruft Fouillade aus, schon ein bischen lang!

* Ich, sagt Barque, ich fluche nicht mehr. Anfangs hab ich über alles geflucht, über die hinter der Front, über die Zivilisten, über die Bürger, über die Drückeberger. Geschimpft hab ich, das stimmt, aber es war am Anfang, da war ich noch jung. Jetzt seh' ich die Geschichte von der besseren Seite an.

* Es gibt nur eine Seite, die Dinge zu nehmen: man nimmt's, wie's gerade kommt.

* Verdammt! Es wäre sonst zum verrückt werden. Man wird schon so blöd genug, meinst du nicht, Firmin?

Volpatte nickt zustimmend mit dem. Kopf, völlig überzeugt, spuckt und betrachtet seine Spucke starren und nachdenklichen Blickes

* Weiss der Teufel, bestätigt Barque.

* Nur nicht lange nachgrübeln hier; in den Tag hineinleben, von Stunde zu Stunde, wenn du's fertig bringst.

* Freilich, freilich, du Affe; machen, was man einem sagt, bis man uns sagt, dass wir gehn können.

* So ist es, gähnt Mesnil Joseph.

Die verbrannten, lohfarbnen und staubdurchsetzten Gesichter stimmen zu und verstummen. Das ist allerdings die Meinung jener Männer, die vor anderthalb Jahren, aus allen Ecken und Enden ihr Heim verlassen haben, um sich an der Grenze anzuhäufen: sie verzichten drauf, irgend etwas zu verstehn, sie verzichten auf sich selbst und hoffen, dem Tod zu entgehn und wehren sich um ein möglichst erträgliches Dasein.

* Machen was man einem sagt, schon recht, aber wehren muss man sich doch gegen den Scheissdreck, meint Barque, der mit dem Fuss den Kot zerreibt.

~

* Das musst du freilich, bestätigt Tulacque. Wehrst du dich nicht selber, so tut's keiner für dich, hab nur keine Bange.

* Den haben sie noch nicht erfunden, der sich um die andern kümmert.

* Jeder für sich, heisst es im Krieg!

* Freilich, freilich.

Dann wieder ein Schweigen. Dann malen sich jene Männer in ihrer Armseligkeit die glücklichen Zeiten aus.

* Es war doch was anderes, das schöne Leben damals in Soisson, meint Barque.

* Gottverdammich!

Und wie der Schimmer eines verlorenen Paradieses leuchtet es in ihren Augen auf und scheint auf den von der Kälte geröteten Gesichtern zu liegen.

* Jawohl, das Schlemmerleben, seufzt Tirloir, der sich kratzte und plötzlich in Gedanken versunken damit aufhört; dann schaut er ins Weite durch die Erde des Grabens hindurch.

* Herrgott! diese fast ausgestorbene Stadt, die, hol's der Teufel, unser war; die Häuser mit den Betten ...

* Und die Schränke!

* Und die Keller!

Dem Lamuse kommen bei diesen Gedanken die Tränen in die Augen, sein Gesicht strahlt wie ein Blumenstrauss und es wird ihm schwer ums Herz.

* Seid ihr lange dort geblieben? fragt Cadilhac, der seither mit dem Zuschub der Auvergnaten hinzugekommen ist.

* Mehrere Monate ...

Nun flammt in der Erinnerung an jene Zeit des Ueberflusses das Gespräch wieder auf.

* Man sah, erzählt Paradis wie im Traum, Soldaten sich hinter die Häuser drücken nach dem Quartier, zurückkommen mit Hühnern auf dem Bauch und unter jeder Flosse ein Kaninchen, das sie sich von einem Bürger oder einem Frauenzimmer gepumpt hatten, ohne den Bürger oder das Frauenzimmer jemals gesehn zu haben, oder wiederzusehn.

Und sie denken an den vergangenen Genuss, den ihnen früher ein Huhn oder ein Kaninchen bereitet hatte.

* Es gab auch Zeug, wofür man blechte. Die Moneten liess man nämlich auch tanzen, denn man war damals noch bei Kasse.

* Zu Hunderttausenden sind die Franken in die Läden gehüpft.

* Jawohl, millionenweise. Den ganzen Tag, sag ich dir, das ging nur so, machst dir gar keinen Begriff; wie 'n überirdisches Fest war das.

* Glaub's oder glaub's nicht, sagt Blaire zu Cadilhac, aber was bei der ganzen Schlemmerei, wie überall, wo du hinkommst, am meisten fehlte, das war das Feuer. Nachlaufen musste man ihm, nachschnüffeln, kurz, man hat sich's verdienen müssen. Herrgott, was man bloss dem Feuer nachgelaufen ist! ...

* Wir, wir waren im Quartier der Verwaltungstruppen; Küchenchef war der lange Martin César. Der hatte eine Nase, sag ich dir, für's Holz ausfindig machen.

* Teufel, ja! Das war ein feines Luder. Da kann man nicht dran tippen, der hatte das Zeug los!

* Immer hatte der Feuer in der Küche, wenn ich dir sage. Ueberall liefen Küchenchefs rum in der ganzen Stadt und plärrten, weil sie weder Holz noch Kohle fanden; er * immer hatte er welches. Und wenn nichts mehr da war, da sagte er einfach: "Nur Geduld, ich werde die Sache schon deichseln." Und lange hat er nie gesucht.

* Manchmal allerdings war's schon toll. Das erste Mal, wo ich ihn gesehn habe in der Küche, weisst du womit er den Braten gekocht hat? Mit einer Geige, die er im Haus aufgestöbert hatte.

* Gemein ist das schon, meint Mésnil André. Gewiss, eine Geige, was die Nützlichkeit betrifft, ist ja schon wenig bedeutend, aber ich meine doch ...

* Anderemale hat er Billardstöcke gebrannt. Zizi hat sich gerade noch einen mausen können, um einen Stock draus zu machen. Das übrige flog ins Feuer. Dann kamen so allmählich die Sessel dran aus der guten Stube, die waren aus Mahagoni. Sie haben sie nachts abgemurkst und zerhackt, weil ein Offizier hätte schnauzen können.

* Starkes Stück ist das schon, sagt Pépin ... Wir haben an einem alten Möbel zwei Wochen zu feuern gehabt.

* Warum kriegt man auch rein nichts? Da soll man Suppe kochen, aber Holz kriegst du keines und Kohlen kriegst du keine. Und nach der Verteilung stehst du da mit deinen leeren Flossen vor dem Fleischhaufen, und die andern stehen rum und feixen dich aus, bis sie dich schliesslich anschnauzen. Und dann? ...

* Da können wir nichts dafür.

* Schnauzten die Offiziere nicht, wenn man Radau machte?

* Die, die hielten sich den Bauch vor lachen, und wie! Weisst du noch, Desmaisons, der Leutnant Viroin, wie der mit dem Beil die Kellertüre einhaute? Und wie der Soldat ihn gesehn hat, wie ihm da der Leutnant die Tür zum kleinhauen gegeben hat, dass er nichts weiter erzählen sollte.

* Und der arme Saladin, der Verwaltungsoffizier: sie haben ihn abends aus einem Kellerloch kriechen sehn mit zwei Pullen Weissem unter jedem Arm, wie so 'ne Amme mit vier Säuglingen. Aber wie sie ihn gesehn haben, da musste er wieder runter in die Pullenmine und den andern welche verteilen. Und wie Korporal Bertrand, der sich Prinzipien leistet, keinen davon hat trinken wollen. Ah! das weisst du noch, du Schweinswürstchen, du!

* Und wo ist jetzt der Koch, der immer Holz zum feuern hatte? fragte Cadilhac.

* Tot ist er. Eine Granate ist ihm in den Kochtopf geflogen. Gemacht hat's ihm nichts, aber gestorben ist er doch; vor Schreck nämlich, wie er gesehn hat, dass die Makkaroni die Beine in die Luft streckten. Herzkrampf hat der Arzt gesagt. Er hatte nämlich ein schwaches Herz; nur das Holz ausfindig machen, das war seine Stärke. Man hat ihn auch anständig begraben. Mit den Parkettbrettchen aus einem Zimmer hat man ihm den Sarg gezimmert. Die Nägel haben sie genommen aus den Gemälden, die im Haus hingen, und haben sie mit Backsteinen eingeschlagen. Und wie sie ihn fortgetragen haben, da hab ich mir gesagt: "Sein Glück, dass er tot ist, wenn er das wüsste mit den Parkettbrettchen, dass er nicht an die gedacht hatte für's feuern, darüber hätte er sich nicht mehr trösten können." Eine Nummer war's doch, der verdammte Kerl!

* Schon, aber wenn einer an sich denkt, dann ist es immer auf Kosten von andern. Wenn einer von der Mannschaft das beste Stück oder den besten Platz wegnimmt, dann müssen eben die andern dran glauben, philosophiert Volpatte.

* Ich, meint Lamuse, ich hab mich oft gedrückt vor dem Schützengraben, ich kann's schon gar nicht mehr an den Fingern abzählen wie vielmal; das muss ich schon zugestehn. Aber wenn die Kameraden in Gefahr sind, dann drück ich mich nicht mehr. Dann vergess ich die Uniform, dann vergess ich alles. Ich sehe nur Leute vor mir und drauf los. Aber sonst, weisst du, da denk ich an meine Wenigkeit ...

Was Lamuse behauptet, sind keine leeren Worte. Er ist allerdings ein Virtuos im Sichdrücken; daneben aber hat er Verwundeten das Leben gerettet, die er unter dem Kugelregen hervorholte.

Er erzählt das ohne jede Prahlerei:

* Wir lagen auf dem Bauch im Gras. Es knallte. Pam! pam! Zim, zim ... da sah ich sie umfliegen und bin aufgestanden, obwohl mich die andern anbrüllten: "leg dich hin!" Aber ich konnte sie einfach nicht liegen lassen. Ich hab kein weiteres Verdienst dabei, ich konnte eben nicht anders handeln.

Fast alle von der Korporalschaft haben eine Heldentat zu verzeichnen, und nach und nach haben sich Kriegskreuz an Kriegskreuz auf ihrer Brust angereiht.

* Ich, sagt Biquet, hab keine Franzosen gerettet, aber Deutsche hab ich eingeheimst.

Letzten Mai bei der Attacke hat man ihn vorstürmen und dann wie ein Pünktchen verschwinden sehn; darauf kam er mit vier bemützten Kerlen zurück.

* Ich hab welche getötet, sagt Tulacque.

Vor zwei Monaten hat er mit einer stolzen Koketterie neun vor den eroberten Schützengraben nebeneinander hingelegt.

* Aber, fügt er hinzu, auf die deutschen Offiziere hab ich's besonders abgesehn.

* Ha, die Ochsen!

Der Ausruf liess sich von verschiedenen Seiten zugleich vernehmen und tönte aus tiefster Ueberzeugung.

* Ach "Alter", sagt Tirloir, man spricht von der schmutzigen Boche-Rasse. Die Mannschaft, weiss nicht, ob's wahr ist oder ob man uns auch in dem Kapitel einen Bären aufbindet; vielleicht sind es doch Leute ungefähr wie wir.

* Wahrscheinlich sind sie auch nicht anders wie wir, macht Eudore.

* Müsste man noch wissen! ... platzt Cocon heraus.

* Jedenfalls, was die Mannschaften angeht, ist man noch nicht orientiert, fährt Tirloir fort, aber die deutschen Offiziere, nein, nein und abermals nein! Das sind keine Menschen, das sind Ungeheuer. Weiss Gott, es ist schon ein Spezial-Ungeziefer; Kriegsbazillen nenne sie meinetwegen. Von nahem muss man die Kerle gesehen haben, lang, mager, dünn wie Nägel, und doch mit dicken Kälberfratzen.

* Haufenweise haben sie Schlangenmäuler.

Dann fährt Tirloir wieder weiter:

* Ich hab mal einen gefangen gesehn nach dem Gefecht. Das gemeine Biest! Ein preussischer Oberst mit einer Prinzenkrone, wie ich hörte, und einem goldnen

Wappen auf dem Lederzeug. Hat der Kerl nicht reklamiert, als man ihn durch den Schlauch führte, weil sich einer erlaubte, ihn zu streifen! Und auf alles hat er runtergeguckt von der Höhe seines Kragens herab. "Warte du, Alter, ich will dir!" hab ich gedacht. Ich nicht faul, hinter ihm her und jag dem Kerl mit ganzer Kraft einen Tritt in den Arsch. Jawohl, umgefallen ist er, halb erstickt.

* Erstickt?

* Jawohl, vor Wut, als ihm die Situation klar wurde, nämlich dass ihm sein adeliges Offiziersgesäss von einem gewöhnlichen benagelten Kommisabsatz demoliert war. Dann ist er ab, und hat geschrien wie ein altes Weib und rumgefuchtelt hat er wie ein Epileptischer ...

* Ich, meint Blaire, bin kein schlechter Kerl. Hab Kinder zu Hause, und daheim, wenn ich ein Schwein, das ich kenne, abschlachten muss, geht's mir durch die Gedärme, aber so ein Kaliber, dem würd ich mit Wonne so eins * dzing * in die Brustkommode jagen.

* Ich auch!

* Abgesehn davon, sagt Pépin, dass sie Silberdeckel auf dem Schädel tragen und Revolver, die du zu jeder Zeit für hundert Franken verkaufen kannst, und Prismengucker haben, die unbezahlbar sind. Was hat ich doch am Anfang für Gelegenheiten verpasst; gekonnt hätt' ich; es geschieht mir recht, aber nur keine Bange: was den Silberhelm betrifft, sag ich dir, hör nur zu, einen krieg ich schon noch. An der Haut allein ist mir nicht gelegen, die Kleider eines kaiserlichen Offiziers muss ich haben. Hab nur keine Sorge, bevor der Krieg fertig ist, werd ich das schon noch deichseln.

* Glaubst du dran, dass der Krieg mal aus sein wird? fragt einer.

* Nur keine Sorge, antwortet der andre.

~

Unterdessen hört man rechts von uns ein lautes Durcheinander und sieht plötzlich einen lauten Menschentrupp, der sich vorwärts bewegt und dabei schwarze Gestalten sich unter die Uniformen mischen.

Was ist das Teufels?

Biquet hat sich zur Orientierung hinausgewagt. Als er zurückkam, deutete er mit dem Daumen über die Schulter nach der bunten Gesellschaft:

* Hola! Kameraden, guckt euch mal das an, die Leute.

* Leute?

* Ja, Herren, Zivilisten mit Generalstabsoffizieren.

* Zivilisten! Wenn sie nur durchhalten!

Es ist zwar bereits eine traditionelle Phrase, und obgleich man sie schon hundertmal gehört hat, reizt sie doch wieder zum Lachen; und obwohl der Soldat ihr mit Recht oder Unrecht einen andern Sinn unterschiebt und sie als einen ironischen Hieb auf sein entsagungsreiches und gefährdetes Leben auffasst, so lacht er doch darüber.

Man sieht zwei jener Herren hervortreten; sie tragen Ueberzieher und Stock, ein anderer steckt im Jagdkostüm mit einem Samthut und einem Feldstecher.

Zartblaue Waffenröcke mit gelbem oder schwarzem Glanzleder folgen als Begleitung hinterdrein.

Ein Hauptmann mit einer seidnen, mit goldnen Pfeilen bestickten Armbinde, macht auf die Schiessbank vor einer alten Scharte aufmerksam und lädt die Besucher ein, hinauf zu steigen und sich die Gegend zu betrachten. Der Herr mit dem Reiseanzug stemmt sich hinauf und stützt sich dabei auf seinen Regenschirm.

Da meint Barque:

* Hast du den Bahnhofsvorstand in der Sonntagsuniform gesehn, der dem reichen Jägersmann eine erste Klasse auf dem Nordbahnhof anweist, am Tag der Jagderöffnung: "Bitte, Herr Gutsbesitzer." Ueberhaupt, wenn die grossen Tiere nagelneu ausstaffiert sind mit Leder und Blechzeug und wichtig tun mit ihrem Kaninchen-Schiesszeug!

Drei oder vier Soldaten, die ihr Lederzeug abgelegt hatten, sind unter die Erde gekrochen. Die andern rühren sich nicht, wie vom Schlag getroffen, dass die Pfeifen sogar ausgehn und man nur das Wortgesumse der Offiziere und ihrer Gäste hört.

* Das sind die Schützengraben-Touristen, meint Barque halblaut. Dann mit etwas lauterer Stimme: "Bitte, meine Herrn und Damen!"

* Halt's Maul! flüsterte ihm Farfadet ins Ohr, denn er befürchtete, Barque würde mit seiner "frechen Schnauze" die Aufmerksamkeit jener einflussreichen Leute auf sich ziehn.

Einige Gesichter werden auf uns aufmerksam; ein Herr mit weichem Filzhut und wehender Kravatte tritt heran. Er trägt einen kleinen, weissen Spitzbart und sieht wie ein Künstler aus. Hinter ihm her kommt ein zweiter mit schwarzem Ueberzieher, schwarzem, steifem Hut, schwarzem Bart, weisser Halsbinde und einem Zwicker.

* Aha! macht der erste, da sind "Poilus" ... waschechte "Poilus", tatsächlich.

Dann tritt er auf uns zu, schüchtern wie ein Tiergarten-Besucher, und reicht dem ersten etwas linkisch die Hand, wie man einem Elefanten ein Stück Brot hinreicht.

* So, so, sie trinken den Kaffee, konstatiert er kurz.

* Man sagt "Schlamm", berichtigt der schwarze Herr.

* Schmeckt's, was?

Der Soldat, an den sich die Frage richtet, und der selbst durch die fremden und exotischen Erscheinungen etwas eingeschüchtert ist, brummt etwas hin, lacht und errötet; dann sagt der Herr: "He! He! worauf er mit dem Kopfe ein wenig nickt und sich rücklings zurückzieht.

* Brav, brav, meine Freunde. Ihr seid tapfere Leute!

Darauf setzt sich der Menschenknäuel, der aus neutralem Zivilgrau und bunten Militärfarben besteht, wie mit Geranium und Hortensienblumen auf einem schwarzen Grund, wieder in Bewegung, drückt sich vorbei und verschwindet wieder auf der Seite, von der er gekommen war. Noch hörte man einen Offizier zu ihnen sagen: "Bitte die Herren Journalisten, wir haben noch vieles zu sehn."

Als aber die vornehme Gesellschaft verschwunden war, schauten wir uns an. Diejenigen, die in den Schlupfwinkeln verduftet waren, kriechen einer nach dem andern wieder hervor. Die Leute finden sich wieder und zucken mit den Achseln.

* Das sind Journalisten, meint Tirette.

* Journalisten?

Na ja, die Bonzen, die die Zeitungen machen; kapierst du immer noch nicht, du Dickschädel! Oder meinst du, die Zeitungen, das geht so ganz von selbst?

Also das wären jetzt die, welche uns den Schädel mit ihrem Zeug vollpfropfen? sagt Marthereau.

Barque aber holt seine Fistelstimme vor, hebt die Hände hoch als halte er ein Stück Papier vor die Nase und rezitiert:

* "Der Kronprinz ist verrückt geworden, nachdem er gleich zu Kriegsbeginn getötet worden war und hat unterdessen alle erdenklichen Krankheiten. Wilhelm stirbt heute oder morgen. Die Deutschen haben keine Munition mehr und futtern Holz: nach den massgebendsten Ansichten können sie nur noch bis Ende der Woche stand halten. Man wird sie kriegen, sowie man nur will, Gewehr bei Fuss. Wenn man die Sache bis jetzt noch verschiebt, so geschieht das nur, weil wir uns von unserm lieben Schützengraben nicht trennen können; es ist nämlich so gemütlich darin, mit Wasser, Gas und Brausebad auf jeder Etage. Das einzig störende ist im Winter die allzugrosse Hitze ... Was die Oesterreicher betrifft, so halten die schon lange nicht mehr stand ... sie stellen sich nur so, als ob ..." Fünfzehn Monate schon geht das in dem Ton weiter und meint der Direktor zu seinen Schreibern: "So Jungens, jetzt heisst's die Geschichte breit treten, dass die verfluchten vier weissen Blätter, die man zu verdrecken hat, voll werden."

* Tja ja! macht Fouillade.

* Na was denn sonst, Korporal, du lachst; hab ich Recht oder nicht?

* Etwas Wahres ist schon dran, aber ihr macht die kleinen Kerle doch ein wenig zu schlecht; wenn ihr um eure Zeitung kämt, wärt ihr die allerersten, die 's Maul verziehn würden ... Jawohl, wenn der Zeitungsverkäufer kommt, was schreit ihr dann einer wie der andre: "Mir! Mir!

* Und überhaupt kann dir das alles doch Wurst sein! ruft der alte Blaire. Schreit sich der Kerl die Kehle heiser über die Zeitungen; mach's wie ich und denk einfach nicht dran.

Ja, schon gut, Maul halten! Buch zu, Eselsrüssel!

Die Unterhaltung lässt nach, die Aufmerksamkeit verfliegt. Vier Leute machen sich zu einem Kartenspiel zusammen, das bis zum Abend dauern wird und man die Karten nicht mehr unterscheiden kann. Volpatte hascht einem Zigarettenblättchen nach, das ihm aus den Fingern geflogen ist und an der Grabenwand wie ein fliegender Schmetterling hin- und herflattert.

Cocon und Tirette kramen Kasernen-Erinnerungen aus. Die Dienstjahre leben in unverwischbarer Erinnerung in den Geistern fort; man war so sehr daran gewöhnt seit zehn, fünfzehn oder zwanzig Jahren in dieser reichen, stets offenen und freigebigen Fundgrube Unterhaltungsstoff zu schöpfen, dass man nach anderthalb Jahren allseitiger Kriegserfahrung immer noch darauf zurückgreift.

Ich lausche mit einem Ohr der Unterhaltung und errate das übrige, übrigens sind es stets dieselben Anekdoten, die der Exmilizer aus seiner militärischen Vergangenheit hervorholt: das eine Mal hat einer einem lästigen Vorgesetzten durch eine freche aber witzige Antwort das Maul gestopft. Er, er hat's gewagt, er hat es ihm laut und deutlich gesagt! ... ich vernehme einzelne Bruchstücke der Unterhaltung:

* ... und als Nenoeil mich verklatscht hatte, jawohl, nicht einen Augenblick hab ich mit der Wimper gezuckt. Die andern hatten alle 's Maul verpappt; aber ich hab ihm's raus gesagt: "Herr Adjutant, hab ich gesagt, schon möglich, aber ..." (der Rest des Satzes ist mir entfallen) ... Jawohl, dem hab ich die Meinung gesagt. Er war mäuschenstill. "Schon gut, schon gut," hat er gebrummt und hat sich gedrückt. Platt war er, sag ich dir.

* Grad wie ich, damals mit dem Adjutant vom 13., als ich auf Urlaub war. Der Hund. Jetzt ist er Aufseher im Pantheon. Er konnte mich nicht riechen. Und dann ...

So holt ein jeder seine berühmten Aussprüche aus der Sammlung seiner Erinnerungen hervor.

Und sie sind einer wie der andere: aber keiner ist unter ihnen, der nicht behauptete: ich bin nicht einer wie die andern.

~

* Der Wagenmeister!

Ein grosser, breiter Kerl mit dicken Waden, gut gekleidet und geschniegelt wie ein Polizeisoldat.

Er ist schlechter Laune. Neue Befehle sind ausgegeben worden und so muss er alle Tage zum Kommandoposten des Obersten die Briefsachen bringen. Er flucht auf diese Verordnung, als sei sie ausschliesslich gegen ihn gerichtet.

Aber nichtsdestoweniger spricht er gewohnheitsgemäss mit dem einen oder dem andern im Vorübergehen und ruft die Korporale zur Verteilung der Briefe. Trotz seiner schlechten Laune packt er alle Neuigkeiten aus, mit denen er frisch beladen hergekommen war; und während er die Schnur löst, die die Briefe zusammenhält, verteilt er den Vorrat seiner mündlichen Neuigkeiten.

Zunächst verrät er, im Rapport stehe das ausführliche Verbot, Kapuzen zu tragen.

* Hörst du? sagt Tirette zu Tirloir. Kannst darauf hin deine schöne Kapuze wegschmeissen.

* Fällt mir im Traum nicht ein, geht mich nichts an, antwortet der Kapuzenmann, dessen Ehre und Behaglichkeit zugleich auf dem Spiele stehn.

* Befehl des Armee-Kommandanten.

* Dann soll der General zuerst das Regnen verbieten; der Rest geht mich 'n Dreck an.

Die meisten Befehle, selbst die minder aussergewöhnlichen, werden nie anders aufgenommen ... bis man sich ihnen fügt.

* Der Rapport befiehlt auch, sagt der Briefmensch, dass die Bärte abzuschneiden seien, und die Haare mit der Maschine, glatt ab!

* Nur langsam, Alter! meint Barque, dessen Haarbüschel sich durch die Verordnung direkt bedroht fühlt, erzähl das deiner Grossmutter!

* Maul halten! Uebrigens mach's oder mach's nicht, geht mich 'n Dreck an.

Ausser diesen positiven, schwarz auf weiss festgenagelten Nachrichten, gibt es noch wichtigere, aber dafür auch weniger bestimmte und fantastischere Neuigkeiten: es heisst, die Division werde abgelöst und käme, entweder auf Urlaub * aber auf richtigen Urlaub, für sechs Wochen * oder nach Marokko, oder vielleicht nach Aegypten.

* Eh! ... Oh! ... Ah! ...

Alles hört zu und lässt sich durch den Reiz der Neuigkeit und des Abenteuerlichen locken.

Einer jedoch fragt den Wagenmeister:

* Wer hat dir das gesagt?

Der Wagenmeister verrät seine Quelle:

* Der Adjutant und Kommandant der Landwehrabteilung, der im General-Quartier des Armee-Korps den Verwaltungsdienst versorgt.

* Wo?

* Im General-Quartier des Armee-Korps ... Und er sagt es übrigens nicht allein. Der andere da, weisst du, der Kerl, von dem ich den Namen vergessen habe: der, der dem Galle so ähnlich sah und doch nicht der Galle ist. Ich weiss nicht mehr, wen er in der Familie hat, der irgend was Teufels ist. Aber der konnte es von dem ganz genau wissen.

* Und dann?

Und sie stehn im Kreis, mit gierigen Blicken, um den Geschichten-Erzähler.

* Nach Aegypten, sagst du? ... kenn ich nicht. Weiss nur, dass es dort Pharaonen gab, als ich noch klein war und in die Schule ging. Aber seither! ...

* Nach Aegypten ...

Der Gedanke bohrt sich allmählich in die Köpfe ein.

* Nein, sagt Blaire, ich hab die Seekrankheit Aber schliesslich die Seekrankheit, das dauert nicht lange ... Schon, aber was würde meine Alte dazu sagen?

* Was soll sie auch? Sie wird sich schon damit zurechtfinden!

Aber Neger werden wir sehn; und grosse Vögel laufen dort auf den Strassen herum, wie bei uns die Spatzen.

* Hiess es denn nicht, wir kämen nach dem Elsass?

* Doch, sagt der Wagenmeister. Im Tresor glauben es einige.

* Mir wär's schon recht ...

... Aber der gesunde Menschenverstand und die Erfahrung haben bald wieder die Oberhand gewonnen und verjagen die Träume. Wie oft hat man nicht bestimmt behauptet, dass man weit weg käme; so oft hat man es geglaubt und jedesmal wurde man enttäuscht! Dann ist es einem, als erwache man plötzlich wieder.

* Das ist alles Schwindel! Wie oft hat man uns angeschmiert. Warte erst ab, bevor du's glaubst, und zerbrich dir den Schädel nicht darüber.

Sie kriechen in ihre Ecken zurück, der eine da durch, der andere dort durch und ihre Hände halten das schwere oder leichtere Paket der Briefe.

* So! sagt Tirloir, ich muss schreiben, ich muss alle acht Tage geschrieben haben, da kannst du nichts dagegen machen.

* Ich auch, sagt Eudore, muss meiner kleinen Frau schreiben.

* Wie geht's der Mariette.

* Gut. Hab nur keine Bange wegen Mariette.

Einige haben sich schon zum schreiben fertig gemacht. Barque benützt sein Notizbuch als Unterlage. Er schreibt stehend auf einer Unebenheit der Grabenwand und scheint dabei das Opfer einer Inspiration; er schreibt und schreibt, den Kopf schief auf der Seite, angespannten Blickes und mit vollster Aufmerksamkeit wie ein Reiter in gestrecktem Galopp.

Dem Lamuse hingegen fehlt die Phantasie; er hat sich hingesetzt, das Brieftäschchen auf den Gipfel seines ausgepolsterten Knies gelegt und den Tintenstift angefeuchtet; nun liest er die letzterhaltenen Briefe wieder durch und weiss nichts anderes zu schreiben, als das, was er schon einmal geschrieben hat und doch versteift er sich darauf, etwas neues zu finden.

Eine süsse Gefühlsstimmung liegt über dem kleinen Eudore; er sitzt zusammengekauert in einer Art Erdnische und sammelt seine Gedanken, den Bleistift in der Hand, die Augen auf dem Papier; er blickt verträumt und schaut süsse Bilder und man errät jenen andern Himmel, der ihn erstrahlen lässt und wohin sein Blick schweift, weithin bis in seine Heimat ...

Während des Briefschreibens ist man am ehesten wieder, was man früher war. Mehrere unter den Soldaten geben sich der Erinnerung an jene Vergangenheit hin und erzählen einander zunächst vom Essen.

Andere lassen in unbeholfener und unklarer Form einen vergangenen Traum wach werden, wo das einst Gewesene wie helle Lichtstrahlen aufleuchtet: der frühe Sommertag, wenn das frische Grün des Gartens in die weisse Bauernstube leuchtet, oder der Wind, der über die Ebenen weht und die Kornfelder wiegt in behäbigen und festen Rhythmen, und daneben das Haferfeld, das mit zappeliger und weiblicher Beweglichkeit im Winde erzittert; oder die Winterabende, wenn die lieblichen Frauen um den Tisch sitzen, im sanften Schein der Lampe.

Papa Blaire hat einen begonnenen Fingerring vorgenommen, hat das unfertige Aluminium-Ringlein über einen Holzzapfen gezogen und bearbeitet es mit einer Feile. Mit ganzer Seele ist er bei der Arbeit und strengt seine volle Geisteskraft an, wobei zwei tiefe Runzeln sich in seine Stirn graben. Zeitweise hält er inne, hebt den Kopf hoch und betrachtet den kleinen Gegenstand mit Liebe, wie wenn auch sie dabei wäre und es besähe.

* Verstehst du, sagte er mir eines Tages wegen eines andern Ringes, gut oder nicht gut, darauf kommts nicht an; Hauptsache ist, dass ich's für meine Frau gemacht habe, verstehst du? Wenn ich so nichts zu tun hatte und mir die Faulheit in den Knochen lag, betrachtete ich dieses Bild (dabei zeigte er die Photographie einer dicken, pausbäckigen Frau) und dann ging's mit diesem verfluchten Ring wie geschmiert. Wir haben ihn miteinander gemacht, kann man sagen, verstehst du? Beweis dafür ist, dass er mir Gesellschaft leistete und dass ich von ihm Abschied genommen habe, als ich ihn meiner Alten schickte.

Jetzt macht er einen andern mit Kupfereinlage und arbeitet fleissig dran. Sein ganzes Gefühl möchte er so gut als möglich hineinlegen und übt sich darin wie in einer Art Kaligraphie.

In den nackten Erdlöchern, in denen diese Menschen ehrfurchtsvoll über leichte, elementare Schmucksächelchen gebückt sitzen, über jene Gegenstände, die so winzig sind, dass die harte, schwere Hand sie mühevoll hält und gleiten lässt, bei dieser Arbeit erinnern sie noch mehr an Wilde und scheinen primitiver und menschlicher noch als sonst.

Man denkt dabei an den ersten Erfinder, den Vater aller Künstler, der es versuchte, dauerhaften Gegenständen die Form des Gesehenen zu verleihen und sein eigenes Erleben hineinzulegen.

~

* Achtung, es kommen welche, kündet Biquet an, der immer in unserm Grabenabschnitt die Rolle eines Hauswärters vertritt, ein ganzer Zug.

Im gleichen Augenblick erscheint ein Adjutant mit geschnürtem Bauch und Kinn, und schwingt die Säbelscheide.

* Platz da! Teufel nochmal, Platz, wenn ich's sage! Liegt ihr auf der Bärenhaut? ... Vorwärts, drückt euch, das letzte Mal, dass ich euch auf der Passage erwische, verstanden!

Die Leute folgen langsam. Einige drücken sich träge in die seitlichen Löcher.

Es ist eine Kompagnie Landwehrleute des Sektors, die die Erdarbeiten in der zweiten Linie zu besorgen und die hinteren Laufgräben instand zu halten haben. Sie marschieren mit ihren Geräten, in elender Kleidung und müden Schrittes an.

Man betrachtet sie, einen nach dem andern, jeden einzelnen, wie er herankommt, vorbeigeht und verschwindet. Kleine, alte und zusammengeschrumpfte Leute, mit aschgrauen Backen, oder dicke, asthmatische Kerle, eng eingeschnürt in ihre abgeschossnen, ausgefranzten fleckigen Mänteln, an denen die Knöpfe fehlen.

Tirette und Barque, die beiden Spassvögel, stehn mit dem Rücken an der Erdwand und betrachten sie zunächst ohne Bemerkungen. Dann lächeln sie.

* Strassenkehrer-Défilé, meint Tirette.

* 's gibt was zu feixen für drei Minuten, kündet Barque an.

Einige jener alten Arbeiter sehn in der Tat komisch aus. Da kommt zum Beispiel einer, dem die Schultern herabhängen wie bei einer Flasche; er hat eine ausserordentlich schmächtige Brust und dünne Beine und ist trotzdem wohlbeleibt.

Barque kann den Mund nicht mehr halten:

* He! sag mal, Dubidon!

* Dünner Ueberzieher, meint Tirette zu einem vorübergehenden Mantel, der mit Flicken in allen blauen Schattierungen besetzt ist.

Er ruft den Veteranen an:

* He! du Mustermappe ... he, horch mal, du, ruft er nachdrücklich.

Der andre dreht sich um, macht den Mund auf und guckt ihn an.

* Sag mal, Alterchen, sei so freundlich, gib mir doch deine Schneider-Adresse in London, sei so gut.

Das alte und runzlige Gesicht lacht * und das Männlein, das auf den Anruf hin ein Weilchen stille stand, wird von dem nachfolgenden Zug angerempelt und wieder mitfortgerissen. "

Dann kommen ein paar weniger bemerkenswerte Statisten; dann aber erscheint wieder ein neues Opfer, das den Anspielungen als Zielscheibe dienen muss. Es trägt auf seinem rauhen, rötlichen Nacken eine Art schmutzige Schafswolle. Der Landwehrmann hat die Knie eingeknickt, den Oberkörper vorgebeugt und den Rücken gekrümmt und steht mit Mühe aufrecht.

* Guck da, schreit Tirette und zeigt mit dem Finger hin, der berühmte Harmonikamensch! Auf dem Jahrmarkt musste man Eintritt zahlen. Hier hat man's umsonst!

Und während der Angerufene Flüche ausstottert, lacht man hier und dort.

Mehr braucht es nicht, um beide Spottbrüder zu reizen. Der Wunsch, eine komische Bemerkung anzubringen, die ein wenig verwöhntes Publikum für lustig befindet, spornt die beiden an, sich lustig zu machen über die Lächerlichkeiten jener alten Waffenbrüder, die Tag und Nacht, am Rande des grossen Krieges, die Schlachtfelder mühsam vorbereiten und instand halten.

Auch die andern Zuschauer greifen jetzt ein; und diese Armseligen spotten jene aus, die noch armseliger sind als sie selbst.

* Schau dir den an! Und der erst!

* O verflucht, photographier mir doch einer den kleinen Floh-Arsch! He! du Erdhocker!

* Und der hört überhaupt nicht auf! Hast du Worte! Hui! der Wolkenkratzer!

Der, den's angeht, trippelt einher und hält seinen Spaten vor sich wie einen Kerzenstock, mit krampfhaft zusammengezogenem Gesicht und schiefem Körper, der im Hexenschuss erstarrt ist.

* He! Grossväterchen, willst du zwei Sous? fragt Barque, indem er dem Vorbeigehenden auf die Schulter klopft.

Der kahle Alte aber fühlt sich beleidigt und schimpft geärgert: "Scheisskerl!"

Dann wirft ihm Barque mit brüllender Stimme entgegen:

* Du, aber höflicher könntest du sein, altes Furzloch, du Scheissmühle!

Der Alte dreht sich völlig um und stottert in seiner Wut.

* Oho! schreit Barque und lacht, ich glaube, er röchelt, der Trümmerhaufen. Guckt, wie er rauflustig ist; wenn der Kerl sechzig Jahre jünger wär, wär er noch gefährlich.

* Und wenn er nicht besoffen wär, fügt billigerweise Pépin hinzu, der nach neuen Zielscheiben unter den neu Ankommenden sucht.

Dann sieht man die hohle Brust des letzten Nachzüglers, und bald verschwindet die Missgestalt seines Rückens. Und dem endenden Défilé jener verbrauchten, in den Gräben verdreckten Veteranen schauen die sarkastischen und beinahe böswilligen Blicke jener düstern Höhlenbewohner nach, die zur Besichtigung aus ihren Kotlöchern halb herausgetreten waren.

Unterdessen aber verstreichen die Stunden; der Abend taucht den Himmel schon in sein graues Licht, und in ihm werden die Dinge schwarz; er gesellt sich dem finstern Los und auch der dunkeln und unwissenden Seele jener Menge, die hier vergraben liegt.

Jetzt hört man im grauen Abend das trommelnde Geräusch nahender Schritte, und eine neue Abteilung bricht sich Bahn.

* Afrikaner!

Sie schreiten vorüber mit ihren gelben, hell- und dunkelbraunen Gesichtern; die einen haben spärliches, die andern dichtes und gewelltes Barthaar; ihre Mäntel sind grüngelb und man sieht auf ihren kotbespritzten Helmen einen Halbmond an Stelle unserer Granate. Ihre Augen leuchten wie Elfenbein- oder Onyx-Kugeln in ihren glänzenden, teils stumpfen, teils eckigen und spitzen Gesichtern. Von Zeit zu Zeit wiegt sich über dem Zug die schwarze Kohlenmaske eines Senegalesen, der die andern überragt. Hinter der Kompagnie flattert eine kleine, rote Fahne mit einer grünen Hand in der Mitte.

Man betrachtet die Leute schweigend und spricht sie nicht an; denn sie imponieren und flössen sogar eine gewisse Angst ein.

Und doch scheinen diese Afrikaner fröhlich und gut aufgelegt. Sie marschieren natürlich in die erste Linie. Dort gehören sie hin, und ihre Gegenwart ist das Zeichen eines nahe bevorstehenden Angriffes. Sie sind wie geschaffen für den Sturm.

* Sie und die Fünfundsiebziger-Kanone, das kann man sagen, denen haben wir schon was zu verdanken! Ueberall zuvorderst in den wichtigen Augenblicken stand sie, die Marokko-Division!

* Sie können sich nicht an uns anpassen. Es geht ihnen nie schnell genug. Unmöglich, die Kerle aufzuhalten ...

Die einen haben ernste Gesichter unter diesen blonden, bronze- und ebenholzfarbnen Teufeln; ihr Blick ist beunruhigend, stumm wie die Falle, die man sieht. Die andern lachen; ihr Lachen aber tönt wie die bizarren Instrumente exotischer Musik und sie zeigen dabei die Zähne.

Man bespricht miteinander die Eigenarten jener Schwarzen: ihre Wut beim Ansturm, ihre wahnsinnige Vorliebe für's aufgabeln, ihre Art, kein Pardon zu geben. Man wiederholt die Geschichten, die sie selbst gerne erzählen, und alle ungefähr mit denselben Worten und denselben Gebärden: sie strecken die Arme hoch: "Kam'rad, Kam'rad!" "Nein, nix Kam'rad!" worauf sie das Spiel des Bajonetts nachmachen, das man in Bauchhöhe vorstösst und wieder herauszieht, indem man mit dem Fuss nachhilft.

Einer jener Schützen hört im vorübergehn, wovon die Rede ist. Er schaut uns an, lacht breit aus seinem behelmten Turban heraus und wiederholt mit dem Kopfe nickend: "Nix Kam'rad, nix Kam'rad! Kopf kaput!"

* Es ist doch eine ganz andere Rasse als wir, mit ihrer Zelttuchhaut, gesteht Biquet zu; und Biquet ist kein Hasenfuss. Die Ruhe können sie nicht leiden, sie leben nur für den Augenblick, in dem der Offizier seine Uhr in die Tasche steckt und sagt: "Vorwärts, los!"

* Es sind im Grunde genommen echte Soldaten.

* Wir, wir sind keine Soldaten, wir sind Menschen, sagt der dicke Lamuse.

Die Abendstunde hat das Land in Dunkelheit getaucht und doch wirft dieses wahre und leuchtende Wort einen lichten Schein auf jene Männer, die seit Monaten jeden Morgen hier auf den Abend warten.

Es sind Menschen; es sind ganz gewöhnliche Menschen, die man dem Leben plötzlich entrissen hat; wie beliebig aus der Masse herausgenommene Menschen sind sie unwissend, wenig begeistert, mit engem Horizont begabt und voll gesunden Menschenverstandes, der zwar zeitweise entgleist; sie lassen sich führen und geben sich her, das zu tun, was ihnen befohlen wird, ohne merklichen Widerstand, und sind fähig, lange zu leiden.

Es sind einfache Menschen, die man noch vereinfacht hat und bei denen notgedrungen die Urinstinkte in den Vordergrund treten: der Selbsterhaltungstrieb, der Egoismus, die hartnäckige Hoffnung immer wieder davonzukommen und dazu die Freude am Essen am Trinken und am Schlafen.

Mitunter aber bricht aus dem dunklen Schweigen ihrer grossen, menschlichen Seelen ein tiefer Schrei der Menschlichkeit.

Und dann, wenn im Abend alle Formen untergehen, hört man in der Ferne einen Befehl, der sich mählich nähert:

* Zweite Halbsektion! Antreten!

Und man tritt an in Reih und Glied; dann wird Appell gemacht.

* Vorwärts! sagt der Korporal.

Dann setzt man sich in Bewegung. Vor dem Gerätschuppen wartet und steht man herum. Jeder bekommt eine Schaufel oder eine Hacke. Ein Unteroffizier hält in der Dunkelheit den Leuten die Gerätstiele hin.

* Sie, eine Schaufel; vorwärts, ab! Sie, auch eine Schaufel, Sie, eine Hacke. So, vorwärts, Trab!

Dann geht's durch den Laufgraben, senkrecht zum Schützengraben, geradaus auf jene bewegliche, lebendige und schreckliche Grenze des Jetzt zu.

Und im grauen Einerlei des Himmels hört man in grossen absteigenden Kreisen den schnurrenden und mächtigen Atem eines Flugzeuges, das man nicht mehr sieht. Vor uns aber und rechts und links von uns, auf allen Seiten, speien Donnerschläge in den schwarzblauen Himmel kurze, breite Blitze.

~

III. Der Abstieg.

Das graue Morgenlicht erhellt mühevoll die noch dunkel verschwommene Landschaft. Zwischen dem Weg, der rechter Hand aus dem Dunkel der Nacht herabsteigt, und dem finstern Schatten des "bois des Alleux", wo man, ohne ihn zu sehn, den Artillerietrain sich fertig machen und abfahren hört, liegt ein Feld. Wir, vom 6. Bataillon, sind hier bei Tagesgrauen angekommen. Wir haben die Gewehre zusammengestellt und nun stehen wir da in dieser schwachen Morgenbeleuchtung, die Füsse im Tau und im Kot, in schattenhaften Gruppen, die ein blauer Schimmer schwach umgibt, oder als einsame Gespenster, die Blicke nach dem Wege gerichtet, der dort herunterführt. Wir warten auf das übrige Regiment, auf das 5. Bataillon, das in erster Linie stand und die Schützengräben nach uns verlassen hat.

Man hört Lärm ...

* Sie sind es!

Eine langgezogene, verschwommene Masse taucht im Osten auf und tritt aus der Nacht heraus auf den schwach beleuchteten Weg.

Endlich! Endlich hat sie aufgehört, diese verwünschte Ablösung; gestern Abend um sechs Uhr begonnen und die ganze Nacht gedauert; jetzt aber hat der letzte Mann den letzten Laufgraben verlassen.

Diesmal war der Aufenthalt im Schützengraben schrecklich gewesen. Die achtzehnte Kompagnie stand zuvorderst; sie ist fürchterlich mitgenommen worden: achtzehn Tote und gegen fünfzig Verwundete; ein Mann Verlust auf drei in vier Tagen; und dazu ohne Angriff, einzig durch die Beschiessung.

Man weiss davon und während das verstümmelte Bataillon heranrückt und wir im Ackerkot aneinander vorbeigehn und uns gegenseitig erkennen, sagen wir, einer zum andern hingebeugt:

* Weisst du, die achtzehnte Kompagnie ...

Und während man es ausspricht, denkt man: "Wenn das so weiter geht, was wird noch aus uns allen? Und aus mir, was wird aus mir werden? ..."

Die siebzehnte, die neunzehnte und die zwanzigste Kompagnie rücken nacheinander an und stellen die Gewehre zusammen.

* Da kommt die achtzehnte!

Sie ist die letzte, denn sie stand im ersten Schützengraben, und wurde deshalb als letzte abgelöst.

Der kahle Morgen ist etwas durchsichtiger geworden und legt sich auf die Dinge mit seinem fahlen Licht. Man erkennt auf dem Weg, einsam an der Spitze seiner Leute, den Hauptmann der Kompagnie Er geht mühsam und stützt sich auf einen Stock, wegen seiner Wunde, die er von der Marne her hat und die die Rheumatismen nicht ruhen lassen; dazu aber kommt noch ein anderer Schmerz. Seine Kapuze über den Kopf gezogen, geht er gesenkten Hauptes, als folge er einem Trauerzug; man merkt, dass er über etwas nachdenkt und dass er in der Tat einen Trauerzug begleitet.

Jetzt kommt die Kompagnie.

Sie tritt in grosser Unordnung auf den Weg. Unser Herz schnürt sich plötzlich zusammen. Die Kompagnie ist im Defilé des Bataillons sichtlich kürzer als die drei andern.

Ich trete auf die Strasse und gehe den herabkommenden Leuten entgegen. Die Uniformen der Ueberlebenden sind durchwegs von der gelben Erde verdreckt, so dass die Mannschaften Kaki zu tragen scheinen. Das Tuch ist steif vom ackergelben Kot, der darauf eingetrocknet ist; die Zipfel der Mäntel wackeln hin und her wie Bretter über der kartongelben Schicht, die die Knie wie eine Rinde bedeckt. Die Gesichter sind abgezehrt, wie mit Kohle beschmiert, die Augen weit offen und fiebernd. Staub und Schmutz durchfurchen das Antlitz mit unzähligen Striemen.

Die Soldaten, die aus dem Höllenkot zurückkommen, verführen einen betäubenden Lärm. Sie reden alle durcheinander, sehr laut und hantieren in der Luft, lachen und singen.

Und wenn man sie so sieht, glaubte man, eine Vergnügungsgesellschaft vor sich zu haben.

Jetzt kommt der zweite Zug mit seinem grossen Unterleutnant; er trägt eng um den Oberkörper geschnallt seinen Mantel, der steif geworden ist wie ein gerollter Regenschirm. Ich drücke mich durch die Leute bis zur Marschallschen Korporalschaft; sie hat am meisten gelitten: von elf Kameraden, die seit anderthalb Jahren nie voneinander gegangen waren, bleiben nur noch drei Mann und Korporal Marschal übrig.

Marschal erkennt mich. Er stösst einen Freudenschrei aus und lacht vergnügt; er nimmt die Hand vom Gewehrriemen und reicht mir beide Hände hin; an der einen hängt der Grabenstock.

* He! Alter Bruder, lebst du immer noch?

Ich wende den Kopf auf die Seite und sage mit leiser Stimme:

* Also schlecht abgelaufen, die Sache? ...

Sein Blick wird finster und ernst.

* Ja, ja; es war allerdings schrecklich diesmal ... Barbier ist gefallen.

* So? Man erzählte es ... Barbier!

* Samstag, elf Uhr nachts. Die obere Rückenpartie war glatt wegrasiert von einer Granate, sagt Marschal. Dem Besse ist ein Granatsplitter durch Bauch und Magen gefahren. Barthélmy und Baulex sind am Kopf und am Hals getroffen. Die ganze Nacht ist man durch den Schützengraben hin und her gerannt, dem Kugelregen aus dem Weg. Und der kleine Godefroy, kennst ihn? Mitten durch; sein Blut ist geflossen wie aus einem Kübel, den man ausleert: merkwürdig viel Blut hatte der kleine Kerl; es gab einen Bach von mindestens fünfzig Meter im Schützengraben. Gougnard hat beide Beine ab, von Sprengstücken getroffen. Er war längst tot, als man ihn aufgehoben hat. Er war auf dem Horchposten. Ich war mit ihnen auf Wache; als die Granate platzte, war ich gerade in den Schützengraben gegangen nach der Zeit zu sehn. Mein Gewehr, das ich zurückgelassen hatte, war wie von einer Hand verbogen, der Lauf war der reinste Pfropfenzieher, und das gelbe Holzteil zu Sägemehl zerstäubt. Es roch nach frischem Blut, zum erbrechen.

* Und Mondain hat's auch getroffen? ...

* Ja, aber am andern Morgen * also gestern * eine Granate, die den Unterstand zertrümmerte, als er drinn war. Er lag auf dem Boden und hatte den Brustkasten zerschlagen. Hast du von Franco gehört, der neben Mondain lag? Er hatte das Rückgrat gebrochen vom Zusammensturz des Unterstandes; man hat ihn herausgezogen und dann sass er noch aufrecht und sagte: "ich muss sterben," und dann ist er gestorben. Vigile lag auch drunter; er hatte nichts am Körper, aber den Kopf vollständig platt gedrückt wie ein Kuchen, und gross; so breit. Wenn man ihn so auf dem Boden liegen sah, schwarz und verzerrt, glaubte man seinen Schatten zu sehn, den Schatten, den's manchmal am Boden gibt, wenn man nachts mit einer Fackel geht.

* Vigile gehörte zur Klasse 13, ein Kind noch! Und Mondain und Franco, so gute Kerle, trotz ihrer Tressen! ... Wieder um so viel feine, alte Freunde ärmer, lieber Marschal!

* Ja, antwortete Marschal.

Jetzt aber wird Marschal von einer Horde Kameraden umringt, die ihn befragen und auf ihn eindringen. Er wehrt sich, antwortet ihren Sarkasmen und alle lachen im Gedränge durcheinander.

Ich betrachte sie der Reihe nach; sie sind fröhlich und scheinen triumphierend, trotz äusserster Müdigkeit und schwarzen Staubes. Wenn sie während ihres Aufenthaltes in der ersten Linie Wein hätten trinken können, würde ich sagen, sie seien alle betrunken. Ich bemerke einen jener Entwischten, der in den Tag hinein singt wie der Husar aus dem Volkslied; es ist Vanderborn, der Trommler.

* Nanu, Vanderborn, so gut aufgelegt?

Vanderborn, der gewöhnlich sehr still ist, schreit mich an:

* Also diesmal sollt es noch nicht sein: bin noch da! Und mit der breiten Gebärde eines Wahnsinnigen, haut er mir die Faust auf die Schulter.

Ich verstehe ...

Wenn sich jene Menschen trotz allem bei Verlassen dieser Hölle glücklich fühlen, so sind sie's eben gerade, weil sie in der Tat einer Hölle entwischt sind. Sie kehren zurück und sind gerettet; und dieses Mal noch hat sie der nahe Tod verschont. Die Dienstfolge schickt jede Kompagnie alle sechs Wochen in die erste Linie! Sechs Wochen! Die Soldaten im Kriege haben über die kleinen und grossen Dinge eine kindliche Philosophie: sie denken nie sehr weit und schauen nicht um sich und nicht weit vor sich in die Zukunft. Sie leben ungefähr von der Hand in den Mund und heute haben diese die Gewissheit, noch ein Weilchen leben zu können. Und deswegen sind sie froh, trotz der Müdigkeit, die sie drückt und trotz der frischen Schlächterei, deren Spritzer sie noch beschmutzen, trotz der Verluste ihrer Brüder, trotz alledem sind sie in der Feststimmung von Ueberlebenden, die das unendliche Glück geniessen, noch aufrecht im Leben zu stehn.

~

IV. Volpatte und Fouillade.

Bei der Ankunft im Quartier rief eine Stimme:

* Wo ist nur Volpatte?

* Und wo ist Fouillade?

Sie waren vom 5. Bataillon aufgeboten, mit in die erste Linie genommen worden, und sollten sich nachher wieder in unserm Quartier einfinden; aber man fand nicht die Spur von ihnen. So war die Korporalschaft um zwei Mann ärmer geworden!

* Der Teufel soll das holen! So geht's einem immer, wenn man seine Leute hergibt, kreischte der Sergeant.

Als der Hauptmann davon erfuhr, fluchte auch er und sagte:

* Ich brauch die Leute; man soll sie sofort auftreiben. Vorwärts!

Farfadet und ich wurden von Korporal Bertrand aus der Scheune gerufen, in der wir uns schon zur Ruhe hingelegt hatten und einschlummern wollten.

* Volpatte und Fouillade müssen her. Wir standen schnell auf und machten uns mit bangem Gefühl auf den Weg. Unsre beiden Kameraden waren vom fünften Bataillon mit in jene höllische Ablösung mitgezogen worden. Wer weiss, wo sie jetzt stecken und was aus ihnen geworden ist?

... Wir gehn den Hügel wieder hinauf und machen zum zweitenmal, in entgegengesetzter Richtung, den langen Weg, den wir letzte Nacht und seit Morgenanbruch bereits hinter uns gelegt hatten. Wir sind zwar unbepackt, tragen bloss das Gewehr und die gewöhnliche Ausrüstung, aber die Müdigkeit lastet dennoch auf uns; schlaftrunken schleppen wir unsdurch die traurige Landschaft, unterm dunstgrauen Himmel. Farfadet fängt allmählich an zu keuchen; anfangs sprach er ein wenig, dann aber liess ihn die Müdigkeit verstummen. Er ist zwar tapfer, aber schwächlich und hatte früher kaum gelernt, sich seiner Beine zu bedienen; denn seit seiner ersten Kommunion kratzte er mit der Feder in einem Bürgermeisteramt hinter dem Ofen und in Gesellschaft von alten verstaubten Akten.

Als wir aber aus dem Holz treten und uns, auf dem glitschigen Boden vorwärts tappend, in die Verbindungsgräben drücken, sehen wir zwei dünne Schatten vor uns; es sind zwei Soldaten, die auf uns zuschreiten; man erkennt die rundliche Form ihrer Bepackung und den geraden Strich ihres Gewehres. Allmählich wird die schwankende Zwillingserscheinung deutlicher.

* Sie sind es!

Einer von ihnen hat den Kopf in dickes Verbandzeug eingewickelt.

* Verwundet? Es ist Volpatte!

Wir laufen den Auferstandenen entgegen; dabei zischen unsre Sohlen geräuschvoll im Kot, in den wir einsinken, und die Patronentaschen schütteln klirrend ihren Inhalt.

Die beiden stehen still und lassen uns herankommen. Als wir nun auf Hörweite von ihnen entfernt sind, schreit Volpatte:

* Höchste Eisenbahn!

* Bist du verwundet?

* Was? fragt Volpatte, dem der Verband die Ohren verstopft, sodass man brüllen muss, um sich mit ihm zu verständigen. Wir treten an ihn heran und schreien; dann antwortet er:

* Noch gut abgelaufen ... Wir kommen aus dem Loch, wo uns das 5. Bataillon Donnerstag reingesteckt hat.

* Seid ihr solange nicht mehr rausgekommen? brüllt Farfadet, dessen gellende Frauenstimme durchs Polster dringt, das Volpatte das Trommelfell versperrt ...

* Jawohl, meint Fouillade, Gottverdammich! Oder glaubst du, wir sind mit Flügeln davongeflogen, oder haben uns etwa ohne Befehl auf die Beine gemacht?

Dann hocken beide ermattet ab. Der Kopf von Volpatte sieht aus wie ein Pack schmutziger Wäsche, mit dem dicken Knoten oben auf dem Verband, aus dem ein schwarzgelbliches Gesicht guckt.

* Hat man euch arme Teufel vergessen?

* Schon ein wenig! schreit Fouillade, glaub's schon, dass man uns vergessen hat! Vier Tage und vier Nächte in einem Granatenloch, wo die Kugeln von der Seite einschlugen und das obendrein noch nach Scheisse roch.

* Hast 'ne Ahnung, sagt Volpatte. Das war kein gewöhnlicher Horchposten, wo man aus und eingeht und regelmässig abgelöst wird. Ein Granatenloch, sag ich dir, ein ganz gewöhnliches Granatenloch und nichts weiter. Letzten Donnerstag haben sie uns gesagt: "So, versteckt euch hier und schiesst in einer Tour weiter", hat einer gesagt. Am andern Morgen kam zwar einer vom 5. Bataillon und hat seine Nase reingesteckt: "Was Teufels macht ihr hier!" "Schiessen tun wir; sie haben gesagt wir sollen schiessen, deshalb schiessen wir und wenn sie's gesagt haben, wird schon was dran sein; und jetzt warten wir, bis einer sagt, wir sollen was anderes tun als schiessen." Drauf hat sich der Kerl gedrückt; er schien nicht ganz überzeugt von der Sache und hatte offenbar keine Vorliebe für Granatenpuffer, "'s ist 10 Uhr" hat er gesagt.

* Wir hatten für uns zwei, fährt Fouillade weiter, einen Kleieklumps und einen Kübel Wein, den uns die 18te gegeben hatte und eine ganze Patronenkiste. Die Patronen haben wir verknallt und den Saint-Honoré gesoffen. Vorsichtshalber haben wir ein paar Patronen und von dem Kuchen ein Stück aufgehoben; den Wein aber haben wir ausgetrunken.

* Schade, sagt Volpatte, sintemal ich durstig bin. Habt ihr nichts für den Gaumen, ihr?

* Einen Tropfen Wein hab ich noch, antwortet Farfadet.

* Her damit, sagt Fouillade, indem er auf Volpatte deutet. Er hat Blut verloren, ich hab nur einen gewöhnlichen Durst, gib's ihm.

Volpatte schlotterte. Seine kleinen Augen fieberten aus dem mächtigen Verband heraus, der wie ein Stein auf seinen Schultern lag.

* Ah! Das tut wohl, meinte er und trank den Wein.

* Richtig, fuhr er fort, nachdem er, wie es die Höflichkeit gebietet, den letzten Tropfen auf den Boden geschleudert hatte, zwei Deutsche haben wir gesichert. Sie krochen über's Feld und sind in unser Loch geraten, blindlings wie Maulwürfe in eine Falle, die Scheissbrüder. Eingesackt haben wir die Kerle. Als wir dann sechsunddreissig Stunden lang geschossen hatten, haben wir die letzten Patronen in die Klistierspritze gesteckt und haben gewartet mit unserm deutschen Paket. Der Verbindungskuli hatte nämlich vergessen zu sagen, dass wir noch immer

da seien. Ihr vom 6ten habt vergessen uns zurückzuverlangen, die 18te Kompagnie, die hat uns auch sitzen lassen und da wir nicht auf gewöhnlichem Horchposten standen, wo es regelmässige Ablösung gibt wie bei der Verwaltung, da hab ich schon gedacht, so jetzt bleiben wir hocken, bis das ganze Regiment wieder zurückkommt. Schliesslich haben uns Knochensammler vom 204ten gesehn, als sie nach Verwundeten schnupperten; die haben uns angemeldet. Dann kriegten wir Befehl zum Rückzug und zwar sofort, hiess es. Da haben wir unsre Siebensachen gepackt und sind gegangen und haben gelacht von wegen dem "sofort". Den Deutschen haben wir die Schnüre von den Beinen abgeschnallt, haben sie mitgenommen und dem 204ten abgeliefert. Und jetzt sind wir wieder da.

* Im Vorübergehn haben wir sogar einen Sergeanten aufgefunden, der sich in ein Loch duckte und sich nicht rauswagte; so was wie Gehirnerschütterung hatte er; da haben wir ihn angeschnauzt und das hat ihn wieder ein wenig auf den Damm gebracht und "dank schön" hat er gesagt; Sacerdote, hiess er.

* Aber du? Deine Wunde?

* An beiden Ohren. Eine Granate, weisst du, mitten rein geplatzt. Mein Kopf zwischen die Splitter durch sozusagen, aber knapp, sag ich dir, rasibus, nur die Ohrläppchen, die hat's geputzt.

* Wenn du's siehst, sagt Fouillade, zum kotzen, die beiden Ohren, so runterhängen sie. Unsre zwei Verbandpakete hatten wir, und die Sänftenträger haben uns noch eins gepumpt. Drei Verbände hat er also rumgewickelt um seine Wärmeflasche.

* Gebt euer Zeug her, und gehn wir heim.

Farfadet und ich teilten uns in das Gepäck von Volpatte. Fouillade aber will um alles in der Welt das seine nicht hergeben, obwohl der Durst ihn melancholisch stimmt und er vor Trockenheit vergeht.

So schreiten wir denn langsam davon. Ist es doch immerhin ein Genuss, nicht in Reih und Glied marschieren zu müssen; und es ist so selten, dass es einem ungewohnt vorkommt und eine Wohltat ist. Bald atmen wir alle vier erleichtert auf und fühlen uns frei; man schreitet so wie zum Vergnügen übers Land.

* Jetzt gehn wir spazieren, sagt Volpatte stolz. Und als wir aber oben auf der Anhöhe stehn, gibt er sich rosigen Gefühlen hin und sagt:

* Es ist doch noch eine Glückswunde schliesslich, so krieg ich doch Urlaub, totsicher.

Er zwinkert mit den Augen; Freude strahlt aus ihnen und aus der weissen Kugel, die auf seinen Schultern hin- und herwackelt und an den verwundeten Stellen rötlich gefärbt ist.

Da tönen aus der Tiefe sechs Glockenschläge vom Dorf her.

* Ich kümmere mich 'n Dreck um die Zeit, sagt Volpatte. Die Zeit, die sich abwickelt und ich, wir haben miteinander nichts mehr zu tun.

Mit einem Male wird er redeselig. Ein leichtes Fieber reizt seine Gesprächigkeit, wobei er vergnügt in einem langsamen Schritt dahinschlendert.

* Jetzt krieg ich ein rotes Zeichen auf den Mantel, totsicher, und werd zurückgeschickt. Und dabei werd ich höflich behandelt werden: "Bitt schön, hier durch ... so, so, Alterchen." Dann die Ambulanz, dann der Sanitätszug mit den Knutschereien der Damen vom Roten Kreuz auf der ganzen Reise, wie sie 's dem Crapelet Jules gemacht haben, und dann 's Spital erst mit weissen Bettüchern und dem warmen Ofen mitten drin und nichts als Leute, die einen bedienen und denen man zuschaut, und die Ordonnanz-Hauspantoffeln, Herrgott, und einen Nachttisch: Möbel überhaupt! Und in den grossen Spitälern wohnst du prima, was die Nahrung angeht. Ausgezeichnetes Essen, Bäder werd ich nehmen, überhaupt werd ich alles nehmen, was da ist. Und allerlei Annehmlichkeiten, ohne dass man erst mit den andern drum raufen muss und sich bis aufs Blut drum anstrengen. Auf der Bettdecke liegen dann meine beiden Pfoten, die nichts zu tun haben, wie Luxusartikel * wie so 'n Spielzeug! Und ich unter der Decke schön warm von oben bis unten, und die Füsse ausgebreitet wie zwei Veilchensträusser ...

Volpatte hält plötzlich inne, sucht in seinen Taschen und zieht zugleich mit seiner berühmten Schere von Soissons etwas heraus, das er mir vorzeigt.

* Guck her, hast du's schon gesehn?

Es ist das Bild seiner Frau und seiner beiden Jungens. Schon oft hat er sie mir gezeigt; auch diesmal schau ich's an und nicke zustimmend.

* Jetzt geh ich dann auf Urlaub, fährt Volpatte fort, und derweil meine Ohrlappen wieder anwachsen, werden mich meine Frau und meine Kinder anschauen, und ich werd sie auch anschauen. Und während sie dann wieder anwachsen, wie Salat, unterdessen wird's vorwärts gehn mit dem Krieg ... Die Russen ... oder sonst was! ...

So ergab er sich dem glücklichen Zukunftstraum, sprach laut vor sich hin und fühlte sich bereits weit weg von uns in seiner Feststimmung.

* Du Lauskerl! schrie ihn Fouillade an. Ein gottverdammtes Schwein hast du!

Wie sollte man ihn auch nicht beneiden? Ihn, der jetzt einen oder zwei Monate lang, gerade in dieser Jahreszeit, hinter die Front kommen wird, und der, anstatt hier in Gefahr und Elend weiter zu leben, plötzlich in einen Rentier umgewandelt war!

* Anfangs, meinte Farfadet, fand ich's schon komisch, wenn einer von der "guten Wunde" sprach. Aber jetzt, hol's der Teufel, jetzt ist es bei Gott das einzige, was sich ein armer Soldat Gutes wünschen kann.

~

Das Dorf lag nicht mehr weit von uns, als wir gerade um den Wald bogen. Da erschien plötzlich eine weibliche Gestalt an der Waldecke gegen das Licht, dessen helle Strahlen ihre Silhouette leuchtend abgrenzten. Am Saum des Waldes, in dessen Hintergrund die Bäume violette Striche hinzeichneten, stand die schlanke Gestalt mit blondleuchtenden Haaren; in ihrem blassen Gesicht aber sah man ein Paar grosse Augen, wie zwei Nachtschatten sitzen. Dieses leuchtende Wesen schaute uns an und stand auf zitternden Beinen; dann schlüpfte sie plötzlich unter's Gehölz wie eine Fackel.

Diese Erscheinung, die so plötzlich wieder verschwand, machte auf Volpatte einen solchen Eindruck, dass er den Faden seiner Rede verlor.

* Ist das eine Schnepfe, das Weib da?

* Nein, meint Fouillade, der nicht recht verstanden hatte; Eudoxie heisst sie. Ich kenne sie, vom Sehn; sie ist ein Flüchtling. Keine Ahnung, woher sie kommt; ich weiss nur, dass sie in Gamblin bei einer Familie wohnt.

* Sie ist mager und schön, bemerkte Volpatte. 'n bisschen dran naschen, wäre gar nicht übel ... das wär ein Fressen, so'n Hühnchen ... Paar Augen hat sie!

* Komisch ist sie, sagt Fouillade. Immer muss sie rumstrolchen. Kaum siehst du sie irgendwo mit dem blonden Haarbusch oben drauf, da ist sie schon weg. Und dann weiss sie nicht, was Gefahr ist. Manchmal drückt sie sich in der vordersten Linie rum. Komisches Ding.

* Da! dort ist sie wieder, die Erscheinung! Die hält uns fest mit den Augen. Offenbar kommen wir ihr interessant vor.

Die leuchtende Silhouette zierte in diesem Augenblick das andere Ende des Waldrandes.

* Ich kümmere mich 'n Dreck um die Weiber, erklärte Volpatte, der sich wieder in seinen Urlaubstraum versenkte.

* Jedenfalls hat's einen in der Korporalschaft, der haarig in sie vernarrt ist. Da! Wenn man vom Wolf spricht ...

* Sieht man seinen Schwanz ...

* Noch nicht, aber fast ... Da!

Und man sah aus einem Gebüsch, heraus rechterhand, die Nase von Lamuse wie einen roten Wildschweinrüssel vorschnüffeln. Er war jenem Frauenzimmer auf der Spur und als er sie sah, stand er still wie ein Jagdhund und holte zum Sprung aus. Als er sich aber auf das Weib stürzen wollte, stiess er auf uns.

Wie der dicke Lamuse nun Volpatte und Fouillade erkannte, liess er einen Freudenschrei los und hatte nur noch den einen Gedanken, uns die Tornister, die Gewehre und die Brotsäcke abzunehmen.

* Her damit! Ich hab ausschlafen können, gebt nur her!

Alles wollte er tragen; Farfadet und ich machten keine Schwierigkeiten und gaben gerne das ganze Zeug Volpattes ab; auch Fouillade trennte sich schliesslich von seiner Brottasche und seinem Gewehr.

So wurde Lamuse zum wandelnden Gepäckturm; er verschwand unter der ungeheuren und breiten Last und schleppte sich nur mit kleinen Schritten weiter.

Trotzdem aber schien ihn seine fixe Idee nicht ruhn zu lassen, und seine Blicke spähten seitwärts nach der Frau, der er nachgelaufen war.

Alle Augenblicke blieb er stehn, rückte ein Gepäckstück zurecht, schöpfte Luft und wischte sich die fetten Schweisstropfen vom Gesicht, wobei er alle Ecken des Horizonts absuchte und den Waldrand abspähte. Er sah sie aber nicht mehr.

Ich dagegen erblickte sie wieder ... und kam diesmal allerdings zur Erkenntnis, dass sie es mit einem von uns hatte. Dort, linkerhand, kroch sie halb aus dem grünen Schatten des Unterholzes. Sie hielt sich dabei mit einer Hand an einem Zweig fest, beugte sich vor und man sah ihre schwarzen Nachtaugen und ihr bleiches Gesicht, das halb beleuchtet war und so einem wachsenden Monde glich. Ich bemerkte ein Lächeln auf ihren Lippen. Indem ich dann der Richtung ihres Blickes nachging, sah ich nicht weit hinter uns Farfadet, der ebenfalls lächelte. Dann verschwand sie lächelnd im Schatten des Laubes und Farfadet lächelte ihr nach ...

So wurde mir klar, dass zwischen jener gelenkigen und zarten Zigeunerin, die keiner andern Frau glich, und Farfadet, der sich durch seine feine, zitternde Biegsamkeit von uns allen abhob, ein Einverständnis herrschte ...

... Lamuse hatte nichts gesehn; denn die Last, die er Farfadet und mir abgenommen hatte, versperrte ihm die Aussicht, und seine Aufmerksamkeit konzentrierte sich ganz auf die Aufrechterhaltung seines Gleichgewichtes und die Wahl der Stelle, auf die er seine arg beschwerten Füsse hinsetzen wollte.

Er sieht totunglücklich aus und jammert; ein trauriger Gedanke drückt ihn schwer, und aus dem rauhen Keuchen seiner Brust glaube ich sein klopfendes und murrendes Herz herauszuhören. Dann betrachte ich mir Volpatte mit seinem Verbandpolster und dann den mächtigen, dicken und blutdrallen Kerl, der in sich den ewigen, tiefen Drang schleppt, dessen Schärfe er allein zu messen vermag; und dabei denke ich, dass nicht jener verbunden wird, der die schwerste Wunde trägt. Endlich steigen wir zum Dorf hinab.

* Jetzt gibt's was zu trinken, sagt Fouillade.

* Urlaub krieg ich jetzt, sagt Volpatte.

Lamuse aber keucht:

* Meuh ... Meuh ...

Dann kommen die Kameraden gelaufen, schreien durcheinander und versammeln sich auf dem kleinen Dorfplatz, auf dem die Kirche steht mit ihren zwei Türmen, von denen der eine durch eine Granate derart zertrümmert wurde, dass die Kirche, von vorne gesehn, nur noch ein entstelltes Gesicht zeigt.

~

V. Das Obdach.

Unzählige Schatten verwischen traumhaft die bleiche Landstrasse, die sich durch den nächtlichen Wald zieht, als ob der Wald sich wie verhext im Dunkel der Nacht darüber wälze. Es ist das Regiment, das sich vorwärts bewegt, auf der Suche nach einem neuen Obdach.

Die hoch und breit bepackten Reihen stossen schattentriefend aneinander; und jede neue Welle, von der hinteren vorwärts gestossen, drängt sich der vorderen auf. Seitwärts schreiten, vereinzelt, die schlankeren Gestalten der Offiziere. Ausrufe, Befehle, kurze Gespräche, Hustenanfälle und Gesänge mischen sich zu einem dumpfen Gemurmel, das jenem engen und zwischen die Böschungen eingedämmten Gedränge entsteigt. Und in den Lärm der Stimmen mischt sich das Stampfen der Füsse, das Geklirre der Bajonettscheiden, der Feldflaschen und der Metallkannen, das Donnern und Gerassel der sechzig Wagen Artillerietrain und des Regimentstrain, die den zwei Bataillonen folgen. So gross ist die Masse, die auf der ansteigenden Strasse vorwärtsschreitet und sich hindehnt, dass man draussen, unter dem unendlichen Dom der Nacht, in der Stickluft eines Löwenkäfigs schwimmt.

Wenn man selbst in Reih und Glied steckt, sieht man von alledem nichts; stösst man aber bei einer Stockung mit der Nase drauf, so unterscheidet man allerdings, wohl oder übel, das Blech einer Gamelle, den bläulichen Stahl eines Helmes oder den schwarzen Stahl eines Gewehres. Sonst sieht man manchmal im blendenden Funkenschein eines Feuersteines oder hinter der roten Flamme, die am winzigen Stiel eines Streichholzes flackert, nahe Hände oder Gesichter im Relief aufblitzen, oder das durcheinanderwogende Schattenspiel behelmter Schultern, die wie Flutwellen gegen die klotzige Dunkelheit ankämpfen. Dann verschwindet alles wieder im Dunkel, und während man einen Fuss vor den andern setzt, heftet jeder seinen Blick unentwegt an die Stelle, wo sich vermutlich ein Rücken vorwärts bewegt.

Nach mehrfachen Marschpausen, während deren man sich auf den Tornister und vor die Gewehrpyramiden niederfallen lässt, die man auf das Zeichen einer Signalpfeife mit fieberhafter Hast und verzweifelnder Umständlichkeit in der undurchsichtigen, pechschwarzen Nacht zusammenstellt, kündet sich schliesslich der Morgen an und fliesst aus der Dunkelheit allmählich über den ganzen Himmel. Dann sehn wir, wie so oft schon, das grossartige Schauspiel des anbrechenden Tages, der sich über unsre ewig umherirrende Horde ergiesst.

Endlich treten wir aus dieser durchmarschierten Nacht heraus, gleichsam durch konzentrische Schichten abnehmender Schatten, Halbschatten und schliesslich düsteren Lichtes hindurch. Die Beine haben eine hölzerne Starrheit, die Rücken sind gelähmt und die Schultern zerschunden. Die Gesichter aber behalten ihre graue und schwarze Färbung; es ist, als befreie man sich nur unvollkommen von der Nacht, die man jetzt nie mehr ganz los wird.

Diesmal marschiert die grosse Herde in Reih und Glied in ein neues Quartier zum Ausruhn. Was wird das wohl für ein Dorf sein, in welchem man nun acht Tage verleben wird? Niemand weiss es genau, aber man glaubt, es heisse Gauchin-l'Abbé, und erzählt sehr viel Gutes davon.

* Man soll's gut haben wie 'n Hühnchen im Ei.

Allmählich erkennt man die Kameraden und unterscheidet ihre Silhouetten, und schliesslich die herabhängenden Schädel und die gähnenden Mäuler; aus dem Morgengrauen heraus werden gesprächige Stimmen laut.

* Nie würde man ein so patentes Quartier gesehen haben. Das Brigadekommando, das Divisionsgericht sei dort untergebracht; da gibt es was du willst beim Krämer.

* Wenn die Brigade dort hockt, dann wird am Sitz nichts fehlen.

* Meinst du, wir werden einen Esstisch für die Korporalschaft ausfindig machen?

* Alles was du willst, wenn ich dir sage.

* Wie's in einem Quartier ausschaut, das man nicht kennt, weiss ich nicht. Aber wissen tue ich bestimmt, dass es auch nicht anders sein wird als anderswo.

Aber keiner glaubt ihm das. Vielmehr erscheint allen das neue Quartier, nach dem erregten Fieber der Nacht, eine Art gelobtes Land, dem man nach Osten entgegenmarschiert, während man sich in der eiskalten Morgenluft dem unbekannten Dorfe nähert, das uns das Licht bringen wird.

~

Jetzt erreichen wir den Fuss eines Hügels und kommen an Häusern vorbei; sie schlummern noch im grauen Schatten der Morgendämmerung.

* Das wird es sein!

Endlich! Achtundzwanzig Kilometer sind diese Nacht zurückgelegt worden.

Nanu? ... Wird hier nicht Halt gemacht? Es geht immer weiter, vorbei an den Häusern, die sich wieder, eines nach dem andern, in den verschwommenen Dunst und in das Totentuch ihres Geheimnisses verziehn.

* Es heisst, man könne noch lange Strassen klopfen. Es sei noch sehr weit.

Und man marschiert automatisch weiter; die Glieder beschwert eine Art versteinerten Dusels; die Gelenke knirschen und lassen die Leute selbst darüber knirschen.

Der Tag ist spät am Aufgehn, eine Nebelschicht bedeckt die Erde. Es ist so kühl, dass die Leute während der Rast, trotz der Müdigkeit, die sie zermalmt, sich nicht getrauen abzusitzen und in der satten Feuchtigkeit hin- und hergehn wie irrende Geister. Ein scharfer, winterlicher Wind peitscht die Haut, fegt und zerstäubt die Worte und die Seufzer.

Endlich aber sticht die Sonne durch den Dunst, der sich über uns dehnt und uns durchnässt. Es ist wie ein feenhafter Lichtschacht, der sich mitten durch die irdischen Wolken aufreisst.

Das ganze Regiment streckt sich, wacht jetzt erst eigentlich auf und hebt seine Gesichter in das sanfte Goldlicht des ersten Sonnenstrahles.

Dann brennt die Sonne mit einem Mal, und dann ist es zu heiss.

Man keucht in den Reihen und schwitzt und schimpft noch mehr als vorhin, da die Zähne klapperten und uns der Nebel wie ein nasser Schwamm über Gesicht und Hände fuhr.

Wir marschieren jetzt in der brennenden Morgensonne durch eine Kreidegegend.

* Sie beschütten ihre Strassen mit Kalksteinen, die Hundskerle hier in der Gegend!

Die Strasse ist blendendweiss und nun ist's eine lange Staubwolke getrockneten Kalkes, die sich über uns hinzieht und uns bestreift.

Die Gesichter röten sich und glänzen wie Beize; gewisse vollblütige Gesichter scheinen mit Vaselin eingeschmiert; auf Backen und Stirnen bildet sich eine graue Staubschicht, die daran kleben bleibt und dann abbröckelt. Die Füsse scheinen in Unförmigkeit zu verschwimmen und sind weiss, als seien sie in einem Maurertrog herumgewatet. Der Tornister und das Gewehr sind weiss gepudert, und unsere langgedehnte Masse zieht in die Randgräser rechts und links eine milchweisse Spur.

Jetzt heisst es noch zu alledem:

* Rechts halten! Train!

Schnell drückt man sich auf die rechte Seite der Strasse, nicht ohne Drängen. Und wie eine lange Kette kolossaler, viereckiger Meteorsteine, umrollt von einem höllischen Radau, stürzt sich der Train auf die Landstrasse. Gottverd...! Er stäubt im Vorbeirasseln den dichten Kalkteppich aus, der die Strasse bedeckt, und streut uns den Staub auf die Schultern!

Nun sind sie eingewickelt in einen hellgrauen Schleier, und auf den Gesichtern sitzt eine mehlige Maske, die an den Augenlidern, dem Schnurrbart, dem Kinnbart und in den Rinnen der Runzeln eine dichtere Schicht bildet. Wir scheinen zugleich unser eignes Abbild und sonderbare Greise zu sein.

* Wenn wir mal alte Fetzen sind, dann sehn wir so aus, so hässlich, sagt Tirette.

* Du spuckst weiss, meint Biquet.

* Wenn aber Halt gemacht wird, so sind wir wie weisse Kalkstatuen, durch deren Schale schmutzige Reste von Menschlichkeit durchschimmern.

Dann geht's wieder weiter. Alles ist stumm und schindet sich ab. Jeder Schritt wird zur harten Arbeit. Die Gesichter schneiden Fratzen, die sich in die blasse Staubkruste einzeichnen und darunter erstarren. Der ganze Körper zieht sich in jener ununterbrochenen Anstrengung krampfhaft zusammen, und wir vergehn in stumpfer Müdigkeit und düstrem Ekel.

Endlich erblickt man die langersehnte Oasis: über einen Hügel hinweg auf einem zweiten, höheren Hügel schauen Schieferdächer aus einem frischen, salatgrünen Blätterstrauss hervor.

Dort liegt das Dorf, das der Blick endlich erreicht; aber noch ist man nicht angekommen. Je mehr das Regiment sich ihm nähert, desto weiter scheint das Dorf sich zu entfernen.

Schliesslich aber, punkt zwölf Uhr, erreicht man letzten Endes doch das Quartier, an das man bald nur wie an ein Märchen glaubte.

Jetzt marschiert das Regiment im Schritt, mit geschultertem Gewehr in die Strasse von Gauchin-I`Abbé ein und überschwemmt sie in ihrer ganzen Breite. Die meisten Dörfer des Pas-de-Calais haben nur eine Strasse, aber was für eine Strasse! Oft ist sie mehrere Kilometer lang. In Gauchin-l'Abbé gabelt sich die grosse, einzige Strasse vor dem Bürgermeisteramt und bildet zwei Nebenstrassen, so dass die Ortschaft ein grosses Y bildet, unregelmässig mit niederen Häuserfronten berändert.

Die Radfahrer, die Offiziere und die Ordonnanzen lösen sich von dem langen, wandelnden Wurm. Dann treten, während er sich vorwärts bewegt, die Leute gruppenweise in die Tore der Scheunen, da die noch freien Wohnhäuser für die Offiziere und die Bureaus bestimmt sind ... Unser Zug muss erst bis ans Ende des Dorfes marschieren und dann stellt sich ein Versehen der Furiere heraus, und wir kommen, rechtsumkehrt, wieder ans andre Ende, an welchem wir einmarschiert waren.

Dieses Hin und Her kostet Zeit, und die Korporalschaft, die man so von Süden nach Norden und wieder von Norden nach Süden schleppte, äussert über die ohnehin schon unglaubliche Müdigkeit und über die Schritte, die man ihr hätte ersparen können, ihren fieberhaften Unwillen. Es ist nämlich sehr wichtig, dass man sich so früh als möglich einrichte und freigelassen werde, wenn man die seit lange ersonnenen Projekte zur Ausführung bringen will; das heisst, bei einem Einwohner eine Unterkunft mit einem Tisch finden, an den sich die Korporalschaft zu den Mahlzeiten setzen könnte. Man hat die Sache und ihre Vorteile schon eifrig besprochen. Man ist einig geworden, hat zusammengelegt und beschlossen, sich diesmal in überschüssige Ausgaben zu stürzen.

Wird aber das alles noch zu machen sein? Eine Menge Lokale sind schon besetzt, und noch andere sind hergekommen mit jener Sehnsucht nach Bequemlichkeit, so wird man den freien Tischen schon nachlaufen müssen ... Drei Kompagnien sind allerdings nach uns einmarschiert, aber vier waren schon vor uns da; und dann: die offiziösen Suppentöpfe der Sanitätler, der Schreiber, der Wagenführer, der Ordonnanzen des Brigadekommandos und weiss der Teufel was noch ... Alles das sind wichtigere und mächtigere Leute als der einfache Liniensoldat, sie haben mehr Bewegungsfreiheit und Mittel und können ihre Pläne vorher ausführen. Jetzt schon sieht man solche Liebhaber auf den eroberten Torschwellen häusliche Geschäfte verrichten, während wir erst auf die Scheune zumarschieren, die für die Korporalschaft bestimmt wurde.

Tirette ahmt das Brüllen des Rindviehs und das Blöcken der Schafe nach.

* Das wär also der Kuhstall.

Es ist eine ziemlich geräumige Scheune. Das geschnittene Stroh, aus welchem beim Drübergehn der Staub auffliegt, riecht nach Abort. Der Raum aber kann als ungefähr geschlossen gelten. Man belegt seinen Platz und schnallt ab.

Diejenigen aber, die, wie so oft schon, von einem besonderen Paradies geträumt hatten, stecken wiederum ihre Hoffnungen in die Tasche.

* Du, das sieht hier so aus wie anderswo.

* 's ist dieselbe gleiche, ewige Ewigkeit.

* Ja, Gottverdanzig.

* 's war auch nicht anders zu erwarten.

Aber nun darf mit Reden keine Zeit verloren werden. Jetzt heisst es die Hände rühren und den andern zuvorkommen: per Express und doppelter Geschwindigkeit. Eilig geht's ans Werk. Trotz zerschundenem Rückgrat und zermürbten Füssen ringt man um die letzte Anstrengung, von der das Wohlsein einer Woche abhängen wird.

Die Korporalschaft teilt sich in zwei Patrouillen, die sich im Trab davonmachen, die eine nach rechts, die andere nach links auf die Strasse, die schon von geschäftigen Soldaten auf der Suche wimmelt. Und alle Gruppen beschnuppern und beobachten einander ... und beeilen sich. Manchmal auch kommt es, auf gewisse Bewegungen hin, zu fluchenden Keilereien.

* Gehn wir gleich mal dorthin schauen, sonst sind wir lackiert!

Ich habe den Eindruck einer Art verzweifelten Kampfes unter den Soldaten, der sich auf den Strassen des soeben besetzten Dorfes abspielt.

* Für uns, sagt Marthereau, ist der Krieg eine ewige Keilerei und eine ewige Schlacht, ohne Ende, ohne Ende!

~

Man geht von Tür zu Türe, klopft an, stellt sich schüchtern vor und preist sich an wie eine unerwünschte Ware. Einer unter uns meint:

* Hätten Sie nicht ein bisschen Platz, Madame, für die Soldaten? Wir zahlen schon.

* Nein, ich hab schon Offiziere * oder: Unteroffiziere * oder: die Musikanten, die Sekretäre, die Pöstler, oder die Herrn vom Lazarett und so weiter sind hier schon zum kochen ...

Nirgends, aber auch nirgends Glück. Und man schliesst die Türen eine nach der andern wieder, nachdem man sie schüchtern geöffnet hatte und schaut sich draussen gegenseitig an, während der Vorrat an Hoffnungen in den Blicken immer kleiner wird.

* Herrgott! Wirst sehn, wir kriegen nichts, murrt Barque. Ueberall haben sie schon mit Durchfallsgeschwindigkeit hingeschissen. Misthaufen, verfluchte!

Die Menge wälzt sich nach allen Seiten. Die drei Strassen füllen sich nach dem Gesetz der kommunizierenden Röhren mit Leuten an. Man begegnet auch den Dorfbewohnern, alten Bauern oder schlecht gewachsenen Kreaturen, oder auch jungen Leuten, an denen das Geheimnis verborgner Krankheiten oder politischer

Beziehungen haftet. In den Röcken stecken alte Weiber und viele junge, fette Mädchen mit aufgedunsenen Backen, die wie weisse Gänse einherwatscheln.

Plötzlich erscheint mir, wie eine flüchtige Vision, zwischen zwei Häusern eine Frau, die jenen Schattenspalt durchschritt ...

Es ist Eudoxie! Eudoxie, jenes Rehweib, dem Lamuse nachjagte wie ein Faun im Wald und die sich an jenem Morgen, als wir den verwundeten Volpatte und Fouillade zurückbrachten, aus dem Waldrand beugte und mit Farfadet durch ein gemeinsames Lächeln verbunden schien.

Sie war es, die ich soeben wie einen Sonnenstrahl in jenem Gässchen sah. Dann ist sie hinter einer Mauerwand verschwunden, und über die Stelle fiel der Schatten wieder ... Sie schon hier! Natürlich, sie ist uns in unserer mühseligen und langen Wanderung gefolgt! Etwas hat sie hierhergezogen ...

Uebrigens, scheint sie in der Tat etwas herzulocken: so kurz auch der Augenblick war, der sie mir im blonden Lichte ihrer Haare zeigte, so habe ich doch einen ernsten, träumerischen und nachdenklichen Ausdruck von ihrem Gesichte ablesen können.

Lamuse, der mir auf den Fersen folgt, hat nichts gesehn. Auch sag ich ihm nichts davon, denn er wird die Gegenwart jener reizenden Flamme, für die sein ganzes Wesen brennt, die ihn aber wie ein Irrlicht meidet, früh genug merken. Uebrigens haben wir augenblicklich Geschäftliches zu erledigen, und der ersehnte Ort muss unbedingt erobert werden. Wir machen uns wieder mit verzweifelter Energie auf die Suche. Barque schleppt uns mit und nimmt sich die Sache sehr zu Herzen. Er wittert wie ein Spürhund, und sein staubgepuderter Haarbüschel zittert vor Anstrengung. Er führt uns, die Nase auf der Suche und schlägt vor, es mit jener gelben Tür dort zu versuchen. Und nun heisst es: vorwärts!

Bei der gelben Tür stossen wir auf eine hockende Gestalt; es ist Blaire; er stützt seinen Fuss auf den Randstein und schabt mit dem Messer seinen klotzigen Schuh ab und haut die Gipsschicht herunter wie ein Bildhauer.

* Hast in deinem Leben noch nie solch schneeweissen Fuss gehabt, uzt ihn Barque.

* Uzerei beiseite, antwortet Blaire, hast du 'ne Ahnung, wo der Zahnarztwagen steckt?

Dann fährt er fort:

* Ich muss absolut den Zähnekarren ausfindig machen, auf dass man mir die Kaue ansetzt und sie mir meine alten Dominos rausziehn. Irgendwo hier soll sie sein, die Maulklinik.

Dann klappt er sein Messer wieder zu, steckt es in die Tasche und drückt sich an den Häusern entlang, in tiefer Sorge um die Wiedergeburt seiner Kiefer.

Wir aber sagen unsere so oft wiederholte Bettlerlitanei wieder her:

* Guten Tag, Madame, hätten Sie uns nicht einen kleinen Winkel zum Essen? Gegen Bezahlung versteht sich ...

* Nein ...

Eine männliche Gestalt aber hebt in der Aquariums-Beleuchtung des niedren Fensters sein merkwürdig flaches Gesicht, das, von parallelen Runzeln durchfurcht, an ein altes, beschriebenes Papier erinnert.

* Hast doch den Hundestall.

* 's hat keinen Platz im Hundestall, wir haben doch die Wäsche drin ...

Barque aber fängt den Vorschlag prompt auf.

* Lässt sich vielleicht doch machen? Wir können's mal ansehn.

* Die Wäsche ist doch drinn, knurrt die Frau und kehrt dabei mit ihrem Besen ununterbrochen weiter.

* Wissen Sie, lächelt Barque einladend, wir sind nicht solche, die sich im Heu hinten betrinken. Wir könnten doch mal drüber reden, nicht?

Die Frau lässt ihren Besen fahren. Sie ist mager wie ein Schatten. Ihr Mieder hängt an ihren Schultern wie an einem Kleiderhaken, sie hat ein ausdrucksloses, starres Pappegesicht. Sie guckt uns an, stutzt und führt uns schliesslich widerwillig in einen sehr dunklen Raum, der auf nackter Erde steht und in dem die schmutzige Wäsche herumliegt.

* Is' ja tadellos, ruft Lamuse voller Ueberzeugung aus.

* Reizendes Mädel! sagt Barque und klopft einem kleinen Mädchen auf die runden Backen, die wie bemalter Kautschuk aussehn; und das Mädchen betrachtet uns mit seiner kleinen, dreckigen Nase im Halbdunkel. Ist die Ihnen, Madame?

* Und der da? wagt Marthereau zu fragen, als er ein aufgeschossenes Baby bemerkte, mit Backen, drall wie eine Schweinsblase und auf denen schmierige Konfitüre die Staubteilchen der Luft auffängt.

Marthereau hält dem bestrichnen und klebrigen Gesicht mit einer gewissen Vorsicht seine Hand hin.

Die Frau aber würdigte ihn keiner Antwort.

Und wir stehn dabei, schaukeln auf unsern Beinen hin und her und lächeln wie Bettler, denen noch nicht ganz willfahren wurde.

* Wenn sie nur ja sagt, der alte Waschlappen! flüstert mir Lamuse ins Ohr; denn ihn nagt ein Herzenswunsch, aber er traut der Sache noch nicht. Tadellos ist's hier, weisst du, und sonst ist alles schon besetzt!

* Aber 's hat keinen Tisch, macht endlich die Frau.

* Gotteswillen, machen Sie sich mal keine Sorgen wegen dem Tisch, ruft Barque aus. Die alte Türe dort in der Ecke, das ging schon für'n Tisch.

* Sie werden mir doch nicht meine ganzen Sachen an die Luft setzen! antwortet das Pappe-Weib misstrauisch, wobei sie es offensichtlich bereute, uns nicht sofort vor die Türe gesetzt zu haben.

* Haben Sie nur keine Bange! Schauen Sie her. He, Lamuse, alter Esel, da fass mal an.

Und die alte Türe wird auf zwei Fässer gelegt, was das alte Mann-Weib unzufriedenen Blickes geschehn liess.

* Das putzen wir ein bisschen und die Sache klappt.

* Ha natürlich, Mütterchen, mal mit dem Besen drüber wischen, das gilt als Tischtuch.

Sie wusste nicht recht, was sie dazu sagen sollte und schaute uns mürrisch an.

* 's hat nur zwei Hocker, und wieviel seid ihr?

* Ein Dutzend ungefähr.

* Ein Dutzend, Jesus-Maria!

* Spielt doch keine Rolle, wird schon gehn, hier hat's noch ein Brett zum sitzen, das ist doch wie bestellt, nicht, Lamuse?

* 'türlich! meint Lamuse.

* Aber das Brett da, das geb ich nicht gerne her; es waren schon früher welche da, die haben's schon mitnehmen wollen.

* Aber wir sind doch keine Diebe, erklärt Lamuse, sehr zahm, um das Wesen, das in seinen Händen unser Glück geborgen hält, nicht zu erzürnen.

* Weiss schon, aber Sie wissen, Soldaten, die machen immer alles kaput. Ach Gott, ist das ein Elend mit dem Krieg!

* Jetzt, sagen Sie, und wie viel wär, die Miete für den Tisch und dann, wenn man was auf dem Ofen wärmen wollte?

* Zwanzig Sous pro Tag, machte die Wirtin, und stösst diese Worte hervor, als quetsche man ihr die Summe gewaltsam aus.

* Das ist teuer, sagte Lamuse.

* Das haben die andern auch gezahlt, und das waren nette Leute, die Herren, und man hat sogar von ihrem Essen was gekriegt. Ich weiss ja schon, Soldaten machen nicht viel Umstände. Wenn Sie glauben, es sei zu teuer, so find ich schon noch andere für das Zimmer mit dem Tisch und dem Ofen und die ihrer nicht zwölf sind. Es werden noch manche kommen und die noch mehr zahlen würden, wenn man wollte. Zwölfe! ...

* Teuer, sag ich, aber schliesslich, es wird schon gehn, was meint ihr? sagte Lamuse schleunigst.

Wir aber stimmten dieser rein formellen Frage einstimmig zu.

* Ich würde gerne jetzt eins trinken, meinte Lamuse. Verkaufen Sie Wein?

* Nein, sagte die Frau und fügte in weinerlichem Tone hinzu: Sie werden verstehn, die Militärdirektion hat den Preis für die Weinverkäufer auf fünfzehn Sous gesetzt. Fünfzehn Sous! Gott, das Elend mit dem verwünschten Krieg! Man müsste ja noch drauf zahlen bei fünfzehn Sous. Drum kann ich keinen verkaufen. Ich hab zwar schon Wein, für uns. Ich meine, dann und wann, so zum Gefallen, gibt man schon ein bisschen her, wenn man weiss, mit wem man's zu tun hat und wenn's welche sind, die das schon verstehn; aber, meine Herren, natürlich nicht für fünfzehn Sous.

Lamuse gehört zu denen, die das schon verstehn. Er greift nach seiner Feldflasche, die er gewöhnlich an der Seite trägt.

* Geben Sie mal einen Liter her. Wieviel wird das kosten?

* Zweiundzwanzig Sous, was er mich gekostet hat. Aber wissen Sie, ich tu's nur Ihnen zu Gefallen, weil Sie Soldaten sind.

Barque aber, dem die Geduld ausgeht, brummt etwas beiseite in seinen Bart. Die Frau wirft ihm daraufhin einen bissigen Blick zu und hält dem Lamuse die Blechkanne wieder hin.

Dieser aber, dem die heisse Sehnsucht, endlich wieder Wein zu trinken, die Backe rötet, als ob die Flüssigkeit schon langsam dran abfärbe, bemerkt schleunigst:

* Haben Sie nur keine Angst, Mütterchen, die Sache bleibt unter uns, wir verraten Sie schon nicht.

Sie aber schimpft in krampfhafter Erbitterung gegen den Weintarif. Und Lamuse treibt die heisse Begierde soweit in der Erniedrigung und der Kapitulation seines Gewissens, dass er ihr sagt:

* Das ist halt militärisch, Madame! Das müssen Sie nicht mit dem Verstand begreifen wollen.

Sie führte uns in den Keller. Drei grosse Fässer füllten diesen Raum mit ihren imponierenden Bäuchen aus.

* Das ist also Ihr kleiner Privatvorrat, brummt Barque.

Darauf dreht sich die Alte mit galligem Blicke um:

* Sie werden doch nicht verlangen, dass man durch diesen elenden Krieg noch zum Bettler wird! Verliert man nicht schon so genug Geld dabei?

* Wieso? fragt Barque.

* Man merkt, dass Sie Ihr Geld dabei nicht riskieren.

* Nein, allerdings, wir riskieren nur unsere Haut dabei.

Die andern, in der Angst, diese Auseinandersetzung könnte unsren heiligsten Interessen zum Verderbnis werden, treten beschwichtigend dazwischen. In diesem Augenblick schwankt die Kellertüre und eine Männerstimme schreit hinein:

* He, Palmyre!

Die Alte wackelt hinaus und lässt vorsichtigerweise die Türe offen.

* Aha! macht Lamuse, die Sache macht sich.

* Saupack! knurrt Barque, der diesen Empfang nicht verdaute.

* Eine Schande ist es, eine Gemeinheit, sagt Marthereau.

* Als hättest du das noch nie gesehn!

* Und du, Dumoulard, tadelt Barque, mit deiner Püppchenstimme, meinst noch: "Es ist militärisch!" Du hast 's Schlucken leicht.

* Was willst du auch, was soll man denn anders sagen? Oder hätten wir uns die Magenschnalle festschnüren sollen, für den Tisch und den Wein? Und wenn sie vierzig Sous für den Liter verlangte, saufen würde man ihn doch, oder? Und so muss man noch froh sein. Offengestanden, Angst hatte ich schon, die alte Schnalle würde nicht einschnappen wollen.

* Ich weiss schon, überall ist es die gleiche Geschichte, aber ...

* Jawohl, der Zivilist, der ist bei der Sache, Herrgott! Aber schliesslich muss es ja auch solche geben, die dabei 'n Vermögen machen. Es können sich doch nicht alle totschiessen lassen.

* Ha! die tapfere Bevölkerung im Westen!

* Na, und die tapfere Bevölkerung im Norden!

* ... die uns mit offenen Armen aufnimmt! ...

* Jawohl, mit offenen Händen, eher ...

* Ich sage ja, meint Marthereau, eine Schande ist es, eine Gemeinheit.

* Mach's Maul zu! Sie kommt, die alte Kuh! ...

Dann kehrten wir ins Quartier zurück, um den andern den errungenen Erfolg mitzuteilen, und gingen zum Einkaufen.

Als wir wieder in unser neues Esszimmer zurückkamen, machten wir uns an die Zubereitung unseres Mittagessens. Barque war zur Proviantverteilung gegangen; es war ihm dabei, dank der persönlichen Beziehungen mit dem Chef, der selbst prinzipiell gegen die Verteilung an den einzelnen Mann war, gelungen, die Kartoffel- und Fleischration für die fünfzehn Mann der ganzen Korporalschaft zu fassen.

Dazu hatte er Schmalz, einen kleinen Ballen für vierzehn Sous, gekauft, womit man also die Kartoffeln braten würde. Ausserdem hatte er vier Büchsen Erbsenkonserven aufgetrieben. Die Kalbfleischkonserve mit Gelee von Mesnil André würde als Hors-d'oeuvre herhalten.

* Das alles ist nicht dreckig! meinte Lamuse begeistert.

~

Man inspizierte die Küche. Barque trottete beglückt um den gusseisernen Ofen, dessen warme, schnaufende Masse in einer Ecke stand.

* Ich habe noch heimlich ein Hühnchen in die Suppe gesteckt, flüsterte er mir zu und lüftete den Deckel des Kochtopfes.

* Das Feuer ist nicht sehr stark. Eine halbe Stunde schon liegt das Fleisch drin, und 's Wasser ist immer noch sauber.

Einen Augenblick nachher hörte man ihn mit der Wirtin unterhandeln. Es handelte sich um einen Extra-Kochtopf: ja, aber dann hätte sie nicht mehr genug Platz auf ihrem Herd; und man hätte ihr gesagt, es genüge ein Kochtopf und sie hätte es geglaubt; wenn sie gewusst hätte, dass man ihr noch Schwierigkeiten machen würde, hätte sie das Zimmer nicht vermietet. Barque aber gab ihr eine gutmütige Antwort, machte einen Witz und es gelang ihm, das Ungeheuer zu besänftigen.

Dann kamen die übrigen, einer nach dem andern. Sie zwinkerten mit den Augen, rieben sich die Hände und waren voller schmalziger Träume, wie geladene Hochzeitsgäste.

Beim Eintritt in dieses schwarze Viereck, vom Aussenlicht noch geblendet, bleiben sie einige Minuten wie Eulen mit hohlen Augen unsicher stehn.

* Wenig lichtvoll, meint Mesnil Joseph.

* Herrgott, was verlangst du noch mehr!

Die andern rufen alle im Chorus aus:

* Verdammt angenehm hier!

Und man sieht, wie die Köpfe in der Dämmerung jenes Kellers Beifall nicken.

Zwischenakt: Farfadet ist aus Versehen an die weiche und schmutzige Erdmauer gestreift; die Mauer hat seiner Schulter einen derart schwarzen Flecken aufgedrückt, dass er sogar in dieser Dunkelheit sichtbar ist. Farfadet, der um sein

Aeusseres sehr besorgt ist, murrt, stösst aber, als er der Wand ein zweitesmal entwischen will, an den Tisch, wobei sein Löffel auf den Boden fällt. Er bückt sich und sucht ihn tastend auf dem unebenen Boden, auf den seit Jahren der Staub und die Spinngewebe lautlos gefallen sind. Er findet das Essgerät wieder, aber es ist kohlenschwarz und mit dünnen Fasern behangen. Hier einen Gegenstand auf den Boden fallen lassen, ist allerdings eine Katastrophe und es heisst vorsichtig sein.

Lamuse legt seine fette Schinkenfaust zwischen zwei Bestecke und ruft:

Vorwärts, zu Tisch!

Dann wird gegessen. Die Mahlzeit ist reichlich und von feiner Qualität. Das Gespräch mischt sich unter den Lärm der schmatzenden Mäuler und der Flaschen, die sich leeren. Und während man die Freude hat, das Essen sitzend zu gemessen, dringt durch's Kellerloch ein Lichtstrahl, der einen lichten Luftschleier webt, ein Stück des Tisches überstrahlt und ein Gedeck, ein Visier oder ein Auge aufblitzen lässt; * dabei betrachte ich verstohlen dieses düstere Fest, das vor Freude überschäumt.

Biquet erzählt von den kniefälligen Scherereien, die es ihn kostete, bis ihm eine Glätterin den Gefallen tat, sich seiner Wäsche anzunehmen, aber "teuer war's, verdammich!" Tulacque beschreibt die Reihen, die vor dem Krämerladen Queuestehen: verboten reinzugehn, draussen ist man eingepfercht wie 'ne Hammelherde.

* Und wenn du schon draussen stehst, so schmeissen sie dich raus, wenn du 's Maul zu weit auftust.

Und was alles sonst noch? Der Rapport zählt die Strafen auf, die auf Ausplünderung des Einwohners stehn; * er enthält schon eine ganze Liste. * Volpatte ist zurückgeschickt worden. * Die Leute der Klasse 93 werden auch zurückgeschickt: Pepere ist drunter.

Barque, der die Bratkartoffeln auftischt, teilt mit, dass die Wirtin Soldaten an ihrem Tisch hat und zwar sind es die Krankenwärter der Maschinengewehr-Abteilung.

* Die glauben, sie hätten das beste erwischt, aber wir haben's doch besser, meint Fouillade überzeugt, und stemmt sich in den Schatten dieses engen Und verdreckten Lokales, wo man ebenso blind aufeinanderhockt wie im Unterstand. (Wem fiele aber jetzt dieser Vergleich ein?)

* Wisst ihr, sagt Pépin, die Jungens von der 9. Kompagnie, die haben's geschleckt! Die sind bei einer Alten, die sie umsonst logiert, weil ihr Alter, der vor fünfzig Jahren abgefahren ist, seinerzeit auch Voltigeur war. Sie hat ihnen, scheint's, sogar einen Rindrücken umsonst gegeben, den sie im Pfeffer verzehren.

* Es hat schon überall gute Leute. Aber die Jungens von der 9. haben doch ein überzähliges Schwein, im ganzen Dorf gerade das Dach erwischt zu haben, wo's die guten Leute hatte.

Palmyre bringt den Kaffee, den sie liefert. Sie ist zahmer geworden, hört unserer Unterhaltung zu und fragt uns aus mit hochmütiger Stimme;

* Warum sagt ihr dem Adjutanten: le juteux?

Barque antwortet wie ein Lehrspruch:

* Nie noch ward er anders geheissen.

Nachdem sie aber verschwunden ist, gibt man über den Kaffee sein Urteil ab:

* Nun red einer noch von Helligkeit! Man sieht den Zucker unten im Glas spazieren gehn.

* Sechs Sous verlangt sie dafür.

* Filtriertes Wasser ist das.

* Da geht die Türe einen Spalt weit auf und es gibt davon einen weissen Strich, darin das Gesicht eines kleinen Knaben erscheint. Man lockt ihn herein wie eine kleine Katze und hält ihm ein Stückchen Chokolade hin.

* Ich heisse Charlot, zwitschert darauf das Kind. Wir wohnen nebenan, 's hat auch Soldaten bei uns. Es hat immer welche bei uns. Man verkauft ihnen alles, was sie wollen. Manchmal aber eben sind sie betrunken.

* Sag mal, Kleiner, komm mal bisschen her, sagt Cocon und nimmt den Kleinen zwischen die Knie. Horch mal zu: Nicht wahr, dein Vater sagt: "Wenn nur der Krieg noch lange dauert," nicht?

* Freilich, antwortet das Kind und nickt mit dem Kopf, weil man dann reich wird. Er hat gesagt, dass wir Ende Mai fünfzigtausend Franken verdient haben werden.

* Fünfzigtausend! Das ist nicht wahr!

* Doch, doch! stampft der Kleine, Er hat's zur Mutter gesagt; dem Vater wär's recht, wenn's immer so weiter ging. Der Mutter ist es manchmal nicht recht, weil

mein Bruder Adolf an der Front ist. Aber wir werden ihn zurückstellen lassen und dann kann der Krieg schon noch dauern.

Kreischendes Gezanke von der Wohnung unseres Wirtes her macht diesem Geständnis ein Ende. Der bewegliche Biquet geht, Erkundigungen über das Gekreische einzuziehn.

* 's ist nichts, sagt er zurückkehrend. Nur der Alte, der schnauzt die Alte an, weil sie kein Geschick hat, sagt er, weil sie den Senf in ein Weinglas giesst, so was sei nicht zum glauben, sagt er.

Dann steht man vom Tisch auf und verlässt das Erdloch, in dem die drückende Luft nach Pfeifenqualm, Wein und abgestandenem Kaffee riecht. Beim Ueberschreiten der Schwelle fährt uns eine drückende Hitze entgegen, die noch ein Schmalzgeruch beschwert, wenn die Küchentüre aufgeht.

Unzählige Fliegen summen in der Luft, kleben in schwarzen Schichten an den Mauern und fliegen, wenn man vorbeigeht, in brummenden Schwärmen auf.

* Es ist wieder wie letztes Jahr! ... Draussen die Fliegen, drinnen die Läuse ...

* Und im Innern die Bazillen.

In diesem schmutzigen, kleinen Haus mit dem angehäuften alten Krimskrams und den staubigen Ueberresten aus der vergangnen Jahreszeit, mit der Asche erloschner Sonnen, kriecht durch die Möbel und die Gerätschaft ein Etwas umher: ein altes Männchen mit langem, abgeschältem Hals, rauh und hellrot, der an eine kranke, gerupfte Hühnerkehle mahnt. Der Alte hat auch das Profil einer Henne, eine lange Nase, unter der das Kinn fehlt. Der graue Filzfleck seines Bartes sitzt in der Höhlung seiner eingefallnen Wange, und ein Paar dicke, runde und hornige Augenlider öffnen und schliessen sich wie zwei Deckel über der blinden Glasur seiner Augen.

Barque hat ihn schon beobachtet.

* Guck her, er sucht: einen Schatz. Er behauptet, es sei einer versteckt in dieser Spelunke, in der er den Schwiegeralten spielt. Mit einem Mal siehst du ihn auf allen Vieren kriechen und mit seinem alten Käsestummel in allen vier Ecken herumschnüffeln. Da! Guck hin!

Der Alte nahm mit seinem Stock eine systematische Untersuchung vor. Er klopfte den Wandsockel und die Bodenkacheln ab, wurde dabei durch die vorbeigehenden Hausbewohner angerempelt und auch durch den Besen Palmyrens, die ihn gewähren Hess in der offensichtlichen Ueberzeugung, dass die Ausbeutung des armen Publikums ein besserer Schatz sei als märchenhafte Schatullen.

Zwei Klatschbasen standen in einer Fensternische und erzählten sich Geheimnisse neben einer alten Karte Russlands, auf der die Fliegen scharenweise klebten.

* Ja, ja, schnatterte die eine, aber mit dem Picon muss man aufpassen. Wenn Ihnen beim Einschenken die Hand zu schwer wird, kriegen Sie die sechzehn Gläser pro Flasche nicht raus und dann kommen Sie mit dem Verdienst zu kurz. Ich meine nicht, dass man noch aus dem Geldsack drauflegen müsste, aber immerhin mit dem Verdienst kommt man doch zu kurz. Man müsste sich eben unter Verkäufern verständigen, aber das ist so schwer, sogar wenn's im allgemeinen Interesse ist!

Draussen brennt eine höllische Sonne mit unheimlich viel Fliegen. Die Viecher waren vor einigen Tagen noch selten, aber seither hört man überall das Gesumme ihrer winzigen und unzähligen Motore. Ich gehe mit Lamuse ein wenig spazieren; wir schlendern durch die Strassen. Heute wird man Frieden haben; denn heute ist vollständiger Ruhetag wegen des nächtlichen Marsches. Man könnte auch schlafen, aber es ist vorteilhafter, die Zeit zum ungebundenen Spazierengehn auszunützen; morgen wird man wieder ins Exerzieren und in den Quartierdienst eingespannt werden ...

Wir sind allerdings nicht die Unglücklichsten, denn andere sind heute schon ins Räderwerk des Quartierdienstes eingeschraubt worden.

Lamuse fragt den Corvisart, ob er mit bummeln geht aber Corvisart antwortet, und beklopft dabei die Fläche seiner kleinen, runden Nase, die ihm wie ein Pfropfen wagrecht im Gesicht sitzt:

* Ich kann nicht, hab Besengarde!

Er zeigt dabei Schaufel und Besen, mit denen er an den Mauern entlang, über eine Giftluft gebückt, den Beruf eines Strassenkehrers und Kehrichtsammlers ausübt.

Wir gehen lässigen Schrittes weiter. Der Nachmittag liegt schwer auf der schlummernden Landschaft und drückt den vollen und reichlich mit Nahrung ausgestopften Magen. Man wechselt hie und da ein Wort.

Nicht weit von uns werden Schreie laut: Barque reisst sich mit einer Menagerie von Hausfrauen herum ... und ein bleiches Mädchen mit Haaren, die wie Pinselfasern auf dem Hinterkopf gebunden sind, und mit einem Fieberausschlag. um den Mund, hört der Zankerei zu. Sonst sind noch andere Frauen zugegen, die im schmalen Schatten vor ihren Türen sitzen und irgend eine fade Näharbeit verrichten.

Sechs Leute marschieren mit einem Unteroffizier vorüber. Sie sind mit neuen Mänteln und mit neuem Schuhwerk hoch beladen.

Lamuse betrachtet seine geschwollnen und zerschundenen Schuhe:

* Unbedingt! Ich muss ein Paar neue Ruderboote haben, bald siehst du meine Klauen durch ... Ich kann doch nicht auf nackten Flossen rumlaufen, oder?

Ein Flugzeug schnurrt. Man sieht ihm nach, das Gesicht nach oben, mit verrenktem Hals und wässrigen Tränen, die einem die knallhelle Sonne aus den Augen beisst. Als unsre Blicke aber wieder auf der Erde waren, erklärte Lamuse:

* Da kommt niemals was praktisches raus bei diesen Maschinen, nie.

* Wie kannst du so was behaupten! Man hat doch derartige Fortschritte gemacht, in so kurzer Zeit ...

* Schon wahr, aber weiter geht's nicht. Besser als jetzt kann man's doch nicht machen.

Ich kämpfte diesmal gegen den vernagelten Widerstand, den die Unwissenheit jedesmal dem vielversprechenden Fortschritt entgegenstellt, nicht weiter an, sondern lasse meinen dicken Kameraden in seiner Meinung beharren, mag er glauben, dass die ausserordentliche Anstrengung der Wissenschaft und der Industrie plötzlich in seinem Hirn ihre Grenze findet.

Nachdem er mir aber seine innersten Gedankengeheimnisse anvertraut hat, fährt er fort und sagt gesenkten Hauptes, ganz nahe an mich herantretend:

* Weisst du, dass Eudoxie hier ist?

* So! machte ich.

* Jawohl. Du siehst auch gar nichts, du. Ich hab sie gesehn (und dabei lächelt er gnädig), verstehst du jetzt: wenn sie hier ist, so ist's, weil sie sich für einen interessiert, nicht? Sie ist uns nachgegangen wegen einem von uns, zweifellos.

Dann fährt er fort:

* Soll ich dir was sagen? Wegen mir ist sie gekommen.

* Bist du sicher, Alterchen?

Ja, klang es dumpf aus dem Munde des Stierkerls. Erstens will ich sie haben. Und zweitens hab ich sie zweimal ertappt, wie sie gerade dort durchging, wo ich, ich alleine, auch durchging, verstehst du? Und wenn du mir auch sagst, sie sei dann weggelaufen, schon, aber sie ist eben elend schüchtern, und wie! ...

Er pflanzte sich mitten auf die Strasse und schaute mich scharf an. Sein derbes Gesicht mit dem fetttriefenden Backenpaar und der dicken Nase schaute ernst drein. Dann glättete er seinen sorgsam gedrehten, dunkelgelben Schnurrbart mit der wulstigen Faust und fuhr in seinen Herzensergiessungen fort:

* Ich will sie haben, und zwar würd ich sie schon heiraten. Sie heisst Eudoxie Dumail. Früher dachte ich nicht dran, sie zu heiraten. Seit ich aber ihren Familiennamen weiss, ist das eine ganz andre Sache, jetzt ging's schon. Verdammt schön ist das Weib; und nicht einmal deswegen ... Ha! ...

Dem dicken Kerl floss das Herz über und es schüttelte ihn ein Gefühl, das er mir in Worten auszudrücken versuchte.

* Ich sag dir, manchmal musste man mich mit Zangen zurückhalten, sagte er, indem er ein ernstes Gesicht machte, die Worte mit der Faust herausklopfte und ihm das Blut in den Nacken und in's Gesicht schoss. So schön ist sie, sie ist ... Und ich bin ... Sie ist so ganz anders * hast du's gemerkt, du merkst doch alles, du *. Es ist allerdings mir ein Bauernmädchen, aber sie hat was, was noch verdammter ist als 'ne Pariserin, sogar eine feine Pariserin am Sonntag, nicht? Sie ... Ich, ich ...

Er zog seine rötlichen Brauen zusammen und hätte mir die Pracht dessen, was er fühlte, mitteilen wollen. Aber er kannte die Kunst des Ausdruckes nicht, und schwieg; so stand er einsam da mit seinem Erlebnis, das nicht in Worte zu fassen war, ewig einsam, trotz seiner Bemühungen, sich auszusprechen.

... Wir schritten weiter nebeneinander her, an den Häusern vorbei. Kleine Rollwagen mit Fässern fuhren vor die Haustüren. In den Fenstern glänzten bunte Stösse von Konservenbüchsen, Zündschnurbündeln und von all den Sachen, die der Soldat kaufen muss. Fast alle Bauern treiben Spezereihandel. Lang hat es zwar gebraucht, bis sich der Handel im Dorf einbürgerte; jetzt aber ist er im Schwung und jedermann hat sich ihm ergeben, angesteckt vom Zahlenfieber, geblendet von den gewinnberechnenden Multiplikationen.

Die Glocken läuteten. Ein Leichenzug kam die Strasse herauf, es war ein Soldatenbegräbnis. Auf einem Militärheuwagen, den ein Trainsoldat führte, lag ein Sarg in eine Trikolore gewickelt. Dann folgte ein Zug Soldaten, ein Adjutant, ein Geistlicher und ein Zivilist.

* Armes Trauerzügelchen, hat den Schwanz verloren, sagte Lamuse.

* Das Lazarett ist nicht weit von hier, murmelte er, und das entleert sich halt. Ach, die Toten sind doch die Glücklichen. Manchmal nur, nicht immer ... so ist es!

Die letzten Häuser des Dorfes liegen hinter uns. Draussen vor dem Dorf steht der Regimentstrain und der Artillerietrain: die Feldküchen und die rasselnden Karren, die mit ihrem Krimskrams hinten nachfahren, die Lazarettwagen, die Gepäck- und Futterwagen und das Wägelchen des Wagenmeisters.

Um den Wagenpark herum sitzen die Zelte der Fahrer und der Wachen. Hier und dort stehn Pferde auf der nackten Erde und gucken mit ihren Glasaugen ins Himmelsloch. Vier Soldaten hauen Tischbeine in den Boden, und die Feldschmiede raucht in die freie Luft hinein. Um diese wimmelnde und bunte Stadt aber, die sich auf zerschundnem Felde, wo die parallelen und kehrenden Räderspuren in der Sonnenhitze erstarren, liegt bereits ein breiter Kehricht- und Scherbenkranz.

Am Rand des Feldes steht ein grosser, weisser Wagen, der durch seine blanke Sauberkeit von den andern absticht, wie in einem Jahrmarkt ein besserer Artistenwagen, der mehr Eintritt verlangt als die andern.

Es ist der vielbesprochene zahnärztliche Wagen, nach welchem sich Blaire sehnte.

Blaire steht gerade davor und betrachtet ihn. Wahrscheinlich schleicht er schon lange mit interessierten Blicken drum herum. Sambremeuse, ein Krankenwärter der Division, kehrt gerade zurück; er besteigt die fliegende Holztreppe, die zur Wagentüre führt. Er hält in seinen Armen eine grosse Zwiebackbüchse, ein Phantasiebrot und eine Champagnerflasche. Blaire ruft ihn an:

* Du, du Fessier, die Hütte da, ist das die Zahnschmiede?

* Steht doch drauf, antwortet Sambremeuse, ein kleiner, feister, sauberer und rasierter Kerl, mit weissem, steifem Kinn. Wenn du's nicht siehst, dann geh doch lieber zum Viehdoktor und lass dir deine Gucklöcher wischen.

Blaire, der näher herangetreten ist, betrachtet das Institut. Er tritt noch ein paar Schritte näher hinzu, dann entfernt er sich, überlegt sich, ob er dem Karren seine Kiefer anvertrauen will und entschliesst sich endlich, setzt einen Fuss auf die Treppe und verschwindet im Wagen.

~

Und wir spazieren weiter ... Der Weg führt uns auf einen krummen Pfad zwischen hohen Hecken, auf denen der Staub liegt. Es wird stiller hier. Das Sonnenlicht überschwemmt alles, brennt und kocht den Hohlpfad aus, breitet hie und da blendende und sengende Lichtflecken aus und zittert im ruhigen Blau des Himmels.

Bei der ersten Biegung vernehmen wir, kaum hörbar, das Knistern leichter Schritte und stehn gerade Eudoxie gegenüber.

Lamuse stösst einen dumpfen Ausruf aus. Vielleicht glaubt er, dass sie ihm auch diesmal auf der Spur sei, und sieht darin ein Geschenk des Schicksals ... Dann geht er mit dem ganzen Gewicht seiner Masse auf sie zu.

Sie schaut ihn an, bleibt stehn, umkränzt von wilden Rosen. Ihr seltsam mageres und bleiches Gesicht wird unruhig, die Augenlider zittern über ihr prächtiges Augenpaar. Sie ist barhäuptig; ihr Mieder öffnet sich auf ihrem Hals an der Morgenröte ihres Busens. In solcher Nähe gesehn, ist sie in der Tat begehrenswert, dies goldbekränzte Weib im Lichte der Sonne. Die Mondblässe ihrer Haut lockt den Blick und lässt ihn stauen. Ihre Augen flackern und ihre Zähne glitzern in der heissen Wunde ihres halbgeöffneten Mundes, der sich wie Herzblut rötet.

* Ich ... hören Sie ... ich möchte ... sagt Lamuse heiss atmend; Sie gefallen mir so sehr ...

Und er streckt die Arme aus nach der kostbaren, unbeweglichen Erscheinung.

* Lassen Sie mich gehn, Sie ekeln mich an.

Seine Männerfaust stürzt sich auf die eine kleine, weisse Hand. Sie möchte sie zurückziehn und zerrt sie aus der Schlinge. Ihre goldblonden Haare lösen sich und wehen wie Flammen. Er zieht sie an sich. Er streckt den Hals nach ihr und auch seine Lippen drängen begehrend. Er will sie küssen; er will es mit ganzer Kraft, mit ganzer Seele und würde sterben, könnte er sie mit dem Munde berühren.

Sie aber wehrt sich und stösst einen erstickten Schrei aus; ihr Hals bebt und ihr hübsches Gesicht wird hässlich vor Hass.

Dann trete ich näher und lege meine Hand auf die Schulter meines Kameraden, aber vergebens: er tritt zurück und murrt im Bewusstsein seiner Niederlage.

* Ihnen fehlt doch sonst nichts! schrie ihn Eudoxie an.

* Nein, jammerte der Unglückliche, enttäuscht, wie vom Schlag getroffen.

* Dann lassen Sie die Finger weg ein andresmal, sagte sie.

Drauf ging sie keuchend davon; er aber schaute nicht einmal hin, als sie sich entfernte: er blieb stehn, liess die Arme hängen und glotzte den Fleck an, auf dem sie gestanden hatte; er war gepeinigt in seinem Körper, aus seinem Traum herausgeschleudert und fand keine Worte des Flehens mehr.

Ich schleppe ihn mit fort. Er folgt mir, stumm, in innerlichem Durcheinander; er schnüffelt und keucht, als ob er lange geflohen sei.

Er lässt den Klotz seines dicken Schädels hängen. In der unerbittlichen Klarheit des ewigen Frühlings sieht er aus wie ein armer Cyklop, der auf den alten Ufern Siziliens herumirrte, bemeistert und geschändet von der leuchtenden Kraft eines Kindes, gleich einem Riesenspielzeug aus alten Zeiten.

Der herumziehende Weinhändler stösst seinen Karren, auf dem sich ein Fass wölbt, und hat den Wachen einige Liter verkauft. Er verschwindet an der Strassenbiegung, mit seinem gelben Gesicht, platt wie ein Camembert, mit seinen spärlichen, flüchtigen Haaren, die wie Staubflocken zergehn, und so dünn in seiner flatternden Hose, dass es aussieht, als hingen die Füsse mit Schnüren an seinem Rumpf.

Die unbeschäftigten Wachtsoldaten stehn am Ende des Dorfes unter dem Flügel einer wackeligen und quitschenden Tafel, die dem Dorf als Anschlagebrett dient. Nun entspinnt sich unter ihnen ein Gespräch über jenen umherirrenden Hampelmann.

* Dreckige Kerze, sagt Bigornot. Und weisst du, ich will dir was sagen: man sollte die Zivilspatzen nicht so an der Front rumpicken lassen, vor allem solche Kiebitze, wo man nicht weiss, wo sie die Herkunft herhaben.

* Mensch, dir schwindelt, du Lausfliege, antwortet Cornet.

* Halt den Rand, du Bleichsohle, meint Bigornot, man ist nie genug auf der Hut. Und wenn ich was sage, dann weiss ich, was ich sage.

* Weisst du, sagt Canard, dass Pépère auf Urlaub kommt?

* Die Weiber hier, murmelt La Mollette, sind hässlich wie Gift.

Die andern schauen zum Himmel und betrachten zwei feindliche Flieger, die sich in grossen Bögen durch die Luft winden. Um die steifen Maschinenvögel, die je nach dem Licht bald schwarz wie Raben, bald weiss wie Möwen erscheinen, platzen zahllose Schrapnells, spicken den blauen Himmel und fliegen wie weisse Schneeflocken im Sonnenlicht.

~

Wir kehren zurück. Zwei Spaziergänger kommen uns entgegen. Es ist Carassus und Cheyssier.

Sie erzählen, dass Pépère, der Koch, nach hinten in ein Landsturmregiment versetzt werden soll, dank der loi Dalbiez.

* Das ist ein gefundener Drückposten für Blaire, sagt Carassus, der sich mitten im Gesicht eine komische, schlechtangepasste Nase leistet.

Im Dorf sieht man Soldaten in Gruppen vorübergehn oder paarweise miteinander durch das Kreuzband des Gespräches verbunden. Man sieht einzelne zusammentreten, voneinander gehn und dann, des Gespräches noch voll, sich wieder einander nähern, wie durch einen Magneten gegenseitig angezogen.

Dann ein wütendes Gedränge: mitten drin wogen weisse Papierfahnen. Es ist der Zeitungsverkäufer, der für zwei Sous seine Fünfcentimes-Zeitungen verkauft. Fouillade, mager wie eine Hasenpfote, wird mitten auf der Strasse aufgehalten, während Paradis an der Ecke eines Hauses sein schinkenrosiges Gesicht sonnt.

Wir begegnen Biquet in Arbeitsuniform: Bluse und Quartiermütze auf dem Kopf. Er schleckt noch seine Lippen ab und sagt:

* Ich bin welchen begegnet und dann haben wir gesoffen. Verstehst du; morgen geht 's Kratzen wieder los, Garderobeputzen und 's Gewehr. Schon alleine der Mantel, bis der wieder hell wird, 's ist schon kein Mantel mehr, mein Mantel, eher so 'ne Art Panzerfutter.

Dann ist plötzlich Montreuil da, der auf dem Bureau arbeitet, und ruft Biquet.

* He, du Scheisskerl! Ein Brief. Eine Stunde schon lauf ich dir nach! Nie bist du da, du Hühnergackel!

* Kann nicht überall sein, Dicksack du. Gib her.

Erst betrachtet er den Brief, wägt ihn auf der Hand, reisst ihn auf und sagt:

* Von meiner Alten ist er.

Dann schlagen wir einen langsameren Schritt ein, während er mit dem Finger den Zeilen nachgeht, dann überzeugt mit dem Kopfe nickt und die Lippen bewegt wie eine alte Betschwester.

Je näher man dem Zentrum des Dorfes kommt, umso grösser ist der Zulauf. Man grüsst den Kommandanten und den schwarzen Feldprediger, der ihn wie eine

Spazierdame begleitet. Pigeon, Guenon, der junge Escutenaire und Clodore rufen uns an. Lamuse aber ist blind und taub und scheint bis auf's Gehn alles verlernt zu haben.

Bizouarne, Chanrion, Roquette kommen lärmend heran und verkünden eine grosse Neuigkeit.

* Weisst du, Pépère kommt hinter die Front.

* Merkwürdig, wie die Leute auf dem Holzweg sind! sagt Biquet, indem er seine Nase aus dem Brief steckt. Meine Alte sorgt sich um mich.

Und er zeigt mir eine Stelle aus dem mütterlichen Schreiben: "Wenn du diesen Brief erhalten wirst, buchstabiert er, wirst du wahrscheinlich im Kot stecken und frieren, ohne alles, und nichts als Entbehrungen, mein armer Eugene ..."

Er lacht.

* Vor zehn Tagen hat sie mir das aufnotiert. Auf dem Holzweg ist sie! Man friert doch nicht, seit heute morgen ist doch schönes Wetter. Unglücklich ist man auch nicht mit dem Esszimmer. Elend hat's gegeben, aber jetzt geht's uns doch gut.

Wir kehren in unsern gemieteten Hundestall zurück und überdenken diesen Satz dabei. Seine rührende Einfalt macht auf mich einen starken Eindruck und zeigt uns eine Seele, eine zahllose Reihe von Seelen. Weil die Sonne also am Himmel steht, weil man einen Sonnenstrahl und einen Schein von Bequemlichkeit gespürt hat, ist die leidvolle Vergangenheit schon vergessen, und auch die schreckliche Zukunft ist vergessen ... "Jetzt geht's uns doch gut ..." Und alles ist vorüber.

Biquet setzt sich an den Tisch wie ein Herr, den Brief zu beantworten. Er entwickelt dabei grosse Sorgfalt, untersucht das Papier, die Tinte und die Feder und zieht, lächelnd, seine dicke, regelmässige Handschrift über die kleine Briefseite.

* Lachen müsstest du, sagt er zu mir, wenn du wüsstest, was ich der Alten schreib.

Dann überliest er seinen Brief noch einmal, fühlt sich glücklich, und lächelt.

~

VI. Gewohnheiten

Wir sitzen behäbig im Hühnerhof.

Die dicke Henne, weiss wie ein Rahmkäse, sitzt brütend auf den Ueberresten eines Korbes, neben dem Schweinestall, dessen Inhaber in der Erde wühlt. Die schwarze Henne aber spaziert umher. Sie streckt und zieht den elastischen Hals ruckweise vor und zurück und macht dabei weite, gezierte Schritte; in ihrem Profil blinzelt ein rundes Plättchen und den Klang ihrer Stimme scheint sie mittelst einer Metallfeder hervorzubringen. Ihr Gefieder glänzt schwarzschillernd wie die glatten Haare einer Zigeunerin und beim Gehn bewegt sie um sich herum die Schleppe ihrer Nachkommenschaft.

Diese kleinen gelben Häufchen, die der Instinkt stupft und zurückjagt, eilen mit kurzen Stricknadel-Schrittchen der Alten nach und picken den Boden ab. Jetzt aber bleibt die Schleppe hängen: zwei Küchlein sind stecken geblieben, unbeweglich in Gedanken versunken, und achten nicht mehr auf das mütterliche Glucksen.

* Schlechtes Zeichen, meint Paradis. Wenn's Hühnchen nachdenkt, dann ist das Hühnchen krank. Und Paradis kreuzt, seine Beine und überkreuzt sie wieder.

Neben ihm auf der Bank streckt Volpatte die seinen von sich, reisst ein breites Gähnen auf, das er behaglich in die Länge zieht und schaut dann wieder zu; denn es ist ihm ein Hochgenuss, dem Federvieh zuzusehn, wie es sich während dieses kurzen Lebens beeilt, möglichst viel hinunterzuwürgen.

Und man betrachtet sie miteinander und auch den alten, schäbigen Hahn; er ist bis aufs Futter abgenützt; das Flaumkissen hat sich abgelöst, so dass sein Kautschukschenkel, schwarz wie ein geröstetes Rippchen, durchscheint. Er nähert sich der Bruthenne, die abwehrend mit dem Kopfe nickt, ein knappes "nein" spuckt, ein paar glucksende Klapperlaute ausstösst, oder ihn mit den kleinen, blauen Emailleplättchen ihres Auges beobachtet.

* Hier ist es schön, sagt Barque.

* Guck da, die kleinen Enten, antwortet Volpatte. Sie sind zum kugeln.

Eine Reihe ganz junger Enten watscheln vorbei * es sind fast noch Eier mit kleinen Füssen * und der grosse Kopf zieht dabei den ärmlichen und hinkenden Körper sehr schnell an der Halsschnur nach sich. In einer Ecke liegt der Hund und verfolgt die Henne mit seinen tiefschwarzen, ehrlichen Augen; die Sonne scheint auf ihn und lässt sein Fell wie einen roten Teppich leuchten.

Jenseits dieses Bauernhofes scheint, durch das Loch der niederen Mauer, der Obstgarten, dessen feuchte, dichte und grüne Filzdecke sich über die fette Erde breitet; daneben ein grüner Flecken, verziert mit Blumen, weiss wie kleine Statuetten, oder glänzend wie Atlas und bunt wie gebundene Schlipse. Weiterhin streckt sich die Wiese, auf welche die Schatten der Pappelbäume dunkelgrüne und goldgrüne Streifen werfen. Noch weiter sieht man ein erregtes Hopfenfeld neben einem Kohlbeet, wo die Kohlköpfe in Reih und Glied auf der Erde sitzen. Man hört in der sonnigen Luft und auf der sonnigen Erde die Bienen unter Musik arbeiten, wie es die Poesie verlangt, und die Grille, die alleine, allen Fabelversen zum Trotz, ohne Mass und ohne Bescheidenheit, den ganzen Raum mit ihrem Gesang erfüllt.

Dort flattert vom Gipfel einer Pappel eine Meise im Wirbel herunter, halb schwarz, halb weiss wie ein halbverbrannter Zeitungswisch.

Die Soldaten auf der Steinbank strecken sich glückselig, halten die Augen halb geschlossen und liegen an der Sonne, die im eingeschlossenen, weiten Hofe die Luft wie ein Bad heizt.

* Siebzehn Tage sind wir schon hier! Und es hiess, wir kämen von einem Tag auf den andern wieder weg.

* Man kann's nie wissen! nickt Paradis mit dem Kopf und schnalzt dabei mit der Zunge.

Durch das offene Hoftor sieht man eine Reihe Soldaten, die Nase in der Luft, nach Sonne lechzen und spazieren gehn; dann kommt Tellure ganz alleine: mitten auf der Strasse wiegt er den blühenden Bauch, dessen Eigentümer er ist; dabei schwankt er auf seinen zwei Beinen, die henkelartig gebogen sind, einher und spuckt sehr viel und reichlich um sich.

* Man hat gemeint, es sei hier so schlecht wie in den andern Quartieren. Diesmal ist es aber das richtige Ausruhn, das anständig lange dauert, und dann an und für sich ein gutes Quartier.

* Du hast nicht übermässig zu exerzieren und sonst nicht viel Dienst.

* Und die übrige Zeit bist du hier und ruhst aus.

Der alte Mann, der am Bankende zusammengekauert hockte, und der kein andrer war als der Grossvater mit dem Schatz, den wir am ersten Tage entdeckt hatten, rutschte her und hob den Finger.

* Als ich jung war, war ich gut angesehn bei den Frauen, beteuerte er und nickte mit dem Kopf. Manches Fräulein hab ich damals gepflückt.

* So! machten wir zerstreut; denn unsre Aufmerksamkeit wurde von diesem senilen Geschwatze durch den willkommnen Lärm eines Karrens abgelenkt; der Karren fuhr beladen mit schwerer Anstrengung vorüber.

* Jetzt, sagte der Alte wieder, denk ich nur noch ans Geld.

* Ach so, den Schatz, den Ihr sucht, Väterchen.

* Freilich, antwortete der Bauer.

Aber er fühlte dabei die Ungläubigkeit, die um ihn war. Er stiess auf seinen Schädelkasten mit dem Zeigefinger, den er dann gegen das Haus streckte.

* Seht dieses Tier, machte er, indem er auf ein schwarzes Biest deutete, das über den Kalk lief; wissen Sie, was es sagt? Es sagt: Ich bin die Spinne, die den Faden der Jungfrau spinnt.

Und das altertümliche Männchen fügte hinzu:

* Nie soll man über das urteilen, was man tut, weil man nie wissen kann, was kommt.

* Stimmt, antwortete Paradis aus Höflichkeit.

* Er ist komisch, machte Mesnil André zwischen den Zähnen, suchte dabei nach seinem Taschenspiegel und bewunderte seine Gesichtszüge, die sich in der Sonne vorteilhaft ausnahmen.

* Er hat 'nen Sparren, bemerkte Barque glückselig.

* Ich lasse die Herren alleine, sagte der Alte, der sich nicht mehr wohl fühlte.

Er stand auf und begab sich wiederum auf die Suche nach dem Schatz. Er trat ins Haus, an das unsre Rücken lehnten; dabei Hess er die Türe offen und man sah im Zimmer am Riesenkamin ein kleines Mädchen so ernsthaft mit der Puppe spielen, dass Volpatte darüber nachdenklich wurde und sagte:

* Sie hat recht.

* Die Kinderspiele sind sehr wichtige Beschäftigungen. Nur die Erwachsenen vertreiben sich die Zeit mit Spielen.

Nachdem man die Tiere und die Menschen vorübergehn sah, sieht man der Zeit zu, wie sie verstreicht, man schaut überhaupt alles an.

Man schaut das Leben der Dinge, man wohnt dem Ausleben der Natur bei und sieht, wie das Klima und der Himmel auf sie wirkt und wie sie die Farbe der Jahreszeiten trägt.

Wir haben dieses Stück Land lieb gewonnen; denn der Zufall hat uns mitten in unseren ewigen Irrfahrten länger und in grösserem Frieden an diesem Orte verweilen lassen. Dies aber lässt uns mit allen seinen Fähigkeiten vertraut werden. Schon streut September, der Nachtag des Augustmonates und der Vorabend des Oktobers und somit der ergreifendste Monat, leise, zarte Ahnungen in die sonnigen Tage. Schon versteht man diese dürren Blätter, die wie Spatzen auf den flachen Steinen umherhüpfen.

... Ja, man hat sich aneinander gewöhnt, die Landschaft und wir. So oft entwurzelt, fassen wir dennoch hier wiederum Boden und glauben nicht mehr an den Aufbruch, selbst wenn davon die Rede ist.

* Hat die elfte Division nicht anderthalb Monat Ruhe gehabt? sagt Volpatte.

* Und das 375. erst, neun Wochen! fährt Barque beweiskräftig fort.

* Man könnte schon das Kriegsende hier abwarten ...

Barque geht das Herz auf und er glaubt es halb:

* Schliesslich wird's doch einmal ein Ende haben, nicht?

* Schliesslich schon! ... wiederholen die andern.

* Schon wahr, man kann's nie wissen, macht Paradis.

Er spricht es zaghaft aus und ohne grosse Ueberzeugung. Und doch kann man nichts dagegen sagen.

Man wiederholt es leise, und wiegt sich hinein wie in eine alte Weise.

~

Farfadet hat sich schon eine Weile zu uns gesetzt. Zwar hat er etwas Abstand eingehalten und sitzt, die Faust unterm Kinn, auf einem umgestülpten Bottich.

Farfadet geniesst ein zuverlässigeres Glück als wir. Man weiss es wohl; auch er weiss es: als der Alte aufgestanden war und nach seinem Schatze ging, hatte Farfadet den Kopf gehoben und den Alten angeschaut und dann uns, die wir davon sprachen, hier zu bleiben! Ueber unserm zärtlichen und sentimentalen Kameraden liegt etwas wie ein egoistischer Glanz, der aus ihm ein Sonderwesen macht, ihn vergoldet und ihn wider seinen Willen von uns trennt, wie goldne Tressen, die ihm der Himmel geschenkt hätte.

Seine Idylle mit Eudoxie hat sich hier weitergesponnen. Wir haben Beweise dafür, und er selbst hat einmal davon gesprochen. Sie ist nicht weit von hier, und beide sind einander so nahe ... Sah ich sie letzten Abend nicht vorüberhuschen, am Pfarrhaus vorbei, ihr brennendes Blond nur halb von einer Mantille gedämpft? Man sah es ihr an, dass sie zum Stelldichein lief; hab ich sie nicht gesehn, wie sie hineilte, vorwärtsgebeugt und ein Lächeln schon auf den Lippen? ... Und wenn es zwischen ihnen erst bis zu Versprechungen und Versicherungen gekommen ist, so gehört sie ihm immerhin, und er ist der Mann, der sie in seinen Armen halten wird.

Und dann wird er uns zu alldem noch verlassen; er kommt nämlich hinter die Front zum Brigadestab, der ein zärtliches Herrchen zum Maschinenschreiben braucht. Es ist schon offiziell und steht schwarz auf weiss. Er ist gerettet; für ihn ist die dunkle Zukunft, an die die andern nicht zu denken wagen, für ihn ist sie klar und sonnig.

Er sieht nach einem Fenster, das wie ein schwarzes Loch an einem Zimmer offen steht; der Schatten dieses Zimmers aber blendet ihn: er hofft, er lebt zweifach. Er ist glücklich; denn das nahende Glück, das noch keine Wirklichkeit ist, ist das einzig wirkliche Glück auf Erden.

Ein armseliger Neid erwacht um ihn.

* Man kann's nie wissen! murmelt wiederum Paradis, auch diesmal mit der schwachen Ueberzeugung, mit der er vorhin, in der dürftigen Heimlichkeit, die uns heute beengt, diese grenzenlosen Worte aussprach.

~

VII.Truppenverladen

Am andern Tag ergriff Barque das Wort und sagte:

* Ich will dir erklären, wie das ist. Es gibt wel... Ein wütender Pfiff schnitt ihm plötzlich den Faden seiner Erklärung gerade an dieser Silbe ab

Wir standen auf dem Bahnsteig eines Bahnhofes. Ein Alarm hatte uns dem Schlaf und dem Dorf entrissen und dann waren wir hierher marschiert. Mit der Ruhe war es nun aus; wir kamen in einen andern Sektor und waren somit in eine andere Gegend verschlagen. Gauchin hatten wir in der Dunkelheit verlassen, ohne die

Dinge und die Menschen zu sehn, ohne ihnen Lebewohl zu sagen und ohne eine letzte Erinnerung mitzunehmen.

... Eine Lokomotive streifte immer wieder dicht an uns vorbei und kreischte aus voller Kehle. Ich sah, wie Barque, dem das Kreischen dieses Kolosses den Mund verstopfte, einen Fluch ausstiess; und auch die andern behelmten und in Sturmbänder eingeschnallten Gesichter sah ich in ihrer machtlosen Betäubung Fratzen schneiden; wir versahen im Bahnhof den Wachdienst.

* Bitte nach Ihnen! bellte Barque dem mit Rauch beflaggten Pfiff wütend entgegen.

Aber der schreckliche Apparat jagte ihm unerbittlich die Worte in die Kehle zurück; als dann die Maschine schwieg und uns ihr Echo weiter in den Ohren nachhallte, war der Faden des Gespräches endgültig abgebrochen und Barque schloss kurz und bündig mit einem einfachen; "Ja".

Dann sahen wir uns um.

Wir standen verloren, in einer Art Stadt. Endlose Wagenreihen von vierzig bis sechzig aneinander gekoppelten Wagen bildeten gleichsam düstere, niedrige und einförmige Häuserreihen, die durch kleine Gassen voneinander getrennt waren. Vor uns ging, an der Ansammlung jener fahrenden Häuser vorbei, die endlose Strasse, auf der die weisslichen Schienen nach beiden Richtungen liefen, aufgefressen vom weiten Horizonte. Abschnitte von Zügen, ganze Züge rollten in langen Horizontalen vorbei, stellten sich auf und wurden wieder umgekoppelt. Von allen Seiten her hörte man das regelmässige Hämmern der Züge auf dem gepanzerten Boden, schrille Pfiffe, das Läuten der Signalglocken und den metallnen und widerhallenden Höllenlärm der kubischen Kolosse, die ihre Stahlstummel ineinanderstiessen mit einem Rückzerren der Ketten und einem Gerassel, das durch alle Wirbeln des langen Skelettes nachhallte. Im Erdgeschoss des Bahnhofgebäudes, das wie ein Bürgermeisteramt in der Mitte stand, trillerte das hastige Klingeln des Telegraphen und des Telephons, durchsetzt von abgerissenen Stimmen. Rings herum standen auf kohlschwarzem Boden die Warenmagazine und die niedren Ablagen, deren aufgestapelten Inhalt man durch die offenen Tore sehn konnte; dann die Weichenhäuschen, gespickt mit Weichenhebeln, die Wassersäulen und die durchsichtigen Eisentürme, deren Drähte den Himmel linierten wie Notenpapier; hier und dort die Signalscheiben und darüber hinaus zwei Dampfkräne, die diese düstre und flache Stadt bis in die Wolken wie Kirchtürme überragten. In einiger Entfernung davon standen auf verlorenem Gelände und leeren Flächen Militärwagen und Lastautos und daneben reihten sich Pferde unendlich aneinander.

* Das gibt 'nen Rummel!

* Das ganze Armeekorps wird heute abend eingeschifft!

* Guck, da kommen sie schon.

Eine Staubwolke, die ein lärmendes Rädergerassel und trommelnde Huftritte deckte, näherte sich und wuchs heran auf der Allee, die zum Bahnhof führte und die man durch die Gebäudereihen herankommen sah.

* Da hat's schon verladne Kanonen.

Zwischen zwei langen Kistenpyramiden sah man in der Tat Räderprofile und langgestreckte Kanonenschnabel. Die Munitionswagen, die Kanonen und die Räder waren gelb-, braun- und grüngestreift.

* Die haben sich geschminkt. Dort hat's Pferde, die sie angemalt haben. Guck, der dort, mit den dicken Beinen, sieht aus als hätt' er Hosen an; weiss war er und deshalb haben sie ihn mit einer andern Farbe angestrichen.

Der fragliche Gaul stand von den andern etwas abseits, als ob er ihnen misstraue und hatte eine offensichtlich verlogene, graugelbliche Farbe.

* Armer Kerl! sagte Tulacque.

* Da hast du's, meinte Paradis, die alten Klepper, nicht nur totschiessen lassen müssen sie sich, sondern 's Schindluder treibt man noch mit ihnen.

* In ihrem Interesse!

* Grad wie bei uns, auch in unserm Interesse, was?

Gegen Abend marschierten die Soldaten an. Von allen Seiten flossen die Reihen dem Bahnhof zu. Vor den Fronten sah man Offiziere klirrend vorbeilaufen. Die Menschenüberschwemmung wurde durch lange Schranken eingedämmt oder in eingezäunte Vierecke eingepfercht, wo es nur Platz hatte. Die Leute bildeten Gewehrpyramiden, legten die Säcke ab und, da es ihnen verboten war, sich zu entfernen, warteten sie Schulter an Schulter im Halbdunkel vergraben.

Unaufhörlich kamen neue Truppen an und schienen immer mächtiger, je dunkler es wurde. Zugleich mit den Truppen rollten die Autos heran. Bald war es ein unaufhörliches Gebrumme: grosse Herrschaftswagen standen in einer uferlosen Flucht von kleineren, mittleren und dicken Lastautos. Alles stellte sich auf, schob sich ein und häufte sich auf den angewiesenen Plätzen an. Ein breites Gemurmel und sonstiger Lärm stieg aus diesem Menschen- und Wagenozean, der an die Ufer des Bahnhofes schlug und allmählich in ihn eindrang.

* Das ist noch gar nichts, sagte Cocon, der Zahlenmensch. Schon beim Armeestab hat es dreissig Offiziersautos und weisst du, fügte er hinzu, wieviel Züge à fünfzig Wagen es braucht für das ganze Armeekorps mit allem Zubehör, ausser natürlich die Autos, die zu Fuss nach dem neuen Sektor fahren? Zieh dir 's Gehirn nicht auseinander, Liebster; neunzig Züge braucht's.

* Gottverdammich! Und dreiunddreissig Armeekorps hat's?

* Was? Neununddreissig hat's.

Das Hin und Her wird lauter. Der Bahnhof bevölkert und übervölkert sich. Soweit das Auge eine Form oder den Schein einer Form erblickt, reicht das Tohuwabohu und eine Menschen- und Materialaufstellung, die wie eine Panik hin und her wogt. Die ganze Stufenleiter der Offiziere schafft und rennt und geht vorbei und wieder vorbei wie Meteore und sie schwingen die Arme dabei, dass die Tressen glänzen und geben die Befehle und die Gegenbefehle weiter, die ihnen die Ordonnanzen und die Radfahrer bringen, nachdem sie sich durch das Volk durchgewunden haben; die einen langsam, die andern wie Fische im Wasser mit schnellen Windungen.

Endlich rückt der Abend an. Die fleckenweise um die Hügelchen der Gewehrpyramiden zerstreuten Gruppen der Soldaten verschwinden in der Dunkelheit und werden eins mit der schwarzen Erde. Nur die brennenden Pfeifen und Zigaretten verraten ihre Gegenwart. An gewissen Stellen brennt längs der Gruppen eine ununterbrochene Reihe kleiner, heller Pünktchen, wie die leuchtende Girlande einer festlichen Strassenbeleuchtung.

Ueber dieser verschwommenen und wogenden Menge brausen die Stimmen durcheinander wie das Meer, das an das Ufer prallt; und dieses ewige Murmeln übertönen Befehle, Schreie, Rufe, oder der Rummel des Ein- und Ausladens, das Donnern eines Stosshammers, der im Dunkeln wütend stampft, oder das Getöse eines Dampfkessels.

Ueberall gehn in der unendlichen, mit Menschen und Dingen geschwängerten Dunkelheit die Lichter an.

Es sind die elektrischen Laternen der Offiziere und der Gruppenführer, die Azetylenlaternen der Radfahrer, die im Zickzack, hier und dort, ihr stechend-weisses Pünktchen oder die Fläche ihrer fahlen Lichtquelle umherführen.

Eine leuchtende Azetylenautolaterne erscheint plötzlich und blendet und streut ein Lichtbündel vor sich hin. Andre Autolaternen durchlochen und zerreissen das Dunkel der Welt.

Dann hat der Bahnhof ein phantastisches Aussehen. Unerkenntliche Formen tauchen auf und platzen auf dem Blauschwarz des Himmels. Schattenhügel türmen sich, gross wie die Ruinen einer Stadt. Man erkennt den Anfang jener masslosen Aufstellung von Dingen, die sich in der Dunkelheit verlieren. Man ahnt tiefe Massen, deren vorderstes Relief aus einem undurchsichtigen Schacht herausleuchten.

Links von uns wälzen sich wie eine dichte Ueberschwemmung Kavallerieabteilungen und Infanterie heran. Man hört das Wogen der Stimmen, das sich wie ein Nebel ausbreitet. Und plötzlich leuchten einige Reihen in einem phosphoreszierenden Lichtmoment oder rotbeleuchtet auf und man horcht nach jenem langen Strom von Geräuschen hin.

In Viehwagen, deren graue Massen und schwarze Mäuler man im dunstigen Flammenwirbel der Fackeln erblickt, verladen Trainsoldaten Pferde auf schiefen Ebenen: Rufe, Flüche und ein tobsüchtiges Getrampel, das sich wehrt und gegen die Wände des Wagens schlägt, in den man es einsperrt; dann das wütende Hufgestampfe eines störrischen Tieres, das der Führer anflucht.

Daneben werden Fuhrwerke auf Eisenbahnwagen fortgeschafft. Ein Menschengewimmel umkreist einen Berg Pferdefutter. Ein zerstreuter Haufe zerrt an ungeheuren Ballen.

* Drei Stunden stehn wir jetzt auf unsern Drehscheiben, seufzt Paradis.

* Was sind das für welche?

Man sieht, von ausströmenden Lichtfetzen beleuchtet, eine Schar Kobolde, umringt von Leuchtkäfern, mit merkwürdigem Werkzeug vorüber huschen und wieder verschwinden.

* Das ist die Scheinwerferabteilung, sagt Cocon.

* Träumst du? Was? Woran denkst du jetzt gerade?

* Vier Divisionen sind jetzt beim Armeekorps, antwortet Cocon. Das ist verschieden, manchmal sind's drei, manchmal fünf. Jetzt gerade sind's vier. Und jede Division, fährt der Zahlenmensch fort, den unsre Korporalschaft das Vergnügen hat zu besitzen, jede Division hat drei Infanterie-Regimenter, zwei Jäger-Bataillone zu Fuss, ein Reserveinfanterie-Regiment, ohne die Spezialtruppen als da sind: Artillerie, Genieabteilungen, Train usw.; dazu kommt noch der Divisionsstab und alle Dienstzweige, die nicht dem Regiment zugeteilt sind, sondern direkt der Division unterstellt sind. Ein Linienregiment von drei Bataillonen braucht vier Züge; ein Zug für die Maschinengewehr-Abteilung und die dem Bataillon nicht zugeteilten Truppen und ein Zug pro Bataillon. Alle Truppen werden übrigens nicht hier verladen. Die Verladestellen erstrecken sich über die ganze Linie je nach Ort der verschiedenen Quartiere und der Zeit ihrer Ablösung.

* Ich bin müde, sagt Tulacque. Man isst eben zu wenig Nachhaltiges, weisst du. Man hält die Haxen stramm, weil's Mode ist, aber man hat weder Kraft noch Saft.

* Ich hab mich erkundigt, führt Cocon wieder aus. Die Truppen, die eigentlichen Truppen, werden erst von Mitternacht an verladen. Sie stehn noch überall in den Dörfern 'rum, zehn Kilometer in der Runde. Zuerst kommen alle Dienstabteilungen des Armeekorps fort und was nicht zur Division, sondern direkt zum Armeekorps gehört und von ihm abhängt, erklärt Cocon freundlicherweise. * Und bei diesen Spezialtruppen da siehst du erst keinen Ballon und keine Fliegerabteilung. Die dicken Möbel lassen sich nicht verladen und fahren ganz alleine mit ihrem Personal, ihren Bureaus und ihrem Sanitätsdienst. Das Jägerregiment hängt auch direkt vom Armeekorps ab.

* 's gibt doch kein Jägerregiment, sagt Barque unüberlegterweise. Es sind doch Bataillone, man sagt doch das soundsovielte Jägerbataillon.

Darauf sieht man, wie Cocon in der Dunkelheit mit seinen mächtigen Achseln zuckt und wie seine Brillen einen Blitz der Verachtung von sich geben.

* So, hast du's gemerkt, du Watschelfratze, du? Rechne dir jetzt aus, wenn du's fertig bringst, dass die Jäger zu Pferd und die Jäger zu Fuss zwei Bataillone ausmachen.;

* Ja so! sagte Barque, ich vergass die zu Pferd.

* Sonst nichts! macht Cocon. Als Spezialtruppen des Armeekorps hat's noch die Korpsartillerie, das heisst die direkt vom Armeekorps abhängt und noch zur Divisionsartillerie hinzukommt. Und die besteht aus der schweren Artillerie, der

Schützengrabenartillerie, den Artillerieparks, die Automobilkanonen, die Fliegerabwehrgeschütze und weiss ich, was alles noch! Dann hat's noch die Genieabteilung, das Militärgericht, dazu die Heerespolizei zu Fuss und die berittene, der Sanitätsdienst, die Tierärzte, eine Schwadron Train, ein Reserveregiment für den Wachtdienst und die Mannschaften des Generalquartiers, dann den Verpflegungsdienst mit zugehörigem Train". * Dann noch 's Rindvieh und die Remonte usw.; die Automobilabteilung, darüber könnt ich dir allein eine ganze Stunde erzählen, wenn ich wollte; dann die Zahlmeister mit der Kasse und der Post, das Kriegsgericht, die Telegraphisten und die ganze elektrische Abteilung. Alles das mit Direktoren, Kommandanten, Abteilungen und Unterabteilungen; und es wimmelt dabei von Schreibern, von Wachen und Ordonnanzen, bis der ganze Rummel verladen ist. Kannst dir nun 'ne Vorstellung machen, in was für 'nem Wust so 'n Armeekorps-Kommandant steckt.

In diesem Augenblick umringte uns eine Gruppe von Soldaten, die ausser ihrer Bepackung noch Kisten und in Papier eingeschnürte Pakete hinkend mit sich schleppten und dann auf den Boden stellten mit einem erlösenden: uff!

* Das sind die Sekretäre des Generalstabes. Die gehören zum Generalquartier, das heisst, sowas wie Gefolgschaft des Generals. Jedesmal, wenn umgezogen wird, schleppen sie ihre Aktenkisten, ihre Tische, ihre Register und den ganzen Kram mit, den sie zum Schreiben brauchen. Guck, da ist grad eine Schreibmaschine, die der Alte dort und das kleine Blutwurstkerlchen mit der Faust am Gewehr mitschleppen. Drei Bureaus haben sie, und dazu der Kurier, die Kanzlei und die Topographische Abteilung des Armeekorps, die den Divisionen die Karten verteilt und Pläne anfertigt nach Angaben der Flieger und der Beobachter und der Gefangenen; alle Offiziere von allen Bureaus, die unter Leitung eines Vizechefs und eines Chefs * zweier Obersten * den Armeekorpsstab ausmachen. Zum eigentlichen Generalquartier aber gehören noch die Ordonnanzen, die Küchenmannschaft, die Magaziner, die Arbeiter, die Elektrotechniker, die Polizei und die begleitende Reiterei, alles das steht unter dem Befehl eines Kommandanten.

In diesem Augenblick werden wir plötzlich alle miteinander zurückgestossen.

* He! Vorsicht! Zurück! schreit als Entschuldigung einer, der mit Hilfe anderer einen Rollwagen nach dem Eisenbahnzug stösst.

Es geht schwer, denn es geht bergauf und sowie man sich nicht mehr mit aller Kraft gegen den Rollwagen stemmt oder sich an die Räder hängt, so rollt er zurück. Die finstern Gesichter drücken sich an ihn, knirschen und schimpfen, wie an ein Ungeheuer gepresst, in die Dunkelheit hinein.

Barque schreit einen der wütenden Arbeiter an, indem er sich die Hüfte reibt:

* Bringst du 'n rauf, alte Watschel?

* Gottverdammich! bellt der andre, ganz von seiner Arbeit in Anspruch genommen. Achtung, der Stein! Der ganze Karren verreckt mir ja!

In einer plötzlichen Kehrbewegung stösst er wieder an Barque und antwortet ihm diesmal:

* Was stehst du gerade hier, wie'n Misthaufen?

* Nanu, du, hast gesoffen? macht Barque. Warum ich dasteh? Der ist nicht schlecht? Du, sag mal, du Lausbande, das kannst du mir schriftlich geben!

* Zurück! schrie eine neue Stimme, die einer Abteilung verschiedenartig aber gleich schwer beladner Männer voranging ...

Man weiss nicht mehr, wo man hintreten soll, überall steht man im Weg. Man schreitet vor, man geht auseinander und drückt sich im Gedränge zurück.

* Ausserdem, fährt Cocon weiter, unempfindlich wie ein Gelehrter, ausserdem kommen dann die Divisionen; davon ist eine jede wiederum organisiert ungefähr wie ein Armeekorps ...

* Ja, ja, schon gut, stopf zu!

* Herr, macht der Gaul ein Geschrei, in seinem Rollstall, bemerkt Paradis. Der ist sicher dem andern seine Schwiegeralte.

* Ich wette, es ist dem Majorarzt sein Füllen, von dem der Viehdoktor sagte, es sei ein Kamel, das immer 's Kalb macht.

* Gut organisiert ist der Rummel, da ist nichts dagegen zu sagen! bewundert Lamuse, der in diesem Augenblick von einer Stosswelle mit Kisten beladner Artilleristen zurückgedrängt wird.

* Das ist sicher, stimmt ihm Marthereau zu, das Zeug alles verladen, da kannst du allerdings keine Strohschädel brauchen und auch keine Bärenhäutler ... Mensch, pass auf, wo du hintrittst, du Kuttelfetzen!

* Kannst was erleben, punkto Umzug. Wie ich mich mit meiner Familie in Marcoussis eingerichtet hab, gab's keinen derartigen Rummel. Ich bin ja auch kein Rummelmacher, das stimmt auch wieder.

Drauf ist alles still; dann hört man Cocon wieder:

* Wenn man die französische Armee der Front * abgesehn von dem, was hinter der Front steckt, wo's nochmal soviel hat, zum Beispiel die Ambulanzen, die neun Millionen gekostet haben und die in einem Tag siebentausend Kranke evakuieren kann *, wenn man die französische Armee in Zügen von sechzig Wagen und bei je einer Viertelstunde Zwischenraum vorüberfahren sehn wollte, ging das vierzig Tage und vierzig Nächte.

* Ah! machen sie alle daraufhin.

Aber es übersteigt ihre Vorstellungskraft; ihre Aufmerksamkeit wendet sich ab von den grossen Ziffern und sie verspüren einen Ekel davor. Sie gähnen sich die Augen feucht und schauen durch's Gedränge, das sich überstürzt, durch den brüllenden Radau, den Rauch und die blitzenden Lichter hindurch dem schrecklichen Strich des Panzerzuges nach, der im flackernden Schein des Horizontes vorüberfährt.

~

VIII. Auf Urlaub

Eudore setzte sich einen Augenblick neben den Brunnen, der an der Strasse lag. Sein Weg führte ihn über Feld zum Schützengraben zurück. Er hielt das eine Knie in beiden Händen verschlossen und streckte sein Milchgesichtchen, an dem unter der Nase noch kein Härchen zu sehen war, nur etwas klebte wie ein flaches Pinselchen an jedem Mundwinkel; er pfiff vor sich hin und gähnte sich dann in den Morgen hinein die Augen feucht.

Ein Trainsoldat kam vom Waldrand her, wo in seinem Kantonnement lange Wagen- und Pferdereihen standen wie ein Zigeunerlager. Der Brunnen lockte den Soldaten heran, dem ein Tucheimer an jedem Arme hin- und herpendelte. Vor dem Füsilier blieb er stehn, und als er sah, dass ihm die Waffen fehlten, derselbe nur seinen geschwollenen Brotsack umhatte und schläfrig war, fragte er ihn:

* Urlauber, was?

* Jawohl, sagte Eudore, ich rück jetzt wieder ein.

* Na, da hast du's gut, meinte der Trainsoldat, indem er sich entfernte, wenn du so sechs Feiertage im Ranzen 'rumträgst.

Im gleichen Augenblick sah man eine Gruppe von vier Mann die Strasse herunterkommen. Sie gingen schweren und eiligen Schrittes, und ihre Schuhe waren klotzig vom Kot wie Karikaturen. Wie ein Mann blieben die Soldaten stehn, als sie Eudores Profil erkannten.

* Das ist Eudore! He, Eudore! Holla! Alte Nuss, bist wieder zurück! schrien sie und liefen hin und hielten ihm ihre dicken Hände entgegen, als trügen sie rötliche Wollhandschuhe.

* Tag, Kinder, sagte Eudore.

* Na, gut verlaufen? Was gibt's Neues?

* Ja, antwortete Eudore, so leidlich.

* Wir haben grad Wein verteilt; jetzt können wir miteinander heim, was?

Sie stiegen hintereinander den Strassendamm hinunter und gingen mit eingehängten Armen über's Feld, eine graue Mörtelfläche, in der die Schritte zischten, als knete man Teig im Backtrog mit den Füssen.

* Hast also deine Frau gesehn, deine kleine Mariette; du denkst doch an sonst nichts anderes, und den Schnabel konntest du auch nie auftun, ohne uns wegen ihr einen Bären aufzubinden.

Das Milchgesichtchen Eudores wurde schmäler.

* Meine Frau? Natürlich hab ich sie gesehn, aber nur ein winziges Mal! 's ging eben nicht anders; Schwein hab ich keins gehabt, das muss ich sagen, aber es ist so.

* Wieso?

* Wieso! Du weisst, wir wohnen in Villers-l'Abbé; ein Dorf mit vier Häusern, nicht mehr und nicht weniger, grad an der Strasse. Eins davon ist eben die Wirtschaft, die sie hat, oder vielmehr wiederum hat, seit die Granaten das Nest in Ruhe lassen. * Wie sie aber wusste, dass ich Urlaub kriegte, wollte sie sich einen Paßschein nach Mont-Saint-Eloi verschaffen, weil dort meine Alten wohnen, und weil mein Urlaub auf Mont-Saint-Eloi lautete. Kapierst du? * Und weil die Frau nicht auf den Kopf gefallen ist, hatte sie ihren Paßschein lang vor meinem Urlaub bestellt. Und doch ist mein Urlaub gekommen, bevor sie ihre Bewilligung hatte. Ich bin halt dann doch weg; denn weisst du, bei der Kompagnie musst du die Gelegenheit beim Wickel fassen. Da bin ich halt heim und hab bei den Alten auf die Frau gewartet. Ich steh mit meinen Alten sehr gut, aber 's Maul hab ich doch verzogen. Sie, sie waren schon froh, dass ich da war, aber sie fanden's doch langweilig, dass es mir bei ihnen langweilig wurde. Aber was wollten sie machen? Schliesslich am

sechsten Tag, also am Ende meines Urlaubs und einen Tag vor'm Abdampfen, kommt ein junger Bursch, der Florence ihr Sohn, per Velo und bringt mir einen Brief von Mariette, dass sie ihren Paßschein noch nicht gekriegt hatte.

* Oh, verflucht! machten die andern.

* ... da gab's nur noch eins, fuhr Eudore fort, dass nämlich ich den Urlaub verlangte beim Bürgermeister von Mont-Saint-Eloi, der sie von der Militärdirektion verlangen sollte und dass ich dann im Galopp zu ihr nach Villars ginge.

* Das hättest du am ersten Tag machen sollen und nicht erst am letzten.

* Freilich, aber ich hatte Angst, wir könnten uns kreuzen und ich an ihr vorbei, verstehst du; jeden Tag konnte sie ja kommen; jeden Augenblick konnte sie in der Türe stehn. Ich hab eben gemacht, was sie gesagt hat.

* Und schliesslich, hast du sie gesehn?

* Nur einen Tag, oder vielmehr eine Nacht, antwortete Eudore.

* Das langt! platzte Lamuse heraus.

* Und ob! unterstützte ihn Paradis. In einer Nacht, da leistet doch so'n Kraftkerl wie du, was Tüchtiges, ja, und tut sogar noch vorarbeiten!

* Guck dir mal die abgerackerte Visage an! Weiss der Teufel! der Lausbub! Er wird's Mass schon voll genommen haben, nur keine Bange!

Eudore schüttelte sein bleiches und ernstes Gesicht unter dem Platzregen jener zweideutigen Bemerkungen.

* So schnallt doch mal fünf Minuten lang eure Mäuler zu!

* Also, erzähl weiter.

* 's ist keine Erzählung sagte Eudore.

* Also, 's Hockfieber, sagst du, hast du gehabt bei den Alten?

* Ja! Sie haben zwar ihr Möglichstes getan, mir die Mariette zu ersetzen, mit grossen Schinkenschnitten, Pflaumenwasser, und die Wäsche geflickt haben sie mir und alles mögliche ... ('s ist mir sogar aufgefallen, dass sie sich solang nicht, wie gewöhnlich, angeschnauzt haben.) Aber es war doch nicht dasselbe; ich guckte immer auf die Tür, ob plötzlich eine Frau draus werden würde. Dann hab ich also den Bürgermeister angeranzt, gestern um zwei Uhr mittags * oder vierzehn Uhr,

kann ich sagen, denn vorgestern schon hab ich mit dem Stundenzählen angefangen. Nun hatt' ich also nur noch eine Nacht Urlaub! * Ich fuhr mit der kleinen Bahn, die dort noch streckenweise fährt und sah durch's Fenster den Nebel und dann hab ich die Gegend so halb wieder erkannt, und halb nicht erkannt. Plötzlich hatt' ich das Gefühl, dass es doch wieder die Gegend war und dass sie mit mir sprach. Und dann war's wieder ruhig. Schliesslich mussten wir, aussteigen und, stell dir vor, zu Fuss gehn mussten wir bis(zur letzten Station. * Nie hab ich so'n Wetter gehabt; sechs Tage, die's schon regnete; sechs Tage lang, dass der Himmel die Erde spülte und wieder spülte. Die Erde weichte auf und floss in die Löcher, und 's gab wieder frische.

* Hier hat's auch erst heut morgen aufgehört.

* Ich hab immer das gleiche Schwein. Ueberall waren die Bäche zum Ueberlaufen voll und liefen über die Felder wie Linien über's Papier, dass man die Feldgrenzen nicht mehr sah; die Hügel, das floss von oben bis unten, * Windstösse fuhren in den Regen, die uns plötzlich wie vorüberfegende Regenwolken an die Hände klatschten und ins Gesicht und um den Hals. * Und doch, wie ich am Bahnhof zu Fuss angekommen war, da hätte mir einer schon eine elende Fratze hinschneiden müssen, dass ich wieder umgekehrt wäre. * Aber hör mal jetzt gar: als wir ankamen im Dorf, da waren auf einmal mehrere Urlauber beisammen, andere, die aber nicht nach Villers gingen, aber hier durch mussten. So waren wir also eine Bande * fünf alte Kameraden, die aber einander nicht kannten. Ich konnte mich ums verrecken nicht mehr ausfinden. Dort hat's natürlich noch toller dreingeschlagen wie hier, und der Regen und dann war's bald dunkel. * Ich sagte vorhin schon, dass es nur vier Häuser im Dorf hat; nun stehn die aber weit auseinander. Schliesslich kommen wir am Abstieg unten an; ich wusst nicht recht, wo wir waren, übrigens die andern auch nicht, die sich doch auskannten, weil sie aus der Gegend waren, und dabei goss es aus Kübeln. Man konnte nicht langsam gehn, da sind wir gelaufen. Wir kommen beim Alleux-Gehöft vorbei * weisst du, so 'ne Art Steinphantom! Es ist das erste Haus. Mauerstümpfe, wie so zerfetzte Säulen, die aus dem Wasser tauchten. Der andre Hof, ein bisschen weiter, die gleiche Geschichte. * Unser Haus ist das dritte und steht an der Strasse oben auf dem Hügel. Wir steigen rauf gegen den Regen, der uns anpeitschte, dass einem in der Dunkelheit die Augen vollends blind wurden * und man spürte das Nasskalte im Aug, klatsch! und wir fuhren auseinander, wie vor der Mitrailleuse. * Endlich unser Haus! Ich lauf dir wie ein gedroschner Hund, wie ein Neger bei der Attacke. Mariette! Ich seh sie, wie sie in der Türe die Hände schwingt hinter dem schleierhaften Abendregen; so stark regnete es, dass Mariette sich an die Türe drückte wie

eine Muttergottes in einer Nische. Ich renn im Galopp hin und vergess dabei doch nicht, die Kameraden herbeizuwinken. Wir stürzen ins Haus * Mariette lachte ein wenig und hatte Tränen in den Augen, wie sie mich sah; sie sparte sich das Lachen und das Weinen auf, bis wir ganz alleine wären. Ich sag dann den Kameraden, sie sollen Platz nehmen auf den Stühlen und auf dem Tisch.

* Wohin gehn die Herrn, fragte Mariette. * Wir gehn nach Vauvelles. * Jesus Maria! macht sie, da kommen Sie ja nicht mehr hin. Und nachts können Sie doch bei den schlechten Wegen nicht gehn und mit den Sümpfen überall, nicht dran zu denken. * Schön, dann gehn wir halt morgen; wir werden schon irgendwo hier übernachten können. * Ich geh mit euch, sagte ich, bis zur "ferme du Pendu". Platz hat's schon dort, soviel ihr wollt. Da könnt ihr schnarchen und morgen früh weiter gehn. * Gehn wir schnell noch hin. * Das Gehöft ist nämlich das letzte Haus von Villers und liegt am Abhang, wo's wohl weniger Wasser und Schlamm hat. Wir gehn also hin. Na, die Rennerei! Nass bis auf die Knochen, und das Wasser drang einem durch die Sohlen bis an die Socken und durch die Kleider, patschnass und durch an den Knien. Bevor wir ankommen, begegnet uns ein grosser, schwarzer Kerl in Mantel mit einer Fackel. Er hebt die Fackel hoch und eine Goldlitze glänzt auf dem Aermel; dann sah man ein wütendes Gesicht.

* Was Teufels wollt ihr hier? meint der Kerl, den Brustkasten vorgewölbt und die Faust auf der Hüfte, und der Regen klapperte ihm wie Hagel auf die Kapuze.

* Urlauber für Vauvelles. Sie können heut abend nicht mehr weiter und möchten dort in der Scheune schlafen.

* Was wollt ihr? Hier schlafen? Seid ihr besoffen? Das ist der Polizeiposten. Ich bin Wachtunteroffizier und im Gebäude hat's deutsche Gefangene. * Dann meint er, wir sollten uns drücken, gut Nacht. * Dann haben wir Kehrt gemacht und sind wieder runtergelaufen und sind dabei ausgerutscht, wie wenn wir einen Affen hätten, gepatscht und rumgespritzt sind wir im Dreck. Da schreit einer im Regen und im Wind zu mir: Wir begleiten dich noch bis nach Haus; wir haben ja doch kein Haus, also haben wir nichts zu versäumen. * Ja, aber wo wollt ihr übernachten? * Wir werden schon was finden, hab nur keine Sorge, für die paar Stunden hier. * Finden, finden, sag ich, das ist leicht gesagt ... kommt nur mal mit heim. * Einen Augenblick bleiben wir schon, angenommen! * Und Mariette sieht uns im Gänsemarsch heimkommen, alle fünf nass wie 'ne Suppe. * Nun waren wir also zu Haus in der kleinen Stube, die einzige, die die Hütte hat, sintemal wir keinen Palast bewohnen.

* Sagen Sie mal, Madame, meinte da einer von ihnen, 's hat vielleicht einen Keller unten?

* Es hat aber Wasser drin, sagt da Mariette: die letzte Treppenstufe sieht man vor Wasser nicht mehr, und im ganzen hat's nur zwei Stufen.

* Verflucht, macht der andere, ein Estrich ist, scheint's, auch nicht vorhanden.

Und nach einer Weile steht er auf:

* Gut Nacht, Alter, sagt er zu mir; wir gehn jetzt.

* Was, bei dem Wetter?

* Denkst wohl? sagt er, wir wollen dich allein lassen mit deiner Frau!

* Woher, bewahre!

* Da gibt's kein Woher. Jetzt ist neun Uhr abends, und morgen musst du schon früh los. Also, gut Nacht. Kommt ihr mit?

* Natürlich! meinen die andern. Gut Nacht allerseits.

Und sie gehn auf die Tür zu und machen sie auf. Mariette und ich, wir gucken uns an und rühren uns nicht. Dann haben wir uns weiter angeguckt und sind den andern nachgesprungen. Ich hab einen beim Mantelzipfel und sie einen an der Hosenschnalle erwischt; das Zeug war nass zum auswinden.

* Auf keinen Fall lassen wir euch laufen. Das gibt's nicht.

* Aber ...

* Da gibt's kein aber, antworte ich, während sie die Tür schliesst,

* Und? Was gab's dann? fragte Lamuse.

* Dann? Gar nichts, antwortete Eudore. Wir sind ganz brav beisammen geblieben * die ganze Nacht. Gesessen haben wir in den Ecken und haben gegähnt, wie bei einer Totenwache. Zuerst haben wir ein bisschen geschwatzt. Hie und da fragte einer: "Regnet's noch?" und ging nachsehn und sagte dann: "Es regnet!" Uebrigens hörte man's. Ein Dicker war drunter mit 'nem Schnurrbart wie ein Bulgar; der wehrte sich gegen den Schlaf wie ein Wilder. Zeitweise schlief der eine oder der andere im Haufen; aber einen hatte es immer, der gähnte und aus Höflichkeit ein Auge aufriss, sich streckte oder halb aufstand, um seine Sitzlage zu ändern.

Mariette und ich, wir haben nicht geschlafen. Wir haben uns angeschaut, aber die andern haben wir auch angeschaut, die haben uns wieder angeschaut, und weiter nichts.

Dann, wie der Morgen die Fenster abwischte, bin ich aufgestanden und hab nach dem Wetter geschaut. Es regnete immer noch weiter. Im Zimmer lagen die braunen Formen, rührten sich und schnauften, dass man's hörte. Mariette hatte rote Augen, weil sie mich die ganze Nacht angeschaut hatte. Zwischen mir und ihr stand einer, schlotterte und stopfte sich eine Pfeife.

Da trommelte es plötzlich an die Scheibe. Ich mach auf. Ein plätschnasser Helm steht draussen wie vom Wind herangeweht, der durch's Fenster pfeift und fragt:

* He! Wirtschaft, gibt's Kaffee?

* Sofort, sofort, ruft Mariette.

Sie steht verschlafen vom Stuhl auf, sagt kern Wort, guckt in das Stück Spiegel, das wir haben, macht sich ein bisschen die Haare zurecht und sagt, ganz einfach, das Weibchen:

* Ich will für alle den Kaffee machen.

Und wie wir ihn dann drunten hatten, mussten wir alle fort. Uebrigens kam jeden Augenblick wieder ein Kunde:

* He, Mütterchen! riefen sie und streckten den Schnabel durch's offne Fenster, gibt's noch ein bisschen Schlamm? So ungefähr drei Tassen! Vier! "Und zwei dazu," hörte man eine andre Stimme dahinter.

Dann sagen sie adieu und nehmen Abschied von Mariette. Sie wussten wohl, dass sie die Nacht verdammt überflüssig gewesen waren; aber ich hab's ihnen wohl angesehn, dass sie nicht wussten, ob's anständig sei, von der Sache zu sprechen oder nicht.

Schliesslich hat sich der dicke Macedonier dazu entschlossen:

* Jetzt sind Sie aber beschissen gewesen, was, Madamchen?

Er sagte das, weil er zeigen wollte, dass er gut erzogen war, der alte Knabe. * Mariette dankte ihm und hielt ihm die Hand hin: "Denk nicht dran, angenehmen Urlaub." * Und ich umarme sie und küsse sie, so lang ich noch Zeit hatte, mindestens eine halbe Minute ... Zufrieden war ich nicht, Grund hatte ich ja dazu; aber froh war ich doch, dass die Mariette die Kameraden nicht wie Hunde draussen hatte stehen lassen. Und ich merkte wohl, dass sie's tapfer von mir fand, dass ich sie nicht fortgeschickt hab.

* Jetzt sind wir aber noch nicht quitt, sagte einer der Urlauber und lüpfte seinen Mantelzipfel und steckte die Hand in die Tasche. Jetzt, Madame, frag ich, wie viel wir Ihnen schuldig sind.

* Nichts, Sie sind doch die Nacht in meinem Haus gewesen, also waren Sie mein Gast.

* Nein; nein, nein, Madame, so war's nicht gemeint! ...

Und nun fangen sie an und machen Verbeugungen und Höflichkeiten vor einander! Und weisst du, Alter, da kannst du sagen, was du willst, arme Schlucker sind wir zwar, aber fein war's doch, das kleine Höflichkeitsgetue.

* Vorwärts, wir gehn jetzt, was? * Und sie gehn einer nach dem andern hinaus. Ich war der letzte noch im Haus. Im gleichen Augenblick klopft einer an die Scheibe: noch einer, der den Schnabel nach Schlamm streckte. Mariette guckt zur Tür hinaus und ruft:

* Einen Moment! * Dann legt sie mir ein Paket auf den Arm, das sie zurecht gemacht hatte.

* Ich hatte einen Schinken gekauft, sagte sie, es war für's Nachtessen für uns beide, und einen Liter Flaschenwein. Wie ich aber sah, dass du fünf hoch warst, hab ich's doch nicht so verteilen wollen, und jetzt noch weniger. Da hast du den Schinken und den Wein, Schatz. Ihnen hat man so genug gegeben! hat sie gesagt.

* Arme Mariette, seufzte Eudore, fünfzehn Monate hatte ich sie nicht mehr gesehn. Und wann werde ich sie wiedersehn! Werd ich sie überhaupt wiedersehn? * Nett von ihr war's doch. Sie steckte mir alles in den Brotsack ...

Als Eudore fertig erzählt hatte, öffnete er seinen Brotsack aus grauem Tuch:

* Da, schaut her, da ist der Schinken, und hier der Wein. Wisst ihr jetzt, was wir machen? Wir wollen's redlich verteilen, nicht! Ihr alten Knaben!

~

IX. Der wilde Zorn

Als er nach zwei Monaten wieder geheilt an die Front zurückkehrte, standen sie um ihn herum. Er aber blieb verschlossen; kein Wort war aus ihm herauszukriegen und er drückte sich verstimmt in alle Ecken.

* Na, und? Erzählst du nichts, Volpatte? Ist das alles?

* Erzähl doch mal was vom Spital, vom Urlaub, alte Käsglocke, seit du hier weg bist mit deinem Verband und deinem eingeklammerten Maul. Ist es wahr, hast du dich in den Bureaus rumgedrückt? So sag doch mal was, Gottverdammich!

* Nichts sag ich mehr von dem Hurenleben, antwortete endlich Volpatte.

* Was sagst du? Was hat er gesagt?

* Einen Ekel hab ich, wenn ihr's wissen wollt! Schwer im Magen hab ich sie, satt hab ich's, kannst es weiter erzählen.

* Was haben sie dir gemacht?

* Rindviecher sind's, sagte Volpatte.

Und er stand da wie früher mit seinen Tartarenbäckchen und seinen geflickten Ohren, störrisch mitten unter den andern, die ihn voller Neugierde belagerten. Man fühlte die erbitterte Empörung, die in seinem Innern kochte, und seinen Mund hielt er in falschem Schweigen verschlossen.

Schliesslich lief die Wut doch über und er kehrte sich nach denen hin, die hinter der Front waren und zeigte dem Horizonte die geballte Faust.

* Es hat zuviel, knirschte er zwischen seinen grauen Zähnen, es hat zuviel!

Und er gebärdete sich, als drohe er einer wachsenden Flut Gespenster und als stiesse er sie zurück.

Ein wenig später richtete man neue Fragen an ihn. Man wusste wohl, dass er seine Erbitterung nicht ewig in seinem Innern verschlossen halten könne und dass dieses wutschwangere Stillschweigen bei der ersten Gelegenheit bersten würde.

Wir befanden uns in einem tiefen Schlauch hinter der Front, wo wir nach den Erdarbeiten, die wir am Morgen verrichtet hatten, unsere Mahlzeit einnehmen sollten. Es fiel ein strömender Regen vom Himmel; alles verschwamm zerwühlt und zerging in dieser Ueberschwemmung und man ass stehend, nebeneinander stehend, ohne Schutzdach unter dem zerfliessenden Himmel. Man musste alle möglichen Kunststückchen erfinden, um das Konservenfleisch und das Brot vor dem Regen zu schützen, der von allen Ecken des Himmels sich ergoss; man ass, indem man Gesicht und Hände möglichst unter die Kapuze versteckte. Das Wasser hagelte, hüpfte und rann über die weiche Tuch- oder Leinwandbekleidung und durchtränkte roh oder hinterlistig unsere Knochen und unsre Nahrung. Die

Füsse sanken mehr und mehr ein und fassten Wurzel im Bächlein, das auf dem Knetboden unseres Grabens vorüberfloss.

Einige lachten über ihre tropfenden Schnurrbärte, andere schnitten saure Gesichter, wenn sie ins schwammige Brot oder ins abgewaschne Fleisch bissen und über die Regentropfen, die ihnen von allen Seiten die Haut, bei der geringsten Nachlässigkeit ihres dicken, kotigen Schutzmantels, bespritzten.

Barque, der seine Gamelle auf sein Herz drückte, schrie zu Volpatte:

* Also Rindviecher, sagst du, hast du gesehn, wo du jetzt herkommst?

* Beispiel? schrie Blaire als gerade ein Regenguss aufplatzte und die Worte schüttelte und sie zerstieb. Was für Rindvieh hast du gesehn?

* Es hat ... begann Volpatte, und dann ... Es hat zu viel, Gottverdammich! Es gibt ...

Er versuchte in Worte zu fassen, was es hatte. Aber er wiederholte nur in einem fort: "Es hat zu viel"; dies erstickte ihn und er schnaufte und schluckte einen Bissen flüssigen Brotes und würgte den ungeordneten und erstickenden Haufen seiner Erinnerungen hinunter.

* Meinst du die Drückeberger?

* Und ob!

Er hatte den Rest seines Rindfleisches über die Böschung geworfen und dieser Schrei, dieser Seufzer fuhr wütend aus seinem Munde, wie aus einer Sicherheitsklappe.

* Reg dich doch nicht auf über die Drückeberger, alte Diarrhöe, du, rief Barque spöttisch, aber nicht ohne ein wenig Erbitterung. Was hast du davon?

Volpatte verschwand unter dem schwankenden und nachgiebigen Dach seines Wachstuches, auf das der Regen eine glänzende Glasur goss; Volpatte hielt dem Regen zum Abwaschen seine leere Gamelle hin; dann fluchte er:

* Bin nicht ganz verrückt, ich weiss schon, dass die Spatzen hinter der Front schon zu was da sind. Dass man die Schleppfüsse braucht, schon recht ... Aber es hat zu viel, und diese vielzuvielen sind immer wieder dieselben, und dazu sind es nicht die richtigen!

Auf diese Erklärung hin fühlte er sich etwas erleichtert; sie zündete ein wenig Licht in's düstere Durcheinander jener Wut, die er mit zurückgebracht hatte; dann sprach er ruckweise durch die zähen Fetzen des Regens hindurch!

* Schon im ersten Nest, wo sie mich per Bummelzug geschickt haben, hab ich Scheisshaufen voll gesehn und da gleich haben sie mir einen schlechten Eindruck gemacht. Alle möglichen Abteilungen, Unterabteilungen, Direktionen, Zentralen, Bureaus und Gruppen. In der ersten Zeit, wo du da drin steckst, jedesmal, wenn du einen neuen Kerl siehst, ist es eine andre Abteilung, die jede wieder anders heisst Es ist zum Verrücktwerden, sag ich dir. Das sag ich nur, der, der die Namen alle erfunden hat, der muss einen verdammten Schädel gehabt haben! Und da wunderst du dich, wenn's mir übel geworden ist davon? Die Augen hab ich voll davon und wenn ich so halb was andres mache, muss ich immer halb dran denken! Herr! knurrte unser Kamerad, alle die Spatzen die da rumhüpfen und rumpiepsen, geschniegelt, mit Käppis und Offiziersüberzieher, Schnürstiefelchen, und die überhaupt schlecht aussehn, fein essen und sich, wenn sie wollen, ein fünftel Kniewasser hinter die Binde giessen, sich eher zweimal waschen als einmal, in die Messe gehn und rauchen, abends in die Federn schlüpfen und dann die Zeitung lesen. Und die Kerle werden dann sagen: "Ich war im Krieg".

Eins war Volpatte vor allem aufgefallen und kam unter dem Wirrwarr seiner Eindrücke immer wieder zum Vorschein:

* Alle diese Soldaten, die schleppen ihr Besteck und ihre Flasche nicht mit, und essen nicht wie wir auf einem Fuss. Die haben ihre Bequemlichkeiten. Die gehn lieber zu einer Schickse im Dorf und setzen sich an einen Tisch extra für sie, wo sie ihren Kohl fressen, und wo ihnen die Hausdame ihr Geschirr ins Büffet versorgt und ihre Konservenbüchsen und ihr ganzes Fressbordell, eben alle die Vorzüge des Kapitalisten und der Friedenszeiten im gottverdammten Hinterland!

Sein Nachbar aber schüttelte den Kopf unter dem Gussregen, der vom Himmel fiel und sagte:

* Um so besser für sie.

* Bin nicht ganz verrückt ... begann Volpatte wieder.

* Kann sein: aber konsequent bist du nicht.

Volpatte fühlte sich gekränkt durch diese Beleidigung; er zuckte zusammen, hob wütend das Gesicht, auf das der lauernde Regen gussweise patschte.

* Was, nicht konsequent? Da hör doch einer den Jauchefritzen an.

* Jawohl, mein Herr, fuhr der Nachbar von neuem fort. Ich sag, du schimpfst immer und doch wärst du froh, wenn du an ihrer Stelle wärst.

* Das ist sicher, aber was beweist das, du Arschfratze du! Wir sind erstens mal in Gefahr gewesen, und 's war wohl an uns jetzt. Aber es sind immer dieselben, sag ich, und dann Haufen junge Kerle, stark wie Ochsen und beisammen wie Ringkämpfer, und dann hat's zuviel. Siehst du, "zu viel", sag ich immer, weil es tatsächlich so ist.

* Zu viel! Woher weisst du das? Die Dienstzweige, weisst du, was das alles ausmacht?

* Das weiss ich nicht, antwortete Volpatte, aber das sag ich ...

* Glaubst du, das sei nichts, der verdammte Rummel? Bis das alles läuft!

* Scheiss drauf, aber ...

* Aber, du möchtest eben an ihrer Stelle sein, nicht? witzelte sein unsichtbarer Nachbar, der in den Tiefgründen seiner Kapuze unter dem Wasserfall des Himmels, sei es eine tiefe Gleichgültigkeit verbarg, sei es den unbarmherzigen Wunsch hegte, Volpatte zu uzen.

* Ich weiss eben die Sache nicht anzudrehen, sagte dieser einfach.

* 's gibt schon welche, die sie für dich andrehn, meinte Barque mit spitzer Stimme; ich kannte einen ...

* Ich hab auch welche gesehn! brüllte Volpatte verzweifelt in den Sturm hinein. Gerade hinter der Front, in ... weiss nicht mehr wo, im Verbandspital, in einer Unter-Intendantur hab ich den Aal angetroffen.

Der Wind aber, der über uns hinstrich, fragte stossend:

* Was ist das?

Zugleich trat eine Windstille ein und das schlechte Wetter liess Volpatte, so gut er's konnte, reden:

* Er hat mich rumgeführt in allen Winkeln des Depots herum wie in einem Jahrmarkt, sintemal er selber eine Sehenswürdigkeit im Hause war. Er hat mich durch die Gänge geführt und in die Säle des Hauses oder der Nebengebäude; manchmal guckte er in eine Türe hinein, wo ein Schild dran klebte und sagte: "Da guck mal her, und dort, schau!" Und wir guckten zusammen; aber er ist nicht in den Schützengraben zurück wie ich, nur keine Sorge. Uebrigens kam er auch nicht aus dem Schützengraben. Wie ich zum erstenmal den Aal gesehn habe, da ging er ganz stille im Hof spazieren: "Das ist so der gewöhnliche Dienst," sagte er zu mir. Dann

haben wir geschwatzt. Tags drauf hatte er einen Ordonnanzposten erwischt, um sich zu drücken; er war nämlich seit Kriegsanfang an der Reihe gewesen. * Auf der Türschwelle hatte er sich die ganze Nacht in ein Steppkissen gewickelt und wichste die Stiefel seines Seidenaffen: gelbe Palaceröhren. Stehn geblieben bin ich davor; da hat er mir seine Geschichte erzählt. Aber von dem ganzen Hebräisch weiss ich kein Wort mehr, so wenig wie von der Geschichte Frankreichs oder von den Zahlen, die man in der Schule hersingen musste. An der Front war er überhaupt noch nicht gewesen, obwohl er zur Klasse 3 gehört, und war doch ein strammes Luder. Die Gefahr, die Strapazen, die ganzen Scherereien im Krieg, das sei nichts für ihn, für die andern, ja. Er wusste, dass wenn er mit dem Fuss auf die Schusslinie treten würde, die Schusslinie den ganzen Kerl verschlucken würde; auch hat er sich die Beine ausgerannt, um auf seinem Druckposten bleiben zu können. Man hat alles mit ihm versucht, ihn fortzukriegen, aber keinem ist es gelungen; er war sämtlichen Hauptmännern durch die Pfoten gerutscht und auch allen Obersten und Aerzten, die er doch alle in eine gottsjämmerliche Wut gebracht hatte. Das hat er mir alles erzählt, und wie er's angedreht hat: er liess sich einfach auf den Arsch fallen und guckte blöd in den Tag hinein. Er wurstelte sich zusammen und wurde wie ein Haufen schmutzige Wäsche: "Ich hab so eine allgemeine Müdigkeit," jammerte er. Man wusste nicht, wie man den Kerl anpacken sollte und Hess ihn dann schliesslich hinfallen; bis es schliesslich allen zum Kotzen war. Und dann, je nach Bedarf, fehlt ihm was anderes, verstehst du? Manchmal war's das Bein, das er dann schon zu rühren wusste. Und dann verstand er es anzupacken; alle Schliche und Gelegenheiten kannte der Kerl. Und mit dem Fahrplan wusste er Bescheid. Konnst ihn sehn, wie er sich in eine Abteilung drückte, die ins Depot kam; er blieb dann mäuschenstill dort sitzen und gab sich noch elend Mühe, sich bei den andern als unentbehrlich zu erweisen. Um drei Uhr morgens stand er auf, machte den Schlamm und holte Wasser, während die andern futterten; überall, wo er sich hineingedrückt hatte, war er schliesslich Liebkind geworden, der arme Kerl, der Hundsfott! Gerannt ist er, um nicht gehn zu müssen. Er kam mir vor wie einer, der ehrliche hundert Franken verdient hätte mit der Arbeit und allen Scherereien, die's zur Herstellung einer falschen Fünfziger Banknote braucht. Aber eben, der kommt schon mit heiler Haut davon. An der Front würde er halt vom allgemeinen Trubel mitgerissen, aber so dumm ist er nicht! Er futiert sich um die, die's ernst nehmen auf dieser Erde und futiert sich erst recht um sie, wenn sie unter der Erde liegen. Und wenn sie sich alle geschlagen haben und wieder heimkommen, dann wird er zu seinen Freunden und Bekannten sagen: "Ich bin noch heil davongekommen," und seine Freunde werden darüber froh sein, weil's ein netter, guter Kerl ist, so dreckig er ist, so verrückt er auch ist, du schluckst es halt und magst ihn einfach, den Mistfinken. * Nun glaub einer nicht, dass er einzig in seiner Grösse dasteht; in den Depots hat es Misthaufen voll, die sich weiss der Teufel wie anklammern an ihren Ausgangspunkt und sich durchaalen und sagen: "Ich geh einfach nicht" und auch nicht gehn, und keiner kriegt sie bis an die Front.

* Das ist doch ein altes Lied, sagt Barque; das kennen wir schon lang, schon sehr lang.

* Jawohl und die Bureaus! fügte Volpatte im Eifer seines Erzählens hinzu. Häuser voll, Strassen, ganze Viertel! Ich hab hinter der Front nur ein winziges Quadrätchen gesehn und hab davon schon beide Augen voll. Nein, bei Gott, ich hätte nicht gedacht, dass während des Krieges soviel Männer auf Stühlen hocken würden ...

Eine Hand streckte sich aus und betastete die Luft.

* Es hat aufgehört zu schiffen ...

* Dann pass auf, jetzt geht's los ...

In der Tat rief eine Stimme: "Vorwärts, Marsch!"

Der Regen war verstummt. Wir gingen hintereinander durch die lange, dünne Lache, die regungslos auf dem Boden des Grabens lag und in welche vor einem Augenblick noch der Regen klatschte.

Dann hörte man Volpatte wieder aus dem Getappe im mühsamen Graben und aus dem Hin- und Herschwanken der Watenden heraus:

* Je mehr du der Front den Rücken kehrst, desto Schlimmeres kannst du erleben.

* Sie haben nicht das gleiche Schlachtfeld wie wir, sagte Tulacque, der eine alte Wut auf die Drückeberger hatte. Das muss einer gesehn haben, wie die Kerle in den Quartieren zuerst nach einer guten Wohnung und nach gutem Essen rennen. Und dann, wenn die Magensorgen geregelt sind, dann kommen die heimlichen Notwendigkeiten. Und dann kannst sie sehn, wie sie den Augapfel nach den Türen drehn, ob etwa ein Soldat heimlich rauskäme mit nem doppelten Gesicht, sich die Schnäuze noch abschleckt und dabei nach rechts und links guckt.

* Es hat schon Kerle dabei; ich kenne einen von der Côte d'Or, wo ich her bin ...

* Sei ruhig, unterbrach ihn Tulacque gebieterisch. Es ist einer wie der andere; kannst mit keinem den andern ausflicken.

* Ja, sie sind glücklich, sagte Volpatte. Aber glaubst du, sie seien vielleicht zufrieden? Bewahre ... Sie fluchen noch dazu.

Er verbesserte sich und fuhr fort:

* Es gibt welche, die fluchen; ich hab einen gesehn, der ward elend durch die Theorie angeschissen: "Es hat keinen Zweck, die Theorie zu pauken, sie ändert doch alle Augenblicke. Da zum Beispiel für's Militärgericht; da lernen sie, was das Hauptkapitel davon ist, und dann nachher ist es doch wieder was anderes. Wann wird der Krieg nur ein Ende haben," sagte der.

* Die machen, was befohlen wird, meinte Eudore schüchtern.

* Natürlich; eigentlich ist es gar nicht ihre Schuld. Und doch kann man sagen, dass die Berufssoldaten, mit Pension und Auszeichnungen * während wir doch nur Zivilisten sind * eine merkwürdige Art haben, den Krieg mitzumachen.

* Grad wie der Förster, den ich gesehn hab, sagte Volpatte, der sich's Maul verrenkte wegen innerem Dienst, den man ihm aufhalste. "'ne Gemeinheit, sagte der Mann, was sie mit uns anstellen. Wir sind doch alte Unteroffiziere, Soldaten, die mindestens vier Jahre Dienst auf dem Buckel haben. In den Generalquartieren müssen wir die Abfälle zusammenkehren. Die Zivilisten sehn, wie wir behandelt werden und verlieren die Achtung vor uns. Und wenn du 's Maul verziehst, da reden sie vom Schützengraben, wo sie dich dann wie gewöhnliche Füsiliere hinschicken wollen! Wo bleibt dann unser Einfluss! Wenn wir wieder in unsere Gemeinden zurückkehren, als Förster, nach dem Krieg, wenn wir überhaupt davon kommen, dann werden die Leute in den Gemeinden zu uns sagen: "So, so, Sie sind der, der in X die Strassen kehrte?" Und wenn wir unsern Einfluss wieder gewinnen wollen, den man uns ungerechterweise und aus Undank genommen hat, wird man Protokolle aufnehmen müssen und nichts als Protokolle aufnehmen, sogar gegen die Reichen und Mächtigen!" meinte er.

* Ich, sagte Lamuse, ich hab einen Polizisten gesehn, der schon recht hatte: "Der Polizist, sagte der, ist gewöhnlich enthaltsam. Aber es hat überall Saukerle, nicht? Der Bürger hat tatsächlich Angst vor dem Polizisten, das ist Tatsache, meinte er; ich geb allerdings zu, dass hie und da einer * der 's Lumpenpack bei der Polizei vorstellt *, dass so einer seine Macht missbraucht und sich ein Gläschen einschenken lässt. Wenn ich Chef oder Wachtmeister war, ich wollte die schon zurückschrauben und nicht zu knapp, sagte er, weil die öffentliche Meinung, sagte er noch, das ganze Korps verurteilt wegen einem einzigen Agenten, der sich Missbräuche erlaubt."

* Ich, meinte Paradis, einer meiner schlechtesten Tage in meinem Leben war, als ich einmal einen Polizisten gegrüsst hatte, weil ich meinte, es sei ein Unterleutnant mit seinen weissen Tressen. Glücklicherweise (ich sag das nicht zum Trost, sondern weil's vielleicht doch wahr ist), glücklicherweise glaub ich, dass er mich nicht gesehn hat.

Schweigen.

* Schon wahr, murmeln die Leute. Aber was willst du machen? Nur nicht aufregen.

~

Als wir ein wenig später an einer Mauer sassen, den Rücken an die Steine gelehnt und die Füsse auf die Erde gepflanzt, packte Volpatte seine Eindrücke weiter aus.

* Da komm ich in ein Zimmer, das ein Bureau vom Depot war, ich glaube, 's war die Buchführung. Es wimmelte von Tischen und gestossen voll wie auf dem Markt. Eine Wolke von Worten. An der Wand entlang, auf jeder Seite und in der Mitte Kerle, die vor ihrem Kram sassen wie Altpapierhändler. Ich musste mich dort melden, wie ich zu meinem Regiment zurückwollte und man hatte mir gesagt: "Kümmere dich selbst drum und schau, wie du fertig wirst!" Da wend ich mich an einen Sergeanten, einen kleinen Fazken, frisch wie ein Lichtblick, mit einem goldnen Zwicker, wie so ein Paar Tressenbrillen. Er war jung, aber da er ein Freiwilliger war, so hatte er das Recht, hinter der Front zu bleiben. "Sergeant!" sag ich zu ihm. Aber er hörte nichts, weil er gerade einen Federfuchser anschnauzte: "Ich hab's Ihnen doch schon zwanzigmal gesagt, Bester, eins zur Exekution für den Schwadronschef, Grossrichter des Armeekorps, und eins ohne Unterschrift, aber mit Angabe derselben als Beleg für das Militärgericht in Amiens und der Regionszentren, deren Liste Sie haben * wohlverstanden, unter Adresse des kommandierenden Generals der Region. Ist doch ganz einfach," sagte er. * Ich bin drei Schritt zurückgetreten und hab gewartet, bis er mit der Schnauzerei fertig war. Fünf Minuten nachher bin ich wieder zu ihm: "Bester, hat er zu mir gesagt, ich hab jetzt keine Zeit für Sie, ich hab, weiss Gott, andres im Kopf." In der Tat sass er aufgeregt vor seiner Schreibmaschine, das Rindvieh, weil er vergessen hatte, sagte er, die Taste für die grossen Buchstaben zu tippen und anstatt die Ueberschrift auf dem Blatt zu unterstreichen, hatte es lauter 8 drunter. Und deshalb war er nicht zu haben und schimpfte gegen die Amerikaner, weil dorther das System seiner Maschine stammte. * Und nachher fluchte er gegen einen anderen Waschlappen, weil auf dem Bordereau der Kartenverteilung, sagte er, die Verpflegungsabteilung, das Schlachtvieh und der Verwaltungsdienst der 328ten Infanteriedivision fehlte. *

Daneben stellte sich einer auf die Hinterfüsse und wollte absolut mehr Abzüge aus dem Kopierteig herausquetschen, als es ging, und schwitzte Blut und gebar bleiche Fetzen, die kein Mensch lesen konnte. Andre schwatzten: "Wo bleiben die Pariser Knöchel?" meinte ein Eleganter. Und dann nennen sie die Dinge nicht mit ihrem Namen: "Sagen Sie mir bitte, welche Elemente sind in X einquartiert?" Die Elemente, was ist das für'n Gerede? sagte Volpatte. * Unten, am grossen Tisch, wo die Kerle, von denen ich erzähle, sassen und an den ich getreten war, wo der Sergeant obendran hinter Papierbergen hantierte und Order austeilte (er hätte lieber Ordnung austeilen sollen), da sass einer, der tat überhaupt nichts und trommelte mit seiner Pfote auf dem Löschpapier: er hatte den Urlaubsdienst, der Bruder; weil aber der grosse Angriff begonnen hatte und es keinen Urlaub mehr gab, hatte er nichts zu tun: "Feine Sache!" sagte er. * Und das ist nur ein Tisch in einem Zimmer in einer Abteilung in einem Depot. Ich hab noch andre gesehn, und noch andre, haufenweise. Weiss nicht mehr wieviel, zum Verrücktwerden, sag ich.

* Hatten sie Dienstabzeichen?

* Viele nicht dort, aber in zweiter Linie, dort haben sie alle; da hast du Sammlungen voll, Menagerien voll alter Knakse mit Dienstabzeichen.

* Das schönste, was ich punkto Dienstabgezeichneter gesehn habe, sagte Tulaque, war ein Autofahrer, der hatte ein Tuch, also wie Atlasseide mit frischen Dienstabzeichen und englisches Offiziersleder, obwohl er Soldat zweiter Klasse war. Und da sass er, den Finger an der Wange, den Ellenbogen auf dem schicken Wagen mit Spiegeln. Den hättest du gefressen. Ein Paar Beine hatte er sich angedreht, die schicke Kanaille!

* Ganz der Poilu, den man in Kokottchen-Blättern sieht, in den netten, kleinen Schweineblättchen.

So hat ein jeder seine Erfahrungen, sein Liedchen zu singen über das so oft wiedergekaute Thema der Drückeberger; und nun geht allen das Herz über und alle sprechen sie durcheinander. So umweht uns der Lärm der Unterhaltung am Fusse der trübseligen Mauer, an der wir wie angehäufte Ballen hocken, vor uns das graue und kotige Land, das der Regen zertreten und ausgeschwemmt hat.

* ... Ja und der, der seine Sachen beim Nadelstecher bestellt hat anstatt beim Militär-Mottenbehälter.

* ... Zuerst Wache beim Strassendienst, dann bei der Militärbäckerei, dann Radfahrer bei der Verpflegungsabteilung der XI. Gruppe.

* ... Jeden Morgen ein paar Briefsachen für die Intendanz, das Schiessbureau, die Pontonierabteilung und abends ein paar für die Divisionsartillerie und noch für die Schützengrabenartillerie.

* ... Wie ich vom Urlaub zurückgefahren bin, erzählte diese Ordonnanz, haben uns die Weiber an allen Bahnübergängen zugerufen. "Sie hielten euch für Soldaten," hab ihm geantwortet ...

* ... So, hab ich ihm gesagt, sind Sie denn aufgeboten, Sie! sagt ich ihm. * Natürlich, hat er gesagt, ich hab doch in Amerika eine Vortragsreise mit dem Minister gemacht. Oder nennen Sie das nicht aufgeboten? Uebrigens, mein Freund, sagt er mir, zahl ich meine Miete nicht, also bin ich doch aufgeboten."

* Und ich erst ...

* Zum Schluss, schrie Volpatte, der dem Gemurmel mit der Autorität eines Dabeigewesenen Schweigen gebietet, zum Schluss hab ich auf einen Schlag eine ganze Bande bei nem Frass gesehn. Zwei Tage bin ich Küchenaushilfe gewesen, weil man mich nicht unbeschäftigt lassen konnte, solang meine Antwort nicht angekommen war und die 's nicht sehr eilig hatte, weil man ein zweites Gesuch und noch ein Gesuch beigelegt hatte und die hatten hin und zurück bei jedem Bureau einen Aufenthalt. * Kurz, ich bin also Küchenbonze bei dem Jahrmarkt gewesen. Einmal musste ich servieren, da nämlich der Küchenchef schon viermal Urlaub gehabt hatte und deshalb müde war. Jedesmal also, wenn ich ins Esszimmer kam, das in der Präfektur war, hab ich die Bande reden hören und hab sie gesehn, und jedesmal platzte mir der warme, helle Lärm aufs Maul. * Nichts als Hilfsdienstpflichtige waren dabei, aber hie und da auch einer vom gewöhnlichen Dienst: nichts als alte Knakse mit ein paar Jungen. * Lachen hab ich müssen, wie so 'n Stiel meinte: "Macht die Läden zu, es ist vorsichtiger." So was wie zweihundert Kilometer hinter der Front waren wir, weisst du, und da gab der getupfte Kerl vor, es sei Flugzeuggefahr vorhanden ...

* Und mein Vetter, sagte Tirloir, der in seiner Tasche kramte, der schreibt ... Warte mal, der schreibt also: "Lieber Adolph, bin endgültig in Paris festgenagelt und der Hütte Nr. 60 zugeteilt. Während du also dort weilst, bleib ich hier in der Hauptstadt den Tauben oder einem Zeppelin ausgeliefert!"

* Ha! Hi! Oh!

Dieser Satz erfüllt sie mit einer hellen Freude und man verdaut ihn wie einen Leckerbissen.

* Dann, fährt Volpatte weiter, hab ich noch mehr lachen müssen bei diesem Drückebergerfrass. Das Essen war nicht übel: Kabeljau, 's war nämlich Freitag, aber zubereitet wie Soles Marguerite, und weiss ich noch was alles? Aber was die Redensarten anbetrifft ...

* Sie nennen das Bajonett Rosalie, nicht?

* Ja, die ausgestopften Hallunken! Aber während dem Essen haben die Herren ausschliesslich von sich selbst gesprochen. Ein jeder erklärte, warum er hier sei und nicht anderswo, und schwatzte eigentlich um den Brei herum und ass wie ein Menschenfresser: "Ich bin krank, ich leide an allgemeiner Schwäche, guckt euch doch mal die Ruine an; ich, ich bin blödsinnig." Und sie holten aus ihrem Innersten alle möglichen Krankheiten vor, staffierten sich damit aus: "Ich wollte in den Krieg, aber ich hatte einen Unterleibsbruch, zwei Unterleibsbrüche, drei Unterleibsbrüche." Nein, dieser Frass! Mit dem Rundschreiben, das davon redete, dass alle marschieren müssten, erklärte ein Witzbold, ist es wie bei den Operetten, sagte er; es hat auch noch den letzten Akt, der den ganzen übrigen Schwindel gut macht. Dieser dritte Akt ist der Paragraph, wo's heisst: "... wenn die Dienstnotwendigkeit es nicht anders erfordert ..." Einer war dabei, der erzählte: "Drei Freunde hatte ich, auf deren Nachhülfe ich rechnete; alle drei sind vor dem Feind gefallen, sagte er, einer nach dem andern, bevor ich mein Gesuch eingereicht hatte; da rede noch einer von Schwein!" Ein anderer erklärte einem andern, dass er von sich aus gern gegangen wäre, aber dass der Bataillonsarzt ihn beim Arm festgehalten hätte und ihn gewaltsam in den Hilfsdienst gesteckt habe, "Nun, sagte der, darauf hab ich mich halt in mein Schicksal gefügt. Uebrigens leiste ich dem Vaterland einen grössern Dienst, indem ich ihm meine Intelligenz zur Verfügung stelle, als wenn ich den Tornister herumschleppe." Und der, der neben ihm sass, machte: "Ja," mit seiner Schädelbüchse, die oben glatt gerupft war. Er hatte es schon über sich gebracht, nach Bordeaux zu fahren, als die Deutschen auf Paris zumarschierten und Bordeaux die schicke Stadt geworden war; aber nachher war er wieder vorwärts nach Paris gekehrt, und dann sagte er noch ungefähr: "Ich nütze Frankreich mit meiner Intelligenz, die ich Frankreich unbedingt erhalten muss." * Dann sprachen sie über andere: vom Kommandanten, der sich eine unmögliche Laune zugelegt habe, und meinten, er sei desto strenger, je blöder er werde; und von einem General, der die Jagd auf Drückeberger mache,

der aber seit acht Tagen krank im Bett läge: "Er stirbt jedenfalls bald, denn sein Zustand ist sehr bedenklich." Das sagten sie und rauchten Zigaretten, die die grossen Tiere ins Depot schicken für die Soldaten an der Front. "Weisst du, erzählte einer, der ganz kleine Frazy, das nette Kerlchen, das Cherubinchen, er hat endlich 'nen sichern Drückposten gefunden, wo er sicher bleiben kann: im Schlachthaus brauchten sie einen Ochsentotschläger, und dort ist er durch Protektion angekommen, obwohl er Lizenziat der Rechte und Notariatsgehülfe ist. Und Flandrins Sohn, der ist Strassenarbeiter. * Er, Strassenarbeiter? Glaubst du, der bleibt lange dabei? * Natürlich, antwortete so 'n Seckel, cantonnier, c'est pour longtemps ..."

* Das sind alles Schafsköpfe, schimpfte Marthereau.

* Und dann waren sie alle neidisch, warum, weiss ich nicht, auf einen gewissen Pourin: "Früher, da führte er das grosse Pariser Leben: er frühstückte und dinierte in der Stadt, machte achtzehn Besuche pro Tag und flatterte in den Salons herum von five o'clock bis Morgengrauen. Er war unermüdlich, wenn's galt, einen Cotillon anzuführen und Feste zu organisieren, Theaterstücke zu schlucken, abgesehn von Autofahrten, und das alles mit Champagner. Da bricht der Krieg aus; nun bringt's das arme Kerlchen nicht mehr fertig, abends bei einer Schießscharte zu wachen und Drahtzäune zu zerschneiden. Jetzt muss er ganz stille in der warmen Stube sitzen. Er, überhaupt ein Pariser, in der Provinz leben und im Schützengraben versauern? Bewahre! "Von mir will ich nicht reden, antwortete einer, ich bin schliesslich siebenunddreissig Jahre, ein Alter, wo man sich pflegen darf!" Und während der Kerl das sagte, musste ich an Dumont denken, an den Feldhüter, der zweiundvierzig alt war und der neben mir auf der Höhe 132 zertrümmert wurde, so nahe neben mir, dass, als ihm der Kugelregen den Schädel eingerannt hatte, mein ganzer Leib von der Erschütterung des seinen zitterte.

* Und wie waren sie mit dir, die Hasenviecher?

* Sie futierten sich um mich, aber zeigten es nicht; nur dann und wann, wenn sie's nicht mehr unterdrücken konnten, da guckten sie mich schief an und vor allem vermieden sie, mich beim Durchgehn zu berühren, weil ich noch dreckig war vom Krieg. * Mich ekelte es ein wenig an, unter den Schlotterknien zu sein, aber ich dachte: "Firmin, 's ist nur ein Vorübergehn." Nur einmal hat mich beinah die Wut gepackt, wie einer sagte: "Später, wenn wir wieder zurückkommen, wenn man überhaupt davonkommt." * Alles recht, aber das, nein! Er hatte nicht das Recht, das zu sagen: So 'n Satz, wer ihn aussprechen will, der muss es verdient

haben: so was ist wie eine Auszeichnung. Wenn sich einer drückt, meinetwegen, aber man soll sich nicht gebärden als einer, der in Gefahr gewesen ist, wenn man ausgerissen ist, bevor 's los ging. Dann redeten sie über die Schlachten, denn die sind auf dem Laufenden, besser als du, und wenn du später heimkommst, wenn du davonkommst, dann bist du derjenige, der Unrecht hat unter den Aufschneidern, du mit deiner winzigen Wahrheit. * Herr! Wenn ich an den Abend denke, an die Gesichter in dem Rauchlicht, die Mache von den Kerlen, die 's Leben genossen haben und den Frieden hatten! Das war wie ein Ballet im Theater, ein Blendwerk. Und es hat, es hat ... es hat noch Hunderttausende, schloss Volpatte endlich, geblendet.

Aber diese Männer, die mit ihrer vollen Kraft und ihrem Leben die Sicherheit der andern bezahlen, machten sich lustig über den Zorn, der ihn erstickte, ihn in seine Ecke stiess, den die Gespenster jener Drückeberger blendeten.

* Ein Glück, dass er uns nichts erzählt von den Fabrikarbeitern, die ihre Lehrzeit im Krieg gemacht haben und von allen denen, die zu Haus geblieben sind und unter dem Vorwand der Vaterlands Verteidigung auf Pikett stehn! murmelte Tirette. Er würde sich bis zur heiligen Mettwurst den Gaumen trocken schwatzen.

* Hunderttausende, sagst du, gab es, du Fliegenfresser, uzte Barque. Im Jahre 1914, hörst du wohl? Da hat Millerand, der Kriegsminister, den Deputierten gesagt: "Es gibt keine Drückeberger."

* Millerand, grunzte Volpatte, den Mann kenn ich nicht, aber wenn er das wirklich gesagt hat, dann ist er ein Hundsfott!

~

* Die andern sollen in ihrem Land machen, was ihnen gut scheint, aber es hat bei uns, sogar in einem Linienregiment hat es Gelegenheiten, sich zu drücken, und Ungleichheiten.

* Man ist immer, sprach Bertrand, einem andern gegenüber ein Drückeberger.

* Das stimmt: wie du auch heissen magst, du findest immer welche, immer, die weniger gemein sind und solche, die gemeiner sind als du.

* Bei uns sind alle, die nie in den Schützengraben kommen, oder die, die nie auf die erste Linie kommen oder sogar die, die nur von Zeit zu Zeit hinkommen, alle die, sie sind gewissermassen Drückeberger, und wenn man nur den eigentlichen Mitkämpfern die Abzeichen gäbe, solltest du mal sehn, wie viele solche Drückeberger herumlaufen.

* Zweihundertfünfzig pro Regiment zu zwei Bataillonen, sagte Cocon.

* Die Ordonnanzen, eine Zeitlang sogar die Burschen der Adjutanten.

* Die Küchenchefs und Unterküchenbonzen.

* Die Feldwebel und meistens die Furiere.

* Die Rationierungsunteroffiziere und die Verpflegungsmannschaft.

* Ein paar Bureauhocker und die Fahnenwache.

* Die Wagenmeister.

* Die Fahrer, die Arbeiter und die ganze Sektion mit allen Unteroffizieren und Offizieren und sogar die Pioniere.

* Die Radfahrer.

* Nicht alle.

* Fast der ganze Sanitätsdienst.

* Die Träger nicht, wohlverstanden; erstens haben sie ein verdammtes Geschäft zu besorgen und zweitens schlafen sie mit der Kompagnie und bei der Attacke sind sie dabei mit ihren Tragbahren; aber die Krankenwärter.

* Beinah alle Pfaffen, namentlich hinter der Front. Denn, weisst du, Pfaffen, die den Tornister schleppen, hab ich wenigstens nicht viel gesehn.

* Ich auch nicht. In den Zeitungen, aber hier nicht.

* Es soll doch welche gegeben haben.

* So!

* Sei dem wie ihm wolle! Sicher ist, dass der Füsilier was abkriegt bei dem Krieg.

* Es gibt auch Gefahr für die andern, nicht nur für uns!

* Doch! sagte Tulacque erbittert, fast nur für uns.

~

Dann fügte er hinzu:

* Du meinst nun * ich weiss schon, was du meinst *, dass nämlich die Automobilisten und die schwere Artillerie bei Verdun was Tüchtiges abkriegte. Schon wahr, aber mit uns verglichen, haben sie's doch gut. Wir, wir sind alle Tage ausgesetzt,

so wie sie's einmal waren (und obendrein haben wir noch die Kugeln und die Granaten, die sie nicht haben). Bei der schweren Artillerie, die haben neben ihren Unterständen Kaninchen gezüchtet und Eierkuchen gebacken während achtzehn Monaten. Wir dagegen stehn tatsächlich in Gefahr; die, die nicht immer drin stecken oder nur einmal, sind's eben doch nicht. Sonst wär nämlich alles schliesslich in Gefahr: 's Kindermädchen, die in den Strassen von Paris rumgondelt, wär's auch; die hat die Tauben und die Zeppelins, wie's der Aalbonze meinte, von dem Volpatte eben erzählte.

* Bei der ersten Expedition in den Dardanellen hat's einen Apotheker gehabt, der durch Granatsplitter verwundet worden ist. Glaubst du's nicht? Und doch ist es so, tatsächlich, ein Offizier mit grünen Borten!

* Das ist Zufall; ich hab's dem Mangouste geschrieben, der ritt ein überzähliges Pferd beim Zug; der wurde verwundet, aber durch einen Lastwagen.

* Ja, natürlich, stimmt eben doch. Schliesslich kann auf der Promenade in Paris oder in Bordeaux eine. Bombe platzen.

* Freilich. Es wäre doch zu bequem, wenn man keinen Unterschied machen wollte, was die Gefahr ist. Und dann ist's ein Unterschied: seit Kriegsbeginn haben sie ein paar gehabt, die durch einen Unglücklichen Zufall getötet worden sind; bei uns aber hat's noch ein paar, die am Leben sind, durch glücklichen Zufall. Und das ist doch nicht dieselbe Sache, sintemal man für längere Zeit tot ist, wenn man's ist.

* Jaaa, sagte Tirette, schliesslich aber verpestet ihr einem die Luft mit euern Drückebergergeschichten. Da man die Sache nun mal nicht ändern kann, könntet ihr endlich Schluss machen mit dem Kapitel. Ihr seid grad wie der alte Feldhüter von Chery, wo wir letzten Monat waren, der in den Strassen rumspazierte und überall schnüffelte nach dienstfähigen Zivilisten und die Kerle witterte wie 'ne Dogge. Eines Tags stand der mal vor einem stämmigen Weibsbild, die sowas wie einen Schnurrbart hatte; er starrt in einem fort nach dem Schnurrbart und brüllt das Weib an: "Könntest du nicht an der Front sein, du?"

* Ich, sagte Pépin, lass mir keine grauen Haare wachsen wegen der Drückeberger oder der Halbdrückeberger, weil einem dabei die beste Zeit zum Teufel geht; aber wo ich sie auf der Latte habe, das ist, wenn sie renommieren. Da sag ich wie Volpatte: sie sollen sich drücken, schön, das ist menschlich, aber nachher sollen sie nicht kommen und sagen: "Ich bin ein Krieger gewesen." Grad die Freiwilligen zum Beispiel ...

* 's kommt drauf an. Diejenigen, die sich bedingungslos zur Infanterie als Freiwillige gestellt haben, Hut ab vor den Leuten, nicht weniger als vor denjenigen, die gefallen sind; aber die Freiwilligen in den Verwaltungen oder in den Spezialwaffen, sogar in der schweren Artillerie, die geben mir alle allmählich auf die Nerven. Man kennt sie schon, die Kerle! Wenn die zurückkommen, dann scharwänzeln sie in der eleganten Welt rum und sagen: "Ich hatte mich freiwillig gestellt. * Oh! wie tapfer war das von Ihnen! * Nun ja, gnädige Frau Marquise, ich bin eben so." Geh doch, alter Fazke!

* Ich hab einen Herrn gekannt, der war als Freiwilliger bei der Fliegerabteilung. Eine schöne Uniform hatte er; er hätte sich allerdings lieber bei der komischen Oper engagieren sollen.

* Ja, aber 's ist immer wieder die gleiche Geschichte. Er hätte eben nachher nicht in den Salons sagen können: "Da guckt her, schaut euch meine Freiwilligenfresse an!"

* Was hab ich gesagt "er hätte lieber!" Viel besser, jawohl; bei der komischen Oper hätte er die andern wenigstens ehrlich zum Lachen gebracht; so verziehn sie nur die Mäuler über ihn.

* Das alles ist die vornehme Welt, frisch angestrichen mit reichen Auszeichnungen, aber ins Feuer kommt sie nie.

* Wenn's lauter solche Nummern hätte, wären die Deutschen schon längst in Bayonne.

* Wenn Krieg ist, soll man seine Haut zu Markte tragen, ist es nicht so, Korporal?

* Ja, antwortete Bertrand. Es gibt Augenblicke, in denen Gefahr und Pflicht genau dasselbe bedeuten, Wenn's Vaterland, die Gerechtigkeit und die Freiheit bedroht sind, kann man sie nicht verteidigen, indem man sich in Sicherheit bringt. Der Krieg bedeutet im Gegenteil Todesgefahr und Aufopferung des Lebens für jedermann, für jedermann: niemand ist geheiligt. Grad drauf los bis ans Ziel, und nicht nur zum Schein mit einer Phantasieuniform. Die notwendige Dienstversorgung hinter der Front soll automatisch durch die wirklich Schwachen und die wirklich Alten verrichtet werden.

* Siehst du, es hat zu viel reiche und protegierte Leute gegeben, die geschrieen haben: "Rettet Frankreich! * zuerst aber reissen wir aus!" Bei Kriegsausbruch hat eine ganze Drückeberger-Bewegung eingesetzt, jawohl. Den Mächtigsten ist es gelungen. Ich hab in meinem kleinen Nest gemerkt, dass es gerade die waren, die

vorher am meisten patriotisch gebrüllt hatten ... Jedenfalls ist es die grösste Gemeinheit, wenn sich einer, wie er vorhin sagte, zuerst sicherstellt und nachher angibt, er habe sein Leben riskiert. Weil diejenigen, ich sag's nochmal, weil diejenigen, die 's riskieren, auf die gleichen Ehren Anspruch haben wie die Toten.

* Und was noch? Das ist immer so gewesen. Wirst den Menschen nicht anders machen, als er ist.

* Nichts zu machen. Schimpfen, reklamieren? Da, weil wir grad vom Reklamieren sprechen, hast du Margoulin gekannt?

* Margoulin, der gute Kerl, den sie auf dem Grassier haben verrecken lassen, weil sie ihn für tot hielten.

* Er hat reklamieren wollen. Alle Tage redete er davon, er wolle dem Hauptmann eine Beschwerde einreichen deswegen, und dazu wollte er verlangen, dass jeder der Reihe nach in den Schützengraben käme. Jedesmal nach dem Frass konntest du ihn hören, wie er sagte: "Ich werd's ihm sagen, so sicher wie der Viertel Wein da steht." Und einen Augenblick nachher: "Wenn ich's ihm nicht sage, so tue ich's nicht, weil hier niemals ein Viertel Wein gestanden hat." Und wenn du was drauf sagtest, da meinte er: "Ist das ein Viertel Wein hier?" Schlusserfolg: Nichts hat er gesagt. Wenn du nun sagst, er sei doch tot, da hast du schon recht, aber vorher hatte er lange Zeit zweitausend Beschwerden einzureichen, wenn er's gewagt hätte.

* Das alles ist zum Kotzen, schimpfte Blaire finsteren und wutblitzenden Blickes.

* Wir haben nichts gesehn, sintemal wir hier überhaupt nichts sehn, aber wenn man sehn könnte ...

* Alter Bruder, sagte Volpatte, hör mal zu, pass auf, was ich dir jetzt sage: Die Seine, die Garonne, die Rhône und die Loire müssten herhalten, wenn du die Depots putzen wolltest. Vorläufig aber hocken sie drin und leben sogar sehr gut und schlafen gehn sie, ganz ruhig schlafen sie sich jede Nacht die Augen aus, jede Nacht!

Der Soldat schwieg. Er sah in der Ferne jene süsse Nacht, er, zusammengekauert, mit angespannter Aufmerksamkeit und schwarz wie ein Schatten im Schlunde des Horchloches, dessen zerrissenes Maul aufblitzt jedesmal, wenn ein Kanonenschuss sein Feuer zum Himmel speit.

Cocon aber sagte voll Bitterkeit:

* Das verdirbt einem die Lust zu sterben.

* Gott bewahre, machte einer mit der grössten Seelenruhe, so übertreib doch nicht, du eingepökelter Hering!

~

X. Argoval

Der Abend kam leise übers Land, und ein sanfter Wind, sanft wie ein flüsterndes Gespräch, begleitete ihn.

Die Häuser sassen nebeneinander an der bäuerlichen Landstrasse, die auf einige Schritte den Anstrich einer Stadtstrasse hatte. Durch die bleichen Fenster drang das Licht des Himmels nicht mehr ein, denn Lampen- und Kerzenlicht brannte und vertrieb den Abend aus den Zimmern, und man sah Schatten und Licht von Augenblick zu Augenblick den Platz wechseln.

Vor dem Dorfe, draussen bei den Feldern, irrten unbewaffnete Soldaten umher, die Nase in der Luft. Unser Tagende ist friedlich und wir geniessen dieses träumerische Nichtstun, dessen Güte man empfindet, wenn man wirklich matt und müde ist. Es war ein schöner Abend; die Ruhe hatte begonnen und man träumte von ihr. Der Abend aber schien die Gesichter ernst zu stimmen, bevor er sie in seine Schatten hüllte, und die Lauterkeit der Dinge spiegelte sich auf ihnen.

Da trat Sergeant Guilhard an mich heran, fasste mich beim Arm und zog mich fort.

* Komm, sagte er zu mir, ich will dir was zeigen.

Am Ausgang des Dorfes standen reichlich in Reihen stille Bäume, an denen man vorüberging; dann und wann, wenn der Wind über sie strich, neigten sich schliesslich die weiten Aeste mit majestätischer Ruhe.

Guilhard ging mir voraus. Er führte mich in einen krummen Hohlweg; auf beiden Seiten stand eine Heckenreihe, deren Gipfel ineinanderreichten. Wir gingen eine Weile, umgeben von zartem Grün. Ein letzter Lichtstrahl drang noch von der Seite über den Weg und streute runde, hellgelbe Flecken aus wie Goldmünzen.

* Es ist schön hier, sagte ich.

* Er sprach kein Wort, guckte nach rechts und links und blieb plötzlich stehn.

* Hier irgendwo muss es sein.

Er führte mich sodann einen kurzen, steilen Weg hinauf auf Feld; drum herum standen grosse Bäume im Viereck. Es duftete stark nach gemähtem Heu.

* Schau, sagte ich, als ich den Boden beobachtete, hier ist die Erde ganz zertreten. Hier hat sich eine Zeremonie abgespielt.

* Komm, sagte Guilhard zu mir.

Er führte mich auf das Feld, nicht allzuweit hinein. Dort standen ein paar Soldaten beieinander und sprachen leise. Mein Begleiter streckte die Hand aus.

* Hier ist es, sagte er.

* Ein paar Schritte vor dem Hag junger Bäume stand ein niederer, kaum ein Meter hoher Pfahl aus der Erde.

* Hier ist heute morgen der Soldat vom 204ten erschossen worden. * Nachts haben sie den Pflock eingerammt. Am Morgengrauen haben sie den Mann hergeschleppt. Die Leute von seiner Korporalschaft haben ihn erschossen. Er hatte sich aus dem Schützengraben drücken wollen; während der Ablösung war er zurückgeblieben und war ganz sachte ins Quartier zurück. Weiter hat er nichts verbrochen. Wahrscheinlich haben sie ein Exempel statuieren wollen.

Wir näherten uns der Soldatengruppe, die sich leise unterhielt.

* Bewahre, sagte einer. Es war kein Galgenstrick: es war so ein steinfester Kerl, wie man sie manchmal sieht. Wir waren miteinander eingerückt. Er war ein Mensch wie wir, nicht mehr und nicht weniger * ein bissel bequem, weiter nichts. Er stand seit Kriegsanfang in der vordersten Linie, und ich hab ihn nie besoffen gesehn.

* Nun hast du aber nicht alles gesagt; leider hatte er eine üble Vergangenheit. Ihrer zwei, weisst du, haben das Stückchen ausgeführt. Der andere hat zwei Jahre Gefängnis gekriegt. Aber Cajard wegen einer Strafe, die er aus dem Zivil noch hatte, ist um die mildernden Umstände gekommen. Er hatte mal im Zivil irgend was im Suff angedreht.

* Man sieht ein wenig Blut auf dem Boden, wenn man hinschaut, sagte ein Mann, der über die Stelle sich bückte.

* Nichts hat gefehlt, erzählte ein anderer, die ganze Zeremonie von A bis Z, der Oberst zu Pferd, die Degradation; dann haben sie ihn angebunden an diesen kleinen Pfahl, an den Viehpflock. Knien hat er müssen oder auf den Boden hocken mit so 'nem kleinen Pfosten.

* Es wäre nicht zu begreifen, sagte ein dritter, wenn nicht die Geschichte mit dem Exempel gewesen wäre, was der Sergeant vorhin sagte.

Auf dem Pfosten standen Aufschriften und Protestationen, die die Soldaten draufgekritzelt hatten. Ein rohes, aus Holz geschnitztes Kriegskreuz war daran genagelt mit der Aufschrift: "Cajar, seit August 1914 eingerückt, das dankbare Frankreich."

Als ich ins Quartier zurückkam, sah ich Volpatte, der, von den andern umringt, Geschichten erzählte, wohl irgend ein neues Erlebnis aus seiner Reise bei den Glücklichen.

~

XI. Der Hund

Es war schauderhaftes Wetter. Wasser und Wind fuhren an die Vorübergehenden, überschwemmten und zerwühlten die Wege und höhlten sie aus.

Ich war zum Fassen gewesen und kehrte ins Quartier zurück, das am Dorfende lag. Durch den dichten Regen hindurch schien an jenem Morgen die Landschaft schmutziggelb, und der Himmel war schwarz * wie von Schiefer bedeckt. An den Mauern entlang patschten gedrückte Gestalten vorbei, verschämt in sich verkrochen.

Trotz Regen, scharfem Wind und niedriger Temperatur hatten sich Leute an der Hoftüre des Gehöftes, in dem wir einquartiert waren, angesammelt. Männer standen dicht aneinander und sahen von weitem einem krabbelnden Schwamm ähnlich. Diejenigen, die über die Schultern und zwischen die Köpfe der andern hindurchguckten, rissen die Augen weit auf und sagten:

* Der Kerl ist nicht von Pappe!

* Wenn der heut die Gänsehaut nicht kriegt, dann kriegt er sie überhaupt nie!

Dann gingen die Neugierigen wieder auseinander, schritten mit roten Nasen und triefendem Gesicht durch den peitschenden Regen und den kneifenden Wind und liessen die Hände, die sie staunend zum Himmel gehoben hatten, wieder sinken und bohrten sie in ihre Taschen.

Mitten auf dem Hof aber blieb, vom Regen begossen, der Urheber dieser Ansammlung zurück: es war Fouillade, der sich mit nacktem Oberkörper gründlich wusch.

Mager wie ein Insekt fuchtelte er mit seinen dünnen Armen in hitziger Wut herum, seifte sich den Kopf ein und begoss ihn, den Hals und die Brust bis zum hervorstehenden Gitter seiner Rippen. Die energische Operation hatte auf seine trichterförmig eingefallenen Backen einen weissen Flockenbart ausgebreitet und auf dem Gipfel seines Schädels schäumte ein schlüpfriger Haarbüschel, in welchen der Regen kleine Löcher stach.

Als Waschbecken benützte der Patient drei Gamellen, die er mit Wasser gefüllt hatte; wo er aber das Wasser aufgetrieben hatte, konnte man nicht wissen; denn es gab kein Wasser in diesem Dorfe; und da er im allgemeinen himmlischen und irdischen Geriesel nirgends etwas hätte hinlegen können, stopfte Fouillade sein Handtuch jedesmal nach Gebrauch in seinen Hosengurt und die Seife nach dem Einseifen in die Tasche.

Die letzten, die noch zurückgeblieben waren und diese epischen Gebärden mitten im Unwetter bestaunten, wiederholten mit Kopf schütteln:

* Der hat die Waschkrankheit, der.

* Weisst du, dass er eine Ehrenauszeichnung kriegen soll wegen der Geschichte im Granatenloch mit Volpatte?

* Na, die hat er sich nicht ungerechterweise gestohlen, die Ehrenauszeichnung, gottnocheinmal!

Und unbewusst brachte man die beiden Heldentaten durcheinander, die Schützengrabengeschichte mit der Geschichte im Granatenloch; und Fouillade wurde als der Held des Tages angestaunt; währenddessen pustete, schnaubte, keuchte, ächzte, spuckte und versuchte er, sich unter der Himmelsdusche mit hastigen und plötzlichen Bewegungen abzutrocknen; dann kleidete er sich schliesslich wieder an.

~

Nachdem er sich aber gewaschen hatte, fror er. Er trippelt auf der gleichen Stelle umher und stellt sich aufrecht an den Eingang der Scheune, in der wir hausen. Der eisige Wind pustet flache Flecken auf die Haut seines hohlen und gebräunten Gesichtes, zieht ihm Tränen aus den Augen und fegt sie auf seine Backen, die einst unterm Mistral erglühten; auch seine Nase weint regnerisch.

Schliesslich unterliegt er dem bissigen Wind, der ihm die Ohren zupft, obwohl er sein Halstuch um den Kopf gewickelt hat, und trotz der gelben Binden, die seine Hahnenbeine beschützen; dann tritt er in die Scheune, aber geht sofort wieder hinaus, wirft wütende Blicke um sich und schimpft: "Pute de moine!" und "Voleur!" knurrt er mit dem Akzent, der tausend Kilometer von hier, in jenem Landstrich, aus dem ihn der Krieg verbannte, aus der Kehle klingt.

Dann bleibt er draussen stehn, und fühlt sich fremder als je in dieser nördlichen Gegend. Der Wind schleicht heran, schlüpft in ihn hinein, und faucht ihn an mit barschem Ruck, schüttelt und quält die fleischlosen, leichten Formen seiner Vogelscheuchengestalt.

Sie ist auch kaum bewohnbar * coquine de Dious! * die Scheune, die man uns für diese Ruhezeit angewiesen hat. Ein Loch ist dieses Obdach, ein düstres Loch, das wie ein Brunnen rieselt. Die eine Hälfte liegt vollständig unter Wasser, und Ratten schwimmen obenauf, auf der andern Hälfte hockt die Mannschaft. Die Mauern bestehen aus Brettern, die mit getrocknetem Kot aneinanderkleben; sie haben Risse, Brüche und Schlitze ringsherum und oben klaffen weite Löcher. Nachdem wir nachts angekommen waren, hatten wir zwar bis zum Morgen die Ritzen, die man erreichen konnte, mit Zweigen, Blättern und Flechtwerk, so gut es ging, verstopft. Aber die oberen Löcher und das Dach klafften immer noch. Während das Licht nur spärlich hineinreicht, fährt im Gegenteil der Wind mit Wut hinein, saugt sich von allen Seiten mit Gewalt durch, und die Korporalschaft ist dem Ansturm eines ewigen Durchzuges ausgesetzt.

Wenn man drin ist, bleibt man aufrecht in diesem zerwühlten Halbschatten stehn, tastet umher, schlottert und seufzt.

Fouillade, den der stechende Wind noch einmal. hineingejagt hat, bereut es, sich gewaschen zu haben. Das Kreuz und die Seite schmerzen ihn. Er möchte irgend etwas tun, aber was?

Sich setzen? Unmöglich. Es ist zu dreckig in der Scheune; die Erde und das Pflaster bedeckt eine Kotschicht, und das Stroh, auf dem wir schlafen, ist ganz feucht vom durchsickernden Wasser und von den Füssen, die ihren Kot dran abstreifen. Ausserdem friert man, sobald man sitzt; legt man sich aber auf's Stroh, so stört der Mistgeruch und die Ammoniakdünste, die einem die Kehle zuschnüren ... Fouillade begnügt sich damit, die Stelle, auf der er steht, anzuschauen; dann gähnt er sich seinen langen Kiefer aus, den ein Ziegenbart noch verlängert und an welchem man weisse Haare unterscheiden könnte, wenn das Tageslicht wirklich Licht wäre.

* Die andern Kameraden und Hockpflöcke, sagt Marthereau, müsst euch nicht einbilden, dass die es besser oder schlechter haben, als wir. Nach dem Essen war

ich bei einem Hasen von der elften, in der Scheune neben der Karbolkaserne. Ueber eine Mauer muss man klettern, dann kommst du auf eine Leiter, die zu kurz ist * stell dir die Scherenspreize vor, sagt Marthereau, der auf zwei kurzen Beinen steht *, und bist du endlich in dem Hühnerstall drin, und in dem Kaninchenstall, da rennst du überall alles an und stehst jedem und allen im Weg. Weisst nicht wohin mit deinen Hammelskeulen, gedrückt hab ich mich, gekrochen bin ich.

* Ich hab mir zum Futtern, sagt Cocon, bei einem Hufschmied gegen Geld was Warmes pumpen wollen. Gestern hat er noch Saft verkauft, aber heut morgen hat er die Polizei zu Besuch bekommen und jetzt hat der Kerl 's Gänsefieber und verriegelt die Tür.

Fouillade hat sie gesehn, wie sie gesenkten Hauptes heimkamen und auf ihre Streu niedergesunken sind,

Lamuse versuchte sein Gewehr zu putzen. Aber hier kann man unmöglich sein Gewehr putzen, auch wenn man sich bei der Tür auf den Boden setzt, oder das nasse, harte und eiskalte Zelttuch zurückschlägt, das wie Eiszapfen davor hängt; denn es ist zu dunkel.

* Und überhaupt, wenn du hier eine Schraube fallen lässt, alte Tante, du kannst dich hängen und findst sie doch nicht, namentlich wenn man noch obendrein friert und dann sowieso keine gescheiten Beine hat.

* Ich hätte schon was zu flicken, aber fällt mir nicht ein. Bleibt also nur noch eines: sich nämlich auf's Stroh hinzulegen; zuvor aber muss man den Kopf in ein Taschentuch oder ein Handtuch wickeln zum Schutz gegen den agressiven Gestank, den das gährende Stroh verbreitet; und dann kann man schlafen. Fouillade, der heute weder zum Fassen noch zum Wachdienst befohlen ist, verfügt über seine ganze Zeit und entschliesst sich dazu. Er steckt eine Kerze an und kramt in seinen Siebensachen, rollt den Schlauch seines Halstuches auf, und dabei sieht man das Schattenbild seiner schwindsüchtigen Gestalt sich krümmen und wieder aufrichten.

* An die Kartoffeln! He dadrinn, ihr kleinen Lämmer! brüllt auf der Türschwelle eine tönende Stimme aus einer Kapuzengestalt.

Es ist Sergeant Henriot. Er ist gutmütig und schlau, er reisst mit einer sympathischen Grobheit Witze und überwacht dabei die Leute im Quartier, dass keiner sich drücke. Draussen, im endlosen Regen, trippelt auf der triefenden Strasse der zweite Zug; auch er ist von seinem Adjutanten geholt worden und wird zur Arbeit geschoben. Beide Züge nehmen Fühlung. Man marschiert die Strasse hinauf und steigt auf den glitschigen Erdhügel, auf dem die Gulaschkanone steht.

* Vorwärts, Kinder, rührt ein bisschen die Ellenbogen, wenn jeder mitmacht, dann dauert's nicht lange ... Was? Hast du wieder was zu knurren, du? Hilft ja doch nichts?

Zwanzig Minuten drauf kehren wir im Laufschritt wieder heim. In der Scheune berührt und betastet man nur noch triefende Gegenstände und feuchte und frostige Gestalten; der beissende Geruch nasser Tiere gesellt sich zum Jauchedunst, der über unsere Betten weht.

Dann stehn wir beieinander um die Stützpfosten der Scheune und um die Regenfäden, die durch die Dachspalten senkrecht in die Scheune rieseln, wie dünne Säulchen mit Kotspritzern als Säulenfuss.

* Da kommen sie! schreit man plötzlich.

Zwei triefende und tropfnasse Gestalten versperren hintereinander die Türe; es sind Lamuse und Barque, die nach einem Ofen ausgegangen waren und nun von dieser Expedition zurückkehren; sie sind enttäuscht, verstimmt und wütend: "Nicht die Spur von einem Ofen aufzutreiben. Uebrigens weder Kohle noch Holz, und wenn du dein Letztes dafür hergibst."

Es ist also unmöglich, ein Feuer anzuzünden.

* Nichts zu machen, und wo ich nichts finde, findet keiner was, sagt Barque mit einem Stolz, den hundert Ruhmestaten rechtfertigen.

So bleibt man denn stehn und rührt sich nicht; dann drückt man sich langsam auf einen andern Platz des engen Raumes, der zur Verfügung steht, und das grosse Elend ruft düstere Gedanken wach.

* Wem gehört die Zeitung?

* Mir, sagte Becuve.

* Was sagt er? Ja Scheisse, man kann ja doch nicht lesen in der Dunkelheit!

* Da behaupten sie, sie hätten jetzt das nötige eingerichtet, damit der Soldat den Schützengraben heizen könne. Alles haben sie, die Soldaten, was sie brauchen, Wollsachen, Hemden, Oefen und Kohle haufenweise, bis in die vordersten Schützengräben.

* Jawohl, Gottverdammich! murrten einige jener armen Gefangenen in der Scheune und halten der Leere draussen und der Zeitung die geballte Faust entgegen.

Aber Fouillade hört nicht zu. Er hat sein langes, bläuliches Don Quichottegestell in den Schatten gelegt und streckt die Violinseiten seines dürren Halses; denn auf dem Boden liegt ein Etwas, das ihn anzieht.

Es ist Labri, der Hund der andern Korporalschaft.

Labri, ein Bastard von einem Schäferhund mit gestutztem Schwanz, liegt als rundes Knäuel auf einer sehr dünnen Strohschicht.

Er betrachtet Labri, und Labri schaut ihn an.

Bécuve nähert sich ihm und sagt mit seinem singenden Akzent von Lille:

* Er will nichts fressen. Es ist ihm nicht wohl, dem Hund. Sag, Labri, was fehlt dir! Komm, da hast du dein Brot und dein Fleisch. Komm, 's ist gut, komm, schluck's runter ... Er hat lange Weile, er leidet. An einem schönen Morgen wird er verreckt auf dem Boden liegen.

Labri ist nicht glücklich. Der Soldat, dem er anvertraut ist, behandelt ihn ohne Liebe und quält ihn gern und sonst kümmert er sich nicht sehr um ihn. Das Tier ist den ganzen Tag angebunden. Er friert, fühlt sich nicht wohl und ist sich selbst überlassen. Er lebt nicht sein eigentliches Leben. Dann und wann steigen ihm Hoffnungen auf, ob er wohl jetzt ausgehn könne, wenn sich alles um ihn in Bewegung setzt; dann steht er auf, streckt sich und schwänzelt ein wenig. Aber es war eine Täuschung; dann legt er sich wieder hin und schaut mit Absicht nach einem noch fast vollen Napf.

Er langweilt sich, das Dasein ekelt ihn an. Und wenn er auch den Kugeln und Granatsplittern, denen er ebenso ausgesetzt ist wie wir, entwischt, so stirbt er schliesslich doch hier.

Fouillade legt seine magere Hand auf den Schädel des Hundes, der ihn wiederum ansieht. Beider Blicke sind gleich, mit dem einzigen Unterschied, dass der eine von oben kommt und der andere von unten.

Fouillade hat sich schliesslich doch in eine Ecke gesetzt und birgt die Hände unter die Falten seines Mantels; seine langen Beine aber sind zusammengelegt wie ein Klappstuhl.

Er träumt und versteckt die Augen unter seine bläulichen Lider. Er sieht ferne Bilder. Es ist gerade die Zeit, da das ferne Land, von dem er sich trennen musste, in lieblicher Stimmung erblüht, das südliche Frankreich, das duftende und bunte Land, und die Strassen von Cette. Das alles sieht er so deutlich, so nahe, dass er das Geräusch der Kanalschiffe hört und das Abladen auf den Docks, und ihm ist, als rufe ihn dieser heimatliche Lärm deutlich zurück.

Oben auf dem Weg, der so stark nach Thymian und Immortellen riecht, dass der Duft einem im Munde liegt und fast zum Geschmack wird, mitten im Sonnenlicht, im warmen, duftenden Wind, der wie ein Flügelschlag jener Sonnenstrahlen ist, auf dem Mont Saint-Clair, dort oben blüht und grünt das Häuschen der Seinen. Von dort aus sieht man zugleich, grün wie eine Flasche, den Teich von Thau und das Mittelländische Meer himmelblau ineinanderfliessen; und manchmal auch erblickt man am indigoblauen Himmel das gezackte Phantom der Pyrenäen.

Dort ist er geboren, dort ist er aufgewachsen, glücklich und frei. Dort spielte er auf der goldroten Erde, und sogar das Soldatenspiel hat er gemacht. Wenn er seinen Holzsäbel schwang, röteten sich begeistert seine runden Backen, die jetzt eingefallen sind, als seien sie vernarbt ... Er öffnet die Augen, schaut um sich, nickt mit dem Kopf und sehnt sich nach der Zeit zurück, als er über den Krieg und den Ruhm noch eine edle, begeisterte und sonnige Vorstellung hatte.

Dann hält er die Hand vor die Augen, das Bild in seinem Herzen festzuhalten.

Jetzt sieht es freilich anders aus.

Dort oben, am gleichen Ort, hat er Clémence gekannt. Das erstemal war sie vorbeigegangen, sonnenreich. Sie trug in ihren Armen ein Bündel Stroh und war ihm so blond vorgekommen, dass ihn das Stroh daneben kastanienbraun dünkte. Das zweitemal war sie in Begleitung einer Freundin. Beide waren sie stehn geblieben, und hatten ihn angeschaut. Er hörte sie tuscheln und wandte sich ihnen zu. Als sie aber merkten, dass sie entdeckt waren, hatten sich die jungen Mädchen im Rauschen ihrer Kleider davongemacht und lachten dabei wie Feldhühnchen.

Dort hatten sie dann beide ihr Häuschen hingebaut. Davor stehn Rebstöcke, die er das ganze Jahr hindurch im Strohhut pflegte. An der Gartentür steht der Rosenstock, den er genau kennt und der sich seiner Dornen bedient, nur um ihn ein wenig zurückzuhalten, wenn er vorbeigeht.

Wird er jemals wieder dahin zurückkehren? Ach! er blickte zu tief in die Vergangenheit zurück, um jetzt die Zukunft nicht in ihrer schrecklichen Deutlichkeit zu erkennen. Er muss an das Regiment denken, das nach jeder Ablösung so schrecklich mitgenommen worden ist, und an all die vergangenen und kommenden Leiden und auch an die Krankheit; dann denkt er auch daran, wie der Mensch sich dabei abnützt ...

Dann steht er auf, schüttelt den Traum der Vergangenheit und die Gedanken an die Zukunft ab. Dann fällt er zurück in die vom Winde gepeitschten eisigen Schatten, mitten unter jene umherliegenden und entwurzelten Männer, die in der Dunkelheit auf den Abend warten; er fällt zurück in die Gegenwart und schlottert weiter.

Dann macht er zwei Schritte mit seinen langen Beinen und stolpert über ein paar Kameraden, die zum Zeitvertreib mit gedämpfter Stimme vom Essen sprechen und sich damit trösten.

* Bei uns, sagt einer, macht man mächtige, runde Brote, gross wie ein Wagenrad, stell dir vor!

Und der betreffende reisst vor Freude die Augen weit auf, die heimatlichen Brote zu schauen.

* Bei uns, unterbricht ihn der arme Südländer, dauert ein Festessen so lang, dass das Brot am Anfang ganz frisch ist, und wenn's fertig ist, ist es altbacken!

* Ein Tröpfchen gibt's bei uns ... der sieht so nach nichts aus, der Tropfen, und doch, wenn er nicht fünfzehngradig ist, dann will ich's Maul halten!

Dann erzählt Fouillade von einem fast violetten Rotwein, der's Mischen gut erträgt, als sei er dazu geboren.

* Bei uns, sagt einer aus dem Bearn, bei uns hat man den "Jurancon"; aber den richtigen, nicht was man sonst unter dem Namen verkauft und von Paris kommt. Ich kenne gerade einen Rebenbesitzer davon.

* Wenn du mal hinkommst, sagt Fouillade, ich hab zu Hause alle möglichen Muskatweine, die ganze Tonleiter in allen Farben; wie Seidenmuster sieht das aus. Wenn du mal zu mir kommst für einen Monat, geb ich dir alle Tage einen andern zu kosten, jawohl Kleiner.

* Das gäb 'ne Schlemmerei, antwortet der Soldat dankbaren Herzens.

Nun begeistert sich Fouillade an diesen Weinerinnerungen, in die er sich vertieft und erinnert sich dabei auch an den sonnigen Knoblauchduft seines heimatlichen Mittagtisches.

Der Duft des blauen Landweines und der fein abgetönten Liqueurweine steigt ihm zu Kopfe im trägen und traurigen Windsturm, der durch die Scheune faucht.

Plötzlich denkt er wieder dran, dass im Dorf, in dem wir einquartiert sind, ein Wirt aus Beziers wohnt. Magnac hat ihm gesagt: "Komm doch mal zu mir, wir trinken dann Wein aus der Heimat, du Luder! Ich hab zu Haus ein paar Flaschen, über die du mir ein bisschen was erzählen kannst, wenn du gesoffen hast."

Und Fouillade fühlt sich plötzlich von dieser Aussieht wie geblendet. Freudig bebt er am ganzen Leib von oben bis unten, wie einer, der sich seiner Bestimmung bewusst wird ... Südwein trinken und dazu noch aus seiner engern südlichen Heimat, und viel davon trinken ... wie schön wäre es, das Leben einmal wieder in rosigen Farben zu sehn, und wenn's nur einen Tag dauerte! Ja gewiss, er muss jetzt Wein haben und sehnt sich danach, sich zu betrinken. Auf der Stelle verlässt er die Kameraden, stracks zu Magnac, sich an seinen Tisch zu setzen.

Aber beim Ausgang * beim Eingang stösst er mit dem Korporal Broyer zusammen, der die Strassen wie ein Zeitungsjunge durchläuft und in jede Tür hineinschreit:

* Zum Rapport!

Die Kompagnie tritt im Viereck auf dem glitschigen Hügel an, auf dem die Feldküche Russ in den Regen spuckt.

* Nach dem Rapport geh ich saufen, denkt Fouillade.

Und er horcht, geistesabwesend, und ganz in seinen Gedanken vertieft. Aber so ungenügend er auch hinhorcht, so hört er doch die Worte des Vorgesetzten: "Striktes Verbot, das Quartier zu verlassen vor fünf Uhr und nach acht Uhr." Und ohne das Murmeln der Soldaten ringsum weiter zu beachten, fügt er diesem höheren Befehl noch folgende Erklärung hinzu:

* Hier befindet sich der Divisionsstab. Solang ihr hier seid, soll sich keiner sehn lassen. Versteckt euch. Wenn euch der Divisionsgeneral auf der Strasse sieht, kriegt ihr sofort inneren Dienst. Er will keinen Soldaten sehn. Bleibt den ganzen Tag in euern Quartieren. Macht was ihr wollt, aber lasst euch nicht blicken, keiner.

Daraufhin kehrte man wieder in die Scheune zurück.

~

Es ist zwei Uhr. Also erst in drei Stunden wird man sich, bei vollständiger Dunkelheit, hinauswagen können, ohne bestraft zu werden.

Solange schlafen? Fouillade ist nicht mehr schläfrig; die Hoffnung auf Wein hat ihn aufgerüttelt. Und wenn er am Tag schläft, wird er nachts nicht schlafen können. Und das auf keinen Fall! Mit offenen Augen die Nacht durchwachen ist schlimmer, als ein schlechter Traum.

Das Wetter wird noch schlechter; Regen und Wind setzen doppelt ein, draussen und drinnen ...

Was dann? Wenn man weder stille stehn, noch sitzen, noch liegen, noch bummeln, noch arbeiten kann, was dann?

Eine wachsende Not überfällt dieses Häuflein müder und frierender Soldaten, die in ihrem Fleische leiden und nicht wissen, was sie mit ihrem Körper anfangen sollen.

* Gottverdammich! Hat man's hier schlecht!

Und sie schreien es gottverlassen aus, wie eine Leidklage und einen Hilferuf.

Dann geben sie sich instinktiv der einzig möglichen Beschäftigung hin: auf der gleichen Stelle auf- und abgehn, um dem Einrosten der Gelenke und der Kälte zu entwischen.

Nun gehn sie eifrig auf und ab, der Länge nach, der Breite nach in diesem engen Lokal, das nur drei gute Schritte lang ist; und sie gehn im Kreis herum, kreuzen sich, streifen aneinander, nach vorne gebeugt, die Hände in den Taschen und klopfen den Boden mit den Sohlen ab. Diese Wesen, die der Wind dann noch peitscht, wenn sie auf ihrem Stroh liegen, gleichen einer Herde elender Grosstadtopfer, die unterm herunterhängenden Winterhimmel darauf warten, dass sich die Türe eines barmherzigen Asyls öffne. Aber die Türe wird sich für sie nicht öffnen, höchstens in vier Tagen, nach der Ruhepause, wenn's eines Abends wieder in den Schützengraben geht.

Cocon hockt alleine in einer Ecke. Die Läuse quälen ihn, aber er ist matt von Kälte und Feuchtigkeit und findet den Mut nicht, die Wäsche zu wechseln; so bleibt er sitzen, finster, unbeweglich und angefressen ...

Als es aber allmählich gegen fünf Uhr zugeht, berauscht sich Fouillade wieder an dem Gedanken, Wein zu trinken, und er wartet, einen Lichtstreif in der Seele.

* Wie spät ist es? ... dreiviertel fünf ... fünf Minuten bis fünf ... Jetzt aber!

Er ist draussen; es ist stockfinstre Nacht. Mit grossen, klatschenden Sätzen hüpft er nach der Wirtschaft seines freigebigen und redeseligen Landsmanns Magnac.

Nur mit grosser Mühe findet er in der Dunkelheit und dem Tintenregen die Türe! Was heisst das, kein Licht? Heiliges Donnerwetter, alles zu! Er zündet ein Streichholz an, schützt die Flamme mit seiner lampenschirmdünnen Hand und liest auf einem schicksalschweren Zettel die Worte: "Es ist den Soldaten verboten, in dieser Wirtschaft einzukehren." Magnac, der sich irgend etwas hat zu schulden kommen lassen, ist in der Dunkelheit zum Nichtstun verdammt.

Fouillade kehrt der Wirtschaft den Rücken, die nunmehr dem einsamen Gastwirt zum Gefängnis geworden ist. Aber er gibt seinen Traum nicht auf. Er will anderswo hin, sich mit gewöhnlichem Wein begnügen und wird ihn zahlen, sehr einfach.

Er steckt die Hand in die Tasche und betastet seinen Geldbeutel. Da ist er.

Es müssen siebenunddreissig Sous drin sein, 's ist zwar kein Vermögen, aber ...

Plötzlich aber fährt er zurück, bleibt stehn und haut sich einen Klapps auf die Stirne. Sein endloses Gesicht schneidet eine schreckliche Fratze, die die Nacht verschleiert.

Nein, er hat ja keine siebenunddreissig Sous mehr! Dummes Arschloch! Er vergass die Sardinenbüchse, die er tags vorher gekauft hatte, so verflucht hatten die grauen Rationsmakkaroni geschmeckt, und dann die Gläschen, die er dem Schuster zahlte, als er ihm seine Kähne wieder frisch benagelt hatte.

O Elend! Er hat nur noch ungefähr dreizehn Sous! Und er müsste zu einem anständigen Schwips mindestens anderthalb Liter Wein haben, wenn er sich an der Gegenwart rächen wollte. Zum Verrecken! Hier kostet der Liter Rotwein einundzwanzig Sous. Zu dem langt es lange nicht.

Er schaut sich um in der Nacht und sucht nach jemandem. Vielleicht findet er einen Kameraden, der ihm was pumpen oder ihm einen Liter zahlen würde.

Aber wer, wer? Bécuve kaum, er hat nur eine Marraine, die ihm alle vierzehn Tage Tabak und Briefpapier schickt. An Barque ist auch nicht zu denken. Blaire ist geizig und hätte keinen Sinn dafür. Auch Biquet nicht, der ihn schief ansieht, Pépin schon gar nicht; der bettelt selber und zahlt nie, auch wenn er einen einladet. Ja, wenn Volpatte hier wäre! ... Mesnil André würde schon, aber er schuldet ihm schon mehrere Runden. Korporal Bertrand? Der hat ihn auf eine Bemerkung hin barsch ins Bett geschickt und seither sehn sie einander schief an. Farfadet? Mit dem spricht er nur selten ... Nein, er sieht entschieden ein, dass er Farfadet gar nicht drum bitten kann. Und übrigens, was nützt das Nachgrübeln überhaupt? Weiss der Teufel, wo die Kerle jetzt alle stecken?

Langsamen Schrittes kehrt er wieder nach unserer Behausung zurück. Dann macht er automatisch kehrt und schreitet wieder nachdenklichen Schrittes vorwärts. Er will's doch mal versuchen. Vielleicht dass gerade Kameraden beim Weine ... Er erreicht das Zentrum des Dorfes gerade um die Stunde, da die Nacht die Erde verhüllt.

Die hellen Türen und Fenster der Weinpinten lassen ihr Licht in den Kot der Hauptstrasse tropfen. Alle zwanzig Schritte steht eine. Man erkennt die klobigen Schatten der Soldaten, die meist gruppenweise die Strasse herunterkommen. Fährt ein Auto vorbei, so drückt man sich auf die Seite und lässt es vorüberfahren; dabei steht man geblendet von den Laternen und bespritzt vom flüssigen Schmutz, den die Räder auf die ganze Strassenbreite schleudern.

Die Pinten sind dicht besetzt. Durch die dunstigen Scheiben sieht man eine dichte Wolke behelmter Männer, die die Stuben füllt.

Fouillade tritt in die erste beste ein. Gleich auf der Schwelle beglückt ihn die laue Wärme der Pinte, das Licht, der Geruch und der Lärm der Gespräche. Dies Beieinanderhocken ist doch wie ein Stück Vergangenheit in der Gegenwart.

Er schaut sich um, geht von Tisch zu Tisch, drückt sich durch und stört die Hockenden, dass ihm keiner entgehe. Verflucht! Kein einziger Bekannter.

Anderenorts ist es die gleiche Geschichte. Sosehr er den Hals streckt und so verzweifelt er sich auch nach einem Bekannten umschaut, unter diesen Uniformen, die in dichten Haufen oder Paarweise trinken und sich unterhalten oder einsam beim Schreiben sitzen, er hat eben kein Glück. Wie ein Bettler sieht er aus und niemand beachtet ihn.

Nachdem ihm aber keine gute Seele zu Hilfe kommt, entschliesst er sich wenigstens das auszugeben, was er in der Tasche hat und schleicht bis zum Schenktisch.

* Ein Schöppchen Wein, aber guten ...

* Weissen?

* Ja, ja!

* Ihr seid wohl vom Süden, sagt die Wirtin, reicht ihm ein volles Fläschchen und ein Glas und kassiert die zwölf Sous ein.

Dann setzt er sich an eine Tischecke, an der schon vier Trinker in eine Manille vertieft sind; er füllt das Glas bis oben ah und leert es und füllt es wieder.

* He! zum Wohl, hau 's Glas nicht kaput! bellt ihm ein neuer Gast ins Gesicht. Er trägt ein blaues und verkohltes Arbeitskleid und hat mitten in seinem bleichen Gesicht einen Streifen dichter Augenbrauen, einen komisch zugespitzten Schädel und ein halb Pfund Ohren dran. Es ist Harlingue, der Waffenschmied.

Fouillade kommt sich alleine bei seinem Schoppen in Gegenwart eines Kameraden, der die Anzeichen des Durstes offensichtlich an sich trägt, nicht sehr glorreich vor. Aber Fouillade stellt sich dumm, als verstehe er das Begehren des Herrn nicht, der vor ihm mit einem einladenden Lächeln auf dem Gesicht hin- und hertänzelt, und leert das volle Glas. Dann macht der andere rechtsumkehrt und murmelt vor sich hin, "nicht sehr mitteilsam und eher süffig, die Südländer".

Fouillade hat sein Kinn auf die Faust gestützt und starrt, ohne ihn zu sehn, nach einer Stubenecke, in der die Soldaten aufeinanderhocken, Ellenbogen an Ellenbogen, und sich drücken und drängen, wenn einer durch will.

Er war nicht schlecht, dieser Weisse, schon wahr, aber was konnten diese paar Tropfen in Fouillades Wüste ausrichten? Die Sehnsucht war kaum verschwunden und stellte sich bereits wieder ein.

Dann stand der Südländer auf und ging hinaus, seine zwei Glas Wein im Magen und einen Sou im Geldbeutel. Noch einmal findet er den Mut einzukehren, die Pinte mit den Blicken auszuforschen, um dann den Ort wieder zu verlassen, indem er folgende Entschuldigungsworte vor sich hinbrummt: "Hildepute! Nie ist er da, das Rindvieh!"

Dann kehrt er ins Quartier zurück. Dort hat der Wind sein Fauchen nicht eingestellt und immer noch tropft der Regen hinein. Fouillade zündet seine Kerze an und bei ihrem Schein, der verzweifelt hin- und herflackert, als wolle er davonfliegen, sucht er Labri auf.

Er kniet, die Kerze in der Hand, vor das arme Tier, das vielleicht noch vor ihm sterben wird. Labri schläft, aber nur schwach, denn er öffnet sogleich ein Auge und rührt seinen Schwanz.

Fouillade aber streichelt ihn und sagt 'ganz leise:

* Nichts zu machen. Nichts ...

Er will vor Labri nicht mehr davon reden, um ihn nicht zu betrüben; aber der Hund wackelt zustimmend mit dem Kopf, bevor er die Augen wieder schliesst.

Dann steht Fouillade wieder auf, nicht ohne Mühe, denn seine Gelenke sind eingerostet; und schliesslich legt er sich schlafen.

Jetzt hat er nur noch die eine Hoffnung: schlafen zu können, damit dieser schaurige Tag ein Ende nehme, dieser Tag der Leere, dieser Tag, der noch öfters seinesgleichen haben wird und heldenmütig überwunden werden muss; bis endlich der letzte Tag erscheinen wird, der letzte Tag des Krieges oder der letzte seines Lebens.

~

XII. Das Säulentor

* Heut ist es neblig. Wollen wir gehn?

Poterloo hat diese Frage an mich gerichtet und sieht mich an mit seinem gutmütigen, blonden Kopf, dem das blaue Augenpaar eine gewisse Durchsichtigkeit verleiht.

Poterloo ist von Souchez gebürtig, und seit die Jäger Souchez endlich wieder zurückerobert haben, möchte er das Dorf wiedersehn; er hatte dort einst glücklich gelebt, zur Zeit, als er noch ein Mensch war.

Eine gefährliche Wallfahrt. Nicht, dass es weit wäre; Souchez liegt dort ganz in der Nähe. Seit sechs Monaten sitzen und arbeiten wir, sozusagen auf Sprechweite vom Dorf entfernt, im Schützengraben und in den Laufgräben. Es handelt sich einfach drum, von hier aus gerade hinauf auf die Strasse von Béthune zu klettern, an der sich der Graben hinschlängelt und darunter die Zellen unserer Schutzlöcher liegen. Dann geht's noch vier- oder fünfhundert Meter die Strasse abwärts nach Souchez. Aber diese ganze Gegend wird regelmässig und fürchterlich beschossen. Seit ihrem Rückzug schicken die Deutschen mächtige Geschosse hinüber, die von Zeit zu Zeit unsere unterirdische Behausung donnernd erschüttern; dabei sieht man bald hier bald dort schwarze Erde und Schutt über die Böschung hoch aufspritzen und senkrechte Rauchsäulen turmhoch aufsteigen. Warum sie Souchez beschiessen, weiss man nicht; denn kein Mensch, kein Haus steht mehr im Dorf, das erobert und wieder erobert wurde, nachdem man es sich gegenseitig hartnäckig immer wieder entrissen hatte.

Heute morgen allerdings hüllt uns ein dichter Nebel ein; unter dem Schutze dieses grossen Schleiers, den der Himmel auf die Erde wirft, könnte man es wagen ...

Jedenfalls wird man bestimmt nicht gesehn werden. Der undurchsichtige Nebel verschleiert die Fernsicht für die Instrumente, die irgendwo dort oben in der Nebelwatte eingewickelt sind, und der Nebeldunst bildet eine leichte und undurchsichtige Mauer zwischen unseren Linien und dem Beobachtungsposten von Lens und Angres, wo der Feind auf der Lauer liegt.

* Abgemacht! sag ich zu Poterloo.

Adjutant Barthe, den wir einweihten, nickte mit dem Kopfe und senkte die Lider zum Zeichen, dass er die Augen zudrücken wolle.

Es war das erstemal, dass ich tags über dieses Gelände ging. Wir hatten sie immer nur von weitem gesehn, diese schreckliche Strasse, die wir oft in der Dunkelheit und unterm Sausen der Granaten sprungweise überschritten hatten oder auf der wir hin- und hergelaufen waren.

* Nun, kommst du, alter Knabe?

Kaum aber hatten wir im Nebel, der seine Baumwollfäden über die Strasse zerrupfte, ein paar Schritte gemacht, da blieb Poterloo mitten auf der Strasse stehn und riss seinen roten, halboffenen Mund und seine horizontblauen Augen auf.

* O je, o je, o je! ... murmelt er.

Und als ich mich nach ihm umschaute, deutete er auf die Strasse und sagte kopfschüttelnd:

* Das wär's also. Du lieber Gott, wie die aussieht! ... Hier grad kenn ich mich so gut aus, dass ich es ganz genau sehe, wie's war, wenn ich die Augen zumache, und ich brauch gar nicht weiter nachzudenken. Das Wiedersehn aber ist schrecklich. So schön war die Strasse, mit lauter Bäumen auf beiden Seiten ... Und jetzt, wie sieht sie aus? Da schau nur mal einer her: wie so 'n langes, verrecktes Zeug, traurig, traurig ... Guck mal her, die beiden Gräben rechts und links, der ganzen Länge nach aufgerissen, das aufgewühlte Pflaster mit Löchern drin und die ausgerissenen Bäume, durchgesägt, brandicht, zu Scheiterhaufen zerhackt, überall hingeschmissen, mit Kugellöchern drin, da guck mal her, wie 'n Sieb sieht das aus! * Herrgott! kannst dir nicht vorstellen, wie die Strasse entstellt ist!

Dann schreitet er vorwärts und sperrt bei jedem Schritt mit schrecklichem Erstaunen die Augen auf.

Die Strasse sieht in der Tat furchtbar aus, nachdem sich auf beiden Seiten anderthalb Jahre lang zwei Armeen geduckt, dran festgeklammert und ihr von hüben und drüben die entsetzlichsten Schläge versetzt hatten. Sie ist eine grosse Bahn der Wirrnis, auf der nur Kugeln einherjagen. Granaten haben sie gefurcht; sie ist aufgerissen und mit Ackererde bespritzt, zerwühlt und umgestochen bis auf die Knochen. Sie ist wie ein vermaledeiter Steg, farblos, alt und zerschunden, schaurig und grossartig anzuschaun.

* Wenn du sie früher gesehn hättest, sagt Poterloo, wie sauber und glatt war sie damals! Alle Bäume standen aufrecht, es fehlte kein Blatt und keine Farbe; wie Schmetterlinge schimmerten sie, und immer ging gerade jemand vorbei, der einem guten Tag wünschte: ein altes Frauchen, die zwischen zwei Körben wackelte, oder sonst Leute, die auf einem Wagen sassen und laut miteinander sprachen, im gütigen Wind mit aufgeblasenen Blusen. Ach, war das ein glückliches Dasein früher!

Er geht an den Rand jenes dunstigen Flusses, der über das Strassenbett fliesst, bis zur aufgeworfenen Brustwehr. Er bückt sich und bleibt vor verschwommenen Erdhaufen stehn, auf denen man Kreuze entdeckt: es sind Gräber, die in gewissen Abständen in die Nebelmauer eingelassen sind, wie Kreuzstationen in einer Kirche.

Ich rufe ihn. Wir kommen niemals hin, wenn wir laufen wie 'ne Prozession. Los!

Wir kommen an eine Geländesenkung, ich zuerst und dann Poterloo, der mit wirrem und schwerem Kopfe vergebens mit den Dingen Blicke zu tauschen versucht. Dort senkt sich die Strasse und verschwindet nach Norden in einer Geländefalte. An dieser geschützten Stelle herrscht ein wenig Verkehr.

Auf der verschwommenen, schmutzigen und kranken Erde, wo Gras in schwarzer Schmiere versumpft, liegen Tote nebeneinander. Sie werden nachts dorthin gebracht, wenn man die Schützengräben und die Ebene säubert. Dort warten sie, die einen schon lange, darauf, nachts in die Kirchhofe hinter die Front gebracht zu werden.

Wir treten leise an sie heran. Sie liegen dicht aneinander; ein jeder zeigt noch, mit den Beinen oder den Armen, die eigentümliche Gebärde seines erstarrten Todeskampfes. Manche haben halbverweste Gesichter, brandige, gelbe Haut mit schwarzen Punkten. Mehrere haben ein vollständig verkohltes, teeriges Gesicht, geschwollene und ungeheure Lippen. Aufgedunsene Negergesichter. Zwischen zwei Leichen hervor starrt, diesem oder jenem angehörend, ein durchhackter Handknöchel, an dem ein Faserknäul hängt.

Andre wieder sind nur noch unförmige, beschmutzte Larven, aus denen unerkennbares Rüstzeug oder Knochenfetzen ragen. Etwas weiter weg liegt ein so schrecklich zugerichteter Leichnam, dass man ihn an zwei Pfählen in ein Drahtnetz legen musste, um ihn unterwegs, beim tragen, nicht zu verlieren. So haben sie ihn, wie einen Ballen, in der metallenen Hängematte herübergetragen und hier niedergelegt; dran ist kein Unten und kein Oben mehr zu unterscheiden; aus dem unförmigen Haufen ist nur eine klaffende Hosentasche erkennbar, aus der ein Insekt herauskriecht und wieder hineinschlüpft.

Um die Toten flattern Briefe, die aus ihren Kleidern oder ihren Patronentaschen geflogen sind, als man den Leichnam niederlegte. Auf einem dieser schneeweissen Papierfetzen, die im Wind umherflattern und die der Kot beschmiert, lese ich, leise darübergeneigt, diesen Satz: "Lieber Henri, wie schön das Wetter zu deinem Geburtstage ist! ..." Der Soldat liegt auf dem Bauch; von einer Hüfte zur andern klafft eine tiefe Furche; sein Kopf liegt halb nach hinten gedreht; man sieht ein hohles Auge und auf der Schläfe, auf der Backe und dem Hals ist sowas wie grünes Moos gewachsen.

Eine eklige Luft kriecht mit dem Wind um die Toten und die Schutthaufen: Zelttücher oder Kleiderfetzen verdreckten Stoffes, durch das trockene Blut steif geworden oder durch Geschossbrand verkohlt, hart, erdig und schon verfault; darauf krabbelt und wühlt eine lebende Schicht. Man hält den Geruch kaum aus. Wir schauen uns kopfnickend an und wagen es nicht, laut zuzugestehn, dass es hier übel riecht. Und doch entfernen wir uns nur langsamen Schrittes.

Dann sahen wir im Nebeldunst Männer auftauchen. Sie waren vornübergebeugt und die Last, die sie trugen, kettete sie aneinander. Es sind Träger von der Landwehr, die einen frischen Leichnam herbringen. Keuchend schreiten sie vorwärts mit ihren alten, abgezehrten Köpfen und schwitzen; die Anstrengung verzerrt ihre Gesichter zu Fratzen. Zu zweit einen Leichnam im Kot durch die Gräben tragen, ist eine fast übermenschliche Aufgabe.

Sie legen den Toten ab; er trägt noch eine frische Uniform.

* Noch nicht lange, stand er noch aufrecht, meint einer der Träger. Grad vor zwei Stunden ist ihm die Kugel in den Kopf gefahren, als er ein deutsches Gewehr in der Ebene holen wollte: nächsten Mittwoch hätte er gerade Urlaub gehabt und wollte das Gewehr nach Hause mitnehmen. Es ist ein Sergeant vom 405ten, von der Klasse 14. Ein netter kleiner Kerl.

Dann zeigte er ihn uns; er lüftete das Taschentuch, das ihm das Gesicht verdeckte: er ist blutjung und schien zu schlafen; nur dass der Augapfel verdreht war, die

Wange wachsfarbig, und ein rötliches Wasser nässte ihm Nasenlöcher, Mund und Augen.

Dieser Leib, der wie ein reiner Ton in jener Leichengegend liegt und noch gelenkig beim Tragen den Kopf auf die Seite neigt, als mache er sich's bequem, erweckt die kindliche Illusion, er sei weniger tot als die andern. Er ist auch weniger entstellt und hat etwas pathetischeres, mitteilsameres, und merkt auf, wenn man ihn anschaut. Und wenn wir überhaupt angesichts dieser Anhäufung erloschner Wesen ein Wort herausbrächten, so wär's: "Der arme Junge!"

Dann gingen wir auf die Strasse zurück; von hier ab führte sie hinunter nach Souchez. Und auf der bleichen Nebelstrasse war es wie in einem schrecklichen Jammertal. Ein stets wachsendes Durcheinander von Schutt, Ueberresten und Auswurf häuft sich an auf dem zerschundenen Rückgrat des Pflasters bis an die kotigen Strassenränder. Die Bäume liegen auf dem Boden oder sind verschwunden und ausgerissen, wie zerfleischte Stummel. Die Geschosse haben die Böschungen über den Haufen geworfen und zerfetzt. Längs der Strasse auf beiden Seiten, oder auch vereinzelt, stehn nur noch die Kreuze auf den Gräbern aufrecht; sonst sieht man nur zwanzigmal verschüttete und wieder ausgegrabene Gräben, Löcher mit Uebergängen oder Flechtwerk über sumpfigen Stellen.

Je weiter wir kommen, desto schrecklicher, zerwühlter, verfaulter und sündflutlicher erscheint alles. Man schreitet auf einem Pflaster von Granatsplittern. Auf Schritt und Tritt stösst der Fuss daran und verfängt sich alle Augenblicke in ihre Fallen. Man stolpert über einen Wust von zerbrochenen Waffen, Scherben von Kochgeschirren, Kannen, Oefen, Nähmaschinen und über elektrische Drahtknäuel, über deutsche und französische, zerrissene Ausrüstungen, die eine trockne Kotrinde bedeckt, über zweifelhafte Kleidungsstücke, an denen eine rotbraune Kittmasse klebt. Dazu muss man auf die Blindgänger aufpassen, die überall ihre Spitzen herausstrecken, ihr Verschlussstück zeigen oder auch auf der Flanke liegen, rot, blau oder schwarzbraun angestrichen.

* Das ist der alte deutsche Schützengraben, den sie endlich aufgegeben haben.

Stellenweise ist er verstopft, dann wieder wütend durchschossen. Die Erdsäcke sind zerrissen, aufgeschlitzt, zertrümmert und wehn leer im Winde; die Stützbalken sind zerbrochen und strecken ihre Stümpfe nach allen Seiten. Die Unterstände sind bis obenan mit Erde und Gott weiss womit noch, verstopft. Alles das sieht aus wie ein halb ausgetrocknetes, zertretenes, aufgerissenes und sumpfiges Flussbett, das vom Wasser und von den Menschen sich selbst überlassen ist. An einer Stelle hat die Beschiessung den Graben wörtlich weggewischt; der ausgehöhlte Graben ist hier nur noch ein Feld frischer Erde und symmetrisch der Länge und der Breite nach nebeneinander liegender Löcher.

Ich mache Poterloo auf dieses aussergewöhnliche Feld aufmerksam, worüber ein Riesenpflug gegangen zu sein scheint.

Aber ihn beschäftigt bis in sein tiefstes Innere die Aenderung, die die Landschaft erlitten hat.

~

Plötzlich, als erwache er aus einem Traum, zeigt er verblüfft mit dem Finger nach einer Stelle in der Ebene.

* Das Cabaret Rouge!

Man sieht dort ein flaches Feld mit zerbrochnen Backsteinen belegt.

Und das? Was ist das?

Ein Randstein? Nein, es ist kein Randstein. Es ist ein Kopf, ein schwarzer, gegerbter, gewichster Kopf. Der Mund sitzt ganz schief, und man sieht Schnurrbarthaare, die auf beiden Seiten nach oben starren: ein dicker, verkohlter Katzenkopf. Darunter sieht man einen Leichnam * es ist ein Deutscher *, der aufrecht in der Erde steckt.

Und das?

Eine grausige Zusammenstellung: ein ganz weisser Schädel, dann zwei Meter vom Schädel abseits ein Paar Stiefel und zwischen beiden ein Haufen zerfaserten Lederzeugs und in brauner Kotmasse erstarrte Lumpen.

* Komm. Der Nebel hat nachgelassen. Beeilen wir uns.

Hundert Meter vor uns, in den durchsichtigeren Nebelwellen, die vor uns herwehn und ihre Schleier mehr und mehr lüften, pfeift ein Geschoss und platzt ... Es schlug gerade in die Stelle ein, an der wir im Augenblick vorübergehn werden.

Dann geht's bergab. Die Senkung ebnet sich allmählich. Wir gehn nebeneinander her. Mein Begleiter spricht kein Wort, er schaut nach rechts und schaut nach links.

Dann bleibt er wieder stehn, wie vorhin auf der oberen Strasse. Ich höre ihn halblaut stottern:

Ja? Wir sind doch da ... ja, ja, hier ist es.

Wir haben in der Tat die Ebene nicht verlassen und stehn immer noch in jener öden, ausgebrannten Wüste, * und dennoch sind wir im Dorfe Souchez!

~

Das Dorf steht nicht mehr. Nie hab ich ein derartig verschwundenes Dorf gesehn. Allain-Saint-Nazaire und Carency haben noch den äusseren Anschein einer Ortschaft gewahrt, mit ihren eingefallnen und abgebrochnen Häusern, ihren mit Kalk und Ziegeln verschütteten Höfen. Hier dagegen hat alles jegliche Form verloren; übrig blieb nur noch der Rahmen niedergerissener Bäume, der uns mitten im Nebel, mitten in einer Scheinumgebung umgibt. Nicht eine Wand, kein Gitter, kein Tor ist stehn geblieben; überrascht bemerkt man ein Pflaster im Durcheinander von Balken, Steinen und Eisen; hier also war eine Strasse!

Alles das sieht aus wie verworrenes, schmutziges und sumpfiges Vorstadtgelände, auf das die Stadt jahrelang, ohne ein leeres Plätzchen zu schonen, ihren Schutt, ihre Abfälle, ihr morsches Baumaterial und ihr altes Geschirr regelmässig abgelagert hätte: es ist eine gleichmässige Schutt- und Abfallschicht, in der man einsinkt und langsam und mühevoll vorwärtskommt. Die Beschiessung hat die Dinge so sehr entstellt, dass sie den Lauf des Mühlenbaches abgelenkt hat; dieser bildet, dem Zufall anheimgelassen, auf dem übrigen Stück des kleinen Platzes, wo ein Kreuz stand, einen Teich.

Hie und da ein paar Granatenlöcher, in denen verzerrte und aufgeblähte Pferde faulen; in anderen Löchern liegen die Ueberreste dessen, was ein menschliches Wesen war und durch die entsetzliche Wunde der Granate entstellt wurde.

Quer über dem Pfad, der uns über diesen Zusammenbruch führt und über jene Schuttflut unter der tiefen Trübsal des Himmels, liegt ein Mann, als ob er schliefe; aber er liegt platt auf der Erde, woran man die Toten von den Schläfern unterscheidet. Es ist ein Suppenträger mit seinem Brotkranz, den ein Lederriemen zusammenhält, und die Kannen der Kameraden hängen ihm an einem Riemenbündel traubenförmig über die Schulter. Letzte Nacht hat ihm offenbar ein Granatsplitter den Rücken, eingestossen und durchlöchert. Wir sind jedenfalls die ersten, die ihn entdecken, diesen verborgenen Soldaten, der im Verborgenen gefallen ist. Vielleicht ist er schon zersetzt, wenn andere hier vorbeikommen. Ich suche nach seiner Erkennungsmarke; sie klebt im geronnenen Blut, in welchem seine rechte Hand liegt. Ich schreibe den mit blutigen Buchstaben gezeichneten Namen ab.

Poterloo lässt mich das alleine besorgen. Er sieht aus wie ein Nachtwandler. Er schaut und schaut in einem fort wie wahnsinnig überall hin; er sucht und sucht in diesen zerfetzten, verwischten Dingen, in dieser Leere, er sucht und forscht den dunstigen Horizont aus.

Dann setzt er sich auf einen querliegenden Balken, nachdem er einen ausgerenkten Kochkessel mit dem Fuss heruntergeschlagen hat. Ich setze mich neben ihn. Ein Nebelregen rieselt leise. Die Feuchtigkeit des Nebels fliesst zu Tropfen zusammen und belegt die Dinge mit einen leichten Schimmer.

Poterloo murmelt:

* Herr Gott!

Er wischt sich die Stirne ab und blickt mich flehentlich an. Er möchte verstehn, die Zerstörung dieses Erdstrichs möchte er umarmen und diese Trauer zur seinen machen. Er stottert unzusammenhängendes Zeug und nimmt seinen grossen Helm vom Kopfe und man sieht wie sein Schädel dampft. Dann sagt er mühevoll zu mir:

* Kannst dir nicht vorstellen, du kannst es nicht, kannst es einfach nicht ...

Dann keucht er:

* Das Cabaret Rouge, wo der deutsche Schädel liegt mit nichts als Abfall drum herum ... diese Kloake, das war früher ... am Weg, ein Backsteinhaus mit zwei niederen Gebäuden neben dran ... Wie oft, Herr Gott, da gerade wo wir stehn geblieben sind, wie oft hab ich der alten Frau, die auf der Türschwelle lachte "auf Wiedersehn" gesagt und wischte mir dabei den Mund ab und guckte nach Souchez hin und ging dann heim! Und nach ein paar Schritten drehte ich mich immer noch mal um und rief ihr noch einen Witz zu! Ach! du kannst dir das gar nicht vorstellen ... Ja, und das hier?

Er führte den Arm im Kreis um sich und deutete damit die ganze Leere an, die ihn umgab ...

* Wir wollen nicht zu lange hier bleiben. Der Nebel steigt wieder auf, weisst du.

Dann stand er mühevoll auf.

* Gehn wir ...

Das schwerste war noch nicht getan. Sein Haus ... Er stutzt, orientiert sich und geht ...

* Da ist es ... Nein, ich bin schon dran vorbei. Da stand es nicht. Ich find die Stelle nicht mehr wo es stand. Gott, ist das ein Elend!

Er ringt verzweifelt die Hände und hält sich nur schwer aufrecht auf dem Durcheinander von Verputz und Balken. Dann plötzlich fühlt er sich verloren in dieser verschütteten Ebene, ohne Anhaltspunkt und schaut zum Himmel wie ein unbewusstes Kind, wie ein Wahnsinniger. Er sucht das Heimelige jener in den unendlichen Raum verwehten Zimmer und sucht die Gestalt und das Halbdunkel der Wohnungen, die in den Wind gestreut sind.

Nachdem er verschiedene Male hin und hergegangen ist, bleibt er an einer Stelle stehn und tritt ein wenig zurück.

* Da war es. Ganz bestimmt. Guck her: an diesem Stein erkenn ich's wieder. Da war das Kellerloch. Hier hat das Gittereisen noch eine Spur zurückgelassen, bevor es davongeflogen ist.

Er schnäuzt die Nase, denkt nach und schüttelt in einem fort den Kopf.

* Wenn nichts mehr da steht, dann begreift man erst recht, wie glücklich man war. Ach! wie war man doch glücklich!

Er nähert sich mir und lacht nervös.

* Das ist keine gewöhnliche Sache, was? So was hast du sicher noch nicht gesehn; was das heisst, sein Haus nicht mehr finden, nachdem man seit jeher drin gelebt hat ...!

Dann macht er kehrt und zieht mich nach.

* Jetzt können wir uns drücken, nachdem doch nichts mehr da ist. Und wenn wir noch stundenlang die Stelle ansehn, wo das Zeug gestanden hat! Komm, wir gehn.

Und wir gingen. Wir sind wie zwei lebende Flecken an diesem dunstigen und illusorischen Ort, in diesem Dorf, das am Boden liegt und auf das wir treten.

Nun steigen wir die Strasse wieder hinauf. Das Wetter heitert auf. Der Dunst verfliegt sehr schnell. Mein Kamerad schreitet mit grossen Schritten stumm einher, die Nase auf den Boden gerichtet; dann zeigt er mir ein Feld:

* Der Kirchhof, sagt er. Da stand er früher, jetzt ist er überall und hat um sich gegriffen, unaufhörlich, wie eine Weltkrankheit.

Auf halber Höhe kommen wir langsamer vorwärts. Da tritt Poterloo näher an mich heran.

* Das alles, siehst du, es ist zu viel. Es ist zu arg ausgewischt mein ganzes früheres Leben. Ich habe Angst, so sehr ist das aufgewischt.

* Bewahre: deine Frau ist doch gesund, du weisst es doch und dein kleines Mädchen auch.

Auf diese Bemerkung hin macht er ein komisches Gesicht:

* Meine Frau? ... Ich will dir was sagen: meine Frau ...

* Nun was ist?

* Was ist? Gesehn hab ich sie.

* Gesehn? Ich dachte, sie sei im besetzten Gebiet?

* Ja, sie ist in Lens bei meinen Eltern. Und ich hab sie wieder gesehen ... Ach, übrigens pfeif ich drauf! ... Ich will dir alles erzählen! jawohl, ich war in Lens, vor drei Wochen. Es war am elften. Also vor zwanzig Tagen.

Ich schaute ihn verblüfft an ... aber er sieht wirklich aus, als sage er die Wahrheit. Er schreitet in der zunehmenden Helligkeit neben mir und fängt an zu stottern:

* Es hiess, erinnerst dich vielleicht noch ... Nein, ich glaub du warst nicht da ... Es hiess also, man müsse den Drahtverhau vor dem Billard-Parallelgraben verstärken. Du weisst, was das heissen will. Bis jetzt hatte man's noch nie machen können; sowie man aus dem Schützengraben rausgeht, sieht man einen auf dem Abhang, der so 'nen komischen Namen hat.

* Der Toboggan.

* Ganz recht; nachts oder bei Nebel ist die Stelle ebenso gefährlich als am Tag, wegen der Gewehre die schon auf Gabeln bereit liegen und wegen der Maschinengewehre, die man am Tage aufstellt. Wenn sie nichts sehn, dann beschiessen die Deutschen immer die ganze Gegend. * Man hat ein paar Pioniere aus der Genie-Kompagnie genommen, aber sie haben sich gedrückt, dann hat man an ihre Stelle ein paar ausgewählte Soldaten aus verschiedenen Kompagnien herausgesucht. Ich war auch einer davon. Also gut. Wir steigen raus. Kein einziger Gewehrschuss! Wir wussten nicht, was das bedeuten sollte. Auf einmal kriecht ein Deutscher, zwei Deutsche, zehn Deutsche aus dem Boden * die grauen Teufels! * und machen uns Zeichen und rufen: "Kamerad!" "Wir sind Elsässer", rufen sie und kriechen in einem fort aus ihrem internationalen Schlauch. "Wir tun euch nichts", schreien sie, "nur keine Angst, Freunde. Lasst uns nur ungeschoren un-

sere Toten begraben." Und nun arbeiten wir, jeder für sich, miteinander gesprochen haben wir sogar, denn es waren Elsässer. Eigentlich schimpften sie über den Krieg und über ihre Offiziere. Unser Sergeant wusste wohl, dass es verboten war, sich mit dem Feind zu unterhalten; man hat uns sogar vorgelesen, dass wir nur mit der Knallbüchse zu ihnen sprechen sollten. Aber der Sergeant dachte eben, es sei eine aussergewöhnliche Gelegenheit, den Drahtverhau zu verstärken, und weil sie uns ruhig gegen sich selbst arbeiten liessen, war man dumm gewesen, wenn man's nicht ausgenutzt hätte ... Nun aber kommt so'n Deutscher und fragt: "Ist keiner von euch aus dem besetzten Gebiet und möchte Nachrichten über seine Familie haben?" * Weisst du, da hab ich nicht mehr widerstehn können. Ohne zu wissen ob's gut oder schlecht sei, bin ich vorgetreten und hab gesagt, ich sei so einer. Da fragt mich der Deutsche aus; ich sag ihm, dass meine Frau in Lens sei, bei ihren Eltern mit der Kleinen. Da fragt er mich, wo sie wohnt. Ich erkläre es ihm, und da meint er, es sei schon recht. "Horch mal, sagt er dann, ich bringihr einen Brief und nicht nur den Brief; ich bring dir die Antwort zurück." Und auf einmal haut er sich an die Stirne, der Deutsche, und tritt näher: "Hör du, wir machen's noch viel besser. Wenn du machst, was ich dir sag, sollst du sie sehn, deine Frau und deine Kinder auch und alles, wie ich dich jetzt sehe." Dann sagt er, ich müsse ihm nur nachgehn um die und die Zeit mit einem deutschen Mantel und einer Feldmütze, die er mir verschaffen wolle. Er wolle mich in Lens schon unter die Kohlenmannschaft bringen; und so könnten wir bis zu mir heim. Dort könnte ich alles sehn, müsste mich aber gut verstecken und mich nicht sehn lassen; er stehe schon für die Leute von der Kohlenmannschaft ein, aber im Haus seien Unteroffiziere, für die er nicht garantieren könne ... Weiss Gott, Alter, ich hab's angenommen!

* Das war gefährlich!

* Freilich war das gefährlich. Aber ich hab mich plötzlich dazu entschlossen, ohne weitere Ueberlegung, ich wollte es gar nicht überlegen, so sehr blendete mich der Gedanke, dass ich die Meinen sehn sollte. Und wenn ich nachher auch erschossen würde, meinetwegen: für nichts hast du nichts. Das ist die Geschichte von Angebot und der Nachfrage, nicht? * Gegangen ist die Sache wie geschmiert. Das einzig Schwierige war, eine Mütze zu finden, weisst, ich hab einen dicken Schädel. Aber auch das haben sie gedeichselt; sie haben mir schliesslich einen Flohsack ausfindig gemacht, der mir passte. Ich hatte grad dem Caron seine deutschen Stiefel, das weisst du ja. So sind wir rüber in die deutschen Gräben (die übrigens den unsern verdammt ähnlich sehn) mit den deutschen Kameraden, die mir sag-

ten, ich soll nur keine Angst haben, und zwar gut französisch * so 'n gutes Französisch, wie ich red. * Kein einziges Hindernis, nichts. Der Hinweg ist glatt abgelaufen. Alles hat sich so leicht und einfach abgewickelt, dass ich ganz vergessen hatte, dass ich nur ein geschminkter Deutsche war. Abends sind wir in Lens angekommen. Ich weiss noch, dass ich an la Perche vorbei in die rue du Quatorze-Juillet eingebogen bin. Die Leute hab ich in der Stadt rumgondeln sehn wie in unsern Quartieren. Erkannt hab ich niemand, es war zu dunkel; auch mich hat keiner erkannt, auch weil's zu dunkel war und auch weil keiner an so 'ne Geschichte dachte ... Finster war's, dass man 's Aug mit dem Finger nicht mehr fand, als ich in den Garten meiner Eltern gekommen bin. * Das Herz pochte mir; gezittert hab ich am ganzen Leib, wie wenn ich nur 'n Herz gewesen wäre. Zurückhalten hab ich mich müssen, sonst war ich vor Lachen geplatzt und noch auf französisch dazu, so glücklich war ich, so gerührt. Der deutsche Kamerad sagte dann zu mir: "Jetzt gehst du einmal und dann noch einmal an der Tür und am Fenster vorbei, und schaust hinein, aber ohne dir was anmerken zu lassen ... Pass auf." Dann hab ich mich zusammengenommen, hab die Aufregung hinuntergeschluckt mit einem Ruck. Ein feiner Mensch war's schon, der Kerl, er war nämlich elend reingeflogen, wenn ich mich ertappen liess! * Weisst du, bei uns, wie im ganzen Pas-de-Calais sind die Eingangstüren alle zweiteilig: der untere Teil bis zur Hälfte ist eine Art Gitter und oben ist es wie so 'n Laden. So kann man die untere Hälfte schliessen und ist halb draussen, halb drin. Der Laden nun, der stand offen, und im Wohnzimmer, das als Esszimmer und zugleich als Küche dient, war Licht und man hörte Stimmen. Nun geh ich vorbei und streck den Hals nach der Seite. Da sah ich helle und rosigbeschienene Männer- und Frauenköpfe um den runden Tisch, auf dem die Lampe stand. Da hab ich sie direkt angeschaut, die Clotilde. Ich hab sie gut gesehn. Sie sass zwischen zwei Kerlen, Unteroffiziere, so viel ich weiss, und die sprachen mit ihr. Und weisst du, was sie tat? Nichts; sie lächelte, neigte ganz lieb ihr Gesicht mit ihrer leichten, blonden Haareinfassung, auf die die Lampe einen goldigen Schein legte. * Sie lächelte, Sie war zufrieden. Sie schien sich wohl zu fühlen neben diesen deutschen betressten Kerlen, an der Lampe und dem Feuer, dass mir seine Wärme entgegenhauchte und das ich wieder erkannte. Dann bin ich vorübergegangen, hab mich umgedreht und bin nochmal durchgegangen, und hab sie wiedergesehen mit dem gleichen Lächeln. Und zwar war's kein erzwungenes Lächeln, mit dem man bezahlt. nein, ein ehrliches Lächeln, das aus ihrem Innersten kam und das sie selbst hergab. Und während den beiden, blitzkurzen Augenblicken, die ich hineingeschaut habe, hab ich auch mein kleines Mädchen sehen können, wie sie gerade einem dicken betressten Kerl die Hände reichte und versuchte, ihm auf die Knie zu klettern und daneben hab ich noch jemand erkannt, nun wer war's doch gleich? ja, es war Madeleine Vandaërt, dem Vandaërt seine Frau, ein Kamerad von mir vom 19ten, der an der Marne, bei Montyon, gefallen ist. * Sie wusste, dass er gefallen war, sie war nämlich in Trauer. Und sie, sie lachte und lachte fest, sag ich dir ... und guckte den einen und den andern an mit 'nem Aussehn, als wollte sie sagen: "Wie glücklich bin ich hier!" * Ach ja! Ich aber bin raus und an die Kameraden gerannt, die draussen auf mich warteten und mich zurückführen sollten. Wie ich zurückgekommen bin, könnt ich nicht sagen. Ich war wie geschlagen. Gestolpert bin ich beim Gehn wie 'n Gehetzter. Und es hätte mich keiner anscheissen sollen in dem Moment! Laut herausgebrüllt hätte ich; Skandal hätt ich gemacht, um mich erschiessen zu lassen, dass es mit dem Schweineleben ein End hätte. Verstehst du? Gelächelt hat sie, meine Frau, meine Clotilde, an diesem Kriegstage! Also genügt es, dass man eine Zeitlang fort ist und man kommt einfach nicht mehr in Betracht. Du schiebst ab von zu Hause in den Krieg und alles scheint unterzugehn; und während du's glaubst, so gewöhnt man sich an deine Abwesenheit und allmählich ist es, als ob du überhaupt nicht existiertest; man kommt ohne dich aus und ist glücklich wie vorher und lächelt. Gottver...! ich red nicht von der andern Schickse, die laut lachte, aber meine Clotilde, die Meinige, die grad in dem Augenblick, wo ich zufällig dazukam, grad in dem Augenblick sich nicht schlecht um mich futierte; da kannst du sagen, was du willst. * Wenn sie schliesslich noch mit Freunden oder Verwandten zusammen gewesen wäre; aber nein, gerade mit deutschen Unteroffizieren! Das musst du doch selber sagen, das war doch zum Hineinspringen ins Zimmer, ihr ein Paar rechts und links runterhauen und der andern Schneppe in Trauer den Hals drehn! * Jawohl, ich hab auch einen Augenblick dran gedacht. Ich weiss schon, dass ich zu weit ging ... aber, was willst du, ich war eben ausser mir. * Weisst du, ich will nicht mehr sagen, als ich meine. Sie ist ein gutes Mädel, die Clotilde. Ich kenn sie schon und hab Zutrauen zu ihr. Das ist mal sicher, weisst du: wenn ich was abkrieg, weint sie sich mal vorerst alle Tränen aus dem Leib. Ich weiss ja schon, sie weiss, dass ich lebe, aber darum handelt es sich gar nicht. Nur dass sie einfach glücklich ist und zufrieden und aufgeht, sobald sie ein gutes Feuer, eine gute Lampe und Gesellschaft hat, ob ich nun da bin oder nicht ...

Ich zog Poterloo weiter:

* Du übertreibst, alter Kerl. Du machst dir dumme Gedanken, meinst du nicht? ...

Wir waren ganz langsam weitergegangen und standen noch am Fusse der Anhöhe. Der Nebel war am Verfliegen und schimmerte silbern. Bald wird die Sonne scheinen. Jetzt schien die Sonne.

~

Poterloo hielt Umschau und sagte:

* Wir wollen hinten rum über die Strasse von Carency.

Wir gingen quer über die Felder. Nach einer Weile sagte er zu mir:

* Ich übertreibe, meinst du? Du sagst, ich übertreibe?

Dann grübelte er nach:

* So! Dann schüttelte er den Kopf, wie er es den ganzen Morgen getan hatte und sagte:

* Aber schliesslich, es ist doch eine Tatsache ... Wir stiegen die Anhöhe hinauf. Es wehte eine wärmere Luft und als wir auf einen Geländevorsprung kamen, schlug Poterloo vor, noch einen Augenblick abzusitzen, bevor wir den Rückweg anträten.

Er setzte sich hin unter der Last jener Gedanken, die ihm den ganzen Kopf durcheinanderbrachten. Er runzelte die Stirn. Dann wandte er sich verlegen zu mir, als wolle er mich um einen Dienst bitten.

* Sag mal, Alter, ich überlege, ob ich wirklich recht hab.

Nachdem er mich aber angeschaut hatte, betrachtete er die Dinge, als wolle er eher diese befragen als mich.

Da wurde auf der Erde und am Himmel alles anders. Der Nebel war bis auf einen traumhaften Ueberrest verweht. Das weite Land entschleierte sich. Die enge, trübselige und graue Ebene weitete sich, verjagte die Schatten und nahm Farbe an. Allmählich kam, wie zwei Flügel, von Osten und Westen die Helligkeit über sie.

Dort unten sahen wir Souchez, zwischen den Bäumen liegen. Aus der Entfernung gesehen und im hellen Licht richtete sich die kleine Ortschaft vor unserm Auge wieder auf, im neuerstandenen Sonnenschein.

* Hab ich wirklich recht? wiederholte Poterloo mit wachsender Ungewissheit.

Bevor ich aber antworten konnte, gab er sich selbst die Antwort; zunächst mit leiser Stimme vor dem Sonnenlicht:

* Sie ist jung, weisst du: sechsundzwanzig Jahre hat das Menschenkind. Sie kann ihre Jugend eben nicht einsperren; sie bricht bei ihr überall aus und wenn sie am Feuer und vor der Lampe ausruht, muss sie eben lächeln; und wenn sie auch laut

rausplatzte, so war das einfach die Jugend, die ihr aus der Kehle singt. Sie lächelt nicht wegen den andern, eigentlich sondern wegen ihr. Das ist eben Leben; sie lebt halt. Freilich, sie lebt und weiter nichts. Da kann sie doch nichts dafür, wenn sie lebt. Man kann doch nicht verlangen, dass sie sterben soll? Oder soll sie wegen mir und der Deutschen den ganzen lieben langen Tag weinen? Soll sie schimpfen? Man kann doch nicht die ganze Zeit weinen und schimpfen achtzehn Monate lang. Natürlich. Die Geschichte dauert einfach zu lange, wenn ich dir sage. Da steckt der Has im Pfeffer.

Dann schwieg er und sah sich das Panorama von Notre-Dame-de-Lorette an. Jetzt lag es vom Lichte überstrahlt vor uns.

* Und mit der Kleinen ist es dieselbe Geschichte; sie hatte es mit einem Menschen zu tun, der sie nicht fortgejagt hat, da ist sie ihm eben auf die Knie gekrabbelt. Vielleicht wär's ihr lieber, wenn's der Onkel oder ein Freund von ihrem Vater gewesen wäre * vielleicht * aber sie versucht's halt mit dem einzigen, der immer da ist, selbst wenn's ein dickes Brillenschwein ist. Ja! rief er aus, stand auf und fuchtelte vor mir in der Luft herum; man könnte mir zwar antworten, und wenn ich nicht davonkäme, würde ich sagen: "Alter Knabe, bist verratzt, keine Clotilde mehr, keine Liebe mehr! Ein anderer wird dich über kurz oder lang in ihrem Herzen ablösen. Da kannst du nicht dran wackeln: Die Erinnerung an dich, dein Bild, das sie von dir im Herzen trägt, verwischt allmählich und ein andrer wird sich draufsetzen und sie wird ein neues Leben beginnen." Ja, wenn ich nicht davonkäme!

Drauf lacht er glücklich.

* Aber ich hab wohl die Absicht davonzukommen. Das stimmt allerdings, da musst du sein, sonst. du musst da sein, siehst du, wiederholt er mit ernsterer Stimme. Denn sonst, wenn du nicht da bist, bist du im Nachteil, und wenn du's mit Heiligen oder Engeln zu tun hast. Es ist einmal so. Aber ich bin da!

Er lacht.

* Und nicht zu knapp bin ich da!

Dann steh ich ebenfalls auf und klopf ihm auf die Schulter.

* Hast recht, alter Bruder. Das alles wird mal ein Ende nehmen.

Er reibt sich die Hände und spricht unaufhörlich weiter.

* Ja, Teufel, das wird schon mal aufhören. Nur keine Angst. Ich weiss schon, bis dahin wird's noch manches zu fressen geben. Da gibt's noch zu fausten, und nicht nur mit den Armen. * Alles wird wieder frisch angefangen werden müssen. Kein Haus mehr, kein Garten mehr. So wird man 's Haus wieder bauen, und wird den Garten wieder machen. Je mehr verschwunden ist, desto mehr wird man wieder neu machen. Schliesslich ist das Leben so, und da heisst es immer wieder von vorne anfangen, nicht? Auch das Leben und das Glück wird man von neuern wieder anfangen; die Tage, die Nächte wird man wieder neu aufrichten. Auch die andern werden ihre Welt wieder aufbauen. Soll ich dir was sagen? Das geht alles schneller als man's glaubt ... Die Madeleine Vandaërt zum Beispiel, die wird ganz gut einen andern heiraten können. Sie ist Witwe; achtzehn Monate schon ist sie Witwe. Das ist doch schon eine ganze Weile, achtzehn Monate. Ich glaub, nach so langer Zeit trägt man schon die Trauer nicht mehr! Und man überlegt gar nicht, was man spricht: "Es ist eine Dirne!" und man verlangt noch, dass sie sich's Leben nimmt! Aber man vergisst doch schliesslich, was gewesen ist, notgedrungen vergisst man das. Da sind nicht die andern dran schuld; nicht einmal wir selber; es ist einfach das Vergessen, und weiter nichts. Wie ich sie plötzlich gesehn habe und wie sie dabei lachte, da hat's mir die Eingeweide rumgekehrt, grad wie wenn ihr Mann gestern gestorben war * es ist ja menschlich * aber was willst du machen! Es ist ein schönes Stück Zeit verstrichen, seit der arme Knabe tot ist. Es ist schon lange her; viel zu lange ist es her. Man. ist eben nicht mehr derselbe Mensch. Aber nur aufgepasst, man muss davonkommen, man muss da sein! Ich werd schon wieder da sein und werd mich um's Anfangen schon kümmern.

Dabei schaut er mich an, zwinkert mit dem Auge und lebt wieder auf, nachdem er eine Idee gefunden hat, an dem er sein Denken wieder aufrichten kann.

* Ich seh's schon kommen, wie nach dem Kriege alle die von Souchez sich wieder ans Arbeiten und ans Leben machen ... Das wird was werden! Ha, der alte Ponce, die Nummer! Der war so peinlich genau, dass er das Gras in seinem Garten mit 'nem Rosshaarbesen kehrte oder auf den Knien lag und den Rasen mit der Schere stutzte. Das soll der Alte wieder haben! Und die Frau Immaginaire, die wohnte in einem der letzten Häuser, beim Schloss von Carleul zu, ein dickes Weib, das sah aus, wie wenn sie hinrollte, wie wenn sie Rädchen gehabt hätte unter ihrem dicken, runden Rock. Alle Jahre legte sie ein Kleines; wie ausgemacht, ganz genau; eine richtige Kindermitrailleuse! Na, und die soll die Beschäftigung wieder tapfer aufnehmen.

Dann blieb er stehn, dachte nach, lächelte leise in sich hinein:

* ... Noch was, was mir aufgefallen ist ... 's hat zwar keine grosse Bedeutung, sagte er nachdrücklich, als ob ihm diese Bemerkung plötzlich unangenehm wäre * aber ich hab's doch gemerkt (das sieht man so nebenbei, während man auf was anderes achtet), gemerkt hab' ich, dass es sauberer war bei uns als zu meiner Zeit ...

Dann stiessen wir auf eine kleine Schiene; sie kroch am Boden hin und verlor sich im Heu, das dürr auf dem Platze lag. Poterloo deutet mit seinem Stiefel auf dieses verlassene Schienenstück und lächelt:

* Das war unsre Eisenbahn. Der Schleichwurm nannten wir sie, wahrscheinlich weil sie's nicht eilig hatte. Sie fuhr allerdings nicht schnell; eine Schnecke hätte mit ihr Schritt halten können! Auch den Schleichwurm werden wir wieder aufbauen, Aber er wird nachher wahrscheinlich wieder so langsam davonschleichen. Uebrigens darf er es gar nicht anders!

Als wir oben auf die Anhöhe kamen, wandte er sich noch einmal um und warf einen letzten Blick auf die gemordete Ortschaft, die wir eben aufgesucht hatten. In der Entfernung wurde das Dorf noch lebendiger als vorhin, zwischen die Ueberreste der Bäume hindurchgesehn und zwischen jene gestutzten und zernagten Stummeln, die sich jetzt wie junge Sprösslinge ausmachten. Das schöne Wetter hauchte dem Gewirr von rosigem und weissem Material jetzt erst recht ein scheinbares Leben ein und legte sogar den Schimmer eines Gedankens darüber. Die Steine lagen verklärt in jener Wiedergeburt. Die Schönheit der Strahlen kündete das Kommende an und deutete auf die anbrechende Zukunft. Das Gesicht des Soldaten, der es betrachtete, erstrahlte selbst im Widerschein jener Auferstehung. Der Frühling und die Hoffnung färbten lachend darauf ab, und seine rosigen Backen, seine hellblauen Augen und seine goldgelben Augenbrauen leuchteten, als seien sie frisch gemalt.

~

Jetzt steigen wir in den Laufgraben. Die Sonne scheint kräftig. Der Laufgraben hat eine blonde Farbe, ist trocken und klingt hell unter den Füssen. Ich bewundre seine schöne geometrische Tiefe, seine glatten und mit der Schaufel polierten Wände und habe meine besondere Freude an diesem klaren und trocknen Klang unserer Sohlen auf der harten Erde oder auf den Bodenlatten, die aneinanderliegen und einen Bretterboden bilden.

Ich schaue auf die Uhr. Sie zeigt neun und hat ein zart gefärbtes Zifferblatt, in welchem sich der blaue und rosige Himmel und die fein ausgeschnittenen Sträucher, die am Rand des Grabens eingepflanzt wurden, widerspiegelt.

Und Poterloo und ich, wir schauen uns gegenseitig an und sind seltsam beglückt; wir sehn uns freudig an, als ob's ein Wiedersehn wäre! Er spricht zu mir; ich aber, der ich mich an das Singende seiner nordischen Sprechweise gewöhnt habe, ich entdecke auf einmal, dass er singt.

Wir haben schlechte Tage gehabt, tragische Nächte, in der Kälte, im Wasser und im Kot. Jetzt, obwohl es noch Winter ist, überzeugt uns der erste schöne Morgen davon, dass es bald wiederum Frühling werden wird. Schon hat sich der Grabenrand mit zartgrünem Gras geschmückt, und in den frühen Wonneschauern dieses Grases erwachen Blumen. Jetzt hat es bald ein Ende mit diesen gestutzten und engen Tagen. Der Frühling spriesst am Himmel und auf Erden. Wir atmen freudigen Herzens in gehobener Stimmung auf.

Ja, die schlechten Tage sind aus. Auch der Krieg wird mal aus sein, zum Teufel! Wahrscheinlich schon in dieser schönen, kommenden Jahreszeit, die uns schon bestrahlt und deren Wonnewehen wir bereits verspüren.

Ein Sausen. Eine verirrte Kugel.

Eine Kugel? Gott bewahre! Es ist eine Amsel!

Komisch, wie beides ähnlich klingt ... Die Amseln, die Vögel, die mit zarter Stimme pfeifen, das Land, die Feste des Jahres, die heimeligen Stuben mit lauter Licht darin ... Oh! Der Krieg will zu Ende gehn und für immer wird man die Seinen wiedersehn: die Frau, die Kinder, oder die, die Frau und Kind zugleich ist; man lächelt ihnen entgegen in diesem jungen Lichte, das uns bereits zusammenführt.

... Bei der Gabelung der beiden Schläuche sieht man am Rand, auf dem Feld etwas wie ein Säulentor. Zwei Pfosten, die aneinanderlehnen und dazwischen von oben, wie eine Schlingpflanze herabhängend, ein Gewirr von elektrischen Drähten. Das Ganze macht sich ganz gut und sieht aus wie eine szenische Dekoration. Eine dünne Kletterpflanze schlingt sich um den einen Pfosten, und wenn man ihr mit den Blicken nachgeht, sieht man, dass sie es schon wagte, vom einen zum andern hinüberzuklettern.

Wir durchlaufen diesen Laufgraben, dessen begraste Seite erzitterte wie die Weichen eines schönen lebendigen Pferdes, und münden dann in unserm Schützengraben an der Strasse von Béthune.

Da ist schon unser Standort. Die Kameraden sind beieinander und essen und geniessen die angenehme Temperatur.

Nach dem Essen werden die Gamellen oder die Aluminiumteller mit einem Stück Brot geputzt ...

* Da, es hat keine Sonne mehr!

Stimmt. Eine Wolke streckte sich und hat sie verdeckt.

* Es schifft sogar noch, Kinder, meint Lamuse.

* Wir haben doch immer dasselbe Schwein, grad zum Abmarsch!

* Verfluchte Gegend! sagt Fouillade.

Tatsache ist, dass das nordische Klima nicht viel taugt: Ewiger Dunst, ewiger Nebel, ewiger Rauch und ewiger Regen. Und scheint die Sonne einmal, so erlischt sie wieder schnell in diesem grossen, feuchten Himmel.

Unsre vier Tage im Schützengraben sind abgelaufen. Gegen Abend werden wir abgelöst. Langsam rüsten wir uns zum Abmarsch. Die Tornister und die Brotbeutel werden gefüllt und in Ordnung gebracht. Das Gewehr wird abgestaubt und eingepackt.

Es ist schon vier Uhr. Bald überfällt uns der Nebel, so dass man einander kaum mehr sieht.

* Hol's der Teufel, jetzt regnet's schon wieder!

Zunächst tropft es ein wenig, dann giesst es. Oje, oje! Man zieht die Kapuzen über die Ohren und spannt die Zelte auf. Man verkriecht sich in die Unterschlüpfe, tappt dabei im Kot herum und beschmiert sich die Knie, die Hände und die Ellenbogen damit, denn der Boden weicht allmählich auf. Man hat im Unterstand kaum Zeit, eine Kerze auf einen Stein zu stellen, sie anzuzünden und schlotternd drum herumzuhocken.

* Vorwärts, antreten!

Wir stemmen uns in den nassen und zugigen Schatten hinaus. Ich erkenne die mächtige Kraftgestalt Poterloos: wir sind immer nebeneinander beim Marschieren. Wie wir dann abmarschieren, ruf ich ihm zu:

* Bist du da, Alter?

* Jawohl, vor dir, schrie er mich an, indem er sich umkehrte.

Im gleichen Augenblick ohrfeigt ihn der Wind und der Regen; er aber lacht. Sein Gesicht strahlt wie heute morgen im gleichen Glücksgefühl. Ein elender Regenguss wird ihm die Freude in seinem tapfern und unerschütterlichen Herzen nicht ersticken können; auch wird ein übelgelaunter Abend die Sonne, die ich vor einigen Stunden in seinen Gedanken aufleuchten sah, nicht auslöschen.

Wir marschieren, stossen aneinander und machen einige Fehltritte ... Der Regen fällt unaufhörlich nieder und das Wasser rieselt im Graben. Die Bretter wackeln auf dem aufgeweichten Böden; einige davon liegen schief nach rechts oder nach links, sodass man auf ihnen ausgleitet. Dabei ist es so dunkel, dass man sie nicht sieht und so tappt man zuweilen bei den Biegungen mit dem Fuss daneben in die Wasserlöcher.

In der grauen Nacht schaue ich unentwegt auf die Schieferglätte von Poterloos Helm, der wie ein Dach unter dem Regen träufelt, und verliere seinen breiten, mit einem schimmernden Wachstuch bedeckten Rücken nicht aus den Augen. Ich trete in seine Spuren und rufe ihm von Zeit zu Zeit etwas zu, worauf er mir stets mit guter Laune und mit der gleichen unerschütterlichen Ruhe antwortet.

Dann hören die Bodenbretter auf und man trottet im dichten Kot weiter. Jetzt ist es stockfinster. Plötzlich bleibt man stehn und ich fahre an Poterloo. Man hört weiter vorn einen halbwütenden Ausruf:

* Was ist los? Na mal vorwärts! Wir verlieren die Fühlung!

* Ich kann meine Flossen nicht abkleben! antwortet eine weinerliche Stimme.

Endlich gelingt es aber dem Steckengebliebenen, seine Füsse aus dem Kot zu befreien und wir müssen die übrige Kompagnie im Laufschritt wieder einholen. Dann geht das Fluchen und Schimpfen gegen die Vorderen los. Man tappt, wohin 's grade hintrifft; man macht Fehltritte, hält sich an den Wänden fest und hat die Hände voll Kot. Das Marschieren wird zum fluchenden und klirrenden Laufschritt.

Der Regen setzt stärker ein. Plötzlich muss man zum zweitenmal anhalten. Es ist einer ausgerutscht und liegt am Boden! Darauf erhebt sich ein allgemeines Geschrei.

Der Mann richtet sich wieder auf und es geht von neuem weiter. Ich versuche mit grösster Aufmerksamkeit mit dem Helm Poterloos Fühlung zu behalten. Der Helm leuchtet schwach in der Nacht vor meinen Augen, und ich rufe ihm von Zeit zu Zeit zu:

* Geht's?

* Ja, ja, 's geht schon, antwortet er, schnäuzt die Nase und pustet, aber er sagt es stets mit derselben klaren und singenden Stimme.

Der Tornister wird bei diesem flutartigen Vorwärtsdrängen und unter dem Angriff der Elemente hin und her gerüttelt und drückt und schindet die Schultern. Dann ist der Graben an einer Stelle frisch eingestürzt und der Durchgang versperrt, und man sinkt in diesem kotigen Erdrutsch ein ... Die Füsse müssen aus der weichen und klebrigen Erde bei jedem Schritt herausgerissen und hoch gezogen werden. Nachdem aber diese mühsame Stelle überwunden ist, gleitet man wiederum in die glitschige Wasserrinne. Die Schuhe haben zwei enge Furchen in den Boden eingegraben; die Füsse gleiten hinein wie in eine Schiene; oder dann patschen sie wieder klatschend in die Wasserlachen. An einer Stelle geht's unter eine schwere, klebrige Grabenbrücke durch; dort muss man sich mühevoll sehr tief zur Erde bücken, in den Kot knien, sich auf die Erde drücken und ein paar Schritte auf allen Vieren auf dem Boden vorwärts kriechen. Dann müssen wir uns wieder um einen Pfosten herumdrücken, der sich infolge des Regens und der aufgeweichten Erde seitwärts geneigt hat und den Durchgang versperrt.

Wir erreichen eine Kreuzungsstelle.

* Vorwärts, Kinder, vorwärts! sagt der Adjutant, der sich in eine Nische gedrückt hat, um uns vorbeizulassen und mit uns zu sprechen. Die Stelle ist gefährlich.

* Ich kann nicht mehr, brüllt eine so heisere und atemlose Stimme, dass ich sie gar nicht erkenne.

* Ach was! Ich hör auf, ich bleib hier hocken, seufzt ein andrer in atemloser Erschöpfung.

* Ja, ich kann euch nicht helfen, antwortet der Adjutant, ich kann nichts dafür, oder? Nur vorwärts, drückt euch, die Stelle ist gefährlich. Bei der letzten Ablösung ist sie angepfeffert worden!

Dann geht's wieder weiter im Wasser- und Windsturm. Es ist als sinke man immer tiefer in ein Loch. Man rutscht aus, fällt hin und fährt gegen die Grabenwand; dann wippt man sich mit einem wuchtigen Ellenbogenruck wieder aufrecht. Und unser Marsch gleicht einem langen Absturz, bei dem man sich anklammert, wo und wie man kann. Es handelt sich darum, vor sich hinzustolpern, ohne das Gleichgewicht zu verlieren.

Wo sind wir jetzt? Ich strecke, trotz der Regenwellen, den Kopf aus dem Schlund, in welchem wir uns strauchelnd wehren. Vom kaum erkennbaren Hintergrund des bedeckten Himmels hebt sich der Grabenrand nur schwach ab und plötzlich erscheint vor meinen Augen etwas wie ein schauriges Eingangstor über dem Gräben; es besteht aus zwei gegeneinandergelehnten, schwarzen Pfosten; in der Mitte aber hängt etwas, das einem ausgerissenen Haarbüschel gleicht. Es ist das Säulentor.

* Vorwärts! Vorwärts!

Ich senke den Kopf und sehe nichts mehr; aber ich höre wieder, wie die Sohlen in den Kot sinken und sich ablösen. Ich höre das Klirren der Seitengewehre, die dumpfen Ausrufe und das überstürzte Keuchen der Lungen.

Noch einmal wird man heftig zurückgedrängt; plötzlich wird gestoppt und wiederum fahre ich an Poterloo und stütze mich an seinem Rücken, an seinem starken, festen Rücken; er ist fest wie ein Baumstamm, stark wie die Gesundheit oder die Hoffnung. Er aber schreit mir zu:

* Mut, Alter, wir sind gleich da!

Man bleibt stehn, und dann muss man zurück ... Verdammt! ... Nein, jetzt geht's wieder vorwärts! ...

Plötzlich kracht über uns eine fürchterliche Explosion. Ich zittere bis an die Kopfhaut; ein metallischer Widerhall dröhnt mir den Kopf voll, und ein brennender Schwefelgeruch dringt mir zum Ersticken in die Nasenlöcher ein. Die Erde hat sich vor mir aufgetan. Ich fühle wie's mich in die Höhe und auf die Seite haut, erstickend, vom Blitz und vom Donner geblendet. Ich erinnere mich, dass ich eine Sekunde lang instinktiv wie zerschlagen und starren Blickes nach meinem Waffenbruder suchte. In diesem Augenblick aber hab ich gesehn, wie sein Körper in die Höhe fuhr, aufrecht, schwarz, die beiden Arme ausgestreckt, soweit sie konnten, und eine Flamme loderte an der Stelle des Kopfes!

~

XIII. Kraftworte

Barque, der mich schreiben sieht, kriecht auf allen Vieren durch's Stroh zu mir her und streckt mir sein aufgewecktes Gesicht entgegen. Wie eine Interpunktion sitzt ihm darüber sein roter Bajazzoschopf und über seine kleinen, lebhaften Augen faltet und glättet sich seine Stirn wie zwei Zirkumflexe. Er zieht den Mund nach allen Seiten, denn er knackt und kaut gerade eine Schokoladentablette, deren feuchten Rest er noch in der Faust hält.

Dann kaut er mit vollem Mund ein paar Worte her und bläst mir dabei einen Zuckerbäckerduft in die Nase.

* Du, du bist doch Schriftsteller, später schreibst du doch mal über die Soldaten, dann erzählst du von uns, nicht?

* Freilich, mein Sohn, ich werde von dir erzählen, von den Kameraden und von dem, was wir erlebt haben.

* Du, aber sag mal ...

Er deutete mit dem Kopf auf die Papiere, auf die ich mir gerade Notizen machte. Mit aufgehobenem Bleistift beobachte ich ihn und hör ihm zu. Er möchte gerne eine Frage an mich richten.

* Sag mal, ohne Aufdringlichkeit meinerseits ... ich hätt' dich gern was gefragt. Nämlich folgendes: wenn du in deinem Buch die Soldaten reden lässt, reden die dann auch, wie sie wirklich reden, oder machst du das den andern mundgerecht? Ich meine wegen der Kraftausdrücke, die man braucht. Ich meine, wenn man auch noch so gut miteinander auskommt, und ohne einander anschnauzen zu wollen, hörst du doch nie einen Soldaten 's Maul auftun, ohne dass er was sagt und immer wieder sagt, was die Drucker nicht gerne drucken. Aber wenn du die betreffenden Ausdrücke nicht hinschreibst, dann stimmt's doch mit der Aehnlichkeit nicht mehr: grad wie wenn du sie malen möchtest und tust die sichtbarste Farbe, die man überall sieht, nicht dran. Und doch schreibt man so was nicht.

* Ich werde die Ausdrücke dort hinschreiben, wo sie hingehören, Alterchen, weil es die Wahrheit ist.

* Schon, aber glaubst du nicht, dass dann die Kerle aus deiner Gesellschaft, ohne sich um die Wahrheit zu scheren, sagen werden, dass du ein Schwein bist?

* Wahrscheinlich, aber ich werd's doch tun, ohne mich um die Kerle zu kümmern.

* Soll ich dir was sagen? Ich kenne mich zwar in den Büchern nicht aus, aber das war tapfer von dir, weil man's sonst nicht macht, und wenn du 's Herz hast, dann bist du ein feiner Kerl, aber es wird dir doch im letzten Augenblick schwer fallen, du bist viel zu gut erzogen! ... Das ist sogar ein Fehler, der mir an dir aufgefallen ist, seit wir uns kennen. Das und auch die verdammte Gewohnheit, die du hast, wenn wir Schnaps bekommen; weil du glaubst, dass er schädlich ist, anstatt, dass

du's einem andern gibst, giesst du dir ihn allemal auf den Schädel und wäschst dir die Haare damit.

~

XIV. Die Bürde

Hinten im Hof des Muets-Gehöftes steht die Scheune offen. Es ist ein niederer, höhlenartiger Bau. Für uns hat man immer nur Höhlen übrig, sogar in den Häusern! Geht man über den Hof, wo die Füsse mit schwammigem Geräusch den Mist breit quetschen, oder drückt man sich auf dem engen Pflasterband mühevoll im Gleichgewicht drum herum, so sieht man im offnen Scheunentor nur ein schwarzes Loch ...

Sieht man aber näher zu, so entdeckt man eine dunstige Vertiefung, in welcher dunstige Massen hocken oder auf dem Boden liegen oder von einer Ecke zur andern gehn. Im Hintergrund flackern rechts und links zwei blasse Kerzenlichter mit rundem Hof wie zwei ferne, rötliche Monde. Diese Lichter enthüllen einem endlich die menschliche Form jener Massen, die entweder feuchten Atem oder dicken Rauchqualm aus dem Munde hauchen.

Heute abend herrscht im verschwommenen Höhlenloch, in das ich eindringe, grosse Aufregung. Morgen früh geht's wieder in den Schützengraben und die Nebelbewohner der Höhle machen sich ans Packen.

Aus dem blassen Abend heraus sehe ich in der Stockdunkelheit zunächst gar nichts, entwische jedoch den herumliegenden Kannen, Gamellen und Ausrüstungsgegenständen, die mir ihre Fallen stellen; aber ich stosse direkt an die Klötze, die gerade in der Mitte wie Blöcke in einer Steingrube liegen ... Schliesslich erreiche ich meine Ecke. Ein mächtiger runder und wolliger Rücken hockt dort, gebückt über eine Reihe kleiner, glitzernder Gegenstände, die auf dem Boden liegen. Ich gebe dem Schafpelz, der wie ein Polster auf den Schultern jenes Rückens liegt, einen Klaps. Er dreht sich um und ich bemerke im verschwommenen Flackerlicht, das auf einem eingerammten Bajonett steckt, einen Schnurrbartfetzen und einen halbgeöffneten Mundwinkel. Er grunzt mir freundschaftlich entgegen; dann wendet er sich wieder seinem Kram zu.

* Was machst du da?

* Ich mache Ordnung. Ich bringe mich in geordnete Verhältnisse.

Dieser Pseudo-Räuber, der scheinbar das Inventar seiner Beute aufnimmt, ist mein Kamerad Volpatte. Die Sache interessiert mich: er hat sein Zelttuch zweimal zusammengelegt und über sein Bett gebreitet * das heisst auf die Strohfläche, die für ihn bestimmt ist * und auf diesen Teppich hat er den Inhalt seiner Taschen geleert.

Ein ganzer Vorrat liegt vor ihm; er betrachtet ihn fürsorglich wie eine Hausfrau; er hütet ihn aufmerksam, zur Abwehr bereit, dass ihm niemand drauf trete ... Ich aber schaue mir diese reichhaltige Ausstellung Stück für Stück an.

Das Taschentuch, die Pfeife, der Tabakbeutel, in dem auch das Briefpapier versorgt wird, das Messer, der Geldbeutel und der Feuerstein bilden das Unentbehrliche und Notwendige. Drum herum liegen zwei lederne Schuhbändel, die sich wie zwei ineinander verschlungene Regenwürmer um eine Uhr winden. Die Uhr ruht in einer durchsichtigen Zelluloidkapsel, die mit der Zeit merkwürdig trüb und weisslich wird. Dann ein kleiner, runder Spiegel und daneben ein viereckiger; der viereckige Spiegel ist zerbrochen, aber von besserer Qualität, mit schräg zugeschnittenem Rand. Dann ein Fläschchen Terpentin, ein anderes, fast leeres Benzinfläschchen und ein drittes, ganz leeres Fläschchen; eine deutsche Gurtschnalle mit der Aufschrift: "Gott mit uns" und eine Säbeltroddel gleicher Herkunft; ausserdem ein in Papier halb eingewickelter Fliegerpfeil; er ist spitz wie eine Nadel und gleicht einem stählernen Bleistift; eine zusammenlegbare Schere und ein ebenfalls zusammenlegbares Besteck, ein Stück Bleistift und ein Stück Kerze; eine Aspirintube mit Opiumtabletten und mehrere Blechbüchsen.

Als er merkt, dass ich sein persönliches Eigentum inspiziere, kommt mir Volpatte bei der genaueren Bestimmung einzelner Gegenstände selbst zu Hilfe.

* Das ist ein alter Offiziershandschuh aus Leder. Ich hau ihm die Finger ab und stopfe damit den Knallbüchsenlauf; das hier ist ein Stück Telephondraht, das einzige, womit du die Mantelknöpfe anmachst, wenn sie halten sollen. Möchtest wohl wissen, was da drin ist? Fester, weisser Nähfaden, und nicht ein solcher, mit dem die frisch gefassten Sachen genäht sind, und den man mit der Gabel rauszieht, wie die Käsefäden aus den Makkaroni, und da liegen Nadeln auf einer Postkarte. Die Sicherheitsnadeln, die liegen hier für sich. * Und hier, das sind die Papyrusse. Da staunst du vor der Bibliothek, was?

In der Tat liegt unter den Gegenständen, die Volpatte aus seiner Tasche gekramt und hier ausgebreitet hat, ein mächtiges Papierbündel; es ist seine violette Brieftasche, deren bedruckter Schunddeckel ausgemergelt ist, dazu ein Militärbüchlein mit Eselohren und staubig wie die Haut eines alten Landstreichers, abgebröckelt und von allen Seiten angefressen; dann ein Notizbuch aus gestreiftem Moleskin, vollgepfropft mit Papieren und Photographien: mitten drin das Bild von Frau und Kindern.

Volpatte fischt das Bild aus dem vergilbten und geschwärzten Papierbündel heraus und zeigt mir die Photographie, die ich so oft schon gesehen habe. Ich mache auf's neue Bekanntschaft mit Frau Volpatte; sie ist eine hochbrüstige Frau mit weichem und schlaffem Ausdruck, umgeben von zwei kleinen Knaben mit weissem Kragen; der älteste ist schlank, der jüngere rundlich wie ein Ball.

* Ich, sagt Biquet, ich bin zwanzig und hab nur Bilder von alten Knaksen.

Und er zeigt uns, ganz nahe am Kerzenlicht, das Bild eines alten Ehepaares; es staunt uns, wie Volpattes Kinder, mit recht artigem Blick an.

* Ich hab auch die Meinen bei mir, sagt ein anderer. Ich hab immer das Bild meiner Nesthäkchen bei mir.

* Ein jeder trägt halt seine Welt mit rum, fügt ein anderer hinzu.

* Merkwürdig, meint Barque, wie sich doch so 'n Bild mit der Zeit abnutzt, je öfter man's ansieht. Man darf's nicht zu oft anhimmeln und allzulange draufhocken, sonst, weiss der Teufel, was da vor sich geht, aber mit der Zeit geht die Fühlung doch zum Teufel.

* Hast recht, sagt Blaire. Ich hab 's gleiche Gefühl, wie du, ganz genau.

* Dann hab ich noch in meinen Papierfetzen eine Karte von der Gegend hier, fährt Volpatte weiter.

Dabei entfaltet er sie im Kerzenlicht. An den Falten ist sie abgeklebt und durchsichtig und sieht aus wie ein Rollvorhang aus aneinandergenähten Vierecken.

* Zeitungen hab ich auch (und er entrollt einen Artikel über die Poilus) und ein Buch (es ist ein fünfundzwanzig-Centimes-Roman: "Zweimal Jungfrau") ... Da, noch eine andere Zeitung: "L'Abeille d'Etempes." Ich weiss nicht, warum ich das aufgehoben habe. Das wird schon seinen Grund haben. Ich werd's mal untersuchen, wenn ich besser bei Kopf bin. Und dann meine Spielkarten und hier ein Damenspiel aus Papier, die Steine sind aus Oblatenkuchen oder so was ähnlichem.

Barque, der jetzt auch dabei steht, schaut zu und sagt:

* Ich hab noch viel mehr in meinen Taschen.

Dann fragt er Volpatte:

* Hast du ein deutsches Soldbuch, du Lausschädel, oder eine Jodflasche, oder einen Browning? Aber ich, und zwei Messer dazu.

* Ich, sagt Volpatte, ich hab keinen Revolver und auch kein deutsches Soldbuch, aber ich hätte zwei Messer oder auch zehn Messer haben können, aber ich brauch nur eins.

* Kommt drauf an, sagt Barque. Und hast du Patentknöpfe, du Hinternfratze?

* Ich hab welche in der Tasche, schreit Bécuwe.

* Ohne kommt der Soldat nicht aus, versichert Lamuse. Sonst, wenn du die Hosenträger an die Büchsen knöpfen willst, ist alles andere nichts.

* Ich, sagt Blaire, ich trag immer das Bündelchen mit den Ringen in der Tasche, so hab ich's jederzeit bei der Hand.

Er zieht das Bündelchen heraus. Er versorgt es in eine Gasmaskentasche und schüttelt es hin und her. Die dreikantige Feile und die Schlichtfeile klirren; dazu hört man das Geräusch der noch unbearbeiteten Aluminiumringe.

* Ich hab immer Schnur bei mir, die kann man immer brauchen, sagt Biquet.

* Aber Nägel noch besser, sagt Pépin, und er hält uns drei Nägel auf seiner Handfläche hin, einen grossen, einen kleinen und einen mittelgrossen.

Nun kommt einer nach dem andern und nimmt, bastelnd, an der Unterredung teil. Allmählich gewöhnt man sich an das Halbdunkel. Aber Korporal Salavert, der im Rufe steht, keine dummen Hände zu haben, steckt gerade eine Kerze in den Hängeleuchter, den er mit einer Camembertbüchse und Draht hergestellt hat. Dann wird sie angezündet und jeder erzählt, um diesen Leuchter herumstehend, mit mütterlicher Parteilichkeit und Vorliebe von dem, was er in seinen Taschen verborgen hält.

* Vor allem, wie viel Taschen besitzt man?

* Taschen? Achtzehn, sagt einer, natürlich war es Cocon, der Zahlenmensch.

* Achtzehn Taschen! Du trägst dick auf, Rattenschnabel, meint der dicke Lamuse.

* Achtzehn, wenn ich dir sage, antwortet Cocon. Zähl doch nach, wenn du so schlau bist.

Lamuse will darüber ins klare kommen, hält seine Hände ganz nahe an den Leuchter hin, um genauer zählen zu können und rechnet an seinen dicken, staubigen Backsteinfingern nach: die zwei Taschen, die hinten im Mantel hängen, die Verbandzeugtasche für den Tabak, vorne zwei innere Manteltaschen, die beiden äusseren Taschen auf beiden Seiten mit Deckel. Drei Hosentaschen, sogar dreieinhalb mit der kleinen Vordertasche.

* Da steck ich den Kompass rein, sagt Farfadet.

* Ich meine Zündschnurüberreste.

* Ich, sagt Tirloir, eine kleine Pfeife, die mir meine Frau geschickt hat und dazu hat sie geschrieben: "Wenn du in der Schlacht verwundet wirst, dann pfeifst du, damit deine Kameraden dir das Leben retten."

Wir lachen über diese naive Fürsorge.

Tulacque aber meint schonend zu Tirloir:

* Die hinter der Front wissen nicht, was Krieg heisst. Du könntest selbst was davon erzählen, wenn du wolltest!

* Also die kommt überhaupt nicht in Betracht, sie ist zu klein, sagt Salavert, macht also zehn.

* Im Kittel hat's noch vier, macht immer nur erst vierzehn.

* Die zwei Patronentaschen: die beiden neuen Taschen mit den Riemenschnallen.

* Macht sechzehn, sagt Salavert.

* Ha! Du Unglücksrabe, du Plattschädel, guck dir doch den Kittel noch mal an. Die beiden Taschen zählst du nicht? Was willst du dann noch! Das sind doch die gewöhnlichen Ziviltaschen, wo du im Zivil deine Nikotinspritze, deinen Tabak und die Adresse hast, wenn du was wohin bringen sollst.

* Achtzehn, macht Salavert mit einem ernsten Beamtengesicht. Achtzehn, nichts zu wollen, zugeschlagen!

In diesem Augenblick hört man auf dem Torpflaster ein paar Fehltritte tönen, als ob ein Pferd stampfte und fluchte.

Dann nach einem Schweigen bellt eine klangvolle Stimme gebieterisch:

* He, da drinn! Fertig machen! Heut abend muss alles in Ordnung sein, und fest packen, dass ihr's wisst. Wir kommen in die erste Linie, diesmal, 's wird sogar wahrscheinlich hitzig zugehn.

* 's geht schon, geht schon, Herr Adjutant, antworten zerstreute Stimmen.

* Wie schreibt man eigentlich Arnesse, fragt Benech, der, auf dem Boden kniend, einen Briefumschlag mit einem Bleistift bearbeitet.

Während ihm Cocon den Namen "Ernest" buchstabiert, drückt sich der Adjutant weiter und man hört, wie er seinen Vers an der Nachbartür wieder hersagt; dann ergreift Blaire das Wort und sagte:

* Kinder, ihr müsst * passt auf, was ich sage * ihr müsst immer euern Viertelliternapf in der Tasche haben. Ich hab alles ausprobiert, aber das einzig richtige ist doch die Tasche, glaubt's nur. Wenn du bepackt auf der Reise bist, oder wenn du ohne Gepäck im Schützengraben rumgondelst, hast du sie immer bei der Pfote, wenn sich 'ne Gelegenheit bietet: wenn einer zum Beispiel grad Saft hat und er meint's gut mit dir und sagt: "Halt den Napf her," oder wenn grad ein Weinhändler vorbeigeht. Merkt euch, was ich euch sage, ihr alten Hirsche, und ihr seid immer gut dran: steck deinen Viertelsnapf in die Tasche.

* Kannst warten, sagt Lamuse, bis ich meinen Viertel in die Tasche stecke. Das ist 'ne Stachelschweinidee, so á la beiss mir 'n Finger ab, nichts mehr und nichts weniger; ich häng ihn bedeutend lieber an den Achselriemen mit einem Hacken.

An den Mantelknopf hängen wie die Gasmaskentasche, ist noch bedeutend besser. Angenommen nämlich, du legst den Tornister ab, dann kannst du Grünspan fressen, wenn's grad Wein gibt.

* Ich hab einen deutschen Viertelsnapf, sagt Barque. Flach ist er und lässt sich in die Tasche stecken, wenn man will; er geht auch gut in die Patronentasche rein, wenn du die Patronen ausgeknallt hast, oder wenn du sie in den Brotbeutel versorgst.

* Ein deutscher Napf, das ist nichts besonderes, sagt Pépin, ist nicht der Rede wert; er ist einem doch nur im Weg.

* Wart nur ab, du Schneckenschnauze, sagt Tirette, dem psychologisches Verständnis nicht abgeht: Diesesmal, wenn's Attacke gibt, wie's die Tante uns eben aufgebunden hat, da findest du vielleicht einen deutschen Napf und dann wird's schon was besonderes werden!

* Die Tante hat's gesagt, bemerkt Eudore, die weiss doch nichts davon.

* Und dann geht in einen deutschen Viertelsnapf mehr als ein Viertel, meint Cocon, sintemal das genaue Viertel mit einem Strich am dreiviertel des Viertels angestrichen steht. Und dann ist es immer besser, du hast einen grossen Viertel; hast du nämlich einen Viertel, der nur ein Viertel fasst, dann muss er bis oben glatt voll sein, dass du richtig ein Viertel Schlamm, Wein, Weihwasser oder sonst was kriegst; das gibt's aber nie beim Fassen, und wenn's einer macht, dann schüttest du die Hälfte aus.

* Das gibt's allerdings nicht, bestätigt Paradis, der sich immer empört, wenn er auf diese Prozeduren zu sprechen kommt. Der Furier steckt den Finger in den Napf, wenn er einschenkt und haut zweimal rein. Endresultat: Bist um ein Drittel beschissen und kannst dir drei schöne Riemen um den Bauch schnallen.

* Ja, sagt Barque, das stimmt. Aber ein allzu grosser Napf ist auch nicht günstig, weil der Furier dann wieder stutzig wird, wenn er einschenkt; er giesst dir einen Tropfen rein mit dem Datterich und gibt dir zu wenig, aus Angst, du kriegst zu viel, dann kannst du dir die Magenklappe schliessen, mit deiner Suppenschüssel in der Hand.

Unterdessen steckte Volpatte die ausgestellten Gegenstände wieder Stück für Stück in seine Tasche. Als aber sein Geldbeutel an die Reihe kam, betrachtete er ihn mitleidig.

* Er ist verdammt flach, der Bruder.

Dann zählte er den Inhalt:

* Drei Franken! Herrschaft, ich sollte mich schon nach Füllung umsehen, sonst bin ich nachher ausverkauft.

* Du bist nicht der einzige mit 'nem leeren Gipssack.

* Der Soldat gibt mehr aus, als er verdient; das ist mal sicher. Ich möchte den sehn, der mit seinem Sold auskommen müsste.

Darauf antwortete Paradis mit klassischer Einfachheit:

* Verrecken würde er.

* Ich hab was, da schaut her; das trag ich immer bei mir rum.

Und Pépin zeigte mit spitzbübischem Ausdruck ein Silberbesteck vor.

* Es gehörte der Alten, wo wir in Grand-Rozoy einquartiert waren, erklärt er.

* Wahrscheinlich gehört es ihr auch jetzt noch?

Pépin machte ein zweideutiges Gesicht, aus dem man Stolz und Bescheidenheit zugleich herauslesen konnte; dann lächelte er und sagte:

* Ich kenn sie schon, die alte Schnüffeltante. Die sucht bestimmt in jeder Ecke ihr Silberbesteck, solang sie noch lebt.

* Ich hab's mein Lebtag nur zu einer Schere gebracht, meint Volpatte. Es gibt doch überall Glücksvögel. Ich nicht. Auch bewahre ich die Schere sorgfältig auf, und doch kann ich eigentlich nichts damit anfangen.

* Ich hab schon hie und da eine Kleinigkeit abgegrast, aber alles ohne Belang. Die Sappeure haben mich immer beim Abgrasen erwischt, was willst du machen?

* Kannst die Sache andrehen, wie du willst, einer erwischt dich eben immer dabei, alter Bruder, nur nicht tragisch nehmen.

* He! Will einer da drin Jod? schrie der Sanitätssoldat Sacron.

* Ich behalt mir die Briefe von meiner Frau auf, sagt Blaire.

* Ich schicke sie der Meinen zurück.

* Ich bewahre sie auf, hier guck.

Und Eudore zeigt ein arg abgenütztes, glänzendes Papierbündel, über dessen schmutzige Farbe das Halbdunkel einen verschämten Schleier legt.

* Ich bewahre sie auf. Ich lese sie manchmal wieder durch. Wenn ich friere oder leide, lese ich sie durch. Es wärmt einen nicht, aber es ist so, als ob.

Diese komische Bemerkung hat offenbar einen tiefen Sinn, denn einige haben daraufhin die Augen aufgeschlagen und sagen: "Ja, es stimmt."

Die Unterhaltung läuft in dieser phantastischen Scheune rastlos weiter. Mächtige Schattengestalten gehn hin und her; die Nacht hockt zu Klumpen geballt in den Ecken, wo die kränklichen Pünktchen einiger Kerzen flimmern.

Und ich sehe, wie sich die geschäftigen Packer in diesem Wirrwarr hin und her bewegen, als merkwürdige Schatten sich zum Boden bücken, sich hinlegen, dabei Selbstgespräche führen oder Zwiesprach halten und in allerlei Gegenstände hineintappen. Dann zeigen sie einander ihre Reichtümer.

* Da, schau her!

* Hast du Worte! antwortet der andre neidisch.

Alles was man nicht hat, möchte man besitzen. Es hat berühmte Schätze in der Korporalschaft, die ein jeder gerne als Eigentum hätte. Da ist zum Beispiel die Zweiliterkanne, die dem Barque gehört; er hat sie mit einem geschickten, blinden Schuss um einen halben Liter noch erweitert; dann das berühmte Messer mit Horngriff, das sich im Besitz Bertrands befindet.

Und in diesem eifrigen Durcheinander schielen die Blicke seitwärts und bestreifen jene Museumsgegenstände; dann sieht ein jeder wieder vor sich hin und widmet sich seinem Trödelkram, den er emsig ordnet.

Trübseliger Kram in der Tat. Alles, was für den Soldaten bestimmt ist, ist gewöhnlich, hässlich und schlecht, von den Pappeschuhen an und den mit schlechtem Faden zusammengehefteten Sachen bis zu den Bekleidungsstücken; sie sind schlecht zugeschnitten, schlecht gereiht und schlecht genäht, schlecht gefärbt, aus brüchigem und durchsichtigem Stoff, das reinste Löschpapier, das beim ersten sonnigen Tag abschiesst und nach einer Stunde den Regen durchläset; dann das möglichst dünne Lederzeug, das wie Holzspäne bricht und am Schnallenzapfen reisst; dazu ihre Flanellwäsche, magerer als Baumwolle, und ihr Tabak, der nach Stroh aussieht.

Marthereau sitzt neben mir. Er deutet auf die Kameraden und sagt:

* Schau sie an, die armen Schlucker, wie sie ihre Trödlerbuden begucken. Wie 'ne Handvoll Mütter, die ihre Jungen beäugeln. Hör sie an. Sie rufen ihrem Zeug, und wenn der eine sagt; "Mein Messer!" ist es, wie wenn er "Leon, oder Charles, oder Dolphe" sagte. Und, weisst du, sie können ihr Gepäck unmöglich reduzieren. Es geht einfach nicht. Nicht dass sie nicht wollen * unser Beruf stärkt ja nicht, oder? Aber sie können nicht. Sie haben zu viel Liebe zu dem Zeug.

Das Gepäck! Es ist ungeheuerlich und, Teufel, jeder weiss, dass jeder Gegenstand an Gewicht zugibt und dass jedes kleine Ding eine Qual hinzufügt.

Denn, was man in die Taschen oder in den Brotbeutel stopft, ist nicht alles. Dazu kommt noch, was man auf dem Rücken trägt.

Der Tornister dient als Koffer Und gleichzeitig als Schrank. Und der alte Soldat kennt die Kunst, ihn durch das kunstgerechte Anordnen und Versorgen der Gegenstände unglaublich zu erweitern. Ausser dem obligatorischen Gepäck * den zwei Fleischkonserven, den zwölf Zwieback, den zwei Kaffeetabletten und den zwei Paketen kondensierte Suppe, dem Zuckersäckchen, der Ordonnanzwäsche und dem Paar Schuh zum Auswechseln * bringen wir immer noch ein paar Konservenbüchsen, Tabak, Schokolade, Kerzen und Sandalen, sogar Seife, eine Spirituslampe, Spiritus und Wollzeug hinein. Mit der Decke, dem Schlafsack, dem Zelttuch, dem Werkzeug, der Gamelle und dem Lagergeschirr wächst der Tornister in die Höhe und in die Breite zu einer erdrückenden Monumentalität. Mein Nachbar sagt mit Recht: jedesmal, wenn der Soldat nach langem Kilometermarsch auf der Strasse oder im Graben das Ziel erreicht, schwört er, das nächste Mal eine Menge Zeug zurückzulassen und seinen Schultern etwas von der Bürde nachzulassen. Aber jedesmal, wenn's wieder an's Packen geht, lädt er sich wieder die gleiche erschöpfende und fast übermenschliche Last auf; nie trennt er sich von ihr, obgleich er ohne Unterlass über sie schimpft.

* Es gibt schon Schlaumeier, die sich zu drücken verstehen, sagt Lamuse, und die 's fertig kriegen, etwas in die Kompagniekutsche oder in den Sanitätswagen zu schmuggeln. Ich kenn einen, der hat zwei neue Hemden und eine Unterhose im Gepäck der Adjutantur versorgt, aber, verstehst du, es hat gleich zweihundertfünfzig Mann in der Kompagnie, und jeder kennt den Kniff und jedem kann er eben nicht zugute kommen. Am wenigsten den Unteroffizieren, je mehr sie Unteroffiziere sind, um so gesalzener der Rüffel, wenn sie ihren Kram im Geheimen unterbringen. Abgesehn davon, dass der Kommandant die Karren absucht, manchmal unverhofft, und dann schmeisst er dir deine Garderobe mitten auf die Strasse, wenn er sie wo findet, wo sie sich verlaufen hat. Hopp, weg damit! Und dazu die Anschnauzerei und sonstige Zugaben.

* Am Anfang war's noch gemütlich. Ich hab welche gesehn, die ihren Brotbeutel und sogar die Kommode auf einen Kinderwagen verladen hatten und schoben das Zeug so auf der Strasse vor sich her.

* Hast 'ne Ahnung! Das waren die schönen Zeiten im Krieg! Aber das ist alles anders geworden.

Volpatte, der von alledem nichts hört, dreht sich im Kreis um einen Gegenstand, der auf dem Boden liegt. Dazu hat er sich in seine Decke gewickelt wie in einen Schal und sieht einer alten Hexe gleich.

* Ob ich wohl diese Schweinekanne mitschleppe? fragt er sich selber. Es ist die einzige Kanne, die die Korporalschaft besitzt und ich habe sie immer getragen. Nur dass sie eben rinnt wie 'n Salatsieb.

Er kann sich nicht entschliessen und spielt die reinste Trennungsszene.

Barque schaut ihn von der Seite an und macht sich über ihn lustig. Man versteht so was wie "senil, krankhaft", aber dann stellt er das Spotten ein und meint:

* Schliesslich war man an seiner Stelle ebenso saudumm.

Volpatte aber verschiebt die Entscheidung auf später:

* Morgen früh werden wir sehn

Nachdem die Taschen inspiziert und gepackt sind, kommen die Brotbeutel und dann die Patronentaschen dran. Barque erklärt, wie man die zweihundert vorschriftsmässigen Patronen in die drei Patronentaschen reinkriegt. In Paketen ist es unmöglich. Man muss sie zuerst auspacken und sie dann eine nach der andern, die eine nach unten, die andre nach oben, hineinstecken. So sind die Patronentaschen bis auf's letzte Plätzchen ausgefüllt und der Leibgurt wiegt dadurch sechs Kilo.

Das Gewehr ist schon geputzt, der Lader eingewickelt und der Lauf gesichert, damit im Schützengraben keine Erde hineinkommt; letzteres ist deshalb eine unumgängliche Vorsichtsmassregel.

Jetzt müssen aber die Gewehre leicht voneinander unterschieden werden.

* Ich hab eine Kerbe in den Riemen eingeschnitten; siehst du? Ich hab den Rand ausgeschnitten.

* Ich hab oben ein Schuhbändel rumgewickelt, so erkenn ich es mit der Hand so gut wie mit dem Auge.

* Ich hab einen Patentknopf dran. Da kannst du nicht irren. In der Dunkelheit spürst du's gleich und weisst: "das ist mein Karabiner". Denn, verstehst du, die Kerle, die sich nicht ausrenken wollen, die legen sich auf die Bärenhaut, während die anderen putzen. Und dann erlauben sie sich einen Handgriff nach einem geputzten Gewehr; und nachher sagen sie einfach: "Herr Hauptmann, ich hab ein tipptoppes Gewehr." Das ist Schieberei, verstehst du aber mir passt die Schieberei nicht, die hängt mir schon lang zum Hals raus.

~

* Komisch, merkwürdig, sagt Marthereau zu mir morgen geht's in den Schützengraben und keiner ist noch besoffen und keine Keilerei heute abend? Was mich angeht ... ja, die beiden, das geb ich zu, dass die ein bisschen knüll und benebelt sind; vollständig mürbe sind sie zwar nicht, aber 'ne schmutzige Nase haben sie doch, was?

* Es sind Poitron und Poilpot von Broyers Korporalschaft.

Sie sind abgelegen und reden leise. Man sieht die runde Nase und den Mund des einen neben einer Kerze glänzen; seine Hand hat einen Finger ausgestreckt und macht kleine, erklärende Gesten, während der zugehörige Schatten immer treu nachfolgt.

* 's Feuer kann ich anzünden, aber wenn's aus geht, krieg ich's nicht wieder an, erklärt Poitron.

* Kamel! sagt Poilpot, wenn du's anzünden kannst, kriegst du's doch auch wieder an; wenn du's nämlich wieder anzündest, kannst du ja sagen, du zündest es an.

* Das sind alles faule Redensarten. Ich kann nicht rechnen und pfeif auf dein Geflunker. Ich sag dir nur eins und sag dir's nochmal: Feuer anzünden kann ich allemal, aber wenn's ausgeht, dann ist's mit dem Anzünden nichts mehr. Ich kann dir's nicht besser erklären.

Die Antwort Poilpots entgeht mir.

* Herr! Du gottverdammter Dickkopf, keucht Poitron, dreissigmal sag ich dir's doch schon, ich kann's nicht; hat der 'nen dicken Schweinsschädel!

* Allmählich wird's Anhören langweilig, sagt Marthereau zu mir.

Er hatte seine vorige Bemerkung allerdings etwas zu früh angebracht.

Infolge des Abschiedsgelages herrscht doch eine gewisse Aufregung unter der Mannschaft, die in jenem Wirrwarr, auf dunstigem Stroh, teils stehend und nachdenklich, teils kniend und klopfend, wie Bergarbeiter, ihre Vorräte und ihre Habseligkeiten ausbessert, aufstapelt und einpackt. Fluchende Worte und Bewegungen fahren durcheinander. Im Rauchdunst heben sich Schädelsilhouetten ab, und dunkle Hände hantieren über jenen Schatten wie Marionetten.

Die Nachbarscheune trennt eine mannshohe Mauer von der unseren; angeheiterte Stimmen schallen zu uns herüber. Zwei Männer zanken sich und fluchen sich mit ausgelassener und verzweifelter Wut an. Die Luft erzittert unter den gemeinsten Ausdrücken, die's auf Erden gibt. Der eine aber, der zu einer andern Korporalschaft gehörte, wird von den Insassen hinausgeschickt, und die Flüche des andern werden schwächer und verstummen.

* Bei uns geht's noch anständig zu! bemerkt Marthereau mit einem gewissen Stolz.

Er hat recht. Das haben wir Bertrand zu verdanken, den der Hass gegen den Alkohol nicht ruhen lässt, der Hass gegen jenes vergiftende Unvermeidliche, das mit den Massen sein Spiel treibt, Bertrand verdanken wir es, dass unsere Korporalschaft zu denen gehört, die das Wein- und Schnapslaster am wenigsten heimsucht.

... Sie schreien, sie singen und sind rings herum ausser Rand und Band. Und sie lachen in einem fort; für den menschlichen Organismus aber bedeutet das Lachen soviel wie der Lärm eines Räderwerkes oder irgend eines Gegenstandes.

Man versucht sich in einige Gesichter zu vertiefen. Sie haben in dieser Schattenmenagerie und diesem Reflexkäfig eine ergreifende Reliefstärke. Aber es gelingt einem nicht; man sieht sie wohl vor sich, aber man entdeckt ihr Inneres nicht.

~

* Schon zehn Uhr, Kinder, sagt Bertrand. Packt morgen fertig. Jetzt ist es Zeit, 's Fleisch in die Lumpen zu legen.

Nun legt sich jeder langsam schlafen. Das Schwatzen aber hört kaum auf. Der Soldat nimmt sich alle Zeit zu seinen Verrichtungen, sobald er sich nicht unbedingt beeilen muss. Ein jeder geht noch herum und hat etwas in der Hand * und ich sehe Eudorens ungeheuern Schatten an einer Kerze vorüberschleichen; zwei Kampfersäckchen hängen ihm pendelnd an den Fingerspitzen.

Lamuse reckelt sich hin und her und sucht eine günstige Liegestellung. Ihm ist offenbar nicht wohl; heute hat er sich übergessen, obwohl er viel zu fassen vermag.

* Es hat solche, die möchten schlafen! Maul halten, Hornochsen! schreit Mesnil Joseph von seinem Lager aus.

Diese Mahnung dämpft für einen Augenblick den Lärm der Stimmen und das Hin- und Hergelaufe, vermag ihm aber nicht völlige Ruhe zu gebieten.

* Morgen geht's allerdings in den Schützengraben, sagt Paradis, und abends in die erste Linie. Aber niemand denkt dran. Man weiss es nur, ganz einfach.

Allmählich liegt ein jeder auf seinem Platz. Ich habe mich auf's Stroh hingestreckt, neben mir wickelt sich Marthereau in seine Decke ein.

Eine kolossale Gestalt tritt leise ein und vermeidet vorsichtig jedes Geräusch. Es ist der Sanitätssergeant und Maristen-Bruder, ein mächtiger Kerl mit Bart und Brille; man merkt wohl, dass es ihm unangenehm ist, seine Beine zu offenbaren, nachdem er seinen Mantel abgelegt hat und in der Weste dasteht. Und man sieht, wie sich diese bärtige Nilpferdgestalt verstohlen beeilt. Er schnauft, seufzt und murmelt.

Marthereau deutet mit dem Kopf auf ihn und sagt ganz leise zu mir:

* Guck ihn an. Die Kerle müssen doch immer was vormachen. Wenn man ihn fragt, was er im Zivil ist, sagt er einem nicht: "Ich bin Lehrbruder in den Schulen"; er sagt: "Ich bin Professor," und schielt einen mit halben Augen an, so unter seiner Brille hervor. Wenn er sehr früh zur Messe aufsteht und man schon wach ist, sagt er nicht: "Ich geh zur Messe", er sagt: "Ich hab Leibschmerzen. Ich muss unbedingt mal auf den Horchposten."

Etwas weiter von uns liegt Vater Ramure und erzählt von seinem Heimatdorf.

Ich bin in einem kleinen Nest zu Hause; 's ist nicht gross, das kleine Nest. Den ganzen Tag hockt mein Alter und raucht Pfeife oder arbeitet oder ruht aus, und bläst seinen Rauch in die Luft oder in den Kaminqualm ...

Ich lausche dieser ländlichen Traumerzählung, die dann plötzlich in's technische Spezialgebiet übergeht:

* Dazu macht er sich immer einen Schmetterling zurecht. Weisst du, was das ist? Du nimmst einen grünen Kornhalm und schälst ihn. Dann spaltest ihn in zwei Teile und dann nochmal und dann hast du [Zeile fehlt im Buch] Grössen oder verschiedene Nummern. Dann wickelt er sie mit einem Faden um den Pfeifenzapfen ...

Da aber keiner der Zuhörer irgend drauf eingeht, bricht er dieses Lehrgespräch plötzlich ab.

Jetzt brennen nur noch zwei Kerzen. Ein grosser Schattenflügel bedeckt die umherliegenden Leute.

Hie und da flattern noch Privatgespräche im primitiven Schlafsaal auf und Bruchstücke davon erreichen mein Ohr.

Vater Ramure schimpft jetzt gegen den Kommandanten:

* Der Kommandant, weisst du, mit seinen vier Schnüren, ich hab's gemerkt, dass er nicht rauchen kann. Wie verrückt saugt er an seinen Pfeifen und verbrennt sie. Das Holz spaltet sich natürlich und wird durchgebraten, und auf einmal ist es Kohle statt Holz. Die Tonpfeifen halten's ein bisschen länger aus, aber auch die röstet er durch. Bei der Schnauze, die er sich leistet, ist es auch kein Wunder. Ich will dir was sagen: dem passiert schon nochmal, was keinem passiert ist; ihm platzt einmal vor aller Welt die Pfeife im Schnabel, wenn er sie bis in die Knochen so weiter auskocht, dass sie glühheiss wird. Wirst sehn.

Allmählich wird es ruhig und still in der Scheune und das Schweigen deckt alle Sorgen und Hoffnungen der Schlafenden zu. Dabei liegen diese gleichartigen, eingewickelten Wesen nebeneinander wie die Pfeifen einer Riesenorgel, die verschiedenartige Schnarchtöne von sich gibt.

Marthereau hat die Nase auch bereits unter die Decke gesteckt und erzählt mir etwas von sich.

* Ich bin Lumpenverkäufer, sagt er, oder besser gesagt Lumpensammler, aber en gros; ich kauf den kleinen Lumpensammlern von der Strasse ihre Ware ab und hab einen Laden, so 'nen Schopf, weisst du, als Ablage. Ich handle mit allen Lumpen, vom Tuch bis zur Konservenbüchse, aber hauptsächlich Besenstiele, Säcke und Schlappen; und dann natürlich Spezialität in Kaninchenfellen.

Und dann hör ich noch, wie er sagt:

* Und ich, so klein und schlecht gedrechselt wie ich bin, ich trag so 'n zweihundert Kilo schweren Rundarsch den Schopf rauf, auf einer Leiter mit Holzschuhen an den Füssen. Einmal hab ich's mit einem zweifelhaften Kerl zu tun gehabt, er soll mit Mädchen gehandelt haben, sagten sie ...

* In der Nase hab ich das Exerzieren und das Marschieren, mit dem sie uns in der Ruhezeit schinden, schreit plötzlich Fouillade; die Hüften hab ich wie abgehackt und kann nicht einschnarchen, so abgeschunden bin ich. Dann hört man in der Gegend von Volpatte ein Klirren. Er hat sich doch entschlossen, seine Kanne mitzunehmen und flucht sie an, weil sie doch das fatale Loch hat.

* Wenns nur mal ein End hätt', der Krieg! jammert ein Schläfer.

Darauf hört man einen verbissnen, unverständlichen Ausruf der Revolte:

* Unsre Haut wollen sie!

* Reg dich nicht auf! antwortet ein anderer, aber es klingt nicht minder verbissen als vorhin der Empörungsschrei.

... Lange Zeit darauf bin ich aufgewacht. Es schlägt gerade zwei Uhr. Ich sehe im fahlen Lichte, offenbar das des Mondes, die unruhige Silhouette Pinégals. In der Ferne kräht ein Hahn. Pinegal setzt sich aufrecht und ich höre seine heisere Stimme:

* Es ist doch mitten in der Nacht, und der Hahn hat die Schnauze offen? Den hat's, den Hahn.

Und er lacht und wiederholt: "Den hat's, den Hahn"; dann wickelt er sich wieder in die Wolle ein und schläft röchelnd mit lachendem Geschnarche ein. Cocon hat Pinégals Bemerkung aufgeweckt. Nun denkt der Zahlenmensch laut und sagt:

* Die Korporalschaft hatte siebzehn Mann, als sie in den Krieg zog. jetzt sind's immer noch siebzehn mit dem Ersatz. Jeder Soldat hat schon vier Mäntel verbraucht, einen vom früheren Blau, drei zigarrenrauchblaue, zwei Paar Hosen, sechs Paar Schuhe. Man muss pro Mann zwei Gewehre rechnen: aber die Mechaniker kann man nicht mit rechnen. Dreiundzwanzig mal haben wir frischen Reserveproviant bekommen. Vierzehn mal ist sie zitiert worden, zweimal vor der Brigade, viermal vor der Division, einmal vor der Armee. Einmal sind wir sechzehn Tage hintereinander im Schützengraben geblieben. Wir waren bis jetzt in siebenundvierzig verschiedenen Dörfern einquartiert. Seit Kriegsbeginn sind zwölftausend Mann beim Regiment gewesen; das Regiment zu zweitausend Mann gerechnet.

Merkwürdige Zischlaute aber unterbrechen ihn. Es ist Blaire, dem sein neues Gebiss das Sprechen erschwert. Auch beim Essen hat er Mühe. Aber jeden Abend legt er es an und behält es mit tapferer Hartnäckigkeit die ganze Nacht im Mund, denn sie haben ihm versprochen, er werde sich bald an das Ding gewöhnen, das sie ihm in den Schädel gesteckt haben. Ich liege halb aufrecht wie auf einem Schlachtfeld. Noch einmal betrachte ich diese Menschen, die das Leben über die Lande und in allerlei Geschicke jagt. Ich betrachte sie mir alle; jetzt liegen sie da, reglos im Schlünde der Vergessenheit, an dessen Rand sich einzelne mit armseliger Besorgnis, ihrem Kinderinstinkt und ihrer sklavischen Unwissenheit anzuklammern scheinen. Schliesslich erliege ich der Schlaftrunkenheit. Aber ich vergesse nicht, was sie getan haben und was sie tun werden. Und angesichts dieser armseligen Menschennacht, die ihr schwarzes Totentuch über Höhle legt, träume ich von irgend einem unendlichen Licht.

~

XV. Das Ei

Man wusste nicht, was man anfangen sollte. Man war hungrig und war durstig, und in diesem unglückseligen Quartier war nichts aufzutreiben!

Das Proviant, das gewöhnlich regelmässig eintraf, war diesmal ausgeblieben, und die Entbehrungen hatten ihren Höhepunkt erreicht.

Verloren standen ein paar Kameraden zusammen und knirschten mit den Zähnen; der magere Dorfplatz stand um uns herum mit seinen abgezehrten Hoftoren, seinen Häusergerippen und seinen kahlen Telegraphenstangen. Dabei konstatierte unsre Gruppe, dass nichts vorhanden sei.

* Der Spatz ist auf Urlaub, kein Fleisch, kannst dir den Gürtel einziehen.

* Auch kein Fett und ebensowenig Konfitüre wie Butter am Bratspiess.

* Und wenn wir uns alles vom Mund absparen, bleibt doch nichts übrig, da hilft alles Grunzen nichts.

* Das ist das reinste Wüstenquartier. Drei Hütten mit nichts als Durchzug und Nässe drin!

* Was nützen da die schönsten Moneten, bei meiner Schnapsbulle, 's ist grad wie wenn dein Geldsack Ausgang hätt, es hat ja doch keine Läden in dem Nest.

* Und wenn du Rothschild wärst oder ein Militärschneider, dein Vermögen würde dir 'nen Dreck was nützen.

* Gestern schnurrte 'ne kleine Katze bei der 7. Kompagnie rum. Die haben sie sicher gestaucht, das Viech.

* Ja, ich weiss, und die Rippen standen ihr raus wie ein Bratrost.

* Hilft alles nichts, das ist nun mal so.

* Es hat schon, sagt Blaire, die haben schnell gemacht und haben ein paar Kannen Saft gekauft beim Safthändler dort an der Strassenecke.

* Die Schweine, die haben gut lachen, wenn man sich so was den Hals runterschütten kann!

* Es war allerdings auch Sauware: mit Satz drinn, dass der Napf ausstaffiert war wie 'ne angerauchte Pfeife.

* Ein paar haben scheint's sogar einen Hasen gefunden.

* Hildepute! sagt Fouillade.

* Ich bin noch ziemlich gesund davon gekommen; hatte noch eine Sardine und ein bisschen Tee, den hab ich mit Zucker gekaut.

* Tatsache ist, dass' mit der Stehlerei nichts ist.

* Das reicht alles nicht, und wenn du auch kein grosser Esser bist und du 'nen flachen Darm hast.

* In zwei Tagen eine Suppe: eine gelbe Brühe, glänzend wie Gold. Aber Fleischbrühe war's keine, eher gebackene Suppe! Scheint alle zu sein.

* Kerzen haben's draus gegossen wahrscheinlich.

* Das gemeinste ist, dass man die Pfeife nicht anzünden kann.

* Stimmt, es ist ein Elend! Ich hab keine Zündschnur mehr. Ein paar Stückchen hatt' ich noch, hab sie aber auch nicht mehr. Ueberall hab ich gesucht, in den Taschen, im Flohdeckel, nichts! Und zum Kaufen, wie du sagst, ist es Mitternacht.

* Ich hab noch ein ganz kleines Stückchen, das heb ich aber auf.

Eine harte Entbehrung in der Tat und trostlos anzusehn, wie die Soldaten ihre Pfeife oder ihre Zigarette nicht anzünden können, sie wieder in die Tasche stecken und dann umherspazieren. Glücklicherweise hat Tirloir noch ein wenig Benzin in seinem Anzünder. Die es wissen, stehn mit ihren gestopften aber kalten Pfeifen um ihn herum. Auch kein Papier, das man an der Benzinflamme anzünden könnte; und so bleibt nichts übrig als die Benzinflamme selbst, so dass der letzte Tropfen herhalten muss, der im dünnen Insektenleib des Apparates übrig blieb.

... Ich habe Glück gehabt ... Ich sehe, wie Paradis mit seinem gutmütigen Gesicht knurrend umhergeht und ein Stückchen Holz kaut.

* Da, nimm's! sage ich zu ihm.

* Eine Zündholzschachtel! schreit er, und strahlt, als ob er ein Juwel betrachtete. Feine Sache, Herrgott, Streichhölzer!

Dann sieht man, wie er seine Pfeife anzündet; sein Gesicht leuchtet dabei im Flammenschein des Streichholzes feuerrot auf, und alle stehn herum und triumphieren:

* Paradis hat Streichhölzer!

Gegen abend treff ich Paradis vor den dreieckigen Trümmern einer Häuserfassade, die in jenem elendesten aller elenden Dörfer, an einer Strassenecke stand. Er winkt mir zu:

* Psst! ...

Ein komisches Gesicht macht er dazu und scheint leicht verschämt.

* Du, hör mal, sagt er mit dankbarer Stimme und starrt seine Schuhe an, vorhin hast du mir Streichhölzer verehrt. Sollst jetzt dafür belohnt sein. Da nimm's!

Und er steckte mir etwas in die Hand.

* Pass auf! flüstert er mir ins Ohr. Es ist zerbrechlich!

Geblendet betrachtete ich das weisschimmernde Geschenk und wagte es kaum zu glauben; dann aber erkannte ich, dass es ... ein Ei war!

~

XVI. Idylle

* Glaubs oder glaubs nicht, meinte Paradis, der neben mir herlief, aber todmüde bin ich, überanstrengt bin ich ... Nie hab ich die Marschiererei so satt gehabt wie diesmal.

Er schleppte seine Füsse nach sich, und sein eckiger Rumpf hing ihm vornüber in den Abend hinein. Von oben her drückte der Tornister; er war unmässig breit, kompliziert und hoch wie eine phantastische Aufstapelung. Zweimal stolperte Paradis.

Paradis ist ausdauernd, aber die ganze Nacht war er als Verbindungsposten im Graben herumgelaufen, während die andern schliefen; somit hatte er die Berechtigung, müde zu sein.

Dies gab er auch knurrend zum Ausdruck.

* Die sind aus Kautschuk, die Kilometer, 's ist doch nicht anders möglich.

Und alle drei Schritte warf er den Tornister mit einem Hüftenruck hoch, denn das Zeug drückte und er schnaufte und die ganze bepackte Gestalt schwankte hin und her und jammerte wie ein alter, überladener Reisewagen.

* Wir sind bald da, sagte ein Offizier.

Die Offiziere sagen das immer, bei jeder Gelegenheit. Und doch * trotz der Beteuerung jenes Offiziers * marschierte man tatsächlich ins Dorf ein. Es war Abend und die Häuser waren wie mit Kohle und dicken Federstrichen auf das bläuliche Papier des Himmels hingezeichnet; die schwarze Silhouette der Kirche glich mit ihrem spitzen Kirchturm und ihren noch zierlicheren und spitzeren Seitentürmchen einer Zypresse.

Wenn er aber ins Quartier einmarschiert, ist der Soldat noch lange nicht am Ende seiner Anstrengungen. Nur selten kann sich die Korporalschaft im Lokal, das ihr zugewiesen wurde, auch wirklich einquartieren: fast immer stellen sich Missverstände heraus, dass das Lokal z. B. zweimal vergeben wurde; die Angelegenheit muss dann immer am Ort selbst geklärt werden. So kommt man erst nach mancher Viertelstunde und vielen Scherereien endgültig an seinen provisorischen Bestimmungsort hin.

Auch diesmal konnten wir erst nach dem üblichen Hin und Her unser Nachtlager beziehen. Es war ein Schopf, der auf vier Pfosten ruhte; als Mauern dienten ihm die vier Himmelsrichtungen. Aber der Schopf war wenigstens gut gedeckt, was einen schätzenswerten Vorteil bedeutet. Ein Karren und ein Pflug standen schon drin; daneben richtete man sich häuslich ein. Eine Stunde lang hatten wir stehend auf den endgültigen Entscheid warten müssen; Paradis, der während dieser Stunde in einem fort geknurrt und gejammert hatte, schleuderte seinen Tornister auf den Boden und sich selbst dazu. Eine gute Weile blieb er todmüde liegen und klagte über die Ohnmacht seiner Glieder und den Schmerz, den ihm seine Fusssohlen verursachten; seine sämtlichen Nähte schmerzten ihn.

Plötzlich aber ging im dazugehörigen Bauernhaus ein Licht an. Nichts wirkt auf den Soldaten im eintönigen Grau des Abends so anziehend als ein Fenster, hinter welchem der Stern einer Lampe leuchtet.

* Wollen wir ein bisschen ausgehn? schlug Volpatte vor.

* Na hör mal, sagte Paradis.

Er stützt sich auf und stellt sich auf die Beine. Er hinkt vor Müdigkeit und geht an das goldne Fenster, das in der Dunkelheit erschienen ist, und dann an die Türe.

Volpatte folgt ihm und ich dem Volpatte.

Wir treten ins Haus ein; ein alter Mann hatte die Türe geöffnet und sein blinzelndes Gesicht gezeigt; wir fragen ihn, ob er Wein zu verkaufen hat. Sein Schädel ist schäbig wie ein alter Hut.

* Nein, antwortet der Alte und schüttelt den Kopf. auf welchem stellenweise etwas wie weisse Watte wächst.

* Kein Bier, Kaffee? Sonst was ...

* Nein, gute Freunde, weiss Gott, nichts. Wir sind nicht von hier, wir sind Flüchtlinge, wissen Sie ...

* Also, wenn nichts da ist, dann gehen wir wieder.

Wir machen rechtsumkehrt. Schliesslich war uns doch für einen Augenblick die Stubenwärme und der Lampenschein zugute gekommen. * Volpatte steht bereits auf der Schwelle und sein Rücken verwischt sich in der Dunkelheit.

Da erblicke ich eine alte Frau in der anderen Küchenecke; sie sitzt tief in einem Lehnstuhl eingesunken und scheint von einer Arbeit sehr in Anspruch genommen zu sein.

Ich zwicke Paradis in den Arm.

* Da sitzt die Tochter des Hauses, geh, mach ihr den Hof!

Paradis erwidert mit einer prächtig gleichgültigen Bewegung. Er pfeift auf die Frauen; seit anderthalb jähren sind die, die er zu Gesichte bekommt, doch nicht für ihn. Und übrigens, auch wenn sie für ihn da wären, pfiffe er nicht minder drauf.

* Jung oder alt, pah! sagt er und gähnt bereits.

* 'n Abend, Grossmutter, murmelt er und haucht sein Gähnen aus.

* Guten Abend, Kinder, meckert die Alte.

Von nahem sieht man alle Einzelheiten an ihr. Sie ist zusammengeschrumpft, krumm und eingefallen in ihren alten Knochen; ihr Gesicht ist bleich wie ein Zifferblatt.

Und was tut sie? Zwischen ihrem Stuhl und der Tischkante eingekeilt, schindet sie sich beim Schuhputzen ab. Diese Arbeit ist hart für ihre Kinderhände: sie beherrscht ihre Bewegungen nicht und fährt zuweilen mit der Bürste daneben; ausserdem sind die Schuhe arg schmutzig.

Als sie nun bemerkt, dass man sie beobachtet, flüstert sie uns zu, sie müsse allerdings heute abend noch die Schuhe ihrer Enkelin putzen; die sei Putzmacherin und müsse am morgen früh schon in die Stadt zur Arbeit.

Paradis hat sich tiefer über die Schuhe gebeugt, betrachtet sie von nahem und streckt mit einem Mal die Hände nach ihnen aus.

* Geben Sie mal her, Grossmutter, ich will sie euch mal schnell blank putzen, der Kleinen ihre Stiefelchen. Die Alte schüttelt abwehrend Kopf und Schultern.

Paradis aber packt die Stiefel auf eigene Faust, während die machtlose Grossmutter sich wehrt und uns mit protestierenden Blicken anschaut.

Er fasst mit jeder Hand einen Stiefel, hält sie voller Zärtlichkeit und betrachtet sie einen Augenblick, ja er scheint sie sogar ein wenig zu liebkosen.

* Sind die aber klein! sagt er mit einem Tonfall, den er sonst nicht hat, wenn er mit uns redet.

Nun hat er sich auch der Bürsten bemächtigt und macht sich mit Eifer und Vorsicht an's Wichsen; ich sehe, wie er dabei seine Arbeit bestaunt und lächelt.

Nachdem er dann den Kot entfernt hat, nimmt er Wichse auf die Spitze der Doppelbürste und streicht sie liebevoll und mit grosser Aufmerksamkeit auf die Schuhe.

Jetzt sind die Schuhe fertig. Es sind in der Tat die Schuhe eines koketten Mädchens, daran eine Reihe kleiner Knöpfe glänzt.

* Es fehlt kein Knopf dran, flüstert er mir zu, und es lag ein gewisser Stolz in seiner Bemerkung.

Nun ist er nicht mehr schläfrig, auch gähnt er nicht mehr. Seine Lippen liegen im Gegenteil fest aufeinander; ein jugendliches Frühlingsleuchten glänzt auf seinem Gesicht, und er, der vorhin einschlafen wollte, schien eben wieder erwacht zu sein.

Und er fährt mit dem Finger über die Stelle, auf der die Wichse einen Glanz gelegt hat, und über den Schaft, der sich leicht nach oben weitet und ein ganz klein wenig die Form des Beines andeutet. Seine Hand, die sich beim Wichsen so geschickt gezeigt hatte, ist dabei doch etwas täppisch; und er dreht die Stiefel nach allen Seiten, er lacht ihnen zu und denkt an ihren Inhalt, an ihren fernen Inhalt; die Alte aber hebt die Arme und ruft mich als Zeugen an.

* Das ist jetzt einmal ein liebenswürdiger Soldat!

Jetzt aber ist alles aus. Die Schuhe sind gewichst und bis ins feinste ausgewichst. Sie glänzen und jetzt ist nichts mehr an ihnen zu tun ...

Er stellt sie auf den Rand des Tisches, sorgfältig als wären sie eine Relique und dann trennt er seine Hände von ihnen.

Er wendet aber nicht gleich den Blick von ihnen, er betrachtet sie noch; dann senkt er seine Nase und beschaut seine eignen Schuhe. Und ich erinnere mich, wie dieser dicke Kerl, der zum Held, zum Zigeuner und zum Mönch bestimmt war, noch einmal von ganzem Herzen lächelte, als er beide Paare mit einander verglich.

... Da wurde die Alte unruhig in ihrem Stuhl, und es fiel ihr ein Gedanke ein.

* Ich will's ihr sagen! Sie wird sich bei Ihnen bedanken. He! Josephine! rief sie nach einer nahen Türe.

Paradis aber verwehrte es ihr mit einer entschiedenen Bewegung, die ich grossartig fand.

* Nein. Es ist nicht der Mühe wert, Alte, lassen Sie sie mir dort, wo sie ist. Es ist wirklich nicht der Mühe wert, lassen Sie nur!

Er sagte dies mit solcher Ueberzeugung, dass etwas gebieterisches in seiner Stimme lag, die Alte ihm gehorchte, ihre Hände zurückzog und verstummte.

Wir gingen darauf in unsern Schopf zurück und legten uns schlafen zwischen die Arme des Pfluges, der unser harrte.

Da riss Paradis den Mund wieder auf und gähnte; aber man sah noch eine ganze Weile am Kerzenlicht, das im Schopfe brannte, wie ihm von jenem Lächeln noch etwas auf dem Gesicht zurückgeblieben war.

~

XVII. Die Sappe

Die Briefe wurden ausgeteilt; alles stand im Gedränge durcheinander; der eine freute sich über den Empfang eines Briefes, der andere nur halb über eine Postkarte, ein anderer wieder nahm die Last neuer hoffender Erwartung schnell wieder auf. Aus dem Gedränge heraus aber schwang einer einen Fetzen und teilt uns etwas ausserordentliches mit.

* Weisst du noch, das alte Schnüffel-Wiesel, aus Gauchin?

* Der alte Knax, der nach dem Schatz schnupperte?

* Eben der, gefunden hat er ihn!

* Nicht möglich! Du spinnst ...

* Wenn ich dir's sage, du Fettklotz; soll ich dir sonst noch was herleiern? Die Messe vielleicht? Die kann ich nicht ... Der Alte hat 'ne Bombe in seinen Käfig gekriegt, grad in den Hof hinein und bei der Mauer ist dabei eine Kiste voll Geld aufgeplatzt. Der Schatz ist dem Alten direkt in die Fresse geflogen. Der Pfaff ist sogar gekommen und meinte, das Mirakel wolle er auf seine Rechnung nehmen.

Alle stehen sie da mit offenem Mund.

* Einen Schatz ... So! also doch ... der alte Kehrbesen der ...!

Diese unverhoffte Offenbarung stürzt uns in einen Abgrund von Ueberlegungen.

* Man kann's also doch nie wissen!

* Wie oft haben wir nicht den alten Fetzen angeekelt, wenn er uns mit seinem Schatz den Rücken vollschwatzte wie 'ne alte Tretmühle!

* Und weisst du noch, gesagt haben wir immer, man könne es nie wissen! Recht haben wir also doch gehabt, erinnerst du dich?

* 's gibt schon Sachen, die man sicher weiss, sagte Farfadet, der seit der Erwähnung von Gauchin geistesabwesend mit träumenden Blicken dreinschaute, als ob ihm ein süsses Gesicht entgegenlache.

* Das aber, fügte er hinzu, das hätt' ich auch nicht geglaubt! ... Der wird anders stolz sein, der Alte, wenn ich nach dem Krieg wieder hinkomme!

~

* Wer meldet sich freiwillig zur Sappenarbeit? fragt der grosse Adjutant.

* Schon wieder! knurren die Leute und rühren sich nicht.

* Es handelt sich darum, Kameraden zur Hilfe zu kommen, setzt der Adjutant hinzu.

Darauf hin hört das Knurren auf und einige Köpfe strecken sich.

* Hier! ruft Lamuse.

* Pack auf, Dicker, und kommt mit.

Lamuse schnallt den Tornister an, rollt seine Decke und hängt den Brotbeutel um.

Seit sich sein unglücklicher Liebesanfall gelegt hat, ist Lamuse finsterer geworden; und obwohl ihn eine Art Fatalismus immer dicker werden lässt, zehrt er sich auf, flüchtet sich in die Einsamkeit und spricht kaum mehr zu den andern.

Als es Abend geworden war, sahen wir im Graben etwas auf uns zukommen. Es stieg und fiel über die Höcker und die Löcher des Bodens. Die Gestalt schien in der Dunkelheit zu schwimmen und dann und wann die Arme nach Rettung auszustrecken

Es ist Lamuse; jetzt steht er in unserem Kreis Er ist voll Lehm und Kot. Schnaubend und schweisstriefend steht er da und zittert, als fürchte er sich vor etwas.

Seine Lippen bewegen sich und murmeln: "Muh ..., Muh ... bevor er ein verständliches Wort herausbekommt.

* Nanu, was ist denn los? fragt man ihn vergebens.

Er sinkt in eine Ecke nieder und streckt sich zwischen uns aus.

Man bietet ihm Wein an, aber er weist ihn zurück; dann schaut er mich an und winkt mir mit dem Kopf. Wie ich nun bei ihm stehe, flüstert er mir ganz leise wie in einer Kirche zu:

* Ich habe Eudoxie gesehn.

Er schnappt nach Luft; seine Brust pfeift, sein Blick ist starr, als sähe er einem bösen Traume nach; dann sagt er:

* Sie war verfault.

* Es war grad an der Stelle, die wir verloren hatten, fuhr er weiter fort, und die die Kolonialtruppen vor zehn Tagen mit der Gabel wieder erobert haben. * Zuerst haben wir ein Loch für den Laufgraben gemacht, und weil ich mehr schanzte als die andern, war ich ihnen bald weit voraus. Die andern gruben die Sache hinter mir weiter aus und stampften es fest. Plötzlich aber stoss ich beim Graben auf Pfosten; offenbar war ich in einen früheren Graben geraten, der verschüttet war. Er war nur halb verschüttet und hatte noch hohle Stellen. Wie ich aber die Holzteile nach einander wegnehme, steht da mitten drinn etwas aufrecht wie ein grosser Erdsack, und obendrauf lag was anderes und hing herunter. jetzt aber gibt der eine Balken nach und der grosse Sack fällt auf mich; er war schwer. Ich war eingequetscht und dazu schlägt mir noch ein Leichengeruch ins Maul. ... Oben auf dem Sack war ein Kopf und Haare sah ich runter hängen. Verstehst du, man sah nicht viel in der Dunkelheit, aber ich hab die Haare erkannt, weil's nicht noch mal solche Haare auf Erden gibt, und auch was vom Gesicht noch übrig blieb, hab ich erkannt; das war ganz zerfressen und verfault; der Hals war wie Teig, der ganze Leib war vielleicht schon ein Monat tot. Und wenn ich dir sage, es war Eudoxie. * Jawohl, das Weib, an das ich mich nicht ranwagte, weisst du. Immer hab ich sie nur von weitem gesehen, ohne sie nie anrühren zu können wie einen Diamant. Sie lief immer überall hin, weisst du. Sie trieb sich immer in den Linien rum. Und einmal wird sie wohl eine Kugel erwischt haben und sie ist tot liegen geblieben, und keiner hat sie gefunden, bis heute durch den Zufall. * Weisst du, die Stellung in der ich war: mit einer Hand musste ich sie stützen, so gut es ging, und mit der andern musste ich arbeiten. Sie wollte immer mit ihrem ganzen Gewicht auf mich fallen. Jawohl, Alter, küssen hat sie mich wollen, aber ich wollte

nicht; e" war schrecklich. Wie wenn sie hätte sagen wollen: "du hast mich doch küssen wollen, so komm doch, komm doch jetzt!" Sie hatte am ... sie hatte hier noch ein kleines Blumensträusschen, das war auch verfault und schlug mir an die Nase wie die Leiche eines kleinen Tierchens. * Ich hab sie in die Arme nehmen müssen und wir mussten uns beide langsam rumkehren, damit ich sie auf die andere Seite legen konnte. Es war so eng, wo wir uns drehen mussten, dass ich sie einen Moment, ohne es zu wollen und ohne dass sie es wollte, an mich drücken musste, mit der ganzen Kraft, weisst du, grad wie ich sie früher an mich gedrückt hätte, wenn sie gewollt hätte. Eine halbe Stunde lang hab ich mich abwischen müssen und ihre Berührung abputzen, wegen dem Geruch, den sie mir, ohne dass sie's wusste, ins Gesicht trieb. Ein Glück ist es, dass ich totmüde bin wie ein armes Lasttier.

Dann legte er sich auf den Bauch, ballte seine Fäuste und schlief, das Gesicht in der Erde, mit seinem Traum der Liebe und der Verwesung ein.

~

XVIII. Die Streichhölzer

Es ist fünf Uhr abends. Man sieht sie alle drei unten im Schützengraben hantieren.

Sie sind schrecklich anzusehen, schwarz und finster hocken sie im Erdloch um den erloschnen Herd. Der Regen und die Unaufmerksamkeit haben das Feuer ersterben lassen; nun starren die vier Köche auf die schwarzen Holzleichen, die in der Asche liegen und auf die Trümmer des Herdes, aus dem die Flamme entfloh, und der nun erkaltet daliegt.

Jetzt schwankt Volpatte hinzu und schmeisst einen schwarzen Block, den er auf der Schulter trägt, auf den Boden.

* Ich hab ihn von einem Unterstand abgerissen, ohne dass man's gerade sieht.

* Holz wäre da, sagt Blaire, aber Feuer? Wie soll das Fleisch sonst gar werden?

* Es ist noch ein schönes Stück, seufzt eine schwarze Gestalt. Es ist ein Bruststück; das ist mir das liebste am Rind.

* Feuer! verlangt Volpatte. Es sind keine Streichhölzer mehr da, nichts mehr.

* Feuer muss her! knurrt Poupardin, der unentschlossen wie ein Bär im dunkeln Käfig hin- und hertappt.

* Da gibt's keine Würste, Feuer muss her, bestätigt Pépin, der aus dem Unterstand herausragt wie ein Kaminfeger aus einem Kamin.

Er kriecht als graue Masse heraus, wie die Nacht in den Abend kriecht.

* Reg dich nur nicht auf, ich werd schon Feuer auftreiben, erklärt Blaire mit einer Wut, die sich zum Entschlusse aufrafft.

Er ist noch nicht lange Koch und möchte sich seiner Aufgabe auch in dieser schwierigen Lage gewachsen zeigen.

Er spricht wie seinerzeit Martin Césare, als dieser noch am Leben war. Und er denkt an den grossen, berühmten Koch, der immer Feuer fand, und eifert ihm nach wie mancher Offizier, der sich Napoleon zum Vorbild machte.

* Ich werde, wenn's sein muss, das Bataillonskommando abholzen bis auf die Knochen. Ich werde die Streichhölzer des Obersten requirieren.

* Los! Gehn wir Feuer holen.

Poupardin geht voraus. Sein Gesicht ist düster wie der Boden eines Kochtopfes, dem das Feuer mit der Zeit eine Schmutzschicht eingeglüht hat. Es ist unheimlich kalt, darum hat er sich eingewickelt. Er steckt in einem Pelz, halb Ziege, halb Schaf, halb braun, halb weisslich. In dieser doppelfarbigen Kleidung, auf der die Farben mathematisch genau voneinander getrennt sind, sieht er aus wie ein kabalistisches Getier.

Pépin trägt eine Mütze; sie ist so schwarz und hat einen so schmierigen Glanz, dass sie unter dem Namen baumwollene Seidenmütze bekannt ist. Volpatte ist in eine Sturmkappe und verschiedentliches Wollzeug eingewickelt und sieht einem wandelnden Baumstamm gleich. Oben an diesem dicken und massiven Block, der sich nach unten in zwei Beine gabelt, wird das ausgeschnittene Viereck eines gelben Gesichtes sichtbar.

* Gehn wir zu No. 10. Dort haben sie immer alles, was man braucht. Sie ist auf der Pylônesstrasse, weiter als der neue Laufgraben.

Die vier erschreckenden Riesenaffen setzen sich in Bewegung. Sie schreiten durch den Schützengraben, der sich vor sie hinschlängelt wie eine düstre, unsichere und dunkle Gasse ohne Pflaster. Er ist übrigens an dieser Stelle unbewohnt; denn hierdurch läuft die Grenze zwischen der ersten und der zweiten Linie.

Die nach Feuer ausgegangenen Köche begegnen im staubigen Abend zwei Marokkanern. Der eine ist schwarz wie ein schwarzer Stiefel und der andere gelb wie ein gelber Stiefel. Bei dieser Begegnung flackert in den Köchen eine kleine Hoffnungsflamme auf.

* Streichhölzer, Kinder?

* Kuchen! antwortet der Schwarze und zeigt lachend seine langen Porzellanzähne, die das braune Saffianleder seiner Lippen umrahmt.

Dann tritt der Gelbe herzu und fragt seinerseits:

* Tabak? Ein bisschen Tabak?

Und dabei hält er seinen Resedaärmel hin und streckt seine polierte und gebeizte Eichenholzhand heraus, in deren Falten die Beize eingetrocknet ist. Das ganze läuft in violette Fingernägel aus.

Pépin knurrt, sucht seine Taschen durch, holt ein Häufchen Tabak und Staub heraus und reicht es den Schützen.

Ein wenig weiter begegnen wir einem Wachtposten; er sitzt in einem Erdrutsch und ist in der Abenddämmerung halb eingeschlafen. Der verschlafene Soldat zeigt uns den Weg an.

* Rechterhand und dann nochmal rechts rum und dann gradaus. Aber verlauft euch nicht.

Dann geht's wieder weiter, eine lange Strecke noch.

* Wir müssen schon ziemlich weit sein, sagt Volpatte, nachdem wir eine halbe Stunde in der eingeengten Einsamkeit unnütz gelaufen waren.

* Du, mir scheint, es geht verdammt bergab, nicht? macht Blaire.

* Nur keine Angst, alter Fetzen, spottet Pépin; aber wenn du den Schlotterich hast, hock ab.

Aber wir gehn noch weiter; unterdessen bricht die Nacht an ... Wir begegnen keinem Menschen, der Graben ist schrecklich leer und dehnt sich furchtbar in die Länge; jetzt sieht er merkwürdig verwahrlost aus. Die Böschungen sind zerstört; Erdrutsche haben ihre Erde über den Grabenboden geschüttet; es geht sich darauf, wie auf einer Rutschbahn.

Ein leises Bedenken steigt allmählich den vier klotzigen Feuerjägern auf, während sie bei sinkender Nacht in den schaurigen Engpass eindringen.

Pépin läuft jetzt voraus; plötzlich bleibt er stehn und streckt die Hand zum Zeichen, dass wir anhalten sollen.

* Man hört Schritte ..., flüstern sie mit verhaltener Stimme ins Abenddunkel hinein.

Dann befällt sie in ihrem Innersten die Angst. Sie hätten sich nicht so weit von ihrem Unterstand entfernen sollen. Es ist strafbar; und man kann nie wissen, was kommen kann.

* Drückt euch da rein, sagt Pépin, schnell!

Er deutet dabei auf eine rechteckige Spalte im Boden.

Sie betasten diesen reckteckigen Schatten mit der Hand; er entpuppt sich als der Eingang eines Unterstandes. Nun verkriechen sie sich einer nach dem andern in den Schlupfwinkel; der letzte drängt die andern ungeduldig vor und schliesslich hocken sie zusammengedrückt im Schattenklotz dieses Erdloches.

Dann hört man die Schritte näher kommen, und Stimmen werden deutlich.

Aus dem Unterschlupf, den die vier Soldaten dicht besetzen, wagen sich Hände tastend heraus. Plötzlich murmelt Pépin mit halberstickter Stimme:

* Was ist das? ...

* Was? fragen die andern, die sich gegen ihn drängen und drücken.

* Stücklader! sagt Pépin leise ... deutsche Stücklader, also sind wir in einem deutschen Verbindungsgraben.

* Drücken wir uns.

Und die drei Soldaten drängen ihn hinaus.

* Achtung, verdammich! Still! ... die Schritte ...

Man hört Schritte. Und zwar sind es die schnellen Schritte eines einzelnen Mannes.

Nun sind sie ganz still und halten den Atem an. Ihre Augen starren auf den Boden und sehn, wie sich rechts die Schatten der Nacht bewegen; dann löst sich ein Schatten mit Beinen von ihnen ab, nähert sich und geht vorüber; dann erkennt man die Silhouette; sie trägt einen Helm mit Ueberzug, unter dem man die Spitze errät. Man vernimmt kein anderes Geräusch, nur die Schritte des Vorübergehenden.

Kaum ist aber der Deutsche vorbei, da stürzten die vier Köche wie auf eine Verabredung hinaus, stolpern übereinander, laufen wie verrückt und werfen sich auf den Deutschen.

* Kamerad, meine Herren! sagt dieser.

Aber schon sah man die Klinge eines Messers blitzen und verschwinden. Der Mann fällt zusammen, als ob er in den Erdboden versinken wolle. Pépin erwischt ihn am Helm, der ihm in den Händen zurückbleibt, während der Leichnam zu Boden sinkt.

* Jetzt los! knurrte Poupardin.

* Sucht ihn zuerst aus!

Man richtet ihn auf, wendet und hebt diesen kraftlosen, feuchten und lauen Leichnam. Plötzlich hustet er.

* Er ist nicht tot.

* Doch, er ist tot. Es war nur der Wind.

Man kehrt ihm die Taschen um und hört dabei den hastigen Atem der vier Leute, die sich ihrer Verrichtung hingeben.

* Der Helm gehört mir, sagt Pépin. Ich hab ihn erstochen. Ich will den Helm.

Man nimmt dem Leichnam noch die Brieftasche ab, die Papiere drin sind noch warm, und den Feldstecher, den Geldbeutel und die Gamaschen.

* Streichhölzer! schreit Blaire und schüttelt eine Streichholzschachtel. Er hatte Streichhölzer!

* Ha! Der Hund! schreit Volpatte, ganz leise.

* Aber jetzt los, mit der ersten Geschwindigkeit!

Sie legen den Leichnam in eine Ecke und laufen im Galopp davon, wie von einer Panik befallen und ohne sich um den Lärm ihrer zügellosen Flucht zu kümmern.

* Hier rum! ... dort rum! ... Vorwärts, Kinder, Laufschritt!

Dann sagen sie kein Wort mehr und rennen durch das Labyrinth des schrecklich leeren Grabens.

* Hab keinen Wind mehr, sagt Blaire, ich verreck ...

Er stolpert und bleibt stehen.

* Nur los! Alter Knochen, lupf die Haxen, knirscht Pépin, heiser und atemlos.

Er packt ihn dabei am Aermel und zerrt ihn fort, wie ein störrisches Gabelpferd.

* Da sind wir schon! sagt Poupardin plötzlich.

* Jawohl, ich erkenn den Baum noch.

* Es ist die Pylônes-Strasse!

* Ah! seufzt Blaire, den die Atemzüge wie einen Motor rütteln. Dann wirft er sich mit einem letzten Anlauf vorwärts auf die Erde.

* Halt, wer da! schreit im gleichen Augenblick ein Wachtposten.

* Nanu! stottert derselbe, als er die vier Soldaten erblickt. Woher kommt ihr denn?

Nun lachen und tanzen sie wie Hanswürste, schweisstriefend und blutbeschmiert, so dass sie im Abend noch schwärzer aussehn; dabei glänzte der deutsche Offiziershelm in Pépins Händen.

* Gottverdammich, hört doch mal auf! knurrt der verblüffte Wachtposten; was habt ihr denn nur? ...

Aber eine überschwängliche Reaktion regt sie auf und macht sie verrückt.

Sie reden alle durcheinander und erzählen mit hastigen und verworrenen Worten von dem Drama; allmählich erst kommen sie zu sich, ohne noch im vollen Besitze ihres Bewusstseins zu sein. Sie hatten den halb eingeschlafenen Wachtposten stehen gelassen, hatten sich aber verlaufen. Dann waren sie in den internationalen Schlauch geraten, der zur Hälfte den Deutschen, zur Hälfte uns gehört. Zwischen dem deutschen und dem französischen Stück aber hat's keine Grenze, keine Absperrung. In der Mitte liegt nur eine neutrale Zone, gewissermassen, die an ihren beiden Enden von zwei Horchposten ununterbrochen bewacht wird. Wahrscheinlich war die deutsche Wache nicht auf ihrem Posten, oder sie hatte sich versteckt, als sie vier feindliche Schatten herankommen sah; vielleicht hatte sie sich auch zurückgezogen und hatte keine Zeit mehr gehabt, Verstärkung herbeizuholen. Vielleicht war auch der deutsche Offizier zu weit in die neutrale Zone geraten ... Kurz, man versteht schon, was vor sich gegangen ist, ohne es recht zu wissen.

* Das komischste dabei ist, sagte Pépin, dass wir das alles vorher wussten und dass doch keiner davor gewarnt hat.

* Wir suchten eben Feuer! sagte Volpatte.

* Und wir habens gefunden! schrie Pépin. Hast du die Feuerstengel nicht verloren, alter Besen?

* Bist verrückt! sagt Blaire. Die deutschen Zündhölzer sind besser als die unsern. Und sonst haben wir nichts zum anzünden! Da müsst mir einer schon die Hand abschneiden, wenn ich die Streichhölzer verlieren müsst!

* Höchste Zeit ist es. Das Fleischwasser ist schon am zufrieren. Jetzt mal schnell, los! Nachher gehn wir in die Kloake, wo die andern hocken und erzählen ihnen den Witz mit dem Deutschen.

~

XIX. Beschiessung

Die Landschaft dehnt sich unendlich im grenzenlosen Dunstnebel hin.

Die Luft ist schwarzblau. Es schneit ein wenig und die Nacht geht zu Ende; der Schnee legt sich auf die Schultern und in die Mantelfalten. Wir marschieren, in unsere Kapuzen gehüllt, in Gliedern von je vier Mann. Im dichten Halbdunkel sehn wir aus wie die Ueberreste eines düsteren Volksstammes, der aus dem Norden nach anderen nordischen Gegenden auswandert.

Wir sind der Landstrasse entlang marschiert, dann durch die Ruinen von Ablain-Saint-Nazaire. Hinter den nächtlichen Schatten sahen wir die weisslichen Häuserhaufen und das düstere Spinngewebe der hängenden Dächer. Das Dorf ist so lang, dass wir in der Nacht da einmarschiert waren und das Ende des Dorfes erreichten, als die letzten Baulichkeiten schon bleich im kalten Morgen standen. In einem Erdloch hatten wir hinter einem Gitter das Feuer wahrgenommen, das die Hüter der toten Stadt am Ufer jenes versteinerten Ozeans unterhielten. Dann waren wir durch sumpfige Felder gestampft; und dann wandelten wir verloren durch stumme Gegenden, wo uns der Schlamm bei den Füssen packte; dann schwankten wir in ungefährem Gleichgewicht auf einer andern Strasse weiter; es war die Strasse, die von Carency nach Souchez führt. Die grossen Pappeln liegen mit zerfetzten Stämmen zerschmettert an der Strasse. An einer Stelle sieht man eine Säulenreihe zerbrochner Bäume und weiter bergen sich in der Dunkelheit auf beiden Seiten zwerghafte Baumgestalten; wie Palmbüschel sind sie geschlitzt, verwickelt und verknäuelt wie Zupfleinwand; in Schnüren hängen die Holzfasern über den Stamm, der zu knien scheint. Von Zeit zu Zeit schlagen Wasserlöcher die Marschkolonne zurück und bringen sie ins Stolpern. Jetzt wird die Strasse zur Wasserlache, die man auf den Absätzen durchwatet, und die Füsse rauschen dabei wie Ruder. Von Stelle zu Stelle sind Balken hineingelegt. Man gleitet darüber hinweg, wenn sie der Quere nach im Schlamm festliegen. Manchmal hat es soviel Wasser, dass sie obenauf schwimmen; dann sinken sie ein unter dem Gewicht eines Mannes und machen: flatsch! und der Daraufstehende fällt um oder taumelt und flucht dabei fürchterlich.

Es dürfte fünf Uhr morgens sein. Es schneit nicht mehr und die nackte und verstörte Gegend lichtet sich, aber man tappt noch in einem phantastischen, düstern Nebelkreis.

Und man trippelt weiter und immer weiter. Dann entdeckt man an einer Stelle einen dunkeln Hügel, an dessen Fuss ein Durcheinander von Menschen zu wimmeln scheint.

* Paarweise vor! sagte der Abteilungschef. Jedes Paar soll abwechselnd einen Balken und ein Geflecht mitnehmen.

Es wird aufgeschultert. Der Nebenmann nimmt dem Kameraden das Gewehr ab; dieser zerrt dann und hebt nicht ohne Mühe einen langen, kotbedeckten und glitschigen, wohl vierzig Kilo schweren Balken aus dem Haufen, oder ein belaubtes Zweiggeflecht; es ist türgross, so dass man es mit Müh und Not auf dem Rücken festhält, indem man sich krümmt und die Hände an den oberen Rand klammert.

Dann marschieren wir wieder weiter auf der Landstrasse zerstreut; sie ist allmählich grau geworden; wir marschieren sehr langsam und beschwerlich, seufzend und mit dumpfen Verwünschungen, die unter der Kraftanstrengung ersticken. Nach zweihundert Metern tauschen die Paare ihre Lasten gegen einander, so dass alles nach weiteren zweihundert Metern, trotz des scharfen und reifbringenden Morgenwindes, in Schweiss gebadet ist.

Plötzlich aber leuchtet dort an jenem unbestimmten Ort, dem wir zustreben, ein heller Stern auf. Er erleuchtet ein ganzes Himmelstück mit seinem milchigen Hof; an seinem Glanz erlöschen die Gestirne und dann fällt er feenhaft mit Grazie wieder zur Erde.

Dann blitzt es uns gerade gegenüber; dann hört man's donnern.

Eine Granate!

Der wagrechte Schein jenes Blitzlichtes zeigte deutlich auf dem Erdrand des Himmels einen Hügelkamm, der auf ungefähr einen Kilometer Entfernung sich von Osten nach Westen hinzog.

Soweit man ihn von hier überblickt, ist dieser Hügel noch bis zum Kamm hinauf von den Unsern besetzt; auf der andern Seite, hundert Meter von unserer ersten Linie entfernt, liegt die deutsche erste Linie.

Die Granate schlug auf dem Kamm in unsre Linie ein. Folglich schiessen die Deutschen.

Jetzt platzt ein weiteres Geschoss. Ein anderes und noch ein anderes pflanzt in den Hügelkamm violette Flammenstämme hinein; und jedesmal erstrahlt über den ganzen Horizont ein dumpfdonnerndes Licht.

Dann glitzert es wie platzende Sterne, und auf einmal flammt ein Wald von phosphoreszierenden Büschen auf dem Hügel: ein märchenhaftes blaues und weisses Blendwerk hängt vor unsern Augen im grossen Schachte der Nacht.

Diejenigen von uns aber, die mit dem ganzen Aufwand ihrer Arm- und Beinmuskeln die allzuschwere kotige Last auf ihren Schultern festhalten, dass sie ihnen nicht den Rücken hinuntergleiten und sie nicht selbst ausrutschen, sehen davon nichts und sagen kein Wort. Die Andern schlotternd vor Kälte, schnauzen sich und putzen die Nase mit nassen, starr herunter hängenden Taschentüchern, fluchen über die zerschundene Strasse, betrachten das Platzen der Granaten und machen ihre Glossen dazu.

* 's ist grad wie 'n Feuerwerk, sagen sie.

Und während unsere schwarze Abteilung vor dieser feenhaften Operndekoration gebückt durch die Pfützen patscht, kriecht und sich vorwärts schlängelt, leuchtet plötzlich noch ein roter und ein grüner Stern auf; und dann ganz langsam eine rote Feuergarbe.

Die Unsern können nicht umhin, durch volkstümliche Verwunderungslaute ihrem Staunen Ausdruck zu verleihen, während die Hälfte der freien Augenpaare das Schauspiel verfolgt:

* Oh! Eine rote! ... Ah! Eine grüne! ...

Es sind die Deutschen. Sie geben Signale ab wie die Unsern auch und verlangen Artillerie.

Jetzt kommt eine Biegung, dann geht's bergauf. Der Tag ist endlich angebrochen. Die Dinge kommen einem alle schmutzig vor. Auf der Strasse liegt eine perlgraue Farbschicht mit weissen, teigigen Flecken, und rechts und links erwacht die trübselige Welt der Wirklichkeit. Wir lassen Souchez hinter uns liegen. Die Häuser der Ortschaft sind nur noch flache Böden, auf denen sich Material anhäuft; von den Bäumen bleibt nur noch ein zerrissenes Heckengewirr übrig, das höckerartig am Boden liegt. Linker Hand geht's jetzt in ein Loch hinunter. Es ist der Eingang des Laufgrabens. Man muss warten.

Bis ans Kinn stecken wir in den Löchern und lehnen die Brust an die Erde, die uns mit ihrem ungeheuren Panzer schützt; so schauen wir dem tiefernsten und blendenden Drama zu. Die Beschiessung wird wieder stärker. Auf dem Hügelkamm werden die Feuerstämme im fahlen Lichte des Morgens zu dunstigen Fallschirmen oder sehn aus wie bleiche Seequallen mit einem Feuerfleckchen; dann sieht man deutlich wehende Rauchfedern; denn das Tageslicht sickert allmählich durch: weisse und graue Straussenfedern steigen plötzlich von dem verschwommenen und schaurigen Boden der Höhe 119 auf, fünf- oder sechshundert Meter vor uns und ersterben langsam wieder. Wahrhaftig, es sind die Feuersäulen und die Wolkensäulen, die sich bebend auftürmen und miteinander ihren Donner vernehmen lassen. In diesem Augenblick sieht man eine Gruppe über den Abhang des Hügels laufen und in der Erde verschwinden. Sie ducken sich einer nach dem andern in den Ameisenlöchern, die dort zerstreut liegen. Jetzt unterscheidet man deutlicher die Form der "Ankömmlinge". Bei jedem Schuss bildet sich in der Luft, auf ungefähr sechzig Meter Höhe, ein weisser Schwefelflocken, schwarz unterstrichen; dann teilt er sich, überzieht sich mit kleinen, weissen Wölkchen, und wenn er dann platzt, hört man das sausende Geräusch des Kugelhaufens, den der Flocken wütend gegen die Erde schleudert.

Dabei hört man es sechsmal knallen: pam, pam, pam, pam, pam, pam. Es sind 7,7 cm Schrapnells.

Man hat zwar keine grosse Achtung vor ihnen und doch ist Blesbois vor drei Tagen durch ein solches getötet worden. Sie platzen meistens zu hoch.

Barque erklärt uns die Sache ganz genau:

* Der Nachthafen schützt einem den Schädel gegen diese Bleikügelchen genügend. Es haut dir zwar die Schulter kaput und schmeisst dich um, aber 's bringt dich nicht um. Musst dich natürlich doch gut verschalen. So lange die Geschichte dauert, ist es schon besser, du ziehst die Nase ein und streckst die Hand nicht nach dem Regen aus. Aber unser 75er Geschütz erst ...

* Es hat nicht nur die 77er, unterbrach ihn Mesnil Andre. Es hat alle möglichen Kaliber. Gib mal Feuer her ...

Schrilles Pfeifen, zitterndes oder quietschendes Sausen fährt wie Peitschen durch die Luft. Dort auf dem Abhang, den man jetzt in seiner ganzen ungeheuren Ausdehnung sieht, hocken die Unsern in den Schutzlöchern. Wolken türmen sich in allen möglichen Formen auf, brennende und nebelhafte Riesenfedern, dazu die mächtigen Dampfbüschel; Sprühfeuer wirft senkrechte Fasern, und Rauchbesen breiten sich niederfallend aus * das ganze ist weiss oder graugrün, kohlenschwarz oder kupferrot, mit goldenem Widerschein oder wie mit Tintenflecken bespritzt.

Die beiden letzten sind nicht weit von uns krachend eingeschlagen. Aus der zerstampften Erde fahren zwei mächtige, schwarze und rötliche Staubballen, entfalten sich Und werden vom Wind langsam fortgetragen; und wenn sie dann ihre Aufgabe verrichtet haben, sehn sie aus wie fabelhafte Drachen.

Die Reihe unserer Gesichter schaut über den Erdrand nach der Stelle und verfolgt das Schauspiel von ihrer Gruft aus mit den Augen, mitten in diesem Land der wilden und leuchtenden Erscheinungen, im Herzen dieser Landschaft, die der Himmel drückt.

* Das sind 150er.

* Du Kalb, das sind sogar 210er.

* Es hat auch Perkussionszünder. Verdammt! Guck mal die!

Man sah eine Granate einschlagen und in einem schwarzen Qualmfächer Erde und Schutt aufpeitschen. Es sieht aus, als ob sich ein Vulkan in den Eingeweiden der Erde angesammelt hätte und nun durch die zerrissene Erdscholle hindurch wütend ausspeie.

Ein Höllenlärm umgibt uns. Es ist, wie wenn die Weltwut unaufhörlich anwachse, ununterbrochen sich vervielfache. Ein Sturm heiserer und dumpfer Schläge, wütende Schreie, durchdringende Tierlaute wüten wahnsinnig auf der qualmbedeckten Erde, in der wir bis an den Hals vergraben sind; und es ist, als ob sie der Wind der Granaten erschüttern und ins Schwanken bringen wolle.

* Du, brüllt Barque, ich hab mir erzählen lassen, sie hätten keine Munition mehr!

* Ja, ja, schon recht! kennen wir schon und die übrigen Flausen, die uns die Zeitungen klistierweise einspritzen.

Nun beherrscht ein mattes tik-tak das lärmende Durcheinander. Dieses langsame Klappergeknarre ist im ganzen Schlachtenlärm dasjenige, das einem das Herz am engsten zusammenschnürt.

* Die Kaffeemühle! 's ist eine von uns, horch mal: sie knallt regelmässig, während die deutsche unregelmässige Zwischenpausen hat; die macht tak ... tak-tak-tak ... tak-tak ... tak ...

* Du spinnst, du Nähloch! Ist ja gar nicht die Nähmaschine: ein Motorvelo ist es dort beim Unterstand 31.

* Ich glaub eher, es ist einer dort oben, der auf einem Besenstiel die Aussicht begafft, spottet Pépin, lüpft die Nase und sucht die Luft nach einem Flugzeug ab.

Nun entspinnt sich ein Streit. Man kanns nicht wissen. Es ist nun mal so. In diesem Radau verliert man sich eben, und wenn man im Unterscheiden der verschiedenen Geräusche noch so geübt ist. Hat sich doch letzthin im Wald ein ganzer Zug geirrt und glaubte, das heisere Geräusch eines Ankömmlings zu vernehmen; dabei wars ein Maulesel, der nicht weit davon seine wiehernde Stimme in Aktion setzte.

* Du, heut morgen wimmelts nicht schlecht von Leberwürsten, bemerkte Lamuse.

Und er schaut zum Himmel und zählt.

* Acht Würste bei uns und acht bei den Deutschen, sagt Cocon, der bereits nachgezählt hatte.

Ueber dem Horizonte sieht man in der Tat in regelmässigen Abständen voneinander, gegenüber den feindlichen Fesselballons, die in weiterer Entfernung kleiner scheinen, die acht langgezogenen leichten, und empfindlichen Augen der Armee. Sie sind mit den Kommandozentren durch lebendige Fasern verbunden.

* Sie sehen uns, wie wir sie sehn. Wie soll man auch den dicken Göttern da oben entweichen?

Jetzt tönt unsre Antwort!

Hinter unserm Rücken gellt in der Tat ohrenbetäubend der klare, knappe Lärm des 75er. Es kracht ohne Unterbruch.

Dieser Donner berauscht und reisst uns mit. Wir schreien mit den Kanonen und sehn uns an; verstehn uns aber nicht in diesem masslosen Getrommel, in welchem jeder Schlag einen Schuss bedeutet; man hört nur die ausserordentlich durchdringende Stimme von Barque, mit seiner "grossen Schnauze".

Dann blicken wir vorwärts, den Kopf vorgestreckt und sehn oben auf dem Hügel die obere schwarze Reihe jener Höllenstämme, deren schreckliche Wurzeln sich in den unsichtbaren Abhang eingraben, wo der Feind sich duckt.

* Und das dort? Was ist das?

Während die 75er Batterie hundert Meter hinter uns ihr Bellen mit den klingenden Schlägen eines Riesenhammers auf dem Amboss fortsetzt und darauf ein masslos wütender Riesenschrei folgt, setzt ein gesättigtes Gurgeln ein und beherrscht das ganze Konzert. Auch das kommt von unserer Seite her.

* Der ist tipp-topp, der da!

Das Geschoss pfeift auf vielleicht tausend Meter Höhe über uns durch die Luft. Sein Lärm überdeckt alles wie ein tönender Dom. Sein Atem ist behäbiger; und man hat den Eindruck eines beleibteren und noch mächtigeren Geschosses im Vergleich zu den andern. Man hört es vorüberfliegen, vorwärts niederschweben mit dem schweren und zunehmenden Gezitter einer einfahrenden Untergrundbahn. Dann entfernt sich sein schweres Sausen. Nun beobachten wir den Hügel, der uns gegenüberliegt. Nach einigen Sekunden bedeckt ihn eine lachsfarbene Wolke, die der Wind über die eine Hälfte des Horizontes zieht und ihn damit verschleiert.

* Es ist ein 220er der Batterie vom Punkt Gamma.

* Man sieht sie, diese Geschosse, behauptet Volpatte, wenn sie aus dem Geschütz fahren. Und wenn du grad in die Schusslinie schaust, siehst du sie noch ein ganzes Stück mit blossem Aug.

Dann kommt ein zweites.

* Da! Guck! Da! Hast es gesehn, dieses? Hast nicht schnell genug hingeguckt, dann war er schon weg. Musst die Nase schneller rühren. Da! Noch eins! Hast dieses gesehn?

* Nein.

* Du altes Paket! Hast du 'ne Schicht. Dein Vater war wohl Gipser! Da, schnell! Siehst es nicht, Hanswurst?

* Hab es gesehn. War das alles?

Einige haben eine kleine, schwarze Masse bemerkt, die spitzig und fein wie eine Amsel mit anliegenden Flügeln vom Zenith, den Schnabel voraus, in einem Bogen zur Erde sauste.

* Das Zeug wiegt hundertachtzehn Kilo, jawohl, alte Wanze, sagt Volpatte stolz und wenn's auf einen Unterstand fällt, ist alles tot was drin ist. Was die Splitter nicht zerfetzen, haut der Luftzug tot; das übrige erstickt an den Gasen, bevor ihnen s' Schnaufen zur Besinnung kommt.

* Man sieht auch den 270er sehr gut; das ist ein anderes Stück Eisen, wenn der am Mörtel auseinander platzt!

* Auch den Rimailho 155er, aber man verliert ihn gleich aus den Augen, weil er gradaus fliegt und zu weit: kaum hast ihn gesehn, ist er schon zusammengeschmolzen.

In dieser Schwefelluft, die über das Land kriecht und nach schwarzem Pulverdampf, nach versengtem Stoff und ausgebrannter Erde riecht, tobt die ganze entfesselte Menagerie. Ein Brüllen und Getöse, ein wütendes, seltsames Donnern, ein Katzenmiauen, das einem die Ohren zerreisst und die Eingeweide kehrt, oder das durchdringende Kreischen eines Schiffes, das sich auf hoher See in Gefahr befindet. Manchmal sogar hört es sich an, als kreuzten sich in der Luft zwei Ausrufe, denen seltsame Tonveränderungen wie menschliche Stimmen nachtönen. Die Landschaft fährt stellenweise in die Höhe und senkt sich dann wieder; sie breitet sich vor uns von einem Horizontende zum andern als ein ungeheures Ungewitter aus.

Dazu hört man aus der Ferne das verschwommene und erstickte Brüllen der ganz grossen Kaliber. Aber an den Luftwellen, die ans Ohr schlagen, kann man die Macht jener Geschütze ermessen.

... Nun platzt und schaukelt auf dem beschossenen Gelände ein schweres grünes Watteknäuel, das sich nach allen Richtungen ausdehnt. Dieser Farbenton, der aus allen übrigen stark heraussticht, zieht alle Blicke auf sich und wir kehren unsere Gesichter wie eingesperrte Gefangene nach jenem schaurig-hässlichen Knäuel hin.

* Es sind Stickgase, wahrscheinlich. Die Gasmasken bereit halten.

* Die Schweinehunde!

* Das sind wirklich unerlaubte Mittel, meint Farfadet.

* Was sagst du? Was für Mittel? fragt Barque spöttisch.

* Na ja, unsaubre Mittel, oder? Stickgas ...

* Du hängst einem zum Halse raus, antwortet Barque, mit deinen erlaubten und unerlaubten Mitteln ... Wenn man Menschen mit eingeschlagenem Kasten oder in der Mitte durchgesägt oder von oben bis unten in Fetzen gespalten und dazu vom gewöhnlichen Kaliber, und ausgeleerte und wie mit der Heugabel ausgestreute Bäuche, eingestossene Schädel, die in die Lungen eingerannt sind, wie wenn sie mit einer Keule hineingetrieben wären, oder an Stelle des Kopfes nur noch einen kleinen Hals, aus dem 's Gehirn wie Stachelbeermus über die Brust, den Rücken und überall hinfliesst: wenn man das gesehen hat, dann soll noch einer kommen und von unerlaubten Mitteln sprechen, geh doch!

* Aber die Granaten sind doch immerhin erlaubt und eine abgemachte Sache.

* Ha, ha, ha! Soll ich dir was sagen? Na weisst, so bringst du mich nie zum Weinen, wie ich jetzt über dich lachen muss!

Und damit kehrte er ihm den Rücken.

* He! Achtung, Kinder!

Alles horcht auf; einer von uns hat sich auf den Bauch geworfen; andere blinzeln instinktiv nach dem Unterstand; den sie nicht mehr erreichen konnten; während dieser zwei Sekunden duckt sich alles. Wie das Knirschen einer riesenhaften Blechschere kommt es auf uns zu und zerschellt endlich mit dem tosenden Radau ausgeladener Blechplatten.

Es hat nicht weit von uns eingeschlagen, diesmal; vielleicht auf zweihundert Meter Entfernung. Wir bleiben im Graben in gebückter Stellung stehn, bis die Stelle von der Splitterwelle ausgepeitscht ist.

* Das müsste man auch nicht in die Mansarde kriegen, auch auf die Entfernung nicht, sagt Paradis, und zieht dabei aus der Grabenwand einen Splitter, der eben hineingefahren ist; er sieht aus wie ein kleines mit scharfen Kanten und Spitzen gespicktes Koksstück. Er lässt es aber auf seiner Hand aufhüpfen, um sich die Finger nicht zu verbrennen.

Plötzlich duckt er sich wieder und wir ebenfalls.

Bsss, bsss ...

* Die Rakete! ... Vorbei.

Der Zünder des Schrapnells steigt und fällt senkrecht herunter. Der Granatenzünder löst sich nach dem Explodieren vom übrigen ab und bleibt gewöhnlich an der Einfallstelle stecken; manchmal aber, springt er wie ein dicker glühender Kiesel, wohin es ihm gerade passt und man muss sich vor ihm hüten. Er kann noch lange nach dem Knall auf einen losfahren, über die unglaublichsten Umwege, indem er über Böschungen springt und in die Löcher taucht.

* Nichts verdammteres als ein Zünder. So passierte mir einmal ...

* Schlimmer noch, unterbrach ihn Bags von der elften Kompagnie, sind die österreichischen 130er und die 74er. Vor ihnen hab ich Angst. Sie seien vernickelt, heisst es; was ich aber weiss, ich war nämlich dabei, das ist, dass man kaum Zeit hat, ihnen aus dem Wege zu gehn, so schnell machen die; kaum hörst du sie schnurren, da platzen sie dir auch schon ins Maul.

* Beim deutschen 105er hast du auch kaum Zeit, dich auf den Boden zu drücken und deine Koteletts zu sichern. Das haben mir mal Artilleristen erklärt.

* Na weisst du, Marinekanonen, da hast du nicht mal Zeit, die Ohren aufzusperren und schon musst du den Kerl längst einkassieren.

* Dann hat's die Saugranaten, die erst auf dem Boden rumhüpfen, hineinfahren und wieder raus auf sechs Meter Distanz und dann erst verrecken ... Wenn's solche hat, hab ich schon den Datterich. Ich weiss einmal. *

* Das ist alles noch lange nichts, sagte der neue Sergeant, der gerade vorbeiging und stehn blieb. Ihr hättet sehn sollen, was sie uns angeschmissen haben, wo ich grad herkomm. Nichts als 380er, 420er und zwei 44er. Wenn du da angeknallt worden bist, kannst du sagen, du weisst, was es heisst, angeknallt zu werden! Die Wälder, wie 's Korn weggemäht. Alle Unterstände haben was abgekriegt und sind eingerannt durch alle drei Balkenschichten durch. Alle Strassenkreuzungen begossen, die Wege in die Luft gejagt und, wie wenn eine Trainkolonne drauf zum Teufel gegangen wäre, verreckte Kanonen, Leichen ineinandergedreht, schaufelweise in Haufen. Dreissig Kerle hast du alle miteinander umfliegen sehn an der Kreuzung; andre sah man in die Luft fliegen, die drehten sich in der Luft bis fünfzehn Meter hoch, und Hosenfetzen blieben oben an den Bäumen hängen, wo noch Bäume standen. Da hast du gesehn, wie so'n 380er in ein Haus fuhr, in Verdun, zum Dach rein, zwei, drei Stockwerke durch, und unten geplatzt, der ganze grosse Stall mit in die Luft. Und draussen flogen ganze Bataillone auseinander und legten sich auf den Bauch unter dem Sturm wie kleines, wehrloses Wild. Da siehst du auf Schritt und Tritt auf den Feldern armdicke Splitter und so breit, und vier Mann mussten dran lüpfen an dem Stück Eisen. Die Felder, wie mit Felsen gespickt! ... Und das ging Monate lang. Na, was sagst du jetzt noch? Sagst du noch

was? wiederholte der Sergeant und entfernte sich, seine Erzählung wahrscheinlich anderenorts wieder anzubringen.

* Da schau mal, Korporal, die dort, sind die verrückt?

Man sah auf dem beschossenen Gelände kleine Menschlichkeiten eiligst nach der Stelle rennen, an der die Granate geplatzt war.

* Das sind Bummser, sagt Bertrand, die laufen, sowie ein Kochtopf geplatzt ist, hin und schauen nach dem Zünder, weil man an der Stellung des Zünders und wie er eingeschlagen hat, die Batteriestellung und die Distanz einfach ablesen kann, verstehst du; die Distanz steht nämlich auf dem Zünder eingeritzt im Moment, wo man die Sicherung wegnimmt.

* Aber Schwindel haben sie wohl keinen, die Kerle, sich bei so 'nem Platzregen rauszuwagen.

* Die Artilleristen, mein Lieber, sagt einer aus einer andern Kompagnie, der gerade vorbeigeht, die Artilleristen, die sind entweder ganz gut oder ganz schlecht. Entweder sind sie Primanummern oder es ist Abfall. Kannst mirs glauben, ich ...

* Das ist so bei allen Soldaten, was du sagst.

* Möglich. Aber ich red nicht von allen Soldaten, ich red von den Artilleristen, und das sag ich dir ...

* He, Kinder, wolltet ihr eure Knochen nicht irgendwo unterstellen, wir kriegen sonst noch einen Splitter in die Fresse.

Darauf steckt der fremde Spaziergänger seine Geschichte wieder ein, und Cocon, der an Widerspruchsgeist litt, erklärte:

* Gehst ja vor Langweile kaput in deiner Hütte, wenns draussen schon zum verrecken langweilig ist.

* Da, dort schmeissen sie mit Torpedos! sagt Paradis, indem er auf unsere Stellungen deutet; sie stehn oben auf dem rechten Flügel.

Die Torpedos steigen beinahe senkrecht wie Lerchen in die Luft, flattern und rauschen, dann bleiben sie stehen, stutzen und stürzen senkrecht ab und geben im letzten Augenblick einen leicht erkennbaren Kinderschrei von sich. Von hier sieht es aus, als seien oben auf dem Hügelkamm unsichtbare Ballspieler aneinander gereiht.

* In der Argonne, schreibt mein Bruder, kriegen sie Turteltauben, wie sie's nennen, erzählt Lamuse. Es sind grosse, schwere Dinger, die von nahem abgeschossen werden. Wenns anschwirrt, girrt das, weiss Gott, schreibt er; und wenns krepiert, dann stell dir den Schutthaufen vor, schreibt er.

* Es gibt doch nichts gemeineres als die Knallfrösche, grad als liefen sie einem nach und als wollten sie einen anspringen und mitten im Graben platzen sie, glatt über der Böschung.

* Da, hast du gehört?

Ein Pfiff sauste auf uns zu und ist plötzlich verstummt. Es war ein Blindgänger,

* Das ist einer, der "Scheisse" sagt, bemerkt Paradis.

Und dann spitzt man die Ohren und möchte noch andere sausen hören oder auch nicht hören.

Lamuse meint:

* In dieser Gegend sind die Felder, die Strassen, die Dörfer, alles ist gespickt mit Blindgänger von allen Kalibern; auch von den unsern, das muss man sagen. Es hat sicher haufenweise in der Erde, die man nicht sieht. Wie man's wohl später andrehn wird, wenns mal heisst: "So jetzt müsste man wieder mal ans Pflügen denken".

Und weiter donnert das Feuer- und Eisengewitter mit erbitterter Eintönigkeit: die Schrapnells sausen mit ihrer metallnen und wutschwangeren Seele und die dicken Granaten wie eine tosende Lokomotive in voller Fahrt, die plötzlich an einer Mauer zerschellt und es klirrt wie eine Ladung Schienen oder Stahlpfeiler, die einen Abhang hinunterrollte. Die dumpfeLuft verdichtet sich allmählich, und schwere Atemzüge durchstossen sie; um uns herum wütet und wühlt das Morden immer weiter in der Erde, immer tiefer, immer schonungsloser.

Andere Kanonen noch greifen ein. Das sind die unsern. Sie tönen ähnlich wie die 75er, aber stärker und mit einem langgezogenen und rollenden Echo wie der Donner, der in den Bergen widerhallt.

* Es sind die langen 120er. Sie stehn am Waldrande, einen Kilometer von uns entfernt. Patente Kanonen, mein Lieber, die sehn aus wie graue Windhunde. Dünn sind sie, mit einem feinen Schnabel. Du möchtest ihnen gerade "gnädige Frau" sagen. Das ist nicht so wie die 220er. Die sind nix wie'n einziges Maul, grad wie'n Kohleneimer, der Granaten in die Luft spukt. Die leisten schon was, aber wenn sie

auf der Landstrasse fahren, sehn sie aus, wie verkrüppelte Bettler auf ihrem Wägelchen.

Die Unterhaltung gerät ins Stocken. Man gähnt hie und da.

Der grenzenlose Umfang dieses Artilleriewolkenbruches ermüdet die Geister. Die Stimmen wehren sich dagegen wie Ertrinkende.

* So 'ne Schiesserei hab ich noch nicht gesehen, schreit Barque.

* So heisst es bei jeder, bemerkt Paradis.

* Ja, brüllt Volpatte, und doch hiess es dieser Tage was von Angriff. Das ist sicher der Anfang von irgend was, sag ich dir.

* So! antworten die andern einfach.

Volpatte hat die Absicht, ein Schläfchen zu machen, er hockt auf der Erde, den Rücken an die eine Grabenwand gelehnt, die Sohlen gegen die andere gestemmt.

Man spricht noch von diesem und jenem. Biquet erzählt die Geschichte einer Ratte, die er gesehn hat.

* Das war ein gerissenes Luder, weisst du ... Ich hatte meine Kähne ausgezogen; kommt da nicht die Ratte und möcht mir Spitzenlöcher in die Schäfte reinfressen! Ich hatte sie allerdings mit Fett eingeschmiert.

Volpatte aber, der schon regungslos da lag, rührt sich plötzlich und sagt:

* Man kann nicht schlafen bei euerem Geschwätz!

* Wirst doch nicht behaupten, alter Fetzen, dass du bei dem Knallradau hier schlafen kannst, meinte Marthereau.

* Chaa, antwortete Volpatte, der bereits schnarchte.

~

* Antreten! Vorwärts marsch!

Man führt uns an einen andern Ort, aber wohin? Keine Ahnung. Alles was man weiss, ist, dass wir Reserven sind und wir irgendwo nacheinander gewisse Stellen wieder in Stand setzen und die Laufgräben räumen müssen, denn in diesen Laufgräben ist der Durchmarsch von Abteilungen, wenn Zusammenstösse und Stockungen verhütet werden sollen, so kompliziert wie das Ein- und Ausfahren in einem Bahnhof in vollem Betrieb. Man begreift unmöglich den Sinn des ungeheuren Manövers, in welchem unser Regiment wie ein kleines Rad mitrollt; ebensowenig errät man, was auf der grenzenlosen Breite unseres Sektors vor sich geht. Aber eins versteht man aus den Tiefgründen dieses gewundenen Grabens heraus, in welchem man ohne Unterlass hin und her geht, gebrochen, abgeschunden und mürbe vom langen Stehn, blödsinnig vom Warten und vom Getöse, vergiftet vom Rauch, eins versteht man, dass nämlich unsre Artillerie immer stärker eingreift und dass die Offensive auf unsere Seite übergegangen zu sein scheint.

~

* Halt!

Eine heftige, wütende, unerhörte Gewehrsalve peitschte die Böschung des Grabens dort, wo wir jetzt gerade halten mussten.

* Fritz spuckt. Er befürchtet einen Angriff; er wird wahnsinnig. Herrgott, schmeisst der heut!

Ein dichter Hagel hieb auf uns ein; furchtbar durchhackte er den Raum, pfiff über die ganze Ebene und schabte die Erde.

Ich schaute durch eine Schießscharte und hatte eine blitzartige, seltsame Vision:

Vor uns, auf höchstens zehn Meter Entfernung, lagen regungslos Gestalten nebeneinander. Es war eine Reihe niedergemähter Soldaten, und von allen Seiten flogen wie ein Dunst die Kugeln heran und durchlöcherten jene Totenreihe!

Die Kugeln ritzten einen geraden Strich in die Erde und warfen ein wenig Staub auf, dann durchlöcherten und zerpflügten sie die Leichen, die erstarrt auf dem Boden lagen, zerschmetterten ihnen die Glieder, fuhren in die fahlen und leeren Gesichter, durchstachen spritzend wässerige Augen, und man sah, wie sich die Totenreihe unter dem Kugelregen ein wenig rührte und stellenweise verschoben wurde.

Man hörte das dumpfe Knallen, wenn die Kupferspitzen in den Stoff und die Haut eindrangen; es klang wie das Geräusch eines rasenden Messerhiebes und eines sausenden Stockschlages auf Kleider, über uns raste eine Garbe schrill sausend vorüber mit dem stets sinkenden und ernster werdenden Begleitgesang der Prallschüsse. Und wir duckten den Kopf unter diesem schrecklichen Wind schreiender Stimmen.

* Den Graben freimachen, vorwärts!

Jetzt verlassen wir das winzige Pünktchen des Schlachtfeldes, auf dem das Gewehrfeuer auf's neue die Leichen zerreisst, verwundet und nochmals tötet. Wir gehn nach rechts und zurück. Der Verbindungsgraben steigt an. Auf der Höhe kommen wir an einem Telephonposten und an einer Gruppe Artillerieoffiziere und Artilleriesoldaten vorbei.

Hier wird wiederum Halt gemacht. Man trippelt auf der Stelle, auf der man steht und hört dem Artilleriebeobachter zu; er gibt Befehle, die ein neben ihm vergrabener Telephonist auffängt und wiederholt.

* Erstes Geschütz gleicher Aufsatz. Zwei Zehntel links. Drei Geschosse in der Minute!

Einige von uns haben die Köpfe über die Grabenböschung hinausgewagt und konnten in einem blitzartigen Augenblick das ganze Schlachtfeld übersehn, um das sich unsere Kompagnie seit heute früh herumdrückt.

Ich habe eine graue grenzenlose Ebene gesehn; es war als jagte der Wind über ihre ganze Breite verschwommene und leichte Staubwolken, die stellenweise als spitzigere Rauchwellen aufschlugen.

Der grenzenlose Raum, über den die Sonne und die Wolken schwarze und weisse Flecke hinstreuen, blitzt von Stelle zu Stelle dumpf auf; es sind unsere Batterien, und ich sah einen Augenblick kurze Blitze über die Ebene flimmern. Dann verwischte ein dunstiger und weisslicher Schleier wie ein Schneesturm die Landschaft wieder.

Am Horizont dieser endlosen, trübseligen Felder, die halb verwischt und lumpenfarbig wie eine Totenstadt durchlöchert starren, sieht man das zierliche Skelett einer Kirche; es sieht aus wie ein Stück zerrissenes Papier, über dem ganzen Bild aber stehn eng neben einander unterstrichene Senkrechten, wie die Grundstriche einer Schreibübung. Es sind die Strassen mit ihren Bäumen. Dünne, gekrümmte Linien durchkreuzen die Ebene und teilen sie in Vierecke ein, worin man Soldaten wie kleine Punkte stehen sieht.

Dann unterscheidet man andere Striche, die aus solchen menschlichen Pünktchen bestehen, aus den hohlen Linien heraustreten und sich mitten in diesem furchtbaren Gewitter auf der Ebene vorwärts bewegen.

Man stellt sich nur mühsam vor, dass ein jedes dieser winzigen Pünktchen ein zitterndes, zerbrechliches und im Raume gänzlich schutzloses Wesen aus Fleisch und Blut ist, beseelt von einem tiefen Gedanken, voll von Erinnerungen und reich an Vorstellungen; und man steht geblendet vor diesem Staubregen von Menschen, die so klein sind wie die Sterne am Himmel.

Ihr armen, die ihr unseresgleichen seid, ihr unbekannten Menschen, ihr seid in diesem Augenblicke an der Reihe! Ein anderes Mal wird es an uns sein. Morgen vielleicht wird der Himmel über unseren Häuptern bersten oder die Erde wird sich unter unsern Füssen öffnen; dann werden wir den furchtbaren Ansturm der Geschosse erfahren und gepeitscht werden von diesen Gewitterstössen, die hunderttausendmal das gewöhnliche Gewitter an Heftigkeit übertönen.

Man schiebt uns in die hinteren Unterstände, und das Feld des Todes erlischt vor unsern Augen. Dumpfer tönt jetzt der Donner auf dem Riesenamboss des Gewölkes. Der Lärm der grenzenlosen Zerstörung verstummt. Unsere Korporalschaft verkriecht sich egoistisch in die wohlbekannten Geräusche des Lebens und duckt sich in die heimelige Enge der Schutzhütten.

~

XX. Das Feuer

Plötzlich aus dem Schlafe geweckt, öffnete ich die Augen und blickte in die Dunkelheit.

* Was? Was ist los?

* Bist dran, 's ist zwei Uhr in der Früh, sagte Korporal Bertrand, den ich nicht sah, dessen Stimme ich aber vernahm; er stand am Eingang des Loches, in dem ich lag.

Ich komme, knurrte ich; dann schüttle ich mich aus dem Schlaf, gähne in den engen Hohlraum meiner Gruft hinein und strecke die Arme aus, wobei meine Hände die weiche, kalte Lehmerde berühren. Dann krieche ich durch die dicken Schatten, die den Unterschlupf erfüllen, und durch die Stickluft zwischen die Leiber der Schlafenden hindurch, die wie geschlagen am Boden liegen. Dabei bleibe ich hängen und stolpere über Rüstzeug, über Tornister und über Gliedmassen, die nach allen Seiten ausgestreckt liegen; dann fasse ich mein Gewehr an und stehe draussen in der freien Luft, im Dusel, unsicher auf den Beinen, und der scharfe und schwarze Wind faucht mich wütend an.

Schlotternd folge ich dem Korporal zwischen den hoch aufgeschütteten, schwarzen Grabenmauern, die sich nach unten einander nähern und unsere Schritte beengen. Der Korporal bleibt stehen. Wir sind am Posten angelangt. Ich sehe, wie eine dicke Gestalt sich auf halber Mauerhöhe von der gespensterhaften Wand loslöst und herabsteigt. Jetzt wiehert diese Gestalt ein Gähnen aus und ich steige in die Nische, in der sie gestanden hatte.

Der Mond versteckt sich hinter nebelhaftem Dunst; über die Dinge aber fliesst ein sehr verschwommenes Licht, an das sich das Auge tastend gewöhnt. Jetzt verdunkelt sich alles wieder unter dem breiten Fetzen eines Schattens, der am Himmel dahingleitet. Ich betaste den Rahmen und die Spalte der Schiesscharte, aber ich unterscheide nicht, was vor meinen Augen steht. Jetzt betaste ich mit der Hand die dort angebrachte Vertiefung und stosse auf einen Haufen Handgranatenstiele.

* Pass gut auf, gelt Alter, sagt Bertrand leise. Denk dran, dass dort vorne links unser Horchposten steht. So, auf Wiedersehen.

Und seine Schritte entfernen sich, hinter ihnen her der verschlafene Schritt der Wache, die ich abgelöst habe.

Von allen Seiten knallen Gewehrschüsse. Plötzlich klatscht eine Kugel glatt in die Böschung, an die ich mich anlehne. Ich stecke mein Gesicht in die Schiessscharte und sehe unsere Linie, die sich auf der Höhe des Abgrundes hinschlängelt. Das Gelände senkt sich vor mir und taucht in die unsichtbare Schattenkluft hinein. Allmählich aber unterscheidet der Blick die Pfähle unseres Drathverhaues, der in die Schwelle jenes Schattenmeeres eingerammt ist. Hier und dort sieht man auch die kreisförmigen Trichterwunden der Granaten, kleine, mittlere und ungeheure; manche liegen ganz nah und entfalten ein geheimnisvolles Durcheinander von Gegenständen. Der Nordwind bläst mir ins Gesicht. Nichts regt sich, nur der Wind, der vorüberstreicht, und die endlose Feuchtigkeit, die auf die Erde tropft. Es ist kalt und man schlottert in einem fort. Ich hebe die Augen auf und schaue hierhin, dorthin. Eine endlose Trauer liegt drückend über der ganzen Gegend, und mir ist, als sei ich nach einem Schiffbruch der einzig überlebende in einer Welt, die eine Katastrophe zerstört hat.

Ein rascher Blitz erhellt die Luft: eine Rakete. Das Gelände, in das ich hineingeworfen bin, wird sichtbar und ersteht rings um mich herum. Man sieht den zerrissnen, zerzausten Kamm unseres Schützengrabens und dann, an der vorderen Wand, wie angeleimt, alle fünf Schritt die senkrechten Larvenschatten der Wachen. Einige Lichttropfen verraten ihr Gewehr, das neben ihnen steht. Der Graben ist zum Schutz mit Erdsäcken ausgepolstert; er ist auf seiner ganzen Länge ziemlich breit und an manchen Stellen eingestürzt. Die Erdsäcke liegen platt aufeinander, schlecht aneinandergefügt und sehn aus im Astralschein der Rakete, wie die ausgerenkten Steinplatten alter Ruinen. Ich schaue durch die Scharte und erblicke im bleichen Lichtdunst, den der Meteor ausgestreut hat, die Pfosten und sogar die dünnen Linien der Drähte, die sich von einem Pfahl zum andern hin kreuzen. Es sieht aus wie ein Gesudel von gekritzelten Federstrichen, das sich über die fahle und durchlöcherte Landschaft ausbreitet. Tiefer unten im Schattenmeer des Abgrundes liegt schweres, unbewegliches Schweigen.

Ich steige von meinem Beobachtungsstand herunter und taste nach meinem Nachbar; ich erreiche ihn mit ausgestreckten Händen.

* Bist du's? frage ich leise, ohne ihn zu erkennen.

* Ja, antwortet er; er weiss nicht, wer ich bin, denn es ist dunkel für ihn wie für mich.

* Augenblicklich ist es ruhig, fügt er hinzu. Vorhin sahs aus, als wollten sie angreifen; vielleicht haben sie's auf der rechten Seite versucht, da haben sie haufenweise Granaten hingeschissen. Dann gabs Sperrfeuer mit 75er, wrrrrang ... wrrrrang ... mein Lieber; Herrgott, hab ich gedacht, die arbeiten im Akkord, die 75er! Wenn die Deutschen raus sind, haben sie sicher was abgekriegt! Da, horch, dort, die Kügelchen, wie sie abhüpfen! Hörst du?

Dann verstummt er, öffnet seine Feldflasche und trinkt einen Schluck, sodass sein letzter Satz, den er immer noch leise spricht, nach Wein riecht:

* A * la * la * Ist das ein verdammter Schweinekrieg! Glaubst du nicht, es wäre schöner zu Hause? Nanu! Was hat er denn, der Besoffene!

Soeben knallte neben uns ein Gewehrschuss und brannte einen kurzen phosphoreszierenden Strich in die Nacht. Darauf knallte es noch verschiedentlich auf unsrer Linie. Nachts sind eben Gewehrschüsse ansteckend.

Wir möchten wissen, warum geschossen wurde und tasten durch die dicke Nacht, die sich wieder wie ein Dach über uns ausgebreitet hat; wir tappen zu einem der Schützen hin. Dabei stolpern wir und fahren aneinander, erreichen ihn aber schliesslich und stupfen ihn.

* Was war denn los?

Er hatte geglaubt, etwas sich rühren zu sehen, und dann war's wieder still geworden. Darauf kehren wir, mein unbekannter Nachbar und ich, in der dichten Dunkelheit und auf dem engen, mit fettem Kot belegten Weg zu unserm Posten zurück, stolpern dabei, schinden uns ab und laufen krumm, als trügen wir eine erdrückende Last.

Jetzt donnert's an einem Punkte des Horizontes und dann an einem zweiten und schliesslich rings um uns herum; das schwere Gekrache dröhnt in die Gewehrsalven hinein, die zuweilen anschwellen, dann wieder erlöschen, und in die Granatschüsse, die in der Luft knallen, voller als das Knallen der Lebel- und Mausergewehre; diese erinnern ungefähr an den alten klassischen Gewehrschuss. Der Wind ist noch stärker geworden; er pfeift so wütend, dass man sich in der Dunkelheit gegen ihn wehren muss; mächtige Wolkenladungen wälzen sich vor den Mond.

Und wir stehn da, der andere und ich, nebeneinander und berühren uns ohne uns zu kennen. Plötzlich erblicken wir uns gegenseitig im raschen Widerschein einer Kanone; beide stehn wir da in der Nacht, mitten in einem ungeheuren Kreis von Feuersbrünsten, die in diesem Hexensabbat aufleuchten und wieder erlöschen.

* Uns hat jemand verflucht, sagt mein Nachbar.

Dann gehn wir wieder auseinander, ein jeder an seinen Schacht und sehen uns wiederum an der Regungslosigkeit der Dinge die Augen müde.

Welch schreckliches und schauriges Unwetter ist wohl wieder im Anzug?

Das Unwetter brach in jener Nacht nicht aus. Als der Morgen sein erstes Licht gebar und meine Wache zu Ende war, wurde es sogar ruhig.

Während der Morgen über uns wie ein Gewitterabend graute, erblickte ich noch einmal unter dem Russlappen der niederen Wolken die steilen, trostlosen und schmutzigen, grenzenlos schmutzigen und mit Schutt und Auswurf beladenen Ufer des zerrinnenden Grabens, in dem wir stehn.

Der Mond streicht seine fahle Blässe an die bleifarbnen Säcke, die ihre leise schimmernden Bäuche runden, wie ein grosser Haufen riesenhafter Eingeweide, die man nackt auf die Erde gelegt hätte.

Hinter mir in der Grabenwand tut sich eine Höhle auf; drin liegen wie ein Scheiterhaufen wagerecht aufgestapelte Gegenstände.

Sind es Baumstämme? Nein: es sind Leichen.

~

Allmählich steigt der Schrei der Vögel wieder aus den Furchen empor, die verschwommenen Felder werden sichtbar, das Licht glänzt und blüht wieder auf jedem Grashalm; ich blicke in den Abgrund. Tiefer als die rhythmischen Felder mit ihren hohen Erdwellen und ihren ausgebrannten Trichtern, jenseits der eingerammten Pfähle, stockt die Nacht immer noch wie ein nächtliches, unbewegtes Meer; mir gegenüber steht immer noch die Finsternis aufgetürmt wie eine schwarze Mauer.

Dann blicke ich rückwärts und betrachte die Toten, die sich allmählich aus der Dunkelheit herausschälen; man erkennt ihre erstarrten und befleckten Formen. Es sind ihrer vier, unsere Kameraden Lamuse, Barque, Biquet und der kleine Eudore. Hier liegen sie, dicht neben uns, und verwesen; sie versperren zum Teil die gekrümmte und kotige Furche, die zu verteidigen die Lebenden immer noch nicht müde sind.

Man hat sie hingelegt, wie's gerade ging; sie liegen mit erdrückender Last dicht aufeinandergepresst. Der obere ist in ein Zelttuch eingewickelt. Ueber die anderen Gesichter hat man Taschentücher gebreitet; aber wenn man nachts in der Dunkelheit oder am Tage aus Versehn dran streift, dann fallen die Tücher mitunter herab; so leben wir in Gesellschaft dieser Toten, die hier wie ein lebendiger Scheiterhaufen aufgestapelt liegen.

~

Vor vier Nächten wurden sie alle vier zusammen getötet. Meine Erinnerungen an jene Nacht sind getrübt wie ein verschwommener Traum, den ich geträumt habe. Wir waren auf Patrouille, sie und ich, Mesnil André und Korporal Bertrand. Es handelte sich darum, einen neuen deutschen Horchposten, der von den Artillerie-Beobachtern signalisiert worden war, auszukundschaften. Gegen Mitternacht stiegen wir aus dem Graben und waren den Abhang nebeneinander mit drei oder vier Schritt Abstand hinunter gekrochen. Dabei waren wir so tief hinuntergeraten, dass die Böschung ihres internationalen Laufgrabens wie ein verendetes Tier dicht vor unsern Augen lag. Nachdem wir dann festgestellt hatten, dass hier kein Horchposten stand, waren wir wieder mit unglaublicher Vorsicht hinaufgeklettert; ich sah in der Dunkelheit die verschwommenen Gestalten meines rechten und linken Nebenmannes, die sich wie dunkle Säcke auf dem Boden hinschleppten und langsam vorwärtskrochen, sich wurmartig auf der Erde hinschlängelten, sich im Kote wälzten und durch die schwarzen Schatten die Nadeln ihres Gewehres vorwärts stiessen. Kugeln pfiffen über unsere Köpfe hin, aber sie spürten uns nicht auf, denn sie hatten uns nicht gesehn. Als wir nun vor dem Wulst ankamen, den unsere Linie bildet, haben wir einen Augenblick Atem geschöpft; einer von uns stiess einen Seufzer aus, ein anderer sprach etwas; noch ein anderer kehrte sich vollständig um; dabei stiess seine Bajonettscheide an einen Stein. Mit dem gleichen Augenblick aber spuckte aus dem internationalen Graben eine Rakete wütend auf. Wir warfen uns platt auf die Erde und blieben in verzweifelter Regungslosigkeit liegen; in dieser Stellung warteten wir ab, während das schreckliche Licht jenes unheilvollen Sternes über uns hing und uns fünfundzwanzig bis dreissig Meter von unserem Schützengraben entfernt mit ihrem taghellen Licht beschien. Dann knatterte ein Maschinengewehr jenseits des Abgrundes und fegte über das Gelände, in welchem wir lagen. Korporal Bertrand und ich hatten das Glück im Augenblick, als die Rakete rot aufstieg und bevor, sie ihr Licht ausspuckte, am Rande eines Granatenloches zu liegen, in welchem ein Holzgestell im Kote steckte. Wir drückten uns beide gegen den Rand des Loches und tauchten so tief als möglich in den Schlamm hinein; so fanden wir hinter jenem armseligen, morschen Holzskelett ein schützendes Versteck. Dann war der Strahl des Maschinengewehres mehrere Male vorübergefegt. Und bei jedem Knall hörte man ein Pfeifen und das knappe und heftige Einschlagen der Kugeln in die Erde; dabei klang es auch wie dumpfe, matte Peitschenhiebe, denen Seufzer folgten; dann kam ein leiser, kurzer Schrei und dann plötzlich wie tiefes Schnarchen eines Schläfers, das dann allmählich erlosch. Unterdessen warteten Bertrand und ich das Kommende ab, während der wagerechte Hagel dicht über uns hinstrich, ein Totenreich abgrenzte und mitunter an unsern Kleidern zupfte. Wir vermieden die kleinste Bewegung, die unsern Körper gehoben hätte, und drückten uns immer tiefer in den Kot hinein. Endlich verstummte das Maschinengewehr und eine unendliche Stille trat ein. Nach einer Viertelstunde krochen wir dann beide aus dem Loch, schleppten uns auf den Ellenbögen vorwärts und fielen endlich wie Säcke in unsern Horchposten zurück. Es war allerhöchste Zeit, denn in diesem Augenblick kam der helle Mond zum Vorschein. Wir mussten dann bis zum Morgen und wiederum bis zum folgenden Abend im Graben versteckt bleiben; denn die Maschinengewehre begossen ohne Unterbruch die Böschung. Durch die Schachte des Horchpostens konnte man wegen des steilen Abhanges die liegenden Leichen nicht sehen. Nur an der Grenzlinie des Sichtfeldes sah man eine Masse liegen; offenbar war es der Rücken eines jener Gefallenen. Des Abends wurde eine Sappe nach der Stelle durchgebrochen. Aber eine Nacht genügte zu dieser Arbeit nicht; sie musste in der darauffolgenden Nacht von den Pionieren wieder aufgenommen werden, denn wir waren vor Müdigkeit so zerschlagen, dass wir hätten einschlafen können.

Als ich dann später aus einem schweren Schlafe erwachte, sah ich die vier Leichname, denen die Pioniere von unten her beigekommen waren und die sie mit Seilen in die Sappe hineingezerrt hatten. Jeder von ihnen hatte mehrere, nebeneinander liegende Wunden, da die Kugeln auf einige Zentimeter Abstand eingeschlagen hatten; die Mitrailleuse hatte demnach satt geschossen. Den Leichnam von Mesnil André konnte man nicht auffinden, obwohl sein Bruder Joseph zu seiner Auffindung wahnsinniges geleistet hatte; er war ganz alleine aufs offene Feld getreten, obwohl es ununterbrochen der Länge und der Breite nach beschossen wurde; er war unter das Kreuzfeuer der Maschinengewehre gekrochen. Des Morgens kam er wie eine Schnecke angeschlichen und streckte sein erdgeschwärztes und schrecklich entstelltes Gesicht über die Böschung.

Dann hat man ihn hineingezogen. Er hatte sich die Backen am Stacheldraht wundgerissen; seine Hände bluteten und schwere Kotklumpen hafteten in den Falten seiner Kleider, die nach Tod rochen. Er aber wiederholte wie ein Wahnsinniger: "Nirgends liegt er". Dann hat er sich mit seinem Gewehr in eine Ecke gedrückt, und machte sich ans Putzen, ohne auf die Worte zu achten, die man an ihn richtete; er wiederholte nur in einem fort: "Nirgends liegt er".

Vier Nächte sind seither verstrichen und immer noch liegen die Leichen da und zeichnen ihre Formen in das Morgengrauen, das aufs neue anbricht und die irdische Hölle bestreicht.

Barque scheint in seiner Starrheit ins Ungemessne gewachsen. Seine Arme liegen fest am Körper an, seine Brust ist zertrümmert und sein Bauch wie ein Trog ausgehöhlt. Sein Kopf liegt hoch auf einem Kothaufen und guckt über die Füsse hinweg diejenigen an, die von links herkommen; sein Gesicht ist verfinstert und bedeckt mit schleimigen Flecken vom herabhängenden Haar; dicke Blutkrusten liegen darauf wie eingemeisselt; seine Augen sind ausgebrannt, blutend und wie ausgekocht. Eudore scheint im Gegenteil ganz klein; sein winziges Gesicht ist weiss, so weiss, dass es an das Mehlgesicht eines Pierrot erinnert. Ein ergreifendes Bild, dieses Gesicht, das als weisser, runder Fleck vom grauen und bläulichen Durcheinander der Leichen absticht. Der Bretone Biquet ist untersetzt und viereckig wie eine Steinplatte; er reckt sich scheinbar in ungeheurer Kraftanstrengung und sieht aus, als wolle er den Nebel aus den Angeln heben. Diese kolossale Anstrengung aber zieht das Gesicht zu einer Fratze zusammen, lässt die Höcker der Backen und der Stirne vortreten, drückt ihm einen schaurigen Ausdruck auf, lässt stellenweise die erdbeschmutzten und getrockneten Haare scheinbar zu Berge stehn, spaltet den Kiefer wie zu einem geisterhaften Schrei, reisst die Lider weit über die matten und verwischten Augen, über seine Kieselsteinaugen, und seine Hände, die ins Leere gegriffen haben, sind zusammengekrallt.

Barque und Biquet haben Löcher im Bauch; Eudore hat welche im Hals. Das Schleppen beim Transport hat sie noch mehr entstellt. Der dicke Lamuse, in dem kein Tropfen Blut mehr war, hatte ein geschwollenes und gefaltetes Gesicht, in das sich die Augen einbohrten, das eine tiefer als das andere. Man hat ihn in ein Zelttuch eingewickelt; an der Halsstellesaugt sich ein schwarzbrauner Flecken ins Tuch ein. Die rechte Schulter war von mehreren Kugeln zerhackt, sodass der Arm nur noch an einzelnen Aermelfetzen und herumgewickelten Schnüren hing. In der ersten Nacht hing dieser Arm noch lose aus dem Haufen heraus und seine Hand, die sich an einen Erdklumpen fest klammerte, berührte das Gesicht der Vorübergehenden. Dann wurde der Arm am Mantel festgebunden.

Allmählich aber weht eine Pestwolke über die Ueberreste jener Menschen, an deren Seite man gelebt und so lange Zeit gelitten hatte.

Während wir sie anschauen, sagen wir: "Sie sind tot alle vier". Aber sie sind zu sehr entstellt, als dass uns ihre Identität wirklich zu Bewusstsein käme. Erst wenn man sich von diesen unbeweglichen Gespenstern abwendet, empfindet man die Leere, die zwischen uns und den gemeinsamen und nunmehr zerrissenen Erlebnissen klafft.

Die Soldaten aus den andern Kompagnien oder Regimentern, das heisst die Fremden, die hier Tags vorübergehn * (nachts stützt man sich unbewusst auf alles, was die Hand erwischt, totes oder lebendiges) * sie stutzen am Tage vor diesen Leichen, die mitten im Graben aufgeschichtet liegen. Manchmal sogar meinen sie zornig:

* Was fällt den Leuten eigentlich ein, die Leicheriche hier liegen zu lassen?

* 'ne Schande ist es.

Dann aber fügen sie hinzu:

* Eigentlich schon wahr, man kann sie nicht gut hier wegtragen.

Sie konnten erst in der Nacht begraben werden.

Der Morgen ist angebrochen. Uns gegenüber erblickt man den andern Abhang des Abgrundes: es ist die Höhe 119, ein glattrasierter, abgeschälter, aufgewühlter Hügel. Laufgräben schlängeln sich wie Adern hindurch; die parallel eingezeichneten Schützengräben erkennt man am frischen Lehm und an der aufgeschütteten, kreidigen Erde. Nichts regt sich und unsre Granaten, die hie und da wie ungeheure Wellen ihren breiten Schaum an den Hügel schlagen, scheinen mit Getöse gegen einen zerfallnen, verlassnen, alten Hafendamm zu branden.

Jetzt werde ich abgelöst und die andern, in feuchte und tropfende Zelttücher eingewickelten Wachen schälen sich mit ihren Kotstriemen, ihrer Schmutzrinde und ihren fahlen Mäulern aus der Erde heraus, in der sie eingeschachtelt waren; darin setzen sie sich in Bewegung und schreiten bergab. Der zweite Zug rückt an und besetzt die Schiesstände hinter den Schachten. Wir aber haben Ruhe bis zum Abend.

Jetzt gähnt man und spaziert hin und her. Man begegnet einem Kameraden, dann einem andern. Offiziere gehn hin und her mit Feldstechern und Geländespiegeln. Nun ist man wieder beisammen und lebt wieder auf. Die gewöhnlichen Unterhaltungen kommen in Gang und die gewohnten Worte werden wieder gewechselt. Und sähe man nicht den verwahrlosten Zustand, die zerschossenen Ränder unseres Grabens, der, in den Hügel eingeschnitten, uns verborgen hält, und müssten wir nicht leise sprechen, so wäre es hier wie im Etappengebiet. Und doch sind wir gedrückt, die Gesichter sind gelb und die Augenlider gerötet; vom langen Wachen her sehn wir aus, als hätten wir geweint. Wir sind alle seit einigen Tagen krumm und alt geworden.

Aus meiner Korporalschaft haben sich allmählich alle an der Grabenbiegung eingefunden. Sie hocken dorthin, wo es kreidigen Boden hat, wo die Erdarbeiten die Erdrinde, die von abgehackten Baumwurzeln starrt, aufgedeckt und die weissen Steinschichten blossgelegt haben, die seit mehr als hunderttausend Jahren im Schatten unter der Erde lagen.

Hier an dieser erweiterten Stelle landet Bertrands Korporalschaft. Zur Stunde ist sie arg zusammengeschmolzen; denn abgesehn von den Toten, die wir in jener Nacht verloren hatten, ist auch, Poterloo während einer Ablösung gefallen; Cadilhac wurde am gleichen Abend durch ein Sprengstück am Bein verwundet. (Wie weit zurück dies alles schon liegt!) Auch Tirloir fehlt und Tulacque. Beide sind auf Urlaub; der eine wegen Ruhrkrankheit, der andere wegen einer Lungenentzündung; diese nimmt eine schlechte Wendung, heisst es auf seinen Postkarten, die er uns schreibt, um sich zu zerstreuen, denn er vegetiert im Spital im Innern des Landes.

Noch einmal sehe ich vereint die Gesichter und die wohlbekannten Gestalten derer, die seit Anfang noch nie voneinander gekommen sind; die Erde hat sie verdreckt und der graue Rauch des Himmels beschmiert; sie sind brüderlich aneinandergekettet und aneinandergefesselt. Nur die Kleidungen jener Höhlenbewohner haben sich verändert und sind gleichartiger geworden.

Vater Blaire zeigt in seinem alten Mund eine Reihe neuer, glänzender Zähne * so dass man in dem ganzen armseligen Gesicht nur dieses sonntäglich geputzte Kauwerk sieht. Diese fremde Zahnreihe ist ein Ereignis; allmählich zähmt er sie und manchmal bedient er sich ihrer; sie hat in seinem Charakter und seinen Sitten grosse Aenderungen hervorgerufen: er ist fast nie mehr schwarz besudelt und vernachlässigt kaum sein Aeusseres mehr; denn, nachdem er nun schön geworden ist, empfindet er auch das Bedürfnis zu gefallen. Augenblicklich ist er verstimmt; vielleicht, o Wunder, weil er sich nicht waschen kann. Er hockt in eine Ecke gedrückt, öffnet halb ein leeres Auge, kaut und wiederkäut seinen Soldatenschnurrbart, der früher der einzige Schmuck seines Gesichtes war und spuckt von Zeit zu Zeit ein Härchen aus.

Fouillade schlottert und gähnt; er ist verschnupft, entmutigt und kahlköpfig. Marthereau ist immer noch derselbe: er trägt noch immer seinen Bart, hat stets dasselbe runde, blaue Auge und so kurze Beine, dass die Hose ihm immer von der losen Hüfte auf die Füsse zu fallen scheint. Cocon ist auch noch der gleiche Cocon mit seinem trocknen Pergamentschädel, in welchem die Ziffern ununterbrochen an der Arbeit sind; aber seit ungefähr acht Tagen plagen ihn die Läuse wieder; man errät es an den roten Verwüstungen seines Halses und seiner Handknöchel; deshalb verzieht er sich auch öfters in die Einsamkeit; dort hat er lange Kämpfe mit den Tieren auszufechten, worauf er dann wuterregt zu uns zurückkehrt. Paradis verliert seine schönen Farben nicht und ist immer gleich gut gelaunt; er ist unveränderlich und nicht klein zu kriegen. Alles lächelt, wenn er von weitem kommt und auf den Erdsäcken als Hintergrund wie ein frisch angeschlagenes Plakat aussieht. Auch Pépin ist immer noch derselbe; er läuft immer noch mit seiner rot und weiss karierten Wachstuchplatte auf dem Rücken herum; von vorne zeigt er sein altes, messerscharfes Gesicht; sein Blick ist grau und kalt wie der Schimmer eines Langfisches. Auch Volpatte hat sich nicht verändert; er trägt noch immer seine dicken Gamaschen an den Beinen, seine Decke auf dem Rücken und hat dasselbe mit Schmutz tätowierte Anamiten-Gesicht; Tirette desgleichen, obwohl ihn seit einiger Zeit, woher weiss man nicht, im Auge blutrote Fasern jucken. Farfadet steht immer nachdenklich abseits und wartet. Bei der Briefverteilung wacht er aus seiner Träumerei auf und geht hin; dann, wenn's vorbei ist, verkriecht er sich wieder in sein Inneres. Seine Bürokratenhände schreiben sorgfältig zahllose Postkarten. Er weiss nichts vom Tod seiner Eudoxie. Lamuse hatte mit niemandem mehr über die letzte und schreckliche Umarmung ihres Leichnams gesprochen; ich verstand, dass Lamuse es bereut hatte, mir an jenem Abend sein Geheimnis anvertraut zu haben; bis zu seinem Tode hat er jene fürchterliche, jungfräuliche Begebenheit mit einer hartnäckigen Scham in seinem

Innersten bewahrt. Deshalb lebt Farfadet weiter mit jenem blondhaarigen Bild, das er nur dann vergisst, wenn er in kurzen Worten mit uns Fühlung sucht. Korporal Bertrand bewahrt immer noch sein soldatisches, ernstes Aeusseres; er ist immer bereit uns ruhig zuzulächeln, denjenigen, die darum bitten, klare Auskunft zu erteilen und jedem bei der Erfüllung seiner Pflicht behilflich zu sein.

Wir unterhalten uns wie früher, wie ehemals. Aber wir dürfen nur leise sprechen; deshalb erzählen wir einander nicht viel und unsere Worte dämpft eine leidtragende Stille.

~

Etwas aber ist dabei nicht nach Gewohnheit. Seit drei Monaten dauert der Aufenthalt im Schützengraben der ersten Linie für jede Einheit vier Tage. Diesmal aber sind wir bereits fünf Tage hier und von Ablösung ist noch nicht die Rede. Einige Gerüchte über einen bevorstehenden Angriff sind im Umlauf; sie rühren von den Verbindungsposten und den Fassmannschaften her, die jede zweite Nacht, unregelmässig und ohne Verlass unsere Verpflegung besorgen. Zu diesen Gerüchten kommen noch andere Indizien hinzu: Kein Urlaub mehr, keine Briefe mehr; auch die Offiziere haben sich verändert; sie sind ernster geworden und halten sich mehr in unserer Nähe auf. Aber die Gespräche über diesen Gegenstand endigen immer mit einem Achselzucken; man sagt ja doch dem Soldaten nie im voraus, was man mit ihm zu tun gedenkt und legt ihm über die Augen eine Binde, die man erst im letzten Augenblick wegnimmt. Dann heisst es eben:

* Man wird's schon sehn.

* Abwarten und Tee trinken.

Dann lässt man die Sorge fahren und denkt nicht mehr an das vorausgeahnte Ereignis. Vielleicht aus der Unmöglichkeit heraus, es ganz zu verstehn; vielleicht entmutigt einen auch schliesslich das Grübeln über Bestimmungen, die für uns doch nur Bücher mit sieben Siegeln sind? Vielleicht ist es auch die Sorglosigkeit, die sich in ihr Schicksal fügt, oder auch die lebhafte Hoffnung, diesmal noch der Gefahr zu entkommen? Jedenfalls begnügt und beschäftigt man sich automatisch mit dem nächstliegenden, trotz der Vorzeichen und der prophetischen Stimmen, die sich zu verwirklichen scheinen; das nächstliegende, das heisst: Der Hunger, der Durst und die Läuse, an denen sich alle die Nägel blutig kratzen, und die grosse Müdigkeit, die uns erschöpft.

* Hast du den Joseph gesehn, heute morgen? sagt Volpatte. Den packt's nächstens mal, das arme Kerlchen.

* Der macht sicher noch einen tollen Streich, das ist sicher. Der ist fertig, der Junge, jawohl. Bei der ersten Gelegenheit rennt der in 'ne Kugel rein, totsicher.

* 's ist auch zum wahnsinnig werden, für's ganze Leben! Sechs Brüder waren's, weisst du. Viere hat's geputzt: zwei im Elsass, einen in der Champagne, einen in der Argonne. Wenn Andre tot ist, macht's fünf.

* Wenn er gefallen wäre, hätten sie ihn aufgefunden; man hätte ihn vom Beobachtungsstand aus gesehn; und wenn du lange wackelst mit deinen Arschbacken. Ich, wie ich die Sache sehe, so hat er sich bei der Heimkehr verirrt, wo die nachts auf Patrouille waren. Er hat sich verkrakselt, der arme Teufel, und ist direkt in die deutschen Linien hineingeraten.

* Es hat ihn vielleicht an ihrem Drahtverhau erwischt.

* Dann hätte man ihn gefunden, sag ich dir, wenn er tot wäre, denn, kannst mir's glauben, wenn's wirklich wäre, dann hätten doch die Deutschen seine Leiche nicht reingezogen. Schliesslich hat man doch alles abgesucht. Und wenn sie ihn nirgends gefunden haben, so muss er doch, verwundet oder nicht, gefangen sein.

Diese Hypothese ist so logisch, dass sie deshalb auch angenommen wird. Nachdem man nun weiss, dass Andre Mesnil gefangen ist, kümmert man sich nicht mehr um ihn. Sein Bruder aber macht auch weiterhin einen bedauernswerten Eindruck.

* Armer, alter Kerl, er ist noch so jung.

Und die Leute aus der Korporalschaft schauen ihn verstohlen an.

* Ich hab Magenknurren! sagt plötzlich Cocon.

Und da die Essenszeit vorüber ist, schreit man nach der Suppe. Uebrigens ist sie ja da, nämlich das, was von gestern noch übrig geblieben ist.

* Was denkt denn der Korporal, dass wir Zähneschlotterich kriegen? Da kommt er. Ich werd ihn schon kitzeln. He, Korporal, was denkst du denn eigentlich, dass du uns nicht futtern lässt?

* Jawohl, Fressalie her! wiederholt die Gruppe der ewig Hungernden.

* Ich komm gleich, sagt Bertrand, der in Anspruch genommen ist und Tag und Nacht nicht rastet.

* Na und? macht Pépin, immer der gleiche Trotzkopf, ich werd doch von meiner Knallbüchse nicht satt, ich mach 'ne Fleischkonserve auf und zwar noch heute.

Nun beginnt wiederum in unserm Drama die tägliche Suppenkomödie.

* Rührt nicht an euren Reserven! sagt Bertrand. Sowie ich vom Hauptmann zurück bin, bediene ich euch.

Nachdem er zurück ist, bringt er's und teilt es aus, und man isst den Kartoffel- und Zwiebelsalat. Allmählich glätten sich beim Kauen die Gesichter und die Augen blicken ruhiger drein.

Paradis hat zum Essen eine Quartiermütze aufgesetzt. Es ist zwar hierzu weder der Ort noch der Augenblick, aber diese Mütze ist ganz neu und der Schneider, der sie ihm seit drei Monaten versprochen hatte, lieferte sie ihm am Tage ab, an welchem wir in die erste Linie kamen. Mit dieser Zweispitzmütze aus knallblauem Tuch, die ihm auf seinem gutmütigen und blühenden Schädelball sitzt, sieht er aus wie ein Gendarm mit Glanzbacken aus Pappeteig. Während er aber sein Essen verzehrt, schaut mich Paradis scharf an. Ich trete zu ihm hin.

* Siehst lustig aus, so.

* Nebensache, antwortet er. Ich möchte ein paar Worte mit dir reden; komm mal mit.

Er streckt die Hand nach seinem halbvollen Weinbecher aus, der neben seinem Besteck und seinen Siebensachen steht; dann stutzt er und entschliesst sich, den Wein in seinem Schlund und den Becher in seiner Tasche zu versorgen. Dann entfernt er sich.

Ich gehe ihm nach. Er hascht noch im Vorübergehen nach seinem Helm, der mit offenem Maule auf dem Erdbänkchen liegt. Nach ungefähr zehn Schritten nähert er sich mir mit einem komischen Blick und sagt ganz leise zu mir, ohne mich jedoch anzusehen, wie gewöhnlich, wenn er seelisch bewegt ist:

* Ich weiss, wo Mesnil André ist. Willst du ihn sehn? Dann komm.

Nachdem er dies gesagt, nimmt er seine Quartiermütze vom Kopf, legt sie zusammen, steckt sie ein und setzt den Helm auf. Dann geht er wieder weiter und ich folge ihm ohne ein Wort zu sagen.

Er führt mich etwa fünfzig Meter von hier weg, dorthin, wo unser gemeinsamer Unterstand und das Säckebrücklein steht; jedesmal, wenn man unten durchschlüpft, hat man das Gefühl, dass einem das kotige Gewölbe auf dem Rücken zusammenbrechen wird. Jenseits dieser kleinen Brücke klafft ein Hohlraum seitwärts im Graben; eine Stufe aus lehmbeschmiertem, Astgeflecht ist dort angebracht. Paradis besteigt sie und winkt mir auf diese enge, schlüpfrige Stufe hinauf.

Unlängst wurde hier eine Schiesscharte zerstört. Die Scharte weiter unten ist wieder hergestellt und mit zwei Kugelabwehren versehn. Man muss sich bücken, um diese Einrichtung mit dem Kopfe nicht zu überragen

Nun sagt Paradis, immer noch mit sehr leiser Stimme:

* Ich hab die zwei Schilde hier angebracht, zum gucken, * weil ich nämlich eine Idee hatte und ich hab gucken wollen. Schau mal hier durch dieses Loch.

* Ich sehe nichts. Die Aussicht ist versperrt. Was ist das für ein Stoffklotz?

* Er ist es, sagt Paradis.

So! Es war eine Leiche; eine Leiche, die in einem Loch sass, schrecklich nahe ...

Ich drückte mein Gesicht gegen die Stahlplatte und klebte mein Auge an das Loch der Kugelabwehr. Dann sah ich die ganze Gestalt. Sie hockte da; der Kopf hing nach vorn zwischen den Beinen; beide Arme lagen auf den Knien, die Hände waren halb geschlossen wie zwei Hacken, und * ganz nahe, ganz nahe! * erkannte man, trotz der schielenden und blinden Augen, die aus den Augenhöhlen getreten waren, den beschmierten Klotz seines Bartes und seinen verzerrten Mund, der die Zähne zeigte. Vor ihm stand sein Gewehr im Kot; er schien es anzulächeln und schnitt ihm zugleich Fratzen. Seine vorgestreckten Hände waren oben ganz blau; die Innenfläche aber war knallrot und von einem feuchten, höllischen Licht beschienen.

Er war es, vom Regen bespült und kotbeschmiert; eine Art Schaum bedeckte ihn; er war schrecklich bleich und besudelt; er lag seit vier Tagen tot an unserer Böschung und hockte im Granatloch, das die Böschung angefressen hatte. Er lag zu nahe, deshalb hatte man ihn nicht gefunden.

Eine dünne Erdwand trennt die verlassene Leiche in ihrer übernatürlichen Einsamkeit von den Menschen, die den Unterstand bewohnen, und es wird mir klar, dass ich mein Haupt zum Schlafen dorthin legte, wo auf der andern Seite die schreckliche Leiche hockte.

Ich ziehe mich vom Guckloch zurück.

Paradis wechselt mit mir einen stummen Blick.

* Musst ihm nicht gleich was davon sagen, lispelt mein Begleiter.

* Nein, nein, zuerst ...

* Ich hab zuerst mit dem Hauptmann gesprochen, dass man ihn erst untersuchen soll, und auch der Hauptmann hat gesagt: "Musst es nicht gleich dem Kleinen sagen".

Ein leichter Wind ist vorübergestrichen.

* Man riecht's!

* Glaubs wohl.

Man atmet den Geruch ein; er dringt uns in die Gedanken ein und schnürt uns das Herz zusammen.

* Jetzt, sagt Paradis, bleibt Joseph allein von den sechs Brüdern übrig. Aber ich will dir was sagen: ich glaub nicht, dass es noch lange mit ihm geht. Der Junge schont sich nicht, der lässt sich noch totschiessen. Wenn ihm der Himmel nicht 'ne gnädige Wunde schickt, ist er fertig. Sechs Brüder, das ist zu viel. Findest du nicht, dass es zu viel ist?

Dann fügte er hinzu:

* Doch haarig, wenn man denkt, dass er so nahe bei uns lag.

* Sein Arm liegt gerade an der Stelle, wo ich meinen Kopf hinlege.

* Ja, sagt Paradis, sein rechter Arm, wo er am Knöchel die Uhr angeschnallt hat.

Die Uhr ... ich stutze ... Ist es eine Wahnvorstellung oder ein Traum? ... Aber es ist mir doch, als habe ich vor drei Tagen, wie ich so müde und am Einschlafen war, das Ticken einer Uhr gehört; ich glaube sogar überlegt zu haben, woher das Ticken wohl käme.

* 's ist vielleicht doch die Uhr, die du durch die Erde durchgehört hast, sagt Paradis, dem ich meine Ueberlegung mitgeteilt habe. So 'n Ding denkt halt und dreht sich weiter, wenn auch das Menschlein stillsteht. Ha, es kennt einen auch gar nicht und lebt ruhig weiter im Ringel herum.

* Er hat Blut an den Händen; aber wo hats ihn getroffen? fragte ich Paradis.

* Ich weiss nicht; ich glaube am Bauch, mir ist, als habe es so was Schwarzes in ihm gehabt. Oder am Gesicht. Hast du den kleinen Fleck an der Backe nicht gesehn?

Ich überschaue nochmal in Gedanken das wassergrüne und struppige Gesicht des Toten.

* In der Tat, er hatte etwas an der Backe; vielleicht hat ihn da die Kugel getroffen.

Achtung! sagt plötzlich Paradis, dort kommt er; wir hätten nicht hier stehen bleiben sollen.

Aber wir bleiben dennoch unschlüssig und stutzend stehn, während Joseph Mesnil geraden Wegs auf uns zu kommt. Nie ist er uns so gebrechlich vorgekommen. Von weitem schon fällt einem die Blässe seines Gesichtes auf und die Verzerrung und Verbissenheit seiner Züge; er schreitet gebückt und langsam einher, erdrückt von der Last seiner Müdigkeit und seiner fixen Idee.

* Was macht ihr für Gesichter? fragt er mich.

Er hatte gesehn, wie ich Paradis die Kugelwunde an der Backe zeigte.

Doch ich stelle mich, als verstehe ich ihn nicht, und gebe ihm eine ausweichende Antwort.

* So! erwidert er geistesabwesend.

In diesem Augenblick fällt mir angstvoll etwas ein: Der Geruch. Man riecht es wohl und kann sich unmöglich täuschen: der Geruch verrät eine Leiche, und wenn er dann gleich daran denkt, dass ...

Mir ist's, als habe er plötzlich das Zeichen, das armselige Rufen des Toten gehört.

Aber er sagt nichts, er geht einsam weiter und verschwindet hinter der Biegung.

* Gestern, sagt Paradis darauf, stand er gerade hier mit seiner Gamelle voll Reis, den er nicht mehr essen wollte. Und wie absichtlich bleibt der Kerl gerade hier stehn und ratsch! ... er macht eine Bewegung und quatscht was vom Reis, den er über die Böschung schmeissen will, gerade dahin, wo der andre lag. Das hab ich nicht schlucken können, mein Lieber, da halt ich ihm die Flosse fest, gerade im Augenblick, wo er den Reis wegschmeissen will, und dann ist der Reis in den Graben geflossen. Weisst du, dann hat er sich nach mir rumgedreht und war rot vor Wut: "Was fällt dir ein, bist du verrückt?" sagt er zu mir. Ich stand natürlich blöd da und hab was gefaselt, ich hätt's nicht absichtlich getan oder so was. Er hat dann die Achseln gezuckt und hat mich angeschaut wie 'n kleines Hähnchen. Dann ist er weg und hat zum Montreuil gesagt: "Hast ihn gesehn, das Kamel!" Kennst ihn ja, zahm ist er nicht, der Bürger, und ich sagte, es sei schon gut, aber er schimpfte weiter; mir war's natürlich nicht recht, verstehst du, denn bei der ganzen Geschichte war ich natürlich im Unrecht, obwohl ich recht hatte.

Dann gehn wir zusammen schweigend wieder hinauf.

Wir gesellen uns zu den andern, die im Unterstand beisammen sind. Es ist ein alter Kommandoposten und deshalb ziemlich geräumig.

Als wir gerade eintreten wollen, lauscht Paradis und sagt:

* Unsere Batterien donnern verdammt seit einer Stunde, findest du nicht?

Ich verstehe, was er sagen will und antworte mit einer stutzenden Bewegung:

* Wir werden's schon sehn, Alter, werden's schon sehn!

Im Unterstand verzapft Tirette drei Zuhörern Kasernengeschichten. Marthereau schnarcht in einer Ecke; er liegt beim Eingang zu und so muss man über seine kurzen Beine steigen; sie sehn aus als seien sie in den Rumpf eingezogen. Auf den Knien, um eine Decke kauernd spielen ein paar Kameraden Manille.

* Ich bin dran!

* 40, 42! * 48! * 49! * Schluss!

* Hat der 'n Schwein, das Kaninchen! Nicht möglich, hast mindestens drei Paar Hörner! Ich spiel nicht mehr mit dir. Du schälst einen heut glatt ab, letzthin auch hast du mich geschabt, du gebratener Pfannkuchen du!

* Warum hast du nicht abgeworfen, du Esel?

* Ich hat doch nur den König, den schäbigen König, weiter nichts.

* Pikzehn hat er gehabt.

* Nur selten, du Spucknapf!

* Ist doch 'ne Gemeinheit, knurrt in einer Ecke ein kauerndes Wesen ... fünfundzwanzig Sous kostet der Camembert, aber Dreck ist es: aussen stinkiger Knetgummi, innen brüchiger Gips.

Unterdessen erzählt Tirette, was er während seiner einundzwanzig Tage von einem schnauzigen Bataillonskommandanten alles zu schlucken hatte:

* Die dicke Sau, weisst du, was gemeineres gibt's auf Erden nicht. Alle bis auf den letzten, alle hatten sie den Kerl im Magen, wenn er vorbeiging oder in seinem Bureau sass auf einem Stuhl, massiv, dass du nicht unten durch sehn konntest, mit seinem dicken Wanst und seinem dicken Käppi, wo 's von oben bis unten Goldreifen dran hatte, wie an einem Fass. Der nahm die Soldaten schwer her. Loeb hiess er, ein Bosche, was willst du mehr.

* Ich hab ihn gekannt! schrie Paradis. Wie der Krieg ausgebrochen ist, wurde er dienstuntauglich erklärt, natürlich. Während ich meine Uebung abdiente, verstand er's Drücken schon, aber damals drückte er sich an allen Strassen herum, um dich zu erwischen: ein Tag Loch für einen offnen Knopf, und vor allen Leuten schnauzte er noch obendrein, wenn irgend was kleines an der Kleidung gegen Vorschrift war, und die Leute lachten: er glaubte, sie lachten über dich, aber du hast natürlich gewusst, dass die über ihn lachten. Aber 's ist gleich, dran glauben hat man doch müssen.

* Eine Frau hat er gehabt, fährt Tirette fort, die alte Schatulle ...

* Ich weiss noch, schreit Paradis, das war ne Pest!

* Andere ziehn einen Köter nach, er schleppte die Giftnudel überall mit; gelb war sie, wies 's manchmal Aepfel gibt, und Hüften wie 'ne Bürstentasche, und bissig dazu. Sie hetzte den alten Knoten immer gegen uns auf. Ohne sie war er dümmer als bös, aber sowie sie da war, da war er böser als dumm. Stell dir das Schindluder vor ...

In diesem Augenblick erwachte Marthereau, der beim Eingang schlief, mit einem leisen Wimmern. Er richtet sich auf und sitzt auf dem Stroh wie ein Gefangener; dabei sieht man seine bärtige Silhouette wie ein Schattenbild; er rollt und dreht sein rundes Auge im Halbdunkel.

Dann fährt er mit der Hand über die Augen und beginnt die Nacht zu beschreiben, die uns in den Schützengraben führte, als stehe sie in Beziehung zu seinem Traum.

* Herrgott! sagt er mit schlaftrunkner und träumender Stimme, das war ein Rummel, die Nacht! Heiliger Gott, war das 'ne Nacht! Alle die Truppen, die Kompagnien, ganze Regimenter, die schrien und sangen den ganzen Weg hinauf! Man sah in den hellen Schatten das Gewimmel von Soldaten, die in einem fort den Weg rauf trippelten wie 's Meerwasser * und das alles fuchtelte in der Luft rum mitten durch die Artillerie- und Sanitätstransporte, denen wir in dieser Nacht begegnet sind: Nie hab ich so viel Transporte gesehen, wie in dieser Nacht, nie!

Dann haut er sich mit der Faust auf die Brust, setzt sich zurecht, brummt, und verstummt.

Darauf hört man Blaires Stimme; sie verrät die Angst, die das Innerste jener Männer drückt:

* Es ist vier Uhr, jetzt ist es zu spät; heute gilts nichts mehr auf unsrer Seite.

Einer der Spieler, der in der gegenüberliegenden Ecke hockt, fährt einen andern bellend an:

* Na, was ist los? Spielst du, oder spielst du nicht, du Regenwurm?

Tirette aber erzählt seine Majorsgeschichte weiter.

* Da giesst man uns einmal in der Kaserne die Suppe ein. Aber so was von einer Stinkbrühe, sag ich dir! Daraufhin verlangt einer den Hauptmann und hält ihm die Gamelle unter die Nase.

* Du Kamel, schreit einer wütend in der andern Ecke, warum hast du nicht Trumpf ausgespielt, ha?

* Au, verdammt, sagt da der Häuptling, nimm mir das von der Nase weg; das verpestet ja die ganze Luft.

* Weil ich nicht konnte, mäckerte eine vergrämte Stimme ohne grosse Ueberzeugung.

* Und der Häuptling macht 'n Rapport an den Major. Aber der trottelt wütend ran und schwingt den Rapport in der Pfote: "Was ist los", sagt er "wo ist die Suppe, die diese Revolte provoziert hat, dass ich sie mal versuche!" Dann bringen sie ihm ein bisschen davon in einer sauberen Gamelle, und er schnüffelt. "Na, was wollt ihr denn, das riecht doch ganz gut! Ich werd euch fressen helfen; tadellos ist die Suppe!"

* Wieso konntest du nicht! Er war doch maître, er, du Waschlappen, Huhn, blödes!

* Um fünf Uhr aber, beim Ausgang, stehn die beiden Nummern wieder da und pflanzen sich vor die Soldaten und begaffen jeden, ob vielleicht irgend etwas an einem nicht klappte, dann meinte er: "So, so, ihr Kerlchen, ihr wollt mich zum Narren halten und beklagt euch über eine vorzügliche Suppe, die mir ausgezeichnet geschmeckt hat und der Frau Major auch; wartet nur, ich will euch schon kriegen ... He, der dort mit den langen Haaren, komm mal her, du grosser Künstler, komm mal bisschen her!" Und während das Ross in dieser Weise sprach, stand neben ihm seine Rossinante, steif wie ein Pfahl und machte ja, ja mit dem Kopf.

* ... Halt, halt, wenn er keine Pikzehn hatte, kommt drauf an.

* Aber auf einmal wird sie weiss wie 'n Leintuch; dann legt sie die Hand auf ihr Brustmagazin, schüttelt sich, und plötzlich mitten auf dem Platz, vor der Kaserne, lässt sie den Regenschirm aus der Hand fahren, und fängt an zu kotzen!

* He, Achtung! sagt plötzlich Paradis. Sie rufen was im Schützengraben. Habt ihr nichts gehört? War's nicht "Alarm", das einer gerufen hat?

* Alarm! Bist wohl verrückt?

Kaum sind diese Worte gefallen, da bückt sich ein Schatten in den Eingang unseres Erdloches und schreit:

* Alarm! Die 22.! Zu den Waffen!

Darauf tiefes Schweigen. Dann einige Ausrufe.

* Hab's doch gesagt, knurrt Paradis durch die Zähne und kriecht auf den Knien nach dem Ausgangsloch der Maulwurfshöhle, in der wir kauern.

Dann sagt keiner ein Wort mehr. Alles ist stumm geworden. In der Eile richtet man sich halb auf. Man hastet, gebückt oder kniend; der Leibgurt wird angeschnallt, und die Arme werfen ihre Schatten nach allen Seiten. Man stopft Zeug in die Taschen, drängt und drückt sich hinaus und zieht am Riemen die Tornister, die Decken und die Brotsäcke nach.

Draussen betäubt einen der Lärm. Der Radau des Gewehrfeuers ist hundertfach angeschwollen und dröhnt uns von rechts, von links, von allen Seiten entgegen. Unsere Batterien donnern ohne Unterbruch.

* Glaubst du sie greifen an? wagt sich eine Stimme heraus.

* Kann ich's denn wissen! antwortet kurz und mürrisch eine andere Stimme.

Die Kiefer liegen aufeinander gepresst und man schluckt seine Eindrücke hinunter. Man beeilt sich, drängt, rempelt sich gegenseitig und flucht unverständliches Zeug.

Ein Befehl läuft durch den Graben:

* Säcke auf!

* Nein, Gegenbefehl ..., schreit ein Offizier der mit Riesenschritten durch den Graben läuft und sich mit den Ellenbogen freie Bahn macht.

Was er sonst noch sagt, verhallt mit ihm.

Gegenbefehl! Offensichtlicher Schrecken packt die Reihen; ein Schlag aufs Herz haut alle Köpfe hoch, lässt jeden in aussergewöhnlicher Erwartung erstarren.

Und doch: der Gegenbefehl geht nur die Tornister an: keine Tornister; nur die Decke umschnallen und 's Werkzeug am Gurt.

Jetzt werden die Decken abgeschnallt; man reisst sie vom Tornister ab und rollt sie. Dabei fällt kein Wort; jeder blickt starr und hält den Mund wütend zugesperrt.

Die Korporale und Sergeanten gehn etwas fieberhaft nach rechts und links und drängen die gebückten Leute, die sich in stummer Hast beeilen.

* Vorwärts, fix mal, fix! Wollt ihr machen, dass ihr fertig werdet, ja oder nein!

Dann drängt sich eine Abteilung mit gekreuzten Beilen als Abzeichen auf dem Aermel hastig durch und haut Löcher in die Grabenwand. Man schielt sie von der Seite an, während man sich fertig macht.

* Was machen die?

* Zum raufsteigen.

Jetzt ist man fertig. Die Leute treten schweigend an, die Decken um die Brust, das Sturmband am Kinn und stützen sich auf die Gewehre. Ich betrachte ihre bleichen und tiefen Gesichter, die sich krampfhaft zusammenziehn.

Es sind keine Soldaten, es sind Menschen. Es sind keine Abenteurer, keine Krieger, die zur Menschenschlächterei als Schlächter oder Schlachtvieh geboren sind. Es sind Ackersleute und Arbeiter, die man unter den Uniformen erkennt. Es sind entwurzelte Bürgersleute. Nun stehn sie bereit und warten auf das Zeichen des Todes und des Mordens; aber, wenn man durch die senkrechten Blitze der Bajonette ihre Gesichter betrachtet, sieht man, dass es einfach Menschen sind.

Jeder von ihnen weiss, dass er seinen Kopf, seine Brust, seinen Bauch, seinen ganzen Leib den im voraus auf ihn gerichteten Gewehren, den Geschossen, den angehäuften und wartenden Granaten nackt entgegenträgt, und vor allem der berechnenden und fast unfehlbaren Mitrailleuse * überhaupt all dem, was dort in fürchterlichem Schweigen auf ihn wartet, bevor er die andern Soldaten auffinden wird, die dann getötet werden müssen. Sie pfeifen nicht auf ihr Leben wie Banditen, und die Wut macht sie nicht blind wie die Wilden. Trotz der Propaganda, die sie bearbeitet, sind sie nicht kampfeslustig. Sie sind erhaben über jede Leidenschaft des Instinktes. Sie sind nicht betrunken, weder physisch noch moralisch. Im ganzen Bewusstsein ihres Handelns und in voller Gesundheit stauen sie sich hier an, um sich noch einmal in jene wahnsinnige Rolle zu stürzen, die ihnen die Menschheit auferlegt hat. Und man liest die Träume, die Angst und die Gedanken des Abschiedes aus ihrem Schweigen, ihrer Regungslosigkeit, aus der ruhigen Maske heraus, die sich ihren Gesichtern mit übermenschlicher Kraft aufzwingt.

Es sind nicht die Helden, wie man sie sich vorstellt; aber das Opfer, das sie bringen, ist so gross, dass es diejenigen, die es nicht gesehen haben, nie werden verstehn können.

Sie warten; das Warten dauert lange, dauert ewig. Von Zeit zu Zeit zuckt einer in der Reihe ein wenig zusammen, wenn eine Kugel von drüben her die Böschung, die uns schützt, bestreift und in das schlaffe Fleisch der hintern Grabenwand fährt.

Das Ende des Tages giesst ein grossartiges Licht über diese starke und vollzählige Masse von Lebenden, von denen nur noch ein Teil heute Nacht am Leben sein wird. Es regnet immer * Regen fliesst über alle meine Erinnerung an die Tragödien des grossen Krieges. Der Abend bereitet sich vor, wie eine eisige, wogende Drohung; den Menschen wird er seine Falle stellen, seine grosse Falle, gross wie die Welt.

~

Neue Befehle werden von Mund zu Mund weiter gegeben. Man verteilt Handgranaten, die an Drahtringen hängen. "Jeder soll zwei Granaten nehmen!"

Jetzt geht der Kommandant vorbei. Er ist massig und ruhig in seinen Bewegungen, er steckt in Felduniform, geschniegelt, aber vereinfacht. Man hört, wie er sagt:

* Die Sache steht gut, Kinder, die Deutschen reissen aus. Ihr werdet euch tapfer zeigen, was?

Neue Nachrichten fliegen an uns wie der Wind vorüber.

* Die Marokkaner der 21. Kompagnie stehn vor uns. Der Angriff ist auf unsrer Rechten schon im Gang.

Die Korporale werden zum Hauptmann befohlen. Dann kommen sie zurück, die Arme voll Eisenzeug. Bertrand betastet mich und hängt etwas an den Knopf meines Mantels. Es ist ein Küchenmesser.

* Ich hänge das an deinen Mantel, sagt er zu mir. Dann schaut er mich an, geht weiter und sucht nach anderen.

* Mir eins! ruft Pépin.

* Nein, antwortet Bertrand. Es dürfen keine Freiwilligen hierzu gebraucht werden.

* Leck mich am Arsch! grunzt Pépin.

Dann wird weiter gewartet unter dem Regenhimmel, an den die Schüsse hämmern; am Horizont hört man den fernen, ungeheuren Kanonendonner. Bertrand hat fertig ausgeteilt und kehrt zurück. Einige Soldaten sind abgesessen, andere gähnen.

Der Radfahrer Billette schlängelt sich an uns vorbei; er trägt auf seinem Arm den Kautschukmantel eines Offiziers; dabei wendet er offensichtlich den Blick von uns ab.

* Na, und du, kommst du nicht mit? schreit ihn Cocon an.

* Nein, antwortet der andere; ich bin bei der 17ten. Das 5. Bataillon greift nicht an!

* So, so! Immer fein raus, das 5. Bataillon. Das muss nie dran glauben wie wir!

Billette hat sich schon gedrückt und die Gesichter verziehen sich ein wenig und schauen ihm nach.

Jetzt kommt ein Soldat im Laufschritt auf Bertrand zu und sagt etwas zu ihm. Darauf wendet sich Bertrand zu uns:

* Los Kinder, wir sind dran.

Alle gehn sie miteinander los. Man stellt den Fuss auf die Stufen, die die Sappeure eingehauen haben, Ellenbogen an Ellenbogen, dann klettert man aus dem schützenden Graben heraus und steigt auf die Böschung.

Bertrand steht oben auf dem Abhang. Er mustert uns rasch mit einem umfassenden Blick, und als wir alle schon stehen, sagt er:

* Vorwärts, los!

Die Stimmen klingen seltsam. Dieser Abmarsch ist sehr schnell und unvermutet vor sich gegangen wie in einem Traum. Man hört in der Luft keine einzige Kugel pfeifen. Mitten im masslosen Brummen der Kanonen empfindet man sehr deutlich das aussergewöhnliche Schweigen der Kugeln um uns herum ...

Es geht das schlüpfrige und ungleiche Gelände mit automatischen Bewegungen hinab. Man bedient sich dabei des Gewehres, das um's Bajonett länger geworden ist. Der Blick bleibt unbewusst an einigen Einzelheiten des Abhanges haften und betrachtet die zerschossenen Erdklötze, die da herumliegen, die letzten einsamen Pfähle, die noch im Boden stecken und die Wracke in den Granatenlöchern.

Ein ganz merkwürdiges Gefühl bemächtigt sich unser beim Gedanken, dass wir am hellen lichten Tag auf diesem Abhang stehn, wo die paar Ueberlebenden sich erinnern, nachts mit grosser Vorsicht hinaufgeschlichen zu sein, auf dem Gelände, das die andern Kameraden nur schnell durch die Scharte beäugelt haben. Nein ... Kein Gewehrfeuer gegen uns. Das Bataillon scheint auf der ganzen Breite unbemerkt aus dem Graben getreten zu sein! In dieser Stille aber liegt eine wachsende, immer wachsende Drohung; das bleiche Abendlicht blendet uns.

Auf dem ganzen Hügel wimmelt es jetzt von Soldaten, die mit uns den Abhang hinuntersteigen. Rechts zeichnet sich die Silhouette einer Kompagnie ab; sie erreicht die Schlucht durch den Laufgraben 97, einen alten, zerfallenen, deutschen Graben.

Wir durchschreiten an den freien Stellen unsern Drahtverhau. Es wird immer noch nicht auf uns geschossen. Einige ungeschickte Läufer knicken über ihre Fehltritte ein und stehn wieder auf. Jenseits des Verhaues richten wir uns wieder auf, dann geht's etwas schneller den Berg hinunter: unbewusst schlagen wir ein schnelleres Tempo an. Jetzt sausen ein paar Kugeln an uns vorbei. Bertrand ruft uns zu, wir sollen unsere Granaten bis zum letzten Augenblick aufbewahren.

Aber der Klang seiner Stimme verweht: Plötzlich schlagen vor uns auf der ganzen Breite düstre Flammen auf; dabei hämmert ein fürchterliches Krachen durch die Luft. Hintereinander fahren, von rechts nach links, Granaten aus dem Himmel und Sprengstoffe aus der Erde. Ein schauriger Vorhang trennt uns von der Welt, von der Vergangenheit und von der Zukunft. Man bleibt stehn, wie angewachsen, und es betäubt einen plötzlich von allen Seiten her eine Donnerwolke; dann peitscht eine gleichzeitige Anstrengung unsre ganze Schar wieder auf und treibt sie sehr schnell vorwärts. Wir stolpern in der grossen Rauchwolke und richten uns gegenseitig wieder auf. Dann sieht man hier und dort staubige Erdwirbel mit gellendem Krachen aufschlagen, nebeneinander oder verschlungen, in der Schlucht, in die wir hinabstürzen; Vulkane öffnen sich. Dann aber erkennt man die Stellen, wo die Entladungen einschlagen, nicht mehr. Ein so ungeheuerlich donnerndes Unwetter entfesselt sich, dass schon allein der Lärm jenes Donnerregens einen zermalmt und die grossen Platzsterne, die sich in der Luft bilden. Man sieht und fühlt Sprengstücke am Kopf vorbeisausen; sie zischen wie glühendes Eisen, das ins Wasser fällt. Bei einem Gekrache lass' ich mein Gewehr aus den Händen fallen; so heiss war der Hauch jener Explosion, dass meine Hand davon brannte. Dann heb ich das Gewehr stolpernd wieder auf und gehe gesenkten Hauptes in diesem rotleuchtenden Gewitter und im schmetternden Lavaregen weiter, bespritzt von Staub und Russ. Vom Gellen der vorüberfliegenden Splitter spürt man einen Ohrenschmerz und schreit dabei unwillkürlich auf. Es wird einem zum Winden schlecht vom Schwefelgeruch. Das Todeswehen drängt, stösst und erschüttert uns. Man springt, ohne zu wissen, wohin man tritt. Die Augen blinzeln, erblinden und laufen über. Plötzlich versperrt uns eine brennende Lawine den ganzen Weg, so dass wir vor uns nichts mehr sehn.

Es ist das Sperrfeuer. Jetzt heisst es durch diesen Flammenwirbel und diese schrecklichen, senkrechten Wolken durch. Und man stürzt sich hinein, man kommt durch: durch Zufall; dabei habe ich gesehn, wie sich Gestalten stellenweise torkelnd im Wirbel drehten und sich dann hinlegten; dann kam plötzlich wie ein Widerschein des Jenseits über sie. Ich habe seltsame Gesichter gesehn; sie stiessen seltsame Schreie aus; aber man sah sie schreien, ohne die Laute im betäubenden Höllenlärm zu vernehmen. Eine wütende Kohlenglut fiel in ungeheuren, roten und schwarzen Massen um mich herum und wühlte die Erde auf, riss sie unter meinen Füssen weg und warf mich auf die Seite wie ein federndes Spielzeug. Ich erinnere mich, dass ich über eine brennende Leiche geschritten bin; sie war kohlenschwarz, und über ihr lag eine rote Blutlache, die knisterte. Ich weiss auch noch, dass neben mir die Mantelzipfel Feuer gefangen hatten und eine rauchende Spur hinter sich zurückliessen. Dann zog ein schreckliches Feuerleuchten unsere Blicke nach rechts und blendete uns; dort flammte es längs des Laufgrabens wie dicht nebeneinander gedrängte brennende Menschen.

* Vorwärts!

Jetzt geht's fast im Laufschritt weiter. Man sieht Leute wie Blöcke umfallen, das Gesicht nach vorn; andere wiederum sterben bescheiden, als ob sie sich auf den Boden setzten. Man springt plötzlich auf die Seite, um nicht auf die Toten zu treten, die artig und steif auf dem Boden liegen, oder auch aufgebäumt; den Verwundeten muss man auch aus dem Weg gehn; sie sind die gefährlicheren Fallen; denn sie schlagen um sich und klammern sich an die Vorübergehenden fest.

Der internationale Laufgraben!

Er ist erreicht. Die Kanone hat die Stacheldrähte mit ihren langen, gewundenen Wurzeln ausgerissen, auf die Seite geworfen oder aufgerollt, weggefegt oder in breiten Haufen aufeinandergeschleudert. Zwischen diesen grossen, verregneten Eisenhecken ist die Erde aufgerissen und frei.

Der Graben wird nicht verteidigt. Die Deutschen haben ihn verlassen, oder eine erste Sturmwelle ist hier schon drüber gerollt ... Er ist innen mit Gewehren gespickt, die an die Böschung lehnen. Auf dem Boden liegen Leichen umher. Aus dem Wirrwarr der langen Grube starren aus grauen Aermeln mit roten Besätzen Hände und gestiefelte Beine. Stellenweise ist die Böschung zertrümmert und das Holzgerüst niedergehauen; die ganze Grabenflanke ist durchbrochen und mit einem unbeschreiblichen Durcheinander belegt. An anderen Stellen klaffen runde Wasserlöcher. In meiner Erinnerung an diesen Augenblick sehe ich vor allem das Bild eines seltsam zerlumpten Grabens, bedeckt mit bunten Lappen: zur Herstellung der Erdsäcke hatten die Deutschen Leinwand, Kattun und allerhand bunte Wollstoffe benutzt, die sie in irgend einem Tapeziererladen geplündert hatten. Dieses bunte Durcheinander hing zerfetzt und zerzaust in dem Wind, knallte, flatterte und tanzte einem vor die Augen.

Dann sind wir in den Graben gestiegen. Der Leutnant aber, der hinübergesprungen ist, ruft, schreit und winkt uns zu:

* Nicht hier bleiben. Vorwärts! Immer vorwärts!

Wir klettern auf die Böschung des Grabens hinauf und treten dabei auf Säcke, auf Waffen und auf Rücken, die darin angehäuft liegen. Das Tal unten ist von Granaten aufgewühlt; Trümmerhaufen und Leiber bedecken es. Die einen sind regungslos wie Gegenstände; andere rühren sich leise, andre zucken krampfhaft zusammen. Das Sperrfeuer wirft immer noch seine höllischen Entladungen auf das Gelände hinter uns, dort, wo wir durch sind. Hier aber, am Fusse des Hügels, wo wir augenblicklich stehn, reicht die Artillerie nicht hin. Ein kurzer, bescheidener Ruhepunkt. Hier betäubt einem der Lärm die Ohren nicht; man schaut sich gegenseitig an. Wir haben Fieber in den Augen und das Blut rötet uns die Backen. Der Atem schnurrt durch die Nase und das Herz hämmert einem in der Brust.

Man erkennt einander wieder im hastigen Dusel, wie wenn ein schlechter Traum uns plötzlich eines Tags in die Todesschlucht zusammengeführt hätte. Dann wirft man sich in dieser Höllenlichtung ein paar hastige Worte zu:

* Bist du's!

* Heilig nochmal! Was wir abkriegen 1

* Wo ist Cocon?

* Weiss nicht.

* Hast du 'n Hauptmann gesehn?

* Nein ...

* Geht's?

* Ja.

Jetzt haben wir das Tal durchschritten, der andere Abhang steht vor uns. Wir klettern hintereinander auf einer flüchtig angelegten Erdtreppe hinauf.

* Achtung!

Ein Soldat, der die Treppe bis zur Mitte erreicht hat, fällt barhäuptig um, von einem Granatsplitter an der Hüfte getroffen, wie ein Schwimmer mit vorgestreckten Armen; dann sieht man die unförmige Silhoutte jener Masse in den Schlund tauchen; ich sehe noch als Einzelheit seine wehenden Haare über dem schwarzen Profil seines Gesichtes.

Wir haben die Höhe erreicht.

Eine grosse, farblose Leere dehnt sich vor uns aus. Zuerst sieht man nichts als eine kreidige und steinige Steppe, gelb und grau, soweit das Auge reicht. Keine Menschenwelle geht uns voraus, vor uns kein lebendes Wesen, aber der Boden ist mit Toten bedeckt: frische Leichen, die noch den Schmerz oder den Schlaf nachahmen; daneben liegen alte Trümmer, die bereits entfärbt und in den Wind gestreut und fast von der Erde verdaut sind.

Im Augenblick als unsere schwankende Linie auftaucht, fühlte ich, wie neben mir zwei Leute getroffen werden und zwei Schatten zu Boden stürzen; sie rollen uns auf die Füsse, der eine mit einem schrillen Schrei, der andere verstummend wie ein Ochse. Ein anderer verschwindet wie weggewischt mit einer wahnsinnigen Gebärde. Man rückt instinktiv aneinander und drängt stolpernd nach vorwärts, immer vorwärts; die Wunde in unserer Masse schliesst sich von selbst. Jetzt bleibt der Adjutant stehn, hebt seinen Säbel hoch, lässt ihn fallen und kniet hin; sein Körper beugt sich ruckweise nach hinten, sein Helm fällt ihm auf die Absätze und dann verharrt er in dieser Stellung, barhäuptig, das Gesicht zum Himmel gekehrt.

Unsere vorwärtsdrängende Reihe spaltet sich plötzlich und geht mit Ehrfurcht an dieser unbeweglichen Erstarrung vorüber.

Aber den Leutnant sieht man nicht mehr. Also keinen Anführer mehr ... Die menschliche Welle stutzt am Rande der Hochebene. Man steht da und hört den heiseren Hauch der Lungen.

* Mir nach! schreit irgend ein Soldat.

Dann stürzt man sich wieder vorwärts mit steigender Hast dem Untergang entgegen.

~

* Wo ist Bertrand? jammert mühsam eine Stimme, die vorwärts gelaufen war.

* Da! Hier ...

Bertrand hatte sich im Vorübergehen über einen Verwundeten gebeugt; aber er verlässt schnell den Soldaten, der ihm die Arme nachstreckt und zu schluchzen scheint.

Im Augenblick als er uns wieder einholt, hören wir vor uns aus einer Art Geländehöcker heraus das Tak-tak der Mitrailleuse. Es ist ein beklemmender Augenblick und noch schrecklicher als vorhin das Erleben jenes flammenden Sperrfeuers. Diese wohlbekannte Stimme spricht klipp und klar und hört sich schrecklich an. Aber jetzt bleibt man nicht mehr stehn.

* Vorwärts, vorwärts!

Heisere Seufzer verraten die Atemlosigkeit, aber man stürzt weiter dem Horizont entgegen.

* Die Deutschen! Ich seh sie! sagt plötzlich einer.

* Ja ... ihre Köpfe dort über dem Graben ... Dort ist der Schützengraben, dort der Strich, 's ist ganz nahe. Ha! die Kälber!

Man sieht in der Tat kleine, graue Kappen, die in Abständen aus dem Boden herausragen, ungefähr fünfzig Meter von uns entfernt, jenseits eines schwarzen, zerpflügten und höckerigen Geländestriches.

Ein Ruck wirft die ganze Gruppe, zu der ich gehöre, wieder vorwärts. So nahe am Ziel, bis hierher noch unverwundet, sollte man es jetzt nicht glücklich erreichen? Freilich wird man das Ziel erreichen! Man schreitet weit aus. Man hört nichts mehr. Ein jeder stürzt vor, durch den schrecklichen Graben angezogen, starrt nach vorn und ist fast unfähig, den Kopf nach rückwärts oder seitwärts zu drehen.

Man hat das Bewusstsein, dass viele das Gleichgewicht verlieren und zu Boden stürzen. Ich springe seitwärts, um dem plötzlich ausgestreckten Bajonett eines stürzenden Gewehres zu entgehn. Ganz in meiner Nähe reckt sich Farfadet mit blutendem Gesicht, stolpert auf mich zu, wirft sich auf Volpatte, meinen Nebenmann, und klammert sich an ihn; Volpatte knickt zusammen, aber er drängt unaufhörlich vor, schleppt ihn einige Schritte mit, will ihn los werden und schüttelt ihn ab, ohne ihn anzuschauen, ohne zu wissen, wer er ist; dabei schreit er ihm mit abgehackter, in der Anstrengung fast erstickter Stimme zu:

* Lass mich los, lass los, Gottverdammich! ... Wirst nachher gleich aufgehoben; mach dir keine Sorge.

Der Andere fällt zusammen; sein Gesicht, das eine rote, völlig ausdruckslose Maske trägt, dreht sich hin und her, während Volpatte schon weiter läuft, nach dem Graben stiert und automatisch zwischen den Zähnen wiederholt: "Mach dir keine Sorge."

Eine Kugelwolke spritzt um mich auf: vielfaches, plötzliches Stehenbleiben, zögerndes, fuchtelndes, sich sträubendes Niedersinken, plötzliches Untertauchen mit der ganzen Körperlast, Schreie, dumpfe, wütende Ausrufe der Verzweiflung oder das schreckliche und hohle "Han!", wenn das ganze Leben mit einem Schlag erlischt. Und wir, die wir noch nicht getroffen sind, wir stieren vorwärts und gehn, wir laufen durch das Spiel des Todes, das blindlings in das Fleisch unsrer Leiber fährt.

Der Stacheldraht; ein ganzer Strich ist unbeschädigt; wir gehn um ihn herum; ein weiter und tiefer Durchgang ist durch den Drahtverhau gebrochen; er bildet einen kolossalen Trichter, der aus mehreren, neben einander liegenden Trichtern besteht, wie das schaurige Maul eines Vulkans, den die Kanonen ausgegraben haben.

Diese Zertrümmerung bietet einen erschütternden Anblick. Es sieht wirklich aus, als habe die Erde ihr Inneres ausgespuckt. Der Anblick derartig zerrissner Erdschichten stachelt unsere Angreiferwut an und einige rufen mit finsterm Kopfschütteln, obwohl die Worte jetzt der Kehle schwer entrissen werden:

* Herrgott! Was haben die hier abgekriegt! Herrgott noch mal!

Wie vom Wind hin und her geweht steigen und sinken wir über die Erdhöcker und in die Gräben dieser masslosen Bresche, die den Boden aufgewühlt, geschwärzt und mit wütenden Flammen zerfressen hat. Die Schollen bleiben an den Schuhen kleben und wütend reisst man sich los: das Rüstzeug und die Stoffe, die den weichen Boden bedecken und die Wäsche, die aus den aufgeschlitzten Säcken darüber zerstreut liegt, bewahrt einen vor dem Einsinken; man sucht sich deshalb solche Trümmer aus und setzt den Fuss darauf, wenn man in die Löcher springt oder wenn's die Hügel hinaufgeht.

Hinter uns her drängen Stimmen:

* Vorwärts, Kinder, vorwärts! Gottverdammich!

* Das ganze Regiment ist hinter uns, ruft man.

Keiner dreht sich um und will es sehn, aber diese Zusicherung feuert unsere wütende Jagd noch stärker an.

Man sieht keine Mützen mehr hinter der Grabenböschung, der wir uns nähern. Vorne liegen deutsche Leichen zerstreut, wie Punkte angehäuft oder wie Striche ausgestreckt. Jetzt kommen wir an. Die Böschung entpuppt im einzelnen ihre heimtückischen Formen: die Schiesscharten ... Man steht jetzt unglaublich nahe davor.

Jetzt fällt etwas vor uns hin. Es ist eine Granate. Mit einem Fusstritt wirft sie Bertrand so geschickt zurück, dass sie vorwärts in den Graben springt und dort platzt.

Auf diesen glücklichen Schuss hin betritt die Korporalschaft den Graben.

Pépin hat sich auf den Bauch geworfen. Er kriecht um eine Leiche herum, erreicht den Rand und steigt hinein. Er ist der erste im Graben. Fouillade schreit und fuchtelt mit den Armen in der Luft herum, springt in den Graben, fast im gleichen Augenblick als Pépin hineinschleicht ... Jetzt sehe ich, blitzartig, eine ganze Reihe schwarzer Dämonen sich über die Böschung bücken und am Rande der schwarzen Falle hinknien, um hineinzusteigen.

Eine schreckliche Salve spritzt uns auf ein paar Schritt ins Gesicht; dabei flackert plötzlich eine Flammenrampe längs der Böschung auf. Zuerst waren wir betäubt, dann fassen wir uns wieder und lachen laut auf, teuflisch lachen wir: es war zu hoch gezielt. Und gleich darauf gleiten wir und kollern und fallen lebend, schreiend und mit brüllenden Befreiungslauten in den Bauch des Grabens!

~

Ein unbegreiflicher Rauch hüllt uns ein. Ich sehe in dem erwürgten Schacht vorerst nur blaue Uniformen. Dann trottet man rechts und links, gedrängt, gestossen, fluchend und suchend. Man dreht sich um, man hat die Hände voll: Messer, Granaten, Gewehr, und weiss zuerst nicht, was man anstellen soll.

* Sie hocken in den Unterständen, die Kälber! schreit man.

Dumpfes Knallen erschüttert den Boden: da geht was unterirdisch in den Unterständen vor sich. Plötzlich trennt uns die monumentale Masse eines derart dichten Rauches, dass sie einem wie eine Maske das Gesicht bedeckt und man nichts mehr sieht. Man wehrt sich wie Ertrinkende gegen diese düstere und beissende Luft und steckt wie in einem Fetzen Nacht. Man stolpert gegen die kauernden Blöcke zusammengeballter Wesen, die am Boden schreien und verbluten. Man sieht die Grabenwände kaum. Hier sind sie ganz senkrecht und bestehn aus weissen Tuchsäcken, die überall wie Papier zerrissen sind. Hie und da bewegt sich die schwere und zähe Rauchwolke und wird luftiger; dann sieht man das anstürmende Gedränge wieder ... Aus dem staubigen Bild heraus reckt sich auf der dunstigen Böschung die Silhouette eines Zweikampfes, Mann an Mann, bricht zusammen, und taucht unter. Ich vernehme ein paar grell ausgerufne "Kamerad", die eine Reihe abgezehrter Köpfe mit grauen Kitteln ausstösst, sie drücken sich in eine Ecke, die ein klaffender Riss noch in's Ungeheure spaltet. Unter der Tintenwolke fliesst das Menschengewitter zurück und rollt sprunghaft in der gleichen Richtung nach rechts im Wirbel hinauf, den langen, eingestossenen Damm entlang.

~

Plötzlich aber fühlt man, dass es aus ist. Man sieht, hört und versteht, dass unsre Welle, die sich durch das Sperrfeuer hieher gewälzt hat, keiner gleichen Welle begegnet ist, und dass man ihrem Vorrücken gewichen ist. Die menschliche Schlacht ist vor uns zerronnen. Der dünne Vorhang von Verteidigern liegt in den Löchern zerstreut; man fängt sie dort wie Ratten oder tötet sie. Kein Widerstand mehr: nur eine Leere, eine grosse Leere. Dann drängt man in Haufen wieder vor wie eine schreckliche Zuschauermenge.

Hier ist der Graben zerfetzt. Mit seinen weissen, zusammengestürzten Mauern sieht er aus wie der sumpfige, weiche Abdruck eines Flusses, der in seinen steinigen Ufern eingetrocknet ist; dabei klafft stellenweise das flache, runde Loch eines ebenfalls ausgetrockneten Teiches; am Ufer aber, auf der Böschung und auf dem Grunde zieht sich ein langer Gletscher von Leichen hin; * alles das füllt sich wieder zum Ueberlaufen mit den hochschäumenden Wellen unserer Truppe. Ich dringe durch den Rauch, den die Unterstände "ausspucken und durch die zitternde Luft, die die unterirdischen Explosionen erschüttern, dann stosse ich auf eine kompakte Masse von Menschen, die sich aneinanderklammern und sich weit im Kreise drehn. im gleichen Augenblick stürzt die ganze Masse zusammen als ein letzter Rest der sterbenden Schlacht; ich sehe Blaire, der sich herauswindet; der Helm hängt ihm am Sturmband um den Hals, sein Gesicht ist aufgerissen und er brüllt wie ein Wilder. Ich renne gegen einen Soldaten, der sich an den Eingang eines Unterstandes klammert; er tritt vor der schwarz klaffenden und verräterischen Oeffnung auf die Seite, hält sich aber mit der linken Hand am Eingangspfosten fest. Mit der rechten schwingt er während mehrerer Sekunden eine Handgranate. Sie verschwindet plötzlich und fährt in die Höhle. Gleich darauf platzt sie und ein grässliches Menschenecho dringt als Antwort aus den Eingeweiden der Erde. Der Soldat greift nach einer zweiten Granate.

Ein anderer zertrümmert mit einem Pickel, den er gerade an der Stelle aufhebt, die Türstützen eines anderen Unterstandes. Darauf senkt sich die Erde und der Eingang ist versperrt. Man sieht mehrere Schatten in lebhaftem Gespräch auf jenem Grab herumtrippeln.

Der eine dies, der andre das ... Aus der lebenden Schar, die in Fetzen gerissen den so heftig verfolgten Graben erreicht hat, erkenne ich, nachdem sie gegen die unbesiegbaren Granaten und die entgegen geschleuderten Kugeln angerannt war, die mir bekannten Leute kaum wieder; es ist, als ob das ganze übrige Leben plötzlich sehr weit zurückläge. Etwas verändert die Leute und knetet sie um. Eine Raserei fiebert in ihnen und lässt sie aus sich heraustreten.

* Warum bleiben wir stehn? knirscht einer durch die Zähne.

* Warum gehn wir nicht bis zum nächsten? fragt mich ein zweiter, voller Wut. Jetzt, wo wir so weit sind, wär man in einigen Sätzen dort!

* Ich will auch weiter!

* Ich auch. Ha, die Kälber! ...

Sie flattern wie Fahnen auf und brüsten sich ruhmvoll mit dem Zufall, der ihr Leben rettete, unerbittlich in ihrer überschäumenden Selbstberauschung.

Man bleibt stehn und trippelt herum im eroberten Bollwerk, in jener seltsamen, zerstörten Strasse, die sich durch die Ebene schlängelt, vom Unbekannten her ins Unbekannte hin.

* Vorwärts, nach rechts!

Und alles fliesst nach einer Richtung ab. Jedenfalls ist es ein Manöver, das die Chefs dort oben kombiniert haben. Man tritt auf weiche Leiber; einige von ihnen bewegen sich langsam und kriechen vom Platze; aus ihnen fliessen rasende Bäche und schreiende Laute. Leichen liegen der Länge und der Quere nach wie Balken aufeinander; Schutt zerdrückt und erstickt Verwundete, erwürgt sie und nimmt ihnen ihr Leben. Ich stosse einen geköpften Rumpf beiseite, und schaffe mir freie Bahn; sein Hals ist eine Quelle jammernden Blutes.

In dieser erderschütternden Katastrophe, in den Schutthaufen, über dem Durcheinander von Verwundeten und Toten, die sich miteinander bewegen, im wogenden Rauchwald, der aus dem Graben und aus der ganzen Umgebung wächst, überall sieht man nichts als wutentbrannte, schweissblutende und blitzende Gesichter. Gewisse Gruppen scheinen zu tanzen und schwingen ihre Messer; sie jubeln in wilder Wut, im Gefühl grenzenloser Sicherheit.

Unmerklich erlischt die Schlacht. Da sagt ein Soldat:

* Und jetzt, was hätten wir jetzt zu tun?

Plötzlich flackert sie an einem Punkte wieder auf: ungefähr auf zwanzig Meter in der Ebene, bei der Rundung des grauen Erdhügels. Man hört eine Ladung Gewehrschüsse knattern; sie speit ihren spritzenden Brand um eine Mitrailleuse, die dort vergraben, ruckweise ausspuckt, sich wehrt und um sich schlägt.

Unter dem russigen Flügel eines bläulichen Nimbus sieht man die Leute die blitzspeiende Maschine umzingeln und immer enger einschliessen. Ich erkenne neben mir die Silhouette von Mesnil Joseph; aufrecht, ohne sich zu schützen, geht er auf den Punkt zu, der diese abgehackten Knalle bellend ausspeit.

Ein Knall fährt irgendwo aus dem Schützengraben zwischen uns beide. Joseph bleibt stehn, schwankt, bückt sich und knickt ins Knie ein. Ich laufe ihm zu Hilfe, während er mich anschaut.

* Es ist nichts: nur der Schenkel ... Ich kann alleine weiter kriechen.

Jetzt scheint er brav, kindlich und zahm geworden zu sein. Er schleppt sich mit einer langsamen Wellenbewegung nach dem Graben hin.

Ich sehe noch genau den Punkt, aus dem der Knall herausgefahren ist und ihn getroffen hat. Ich schleiche hin und gehe links im Bogen herum.

Niemand. Ich finde nur einen der Unseren, der ebenfalls auf der Suche war. Es ist Paradis.

In diesem Augenblick stossen Leute auf uns; sie tragen auf der Schulter oder unterm Arm alle möglichen Eisenteile. Sie nehmen die ganze Sappe ein und trennen uns.

* Die siebte hat die Mitrailleuse erwischt, schreien sie. Jetzt hat sie ausgeschnauzt. Verrückt war das Biest, das gemeine Biest! Verdammtes Biest.

* Und jetzt, was gibt's zu tun?

* Nichts mehr.

Und so bleibt man hier und hockt in diesem Durcheinander ab. Die Lebenden haben ausgepustet, die Toten haben ausgeröchelt, umgeben von Rauch, von Lichtern und vom Kanonendonner, der aus allen Weltenden herrollt. Man weiss nicht mehr, wo man stehn geblieben ist. Es gibt weder Erde noch Himmel mehr, alles ist nur eine Dunstwolke und eine erste Ruhepause fällt in das Chaos der Dinge. Eine allgemeine Erschlaffung befällt Bewegungen und Lärm. Auch der Kanonendonner lässt nach; nur weiter in der Ferne noch erschüttert er den Himmel wie ein Husten. Die Leidenschaft kühlt sich ab und übrig bleibt nur die grenzenlose Müdigkeit, die jetzt aufsteigt und uns überschwemmt, und mit ihr das endlose Warten, das nunmehr wieder beginnt.

~

Wo ist der Feind? Ueberall hat er Leichen zurückgelassen, man ist scharenweise Gefangenen begegnet: dort sieht man noch welche; sie heben sich in eintönigen, rauchigen und verschwommenen Reihen vom schmutzigen Himmel ab. Aber die grosse Mehrzahl ist fort und verschwunden. Einige Granaten schlagen noch ungeschickt hie und da in unserer Nähe ein, aber man beachtet sie nicht. Wir sind gerettet, beruhigt und allein in dieser Wüste, in welcher endlose Leichenwellen an eine Reihe Lebender heranreichen.

Es ist Nacht geworden. Der Staub ist verflogen, aber er hat dem Halbdunkel den Platz geräumt und dem Schatten, der sich über den Wirrwarr der lang hingestreckten Menschenlänge legt. Die Leute nähern sich einander, setzen sich hin, stehn wieder auf und machen einige Schritte, stützen sich gegenseitig oder halten sich aneinander geklammert. Man sitzt zusammen und kauert zwischen den Unterständen; Leichenhügel versperren ihre Eingänge. Einige haben das Gewehr abgelegt und gehn am Rande der Grube hin und her und lassen die Arme hängen; von nahem sieht man, dass sie geschwärzt und verbrannt sind; sie haben rote Augen und sind bespritzt von Kot. Es wird kaum gesprochen, aber man macht sich auf die Suche.

Man sieht jetzt Krankenträger wie ausgeschnittene Schattenbilder sich bücken, das Gelände absuchen, vorgehen, zu zweit an ihre lange Last geklammert. Dort, rechts von uns, hört man Hacken und Schaufeln die Erde bearbeiten.

Ich irre in diesem düstern Tohuwabohu umher.

Dort, an der Grabenböschung, die von der Beschiessung zertrümmert, eine sanfte Senkung bildet, sehe ich jemanden sitzen. Ein verschwommenes Licht flackert noch. Die ruhige Stellung, in der jener Mensch nachdenklich vor sich hinblickt, hat etwas statuenhaftes und fällt mir auf. Ich beuge mich über ihn und erkenne ihn; es ist Korporal Bertrand.

Er kehrt sein Gesicht zu mir und ich fühle, dass er mich im Halbdunkel mit seinem nachdenklichen Lächeln ansieht.

* Ich wollte dich eben holen, sagt er zu mir. Die Wache wird gerade angeordnet, bis man Neues erfährt, was die andern gemacht haben und was vorne vor sich geht. Ich stelle dich mit Paradis als Doppelwache in einen Horchposten; die Sappeure haben ihn gerade gegraben.

Wir beobachten die vorübergehenden und herumstehenden Schatten, die wie Tintenflecke auf dem langen, zertrümmerten Grabengeländer hocken, sich bücken und in verschiedenen Stellungen kauern; ihre Silhouetten heben sich von der grauen Tünche des Himmels ab. Seltsam düster bewegen sie sich, zusammengeschrumpft wie Insekte und Würmer in der Landschaft, die das Nachtdunkel überzieht; das Sterben hat Frieden über das Land gebreitet, wo die Schlachten seit zwei Jahren Soldatenstädte aufschlagen, die sie wieder weiter treiben, über endlose und tiefe Todesstätten hinweg.

Zwei Schattenwesen schreiten nicht weit von uns durch die Dunkelheit; sie sprechen halblaut miteinander.

* Hast 'ne Ahnung, mein Lieber, statt drauf zu hören, hab ich ihnen 's Bajonett in den Bauch gerannt, so fest, dass ich's nicht mehr rausziehn konnte.

* Bei mir waren's vier in einem Loch. Ich hab sie angerufen, dass sie rauskommen sollen, und jedesmal, wenn einer rauskam, hab ich ihm die Haut aufgeschlitzt. Es lief mir rot bis an die Ellenbogen rauf. Die Aermel kleben mir noch an davon.

* Ha! fuhr der erste fort, und wenn wir das später, wenn man davon kommt, denen daheim erzählen, am Herd oder bei der Kerze, wird's keiner glauben wollen. Ist das nicht ein Elend, was?

* Mir Wurst, wenn ich nur heil davon komme, sagte der andere; und zwar so schnell als möglich, weiter verlang ich ja gar nichts.

Bertrand sagte gewöhnlich nicht viel, und sprach nie von sich. Jetzt aber sagte er doch:

* Drei hab ich auf'm Hals gehabt. Gehauen hab ich wie wahnsinnig. Ja! wir waren wie Bestien, als wir hierher gekommen sind.

In seiner Stimme klang ein unterdrücktes Zittern.

* Aber es musste sein, sagte er. Es musste sein * für die Zukunft.

Er schlug die Arme ineinander und schüttelte den Kopf.

* Die Zukunft! rief er plötzlich aus wie ein Prophet. Mit welchen Augen werden die Späteren, die nach uns kommen werden und denen der Fortschritt * der sich wie ein Unabwendbares einstellt * ein vernünftigeres Gewissen schenken wird, mit welchen Augen werden jene diese Schlächterei und diese Ruhmestaten ansehen, von denen wir selbst, die wir sie begangen haben, nicht wissen, ob wir sie mit den Heldentaten aus Plutarch oder Corneille vergleichen sollen oder mit Apachenstreichen. * Und doch, fuhr Bertrand fort, sieh! Einer hat dennoch sein Antlitz über den Krieg erhoben, und es wird einst leuchten in der Schönheit und der Bedeutung seines Mutes ...

Ich horchte, auf einen Stock gestützt und über ihn gebeugt, auf seine Worte; ich vernahm im Schweigen des Abends die Stimme jenes Mundes, der sich selten nur auftat. Und er sagte mit hellem Klange:

* Liebknecht!

Dann stand er auf, die Arme immer noch ineinander geschlungen. Sein schönes Antlitz, auf dem der tiefe Ernst einer Statue lag, sank auf die Brust. Aber noch einmal trat er aus seinem marmornen Schweigen heraus und wiederholte:

* Die Zukunft! die Zukunft! Das Werk der Zukunft wird darin bestehn, unsre Gegenwart auszuwischen, und noch mehr als man denkt, als etwas niederträchtiges und schändliches. Und doch war diese Gegenwart notwendig, sie war notwendig! Fluch dem Kriegsruhm, Fluch den Armeen, Fluch dem Soldatenhandwerk, das die Männer abwechselnd zu blöden Opfern und zu verruchten Henkern macht! Ja, Fluch: wahr ist es, aber es ist zu wahr, es ist wahr für die Ewigkeit, für uns noch nicht. Vorläufig heisst es aufpassen mit den Gedanken! Es wird erst dann wahr sein, wenn es eine ganze, wahre Bibel geben wird. Es wird wahr sein, wenn es mit anderen Wahrheiten zusammen geschrieben stehn wird, mit anderen Wahrheiten, die dann der geläuterte Geist zugleich verstehn wird. Wir aber sind verloren und verbannt und weit entfernt noch von jenen kommenden Zeiten. Heutzutage, in diesem Augenblick bedeutet diese Wahrheit schier ein Irrtum, und ihr heiliges Wort ist nur eine Lästerung!

Dann stiess er ein seltsames Lachen aus, ein schallendes Gelächter, in welchem Träume wehten:

* Einmal hab ich ihnen gesagt, dass ich an Prophezeiungen glaube * um sie anzutreiben.

Ich setzte mich neben Bertrand. Dieser Soldat, der stets mehr als seine Pflicht getan und dennoch sein Leben noch nicht verloren hatte, stand in diesem Augenblick vor meinen Augen wie einer, der eine hohe, moralische Idee verkörpert und die Kraft besitzt, sich loszusagen von den Rippenstössen der Umgebung, als einer, der dazu auserkören ist, seine Zeit zu beherrschen, falls ihn sein Schicksal in das helle Licht einer grossen Begebenheit hineinstellen wird.

* Das alles hab ich auch schon gedacht, sagte ich leise zu ihm.

* So! sagte Bertrand,

Wir sahen uns, ohne ein Wort zu sagen, mit einiger Ueberraschung und ernster Sammlung an. Nach diesem grossen Schweigen aber sagte er wieder:

* Es ist Zeit zum Dienst. Nimm dein Gewehr und komm.

~

... Von unserem Horchposten aus sehen wir gegen Osten den Schein eines um sich greifenden Brandes: nur blauer und trauriger als eine Feuersbrunst. Die Helligkeit zieht sich wie ein Strich unter einer langen, schwarzen Wolke hin, die als grosser Flecken wie der erloschne Rauch eines erstorbenen Feuers über der Erde hängt. Es ist der anbrechende Morgen.

Er ist so kalt, dass man unmöglich in ruhiger Stellung verharren kann, obwohl die Müdigkeit einem wie Ketten anhängt. Man zittert, schlottert, klappert mit den Zähnen, und Feuchtigkeit rinnt aus den Augen. Allmählich schleicht das Licht mit unerhörter Trägheit aus dem Himmel in das magere Gerüst der schwarzen Wolken. Alles ist eiskalt, farblos und leer; eine Totenstille liegt auf der Landschaft. Reif und Schnee liegen unter der Nebellast. Alles ist weiss. Paradis bewegt sich wie ein fahles, schweres Gespenst. Auch wir sind ganz weiss. Ich hatte meinen Brotbeutel auf die Böschung des Horchpostens gelegt, jetzt sieht er aus, als wäre er in Papier gewickelt. Am Boden des Loches schwimmt, auf dem schwarzen Fussbad, ein wenig zerfressner, grauer Schnee auf. Draussen liegt über den Erdhaufen, in den Mulden und über der Menge der Toten ein weisser Schneeschleier.

Zwei geduckte Gestalten bewegen sich im Nebel. Sie werden immer dunkler und erreichen uns. Dann rufen sie uns an. Es ist die Ablösung. Sie haben rotbraune und feuchtkalte Gesichter und Bäckchen wie glasierte Ziegelsteine; aber auf ihren Mänteln liegt kein Schnee, denn sie haben unter der Erde geschlafen. Paradis stemmt sich hinaus. Ich folge in der Ebene seinem St. Niklausrücken und den Entenspuren seiner Schuhe, die beim Gehn die weissen Klumpen filziger Sohlen abheben. So kehren wir gebückt in den Schützengraben zurück; die Spuren der Leute, die uns abgelöst haben, sind in der dünnen, weissen Schicht, die den Boden bedeckt, schwarz eingezeichnet.

Ueber dem Schützengraben hängen stellenweise an Pfosten breite, unregelmässige Zelte reifschimmernd oder mit weissem Samt besetzt. Hier und dort stehen Wachen. Zwischen ihnen hocken jammernde Gestalten, die sich gegen die Kälte zu wehren versuchen und den armseligen Herd ihrer Lungen verteidigen; andere sind starr wie Eis. Ein Toter liegt mit der Brust und den zwei Armen auf der Böschung, die Füsse aber stehn im Graben. Er wühlte die Erde, als er starb.Sein Gesicht starrt zum Himmel und hat einen eisigen Aussatz; das Augenlid ist weiss wie das Auge selbst, und an seinem Schnurrbart hängt ein gefrorner Geifer. Andere Leiber liegen schlafend; sie sind weniger weiss als die übrigen; denn die Schneeschicht liegt unberührt nur auf den Dingen: auf den Gegenständen und auf den Toten.

* Wir müssen schlafen.

Ich suche mit Paradis nach einem Unterschlupf, einem Loch, wo man sich verkriechen und die Augen schliessen kann.

* Wenn's auch Leichen im Unterstand hat, mir schnuppe, murmelte Paradis. Sie werden sich schon zusammennehmen bei der Kälte, und brav sein.

Wir schleppen uns weiter; wir sind so matt, dass unsre Blicke auf dem Boden schleifen.

Ich bin allein. Wo ist Paradis? Er hat sich offenbar in irgend eine Ecke gelegt. Vielleicht auch hat er mich gerufen, ohne dass ich es gehört habe.

Ich begegne Martherau.

* Ich such mir 'n Platz aus zum Schlafen, ich war auf Wache, sagt er zu mir.

* Ich auch. Wir können miteinander auf die Suche gehn.

* Was ist das für ein Lärm, man hört immer Schprum? sagt Marthereau.

Ein Gemurmel und Getrippele, und dann werden Stimmen laut, wie aus einem Gedränge; es tönt aus dem Laufgraben, der hier einmündet.

* Die Laufgräben sind voll Leute ... Was für welche seid ihr? ...

Einer von denen, die jetzt plötzlich um uns her sind, antwortet:

* Wir sind vom 5. Bataillon.

Die Ankömmlinge ruhen aus; sie stecken in voller Ausrüstung. Der Soldat, der vorhin Antwort gab, setzt sich erschöpft auf den Bauch eines Erdsackes, der aus der Reihe heraustritt; dann stellt er seine Handgranaten vor die Füsse und wischt sich die Nase mit dem Aermel.

* Was macht ihr hier, in der Gegend? Hat man euch was gesagt?

* Ja, schon eher: zum Angriff gehts. Dorthin, bis ganz rauf.

Und mit dem Kopfe nickt er nach Norden.

Unsre Neugierde, die sie betrachtet, bleibt an einer Einzelheit hängen:

* Habt ihr euer ganzes Bordell mitgeschleppt?

* Wir haben's lieber nicht zurückgelassen, deshalb.

* Vorwärts, Marsch! lautet ein Befehl.

Sie stehn auf und gehn weiter, im Halbschlaf, mit aufgeschwollenen Augen und deutlich erkennbaren Runzeln. Es hat Jünglinge dabei mit dünnem Hals und leeren Augen, und alte Leute und in der Mitte gewöhnliche Soldaten. Sie gehn friedfertigen und alltäglichen Schrittes vorbei. Und das, wozu sie bestimmt sind, scheint uns, die wir es am Tag zuvor bereits vollbracht haben, menschliche Kräfte zu übersteigen; und dennoch marschieren sie dem Norden zu.

* Das Erwachen der Verurteilten, meint Marthereau.

Und man drückt sich auf die Seite mit einer gewissen Bewunderung und mit einem Gefühl des Schreckens. Und als sie vorüber waren, nickt Marthereau mit dem Kopf und murmelt:

* Auf der andern Seite machen sich jetzt auch welche in grauen Uniformen zum Angriff fertig. Glaubst du, denen ist es drum? Da müsst doch schon einer verrückt sein. Aber warum sind sie dann hergekommen? Ich weiss ja schon, sie sind's ja nicht gewesen; aber sie sind's doch, sie sind doch hergekommen ... Ich weiss ja schon, weiss ja schon, aber ... merkwürdig ist es doch.

Eben geht jemand vorbei; sein Erscheinen bringt uns auf andere Gedanken:

* Da, das ist der Dings da, wie heisst er nur, ja, der Lange, weisst doch? Ist der Kerl spitzig; s' Mass hat er auch! Ich weiss ja schon, bei mir fehlt's etwas an der Länge,

aber der übertreibt doch. Aber auf dem Laufenden ist er immer, der Doppelmeter! Ein Auskunftsbureau ist das reinste Fragezeichen dagegen. Komm, der weiss uns vielleicht eine Hütte.

* Hütten? Und ob! antwortet der Lange und beugt sich dabei zu Marthereau hin wie ein Pappelbaum. Natürlich, du alter Karpate. Haufenweise! Dabei streckte er seinen Ellenbogen und wies wie ein Telegraphensignal nach der Richtung hin: "Villa Hindenburg", und dort "Villa Glück auf". Und wenn ihr nicht zufrieden seid, dann seid ihr eben anspruchsvoll. Vielleicht hat's allerdings schon ein paar Gäste drin, aber das sind stille Mieter, und du kannst vor ihnen ohne Schaden laut reden.

* Gottverdammich! ... rief Marthereau aus, nachdem wir uns eine Viertelstunde schon in einem ausgehöhlten Loch eingerichtet hatten, von diesen Mietern hat er nichts gesagt, der lange Blitzableiter, 's ist haarsträubend!

Seine Augendeckel fielen zu; aber sie gingen bald wieder auf, und er kratzte sich Arme und Hüften.

* Die nötige Bettschwere hab ich schon, aber schnarchen kannst du doch nicht, 's ist nicht zum Aushalten.

Wir gähnten, seufzten und zündeten schliesslich einen Kerzenstummel an; aber er wollte kaum brennen, obwohl wir die Hände davor hielten; denn es war feucht. Dann sahen wir uns gähnend an.

Der deutsche Unterstand hatte verschiedene Abteile. Wir lagen an einer schlecht angefügten Bretterwand. Auf der andern Seite, im Keller Nr. 2, kauerten ebenfalls wachende Leute; man sah das Licht durch die Spalten sickern und hörte das Geräusch der Stimmen.

* Es ist der andre Zug, sagte Marthereau. Dann horchten wir automatisch hin.

* Als ich auf Urlaub war, brummte ein unsichtbarer Erzähler, waren wir zuerst traurig, weil wir an meinen armen Bruder denken mussten. Seit März ist er vermisst und wahrscheinlich tot, und mein armer, kleiner Julien, vom Jahrgang 15, der ist in der Oktoberschlacht gefallen. Und dann haben wir uns allmählich gefreut, sie und ich, dass wir beieinander waren, verstehst du? Unser kleines Nesthäkchen ist fünf Jahr alt; der hat uns die Zeit vertrieben. Soldaten wollte er mit mir spielen. Ich hab ihm 'ne Knallbüchse gebastelt, hab ihm den Schützengraben erklärt, da hat er gezittert vor Freude wie ein Spatz und schoss mich an und

brüllte dabei. Ha! Und einen Radau hat er verführt! Das gibt mal einen tüchtigen Soldaten. Der hat den richtigen, militärischen Geist!

Dann war wieder alles still. Dann wogten die Stimmen wieder auf, und mitten aus dem Gespräch heraus hörte man das Wort: "Napoleon"; dann meinte eine andere, oder vielleicht auch dieselbe Stimme:

* Der Wilhelm ist ein gemeines Biest, dass er den Krieg gewollt hat. Aber Napoleon, das war ein grosser Mann!

Marthereau kniet vor mir im armseligen und dünnen Schein unserer Kerze, mitten in diesem dunkeln und schlecht verstopften Loch, in das von Zeit zu Zeit die Kälte durchdringt und das Ungeziefer herumkrabbelt und wo die hockenden Klumpen der armen Lebenden einen muffigen Grabgeruch verbreiten ... Marthereau sieht mich an; wir hören noch beide, wie der anonyme Soldat die Worte ausspricht: "Der Wilhelm ist ein gemeines Biest, aber Napoleon, das war ein grosser Mann", und wie er dann den Kriegseifer seines letzten Jungen feierte. Dann lässt Marthereau seine Arme sinken, schüttelt seinen müden Kopf, und das schwache Licht wirft auf die Bretterwand den Schatten dieser doppelten Geste als Karikatur.

* Ach Gott, sagt mein bescheidener Kamerad, wir sind alle keine schlechten Kerle und dazu noch arme Unglücksteufel. Aber dumm sind wir, jawohl, wir sind zu dumm!

Dann sieht er mich wieder an. Aus seinem haarigen Pudelgesicht leuchten zwei schöne Hundeaugen heraus; sie träumen und wundern sich und denken noch sehr verworren über Dinge nach; aber in ihrer keuschen Bescheidenheit geht ihnen ein Verständnis auf. Wir verlassen diesen unwirtlichen Unterstand. Das Wetter ist ein wenig milder geworden; der Schnee ist geschmolzen und alles hat sich mit Dreck überzogen.

* Der Wind hat den Zucker abgeschleckt, sagt Marthereau.

~

Ich habe den Befehl, Joseph Mesnil zum Verbandposten an der Pylônes-Strasse zu führen. Sergeant Henriot übergibt mir den Verwundeten und den Evakuations-Schein.

* Wenn ihr unterwegs Bertrand begegnet, sagt Henriot, sagt ihm, er soll ein bisschen dally machen, verstanden? Bertrand ist heut Nacht Verbindungsposten gewesen; seit einer Stunde lässt er schon auf sich warten, der Alte verliert die Geduld und jeden Augenblick packt ihn die Wut.

Ich mache mich mit Joseph auf den Weg. Er ist ein wenig bleicher als gewöhnlich und stumm wie immer. Er geht ganz langsam. Von Zeit zu Zeit bleibt er stehn und verzerrt sein Gesicht. Wir gehn den Laufgräben nach.

Plötzlich kommt ein Soldat; es ist Volpatte und er meint:

* Ich geh mit euch bis zum Hügel runter.

Er hat nichts zu tun, hält einen prächtigen, gewundenen Stock in der Hand und schüttelt wie Kastagneten seine wertvolle Schere, von der er sich niemals trennt. Wir steigen aus dem Laufgraben heraus, denn hier senkt sich das Gelände; es ist keine Kugelgefahr vorhanden, und die Kanonen sind jetzt verstummt. Kaum haben wir den Graben verlassen, so stossen wir auf eine Ansammlung von Menschen. Es regnet. Durch die schweren Beine hindurch, die wie Trauerbäume aus dem Boden wachsen, sieht man, im Nebeldunst, auf der grauen Ebene einen Toten liegen.

Volpatte drückt sich bis zur liegenden Gestalt hin, um welche jene senkrechten Menschen stehn. Dann kehrt er sich plötzlich um und ruft uns zu:

* Es ist Pépin!

* So! sagt Joseph, der nah einer Ohnmacht ist.

Er stützt sich auf mich und wir treten näher. Pépin liegt da, verzerrt, mit ausgestreckten Beinen und Armen; sein Gesicht ist aufgedunsen, beschädigt und furchtbar grau.

Dann erzählt uns einer, der eine Hacke in den Händen hält, mit schweisstriefendem Gesicht, das von lauter schwarzen Falten durchfurcht ist, den Tod Pépins:

* Er war in ein Loch gekrochen, wo die Deutschen sich verschanzt hatten. Keiner wusste davon, und da haben sie die Hütte eingeräuchert und haben den armen Kleinen nach der Operation tot aufgefunden, verzerrt wie 'ne Katzenkuttel, mitten im deutschen Fleisch drin; das hatte er aber vorher geschlachtet und zwar nach allen Regeln der Kunst; ich bin Metzger bei Paris, ich kann's beurteilen.

* Wieder einer weniger in der Korporalschaft! sagte Volpatte: dann gingen wir weiter.

Jetzt stehn wir oben auf der Höhe am Rand jener Hochebene, über die wir so wahnsinnig Sturm gelaufen waren; gestern abend war's, und wir erkennen sie nicht mehr. Ich hatte damals den Eindruck einer vollständig flachen und horizontalen Ebene; tatsächlich aber fällt sie ab und ist zu einem erschreckenden Leichenfeld geworden. Es wimmelt von Toten darauf; es sieht aus wie ein Kirchhof, dessen obere Schicht abgetragen worden sei.

Gruppenweise gehen Leute über die Ebene und identifizieren die Toten, die gestern und in der Nacht gefallen sind, durchsuchen die Ueberreste und erkennen sie an einzelnen Merkmalen trotz ihrer zerstörten Gesichter. Einer jener Suchenden zieht aus der Hand eines Toten eine zerfetzte Photographie; sie ist verwischt, ein gemordetes Bild. Schwarzer Granatenrauch wirbelt in der Ferne auf und donnert über den Horizont; Rabenheere fegen mit breitem, schwarz getupftem Flug über den Himmel.

Unten liegen Zuavenschützen und Fremdenlegionäre unter der Masse jener Unbeweglichen; sie rühren noch vom Maiangriff her; denn sie sind schon aufgelöst und wie weggewischt. Unser äusserster Flügel befand sich damals fünf oder sechs Kilometer von hier entfernt, beim Wald von Berthonval. Jener Angriff war einer der schrecklichsten in diesem Krieg und in allen Kriegen; sie waren damals bis hierher im Laufschritt angestürmt. Dabei aber hatten sie sich als einzelnen Punkt aus der ganzen Sturmwelle zu weit vorgewagt und waren von rechts und links durch die Maschinengewehre angeschossen worden. Monate lang lagen sie schon da mit ausgehöhlten Augen und zerfressenen Backen; aber jetzt noch erkennt man an den zerstreuten Ueberresten, die vom Unwetter verweht und fast zu Asche zersetzt waren, die furchtbaren Verwüstungen der Maschinengewehre, die sie zerfetzt hatten; Rücken und Lenden hatten sie ihnen durchlöchert und mitten durchgehackt. Schwarze und wachsartige Köpfe ägyptischer Mumien liegen herum; Larvenklumpen und Ueberreste von Insekten hängen an ihnen, und in hohlen Löchern starren weisse, spitze Zähne; dann wimmelt es von armseligen düsteren Stümpfen, wie ein entblösstes Wurzelfeld; daneben entdeckt man abgeschabte, gelbe Schädel, die eine Zuavenmütze aus rotem Tuch bedeckt, darüber einen grauen Ueberzug, der wie Papyrus zu Staub wird. Schenkelbeine starren aus Lumpenbündeln, die ein rötlicher Kot beklebt; oder man sieht aus einem faserigen Tuchloch, das eine pechartige Masse beschmiert, das Bruchstück eines Rückgrates herausragen. Rippen liegen auf dem Boden herum wie alte zerbrochne Käfige; darüber schwimmen zernagte Lederfetzen,Feldflaschen, durchlöcherte und plattgequetschte Gamellen. Ein zerhackter Tornister liegt, auf einem Haufen von Knochen, Stoff und Rüstzeug; um diesen liegen in regelmässigen Abständen, weisse Punkte ausgesät; und wenn man sich hinbückt, erkennt man die Fuss- und Handgerippe eines Etwas, das früher einmal eine Leiche war.

Mitunter schaut aus länglichen Erdhöckern ein Stückchen Stoff heraus * denn allmählich sind jene unbegrabenen Leichname doch in die Erde hineingekrochen * und man erkennt nur noch, dass auf diesem Erdfleck ein menschliches Wesen zu Staub geworden ist.

Die Deutschen, die gestern hier standen, haben, ohne sie zu begraben, ihre Soldaten neben den unsern liegen lassen; so sieht man an einer Stelle drei verfaulte Leichen aufeinander, ineinander liegen; sie tragen graue Feldmützen, deren roter Rand unter einem grauen Band versteckt liegt; sie tragen graugelbe Röcke und haben grüne Gesichter. Ich entziffere die Gesichtszüge des einen: von den Tiefgründen seines Halses bis zu den Haarbüscheln, die am Rande seiner Mütze kleben, sieht man eine erdfahle Masse; das Gesicht ist zu einem Ameisenhaufen verwandelt, und an Stelle der Augen zwei verfaulte Früchte. Der andere ist leer und ausgetrocknet; er liegt platt auf dem Bauch mit zerlumptem, beinahe flatterndem Rücken; die Hände, die Füsse und das Gesicht stecken in der Erde.

* Schaut her! Der ist noch frisch, der da ...

Auf der Ebene, im regnerischen und eisigen Luftdunst, am fahlen Nachtage der mörderischen Orgie liegt ein Kopf, ein blutloser und feuchter Kopf mit einem schweren Bart. Es ist einer der unseren: der Helm liegt daneben. Die geschwollenen Augenlider lassen etwas vom düstern Porzellan seiner Augen erkennen; in seinem dunkeln Bart leuchtet die Lippe wie eine Schnecke. Wahrscheinlich fiel er in ein Granatenloch, das eine zweite Granate wieder zuschüttete; so wurde er bis an den Hals begraben, wie jener Deutsche mit dem Katzenkopf beim Cabaret Rouge.

Ich kenne ihn nicht, sagt Joseph, der sich sehr langsam vorwärts bewegt und mit Mühe spricht.

* Ich erkenne ihn schon, antwortet Volpatte.

* Den Bärtigen da? macht Joseph mit bleicher Stimme.

* Er hat gar keinen Bart. Pass mal auf.

Volpatte kniet nieder, fährt mit seinem Stock unter das Kinn des Toten und löst darunter eine Art Kotpflaster ab, auf dem der Kopf ruhte; der Kotklumpen aber täuschte einen Bart vor. Dann hob er den Helm auf, setzte ihn dem Toten auf den

Kopf und hielt ihm einen Augenblick die zwei Ringe seiner berühmten Schere wie eine Brille vor die Nase.

* Jetzt rufen wir beide aus: es ist Cocon!

* Ja, ja!

Wenn man den Tod eines Menschen erfährt oder sieht, an dessen Seite man gekämpft und mit welchem man ein gemeinsames Leben geführt hat, empfindet man zuerst einen heftigen Stoss ins eigne Fleisch, bevor man sein Verschwinden begreift. Es ist, als erfahre man plötzlich ein wenig sein eigenes Sterben. Erst nach einer Weile befällt einen die Trauer um den Verlornen.

Wir betrachten das scheusslich zugerichtete Gesicht, das gemordete Gesicht, dessen Anblick grausamerweise die Erinnerung an den früheren Menschen verwischt. Noch einer dahin ... Und wir stehn, wie von einer Angst befallen, um ihn herum.

* Es war ...

Man möchte etwas sagen, findet aber nichts, das ernst, wahr und wichtig genug wäre.

* Gehn wir weiter, sagt Joseph mühevoll, den seine körperlichen Schmerzen erschöpfen, ich hab nicht mehr die Kraft, die ganze Zeit stehen bleiben zu können.

Darauf trennen wir uns von Cocon, dem Exziffermenschen und werfen ihm einen letzten, kurzen, fast zerstreuten Blick zu.

* Das stellt sich keiner vor ... sagt Volpatte.

... Nein, das stellt sich keiner vor. All dieses gleichzeitige Sterben macht einen fast wahnsinnig. Es gibt nicht genug Ueberlebende mehr. Aber man begreift fast die Grösse jener Toten. Sie haben alles hergegeben; ihre ganze Kraft opferten sie Tropfen für Tropfen, bis sie sich schliesslich ganz hergaben. Sie sind über das Leben hinausgegangen und ihr Opfer hat etwas übermenschliches und vollkommenes.

~

* Da! hier liegt einer, den hat's eben geputzt, und doch ...

Eine frische Wunde nässt den Hals eines fast skeletthaften Körpers.

... Das ist 'ne Ratte, sagt Volpatte. Die Leichen sind manchmal schon alt, aber die Ratten frischen sie immer wieder auf ... Du kannst verreckte Ratten * vielleicht dass sie vergiftet sind * bei jeder Leiche oder drunter liegen sehn. Pass mal auf, der arme Kerl hier hat sicher auch welche.

Dabei hebt er die flache Leiche mit dem Fuss und in der Tat liegen zwei tote, erdrückte Ratten darunter.

Ich möchte Farfadet wieder finden, sagt Volpatte. Ich hab ihm gesagt, er soll warten, als wir gestern hier rennen mussten und er mich mit den Händen festhielt. Wenn er nur gewartet hat, der arme Kerl?

Dann geht er hin und her. Eine seltsame Neugierde zieht ihn zu den Toten hin. Aber die Toten sind teilnahmslos und schicken ihn sich gegenseitig zu; dabei schaut er bei jedem Schritt zu Boden. Plötzlich stösst er einen verzweifelten Schrei aus, winkt uns zu und kniet vor einem Toten hin.

* Bertrand.

Ein schneidender und heftiger Schmerz packt uns. Gott, jetzt ist auch er gefallen, wie die andern, er, der uns alle mit seiner Energie und seinem klaren Kopf am meisten beherrschte! Er hat sich töten lassen, hat sich endlich töten lassen aus reinstem und unausgesetztem Pflichtgefühl. Er hat endlich den Tod an seinem Orte gefunden!

Wir betrachten ihn; dann wenden wir die Blicke von dieser Vision und sehn uns an.

* Ach Gott! ...

Wir empfinden den Schmerz seines Hinschiedes; er ist um so furchtbarer, als sein Leichnam schrecklich aussieht. Der Tod hat dieser so schönen und ruhigen Erscheinung die Maske und die Gebärde des Grotesken aufgedrückt. Die Haare hängen ihm wirr über die Augen, der Schnurrbart geifert aus dem Mund, das Gesicht ist aufgedunsen und lacht. Das eine Auge steht weit offen, das andere ist geschlossen und er streckt die Zunge heraus. Die Arme liegen gekreuzt übereinander, mit offenen Händen und gespreizten Fingern. Sein rechtes Bein liegt nach der einen Seite ausgestreckt; das linke ist von einem Granatenschuss zerschmettert; aus dieser Stelle floss das Blut, bis er starb. Dieses zerfetzte Bein liegt kreisförmig, breiartig und ohne Gerippe auf dem Boden. Eine düstere Ironie liess das letzte Aufzucken jenes Todeskampfes in einer Bajazzofratze erstarren.

Wir ordnen den Leichnam und beruhigen diese fürchterliche Maske. Volpatte hat Bertrands Brieftasche herausgezogen und will sie im Bureau abgeben; unterdessen legt er sie ehrfurchtsvoll zu seinen eignen Papieren, zusammen mit dem Bild seiner Frau und seiner Kinder. Nachdem dies besorgt ist, schüttelt er den Kopf:

* Das war wirklich ein Kerl! Wenn der was sagte, war's auch ein Beweis, dass es stimmte. Den hatten wir nötig!

* Jawohl, sagte ich, den hätten wir immer nötig gehabt.

* Ach Gott, ach Gott! ... murmelte Volpatte und zitterte.

Joseph aber wiederholte ganz leise: * Herrgott! Herrgott!

Es wimmelt von Menschen in der Ebene wie auf einem öffentlichen Platz. Fassmannschaften gingen vorüber, gruppenweise und vereinzelt. Die Krankenträger beginnen geduldig und bescheiden ihre ungeheure und übergrosse Arbeit.

Volpatte verlässt uns und geht in den Schützengraben zurück, um dort unsre neuen Verluste und vor allem die grosse Lücke anzuzeigen, die Bertrands Hinschied bei uns offen lässt. Zu Joseph sagt er noch:

* Wir werden uns schon nicht aus den Augen verlieren? Schreib mal von Zeit zu Zeit ganz kurz: "Es geht alles gut, und drunter: Camembert", nicht?

Dann verschwindet er unter den Leuten, die sich in der weiten Ebene kreuzen, in der weiten Ebene, die ein endloser Regen völlig überströmt.

Joseph stützt sich auf mich. Wir steigen den Abhang hinunter.

Der Abhang heisst les Alvéoles des Zouaves ... (die Zuaven-Zellen). Im Mai-Angriff hatten die Zuaven hier den Bau von Einzel-Unterständen begonnen, waren aber dabei niedergeschossen worden. Man sieht welche, über einem angeschnittenen Loch liegen; sie halten in ihren fleischlosen Händen noch die Schaufel oder starren sie an aus tiefen Augenhöhlen, in denen das Innere ihrer Augen zusammengeschrumpft ist. Die Erde ist derart mit Toten bedeckt, dass die abgerutschten Erdmassen mit herausstarrenden Füssen und halb bekleideten Skeletten gespickt sind; daneben liegen dicht aneinander Schädelmassen auf der steilen Wand, wie Porzellanpokale.

Die Erde birgt hier mehrere Leichenschichten; an mehreren Stellen haben die wühlenden Granaten die älteste Schicht heraufgeholt, über die letzten geschaufelt und darüber ausgebreitet. Unten in der Schlucht liegt alles voll Waffenstücke, Wäsche und Gerätschaften. Man tritt auf Granatsplitter, auf Eisen, auf Brot und sogar auf Zwieback, der aus dem Tornister gefallen und vom Regen noch nicht aufgesaugt ist. Die Kugeln haben die Gamellen, die Konservenbüchsen und die Helme wie Siebe durchlöchert; die reinste Siebausstellung; auch die stehngebliebenen Pfähle sind mit Löchern betupft.

Die Gräben, die sich durch dieses Tälchen schlängeln, sehn aus, als seien sie vom Erdbeben hineingerissen worden; man hat den Eindruck, es seien hier Wagenladungen verschiedener Gegenstände über die Ruinen eines Erdbebens abgeladen worden. Und dort, wo keine Toten mehr liegen, sieht die Erde selbst wie ein Leichnam aus.

Jetzt kommen wir in den internationalen Laufgraben; überall ist er mit bunten Lappen behangen. Dieses Durcheinander von zerrissenen Stoffetzen verleiht dem unförmigen Graben das Aussehen, als sei er ermordet worden, er windet sich an dieser Stelle in ungleichmässiger Schlangenlinie und bildet einen Bogen. Auf der ganzen Strecke bis zu einem Erdwall, der ihn absperrt, liegen deutsche Leichen durcheinander, wie Sturzwellen verdammter Seelen ineinander verknotet. Einige ragen aus Kothöhlen, mitten aus einer unentwirrbaren Anhäufung von Balken, Seilen, Eisenbändern, Schanzkörben, Flechtwerk und Stahlplatten heraus. Am Erdwall steht eine Leiche aufrecht in die andern hineingepflanzt; an der gleichen Stelle ragt ein anderer schief in den trostlosen Nebelrauch hinein; die beiden zusammen erinnern an ein grosses eingesunkenes Rad, an den zerfetzten Flügel einer Windmühle; über diesen Kehricht- und Leichentrümmern aber liegen zahllose Heiligenbildchen, Postkarten, fromme Büchlein und Buchseiten ausgestreut, auf denen Gebete in gotischer Schrift gedruckt stehn und die aus den aufgeschlitzten Kleidern haufenweise herausgeflogen sind. Diese Worte verblümen gleichsam mit ihrem tausendfach weissen Schimmer von Lügen und Unfruchtbarkeit jene verpesteten Gestade, jenes Tal der Verwesung.

Ich suche eine gangbare Stelle, über die ich Joseph führen könnte, denn seine Wunde entkräftet ihn mehr und mehr: er fühlt, wie sie durch seinen ganzen Körper sickert. Während ich ihn stütze und er leer in den Tag schaut, betrachte ich den schaurigen Zusammensturz, über den wir schreiten.

Ein Feldwebel sitzt und lehnt mit dem Rücken an zerrissne Bretter, die dort, wo wir hintreten, einen Horchposten bildeten. Man entdeckt unter seinem Auge ein kleines Loch; ein Bajonettstoss hat ihn mit dem Gesicht an die Bretter genagelt. Daneben sitzt ein anderer, die Ellenbogen auf die Knie gestützt und die Fäuste am Hals; ihm hat es den oberen Teil des Schädels abgedeckt wie bei einem hartgekochten Ei ... Neben beiden steht, wie ein schrecklicher Wächter, ein halber

Mensch; er ist vom Scheitel bis zum Gesäss entzweigehauen und lehnt aufrecht an die Erdwand. Man weiss nicht, wo die andere Hälfte dieses menschlichen Pfahles liegt, dessen Auge an der oberen Spitze hängt und dem sich die bläulichen Eingeweide spiralenförmig um das Bein wickeln.

Mit dem Fuss reisst man aus erstarrten Blutklumpen französische Bajonette heraus, die durch den Anstoss verbogen, verdreht und gekrümmt sind.

Durch eine Scharte des zerhackten Walles entdeckt man einen Schacht, in welchem die Leichen preussischer Gardesoldaten scheinbar in aufrechter Stellung knien; sie sind von hinten angeschossen, mit blutigen Löchern, wie aufgespiesst. Aus ihrer Gruppe hat man einen ungeheuern senegalesischen Jäger auf den Grabenrand gehisst; er starrt versteinert in der gewundenen Stellung, in der der Tod ihn erwischte und ragt in die leere Luft, an die er seine Füsse krallt; dabei starrt er seine abgehauenen Handgelenke an; offenbar hat ihm die Granate, die er in den Händen hielt, dieselben beim Platzen abgerissen; es wimmelt in seiner Fratze, als kaue er Würmer.

* Hier, erzählt uns ein Alpenjäger, haben sie den Trick mit der weissen Fahne versucht. Aber sie hatten's mit Schwarzhäutern zu tun; die haben's natürlich nicht gefressen! ... Da, hier hängt grad die weisse Fahne, die die Mistkerle geschwungen haben.

Dabei packt er und schwingt einen langen Stiel, der auf dem Boden lag und an den ein Viereck weissen Stoffes genagelt war und sich unschuldig entfaltet ...

Ein Bandwurm von Schaufelträgern windet sich durch den zerstörten Graben. Sie haben den Befehl, die Erde in die noch offenen Schützengräben zu schaufeln, alles zu verstopfen und die Leichen an Ort und Stelle zu begraben. So machen sich denn diese behelmten Leute an die Arbeit und vollbringen hier als Richter ihr Werk, geben dieser Landschaft ihre volle Gestalt zurück und füllen die Löcher wieder aus, die mit den abgeworfenen Ladungen der Eindringlinge schon halb zugeschaufelt sind.

~

Auf der andern Seite des Grabens ruft mich einer an: der Mann sitzt auf der Erde an einen Pfahl gelehnt. Es ist Vater Ramure. Durch den Spalt seines Mantels und durch seinen aufgeknöpften Rock hindurch sieht man den Verband, der seine Brust umwickelt.

* Die Krankenwärter haben mich verbunden, sagt er mit hohler und schwacher Stimme, die der Atem beengt; aber vor heut abend können sie mich nicht wegtragen. Aber ich weiss schon, jeden Augenblick kann's mit mir aus sein.

Dann nickt er mit dem Kopf:

* Bleib noch ein bisschen da, bittet er mich.

Er wird weich und die Tränen rollen ihm aus den Augen. Er streckt mir die Hand hin und hält die meine zurück. Dann möchte er sich aussprechen und sowas wie eine Beichte ablegen.

* Ich war ein ehrlicher Mensch vor dem Krieg, sagt er, und seine Tränen fliessen ihm dabei in den Mund. Ich hab von morgens bis abends gearbeitet für die ganze Familie. Und dann bin ich hierher gekommen, um Deutsche kaput zu machen. Und jetzt bin ich getötet worden ... Hör nur weiter, hör doch, geh nicht fort, hör mich nur an ...

* Ich muss Joseph fortbringen, er kann nicht mehr. Nachher komm ich wieder.

Ramure sah den Verwundeten mit tränenden Augen an.

* Er lebt, er, und ist noch verwundet dazu! Er hat sich den Tod vom Halse geschafft! Es hat doch Frauen und Kinder, die Glück haben. Also dann geh und bring ihn hin und dann komm wieder ... Hoffentlich kann ich warten bis dahin ...

Jetzt gehts den andern Abhang des Tales hinauf. Wir münden in die unförmige und übel hergenommene Senkung des 97er Laufgrabens.

Da zerreisst plötzlich ein tobsüchtiges Sausen die Luft. Ein Schrapnellregen über uns, dort oben ... Aus dem Schosse der ockergelben Wolken flammen Meteorsteine und zerstieben in einen fürchterlichen Dunst. Rollende Ladungen wälzen sich am Himmel und zerschellen auf dem Abhang; platzend und brennend wühlen sie den Hügel auf und scharren das alte Weltgerippe ans Licht. Und die krachenden Flammen sind so zahlreich, dass sie eine regelmässige Linie bilden.

Wieder fängt ein Sperrfeuer an.

Und wie Kinder schreien wir:

* Genug! Genug!

In dieser unerbittlichen Werkstatt des Todes, in der automatischen Katastrophe, die uns durch den Raum hetzt, liegt etwas übernatürliches, das die Kräfte und die

Willenskraft aufs äusserste treibt. Joseph, der mich bei der Hand hält, starrt aufrecht stehend über seine Schultern hinweg den berstenden Platzregen der Geschosse an. Er beugt den Kopf wie ein gehetztes und verlornes Wild.

* Herrgott, ist's noch nicht genug! Hat's denn überhaupt kein Ende damit! knurrte er. Alles was man doch schon durchgemacht und erlebt hat ... Und jetzt gehts von neuem wieder los! Wahnsinnig, wahnsinnig I

Er fällt auf die Knie, bebt und wirft einen hasserfüllten Blick vorwärts und zurück. Dann wiederholt er:

* Hats denn kein Ende, kein Ende!

Ich fasse ihn beim Arm und richte ihn auf.

* Komm, für dich wird's bald ein Ende haben.

Wir müssen hier abwarten, bevor wir den Aufstieg beginnen. Unterdessen könnte ich vielleicht zurück zu Ramure, der in seiner Todesstunde auf mich wartet. Aber Joseph klammert sich an mich und zudem sehe ich geschäftige Leute dort, wo ich den Sterbenden habe liegen lassen. Ich glaube zu verstehn: es ist nicht mehr der Mühe wert, dass ich hingehe.

Die Erde der Schlucht, in der wir beide eng verschlungen sitzen, erzittert unter dem Gewitter; bei jedem Knallstoss fühlt man den dumpfen Glühhauch der Geschosse. Hier aber im Schacht droht uns kaum eine Gefahr. Bei der ersten Pause lösen sich andere, die wie wir den Augenblick abwarteten, vom Boden ab und steigen den Abhang hinauf: Träger sind es, die sich in stets erneuter Anspannung den Berg hinaufarbeiten mit der Last eines Menschenleibes; und sie sind wie hartnäckige Ameisen, die immer wieder über die Sandkörner straucheln; andere gehn zu zweit oder vereinzelt: Verwundete oder Verbindungsposten.

* Gehn wir jetzt, sagt Joseph, mit gebrochenen Schultern und misst mit dem Blick den Abhang, die letzte Strecke seines Schmerzensweges.

Bäume starren aus der Erde: Wundgerissene Weidenstämme, die einen breit wie Gesichter, die andern ausgehöhlt, klaffend wie aufrecht stehende Särge. Das Gelände, in dem wir uns verzweifelt hinaufarbeiten, ist ein zerfetztes und zertrümmertes Gewühle von Höckern, Löchern und düsteren Blähungen, als habe sich die ganze Wolkenladung des Gewitters auf die Erde gewälzt. Und über der gemarterten und schwarzen Natur heben sich gestürzte Baumstämme ab, die über den Rand eines braunen, gestreiften, stellenweise milchigen und finster aufblitzenden Himmels * über einen Onyxhimmel * als Schatten hinkriechen.

Am Eingang des 97er Grabens, quer über den Weg, windet eine erschlagene Eiche ihren mächtigen Leib.

Eine Leiche versperrt den Laufgraben. Kopf und Beine sind verscharrt. Sumpfwasser sickert in den Graben und ergiesst sich über die Ueberbleibsel einer sandigen Feldbrustwehr; und unter diesem feuchten Schleier liegt die Rundung des Bauches und der Brust, die ein Hemd bedeckt.

Wir steigen über diese erstarrten Ueberreste; sie sind schleimig und leuchten wie der Bauch einer verengten Rieseneidechse. Hier kommt man schwer vorwärts, denn der Boden ist aufgeweicht und glitschig; man muss daher die Hände bis zu den Knöcheln in den Kot der Böschung stossen.

In diesem Augenblick fährt ein höllisches Pfeifen über uns her. Man beugt sich wie ein Schilfrohr. Das Schrapnell platzt vor uns in der Luft, betäubt, blendet und verschüttet uns unter einem finstern und schaurig pfeifenden Rauchberg. Ein Soldat, der den Berg hinaufstieg, flatterte mit den Armen durch die Luft und verschwand in irgend eine Tiefe geschleudert. Schreie gellen auf und fallen überschüttet zu Boden. Jetzt reisst der Wind die grossen, schwarzen Schleier von der Erde und jagt sie zum Himmel; dann sieht man, wie die Krankenträger die Tragbahre abstellen, nach der Stelle laufen, wo das Geschoss einschlug und eine haltlose Masse aufheben * dabei rufe ich das Bild jener Nacht vor die Seele, als mein Waffenbruder Poterloo hoffnungsvollen Herzens in der Flamme einer Granats mit ausgestreckten Armen davongeflattert ist.

Endlich erreichen wir die Höhe; wie ein Signal steht dort gespensterhaft ein Verwundeter; er steht da, aufrecht im Wind, geschüttelt, aber aufrecht, im Boden eingewurzelt, in seiner hoch aufgestülpten Mütze, die im Winde flattert, sieht man sein verzerrtes und brüllendes Gesicht und darin geht man vorbei an dieser schreienden Baumgestalt.

~

Wir haben jetzt unsre frühere erste Linie erreicht, von der wir damals ausgegangen waren. Wir setzen uns auf ein Schiessbrett und lehnen uns an die Tritte, die die Sappeure im letzten Moment vor unserm Angriff ausgegraben hatten. Der Radfahrer Euterpe, den wir seither wieder gesehn haben, geht vorbei und sagt uns guten Tag. Nachdem er schon an uns vorbeigegangen war, kommt er wieder zurück und zieht aus dem Aermelaufschlag einen Brief, dessen Rand herausstand wie eine weisse Litze.

* Du übernimmst doch, sagt er zu mir, die Briefe des verstorbenen Biquet?

* Ja.

* Da ist einer wieder zurückgekommen. Die Adresse ist durchgebrannt.

Der Umschlag lag offenbar auf einem Paket im Regen und ist gewaschen worden, so dass man auf dem getrockneten und geschundenen Papier und aus dem violetten, verschwommenen Wasserglanz die Adresse nicht mehr entziffern kann. Das einzig lesbare ist in der Ecke die Adresse des Absenders ... Ich ziehe den Brief sachte heraus: "Liebe Mutter" ...

* Richtig! Jetzt erinnere ich mich wieder! ...

Biquet, der zur Stunde hier draussen liegt, hier in diesem Graben, in dem wir jetzt ausruhn, hat den Brief geschrieben; es ist noch nicht lange her; es war im Quartier von Gauchin-l'Abbé an einem jubelnden und prächtigen Nachmittag; er beantwortete einen Brief seiner Mutter, die sich unnütze Sorgen machte, was ihm lustig vorgekommen war ...

"Du glaubst ich müsse frieren und sei im Regen und in Gefahr. Stimmt nicht, im Gegenteil. Das hat alles aufgehört. Heiss ist es; man schwitzt und man hat nichts zu tun und kann im Sonnenschein herumbummeln.

Ich hab gelacht, wie ich deinen Brief gelesen hatte ..."

Ich schiebe den Brief in den verdorbenen und brüchigen Umschlag wieder hinein. Wenn der Zufall diese neue Ironie der Geschehnisse nicht verhütet hätte, so würde die alte Bauersfrau den Brief in dem Augenblick gelesen haben, da die Leiche ihres Sohnes in Kälte und Sturm als ein Häufchen feuchter Asche liegt und sickernd wie eine düstre Quelle über die Böschung des Grabens fliesst.

Joseph hat den Kopf zurückgeneigt. Plötzlich fallen seine Augen zu, sein Mund öffnet sich ein wenig und lässt stossweise den Atem heraus.

* Mut! sage ich zu ihm.

Er öffnet die Augen wieder.

* Ach! antwortet er, nicht mir musst du das sagen. Guck jene dort, die gehn wieder hin, und auch ihr werdet wieder hin müssen. Es wird weiter gehn für euch. Ja! es gehört wahrlich Kraft dazu weiter zu machen, weiter zu machen!

~

XXI. Der Verbandplatz

Von hier ab ist man den feindlichen Beobachtungsposten ausgesetzt und darf den Graben nicht mehr verlassen. Zuerst geht's an der Pylônesstrasse entlang. Der Schützengraben ist längs der Strasse eingegraben worden, aber die Strasse selbst ist weggewischt; ihre Bäume sind abgehauen, und der Graben hat sie auf ihrem ganzen Verlauf halb abgenagt und verschluckt; was von ihr übrig blieb, liegt unter der Erde und dem Gras verschüttet und geht im Laufe der Zeit in den Feldern auf.

An gewissen Stellen, dort wo in einem geplatzten Erdsack ein kotiges Loch klafft, erkennt man auf Augenhöhe die Steingrundlage der wundgenagten Exlandstrasse, oder die Wurzeln der Randbäume, die abgehauen und dem Böschungskörper einverleibt worden sind. Die Böschung ist ausgefranzt und ungleichmässig wie eine Erdwelle, eine Schuttwelle mit düsterm Schaum, die die grenzenlose Ebene ausgespuckt und bis an den Grabenrand gestossen hat.

Wir erreichen den Knotenpunkt. Im aufgeschütteten Erdhügel, der sich in dem grauen Dunst abzeichnet, steckt eine finstere Tafel schief im Wind. Das Grabennetz wird immer enger; die Leute, die von allen Punkten des Sektors nach dem Verbandplatz hinströmen, laufen zusammen und häufen sich in den tiefen Wegen an. Die trostlosen Gässchen sind mit Leichen bedeckt. In unregelmässigen Abständen sind frische Löcher bis unten in die Wand eingehauen; es sind frische Erdtrichter, die vom kranken Boden abstechen; dort hocken erdbeschmutzte Leiber, die Knie an den Zähnen, oder aufrecht und stumm an die Wand gelehnt wie ihre Gewehre, die wartend an ihrer Seite stehn. Einzelne jener stehn gebliebenen Toten wenden den Ueberlebenden ihr blutbespritztes Gesicht zu oder schauen sonst irgendwohin und tauschen Blicke mit der Leere des Himmels aus.

Joseph bleibt stehn und schöpft Atem. Ich muntre ihn auf wie ein Kind:

* Wir sind gleich da, wir sind gleich da.

Der Trübsalweg zwischen den finsteren Erdwällen wird noch enger. Man hat ein Gefühl der Beklemmung und ein böser Traum des Tiefersinkens schnürt und würgt einem die Kehle zusammen; in diesen Tiefgründen, deren Mauern scheinbar aneinanderrücken und sich schliessen, muss man stehn bleiben, sich durchwinden, sich abschinden und die Toten stören, man wird angerempelt von der regellosen Prozession derer, die unaufhörlich die hintere Front überschwemmen: Boten, Verstümmelte, Jammernde in rasender Hast und Schreiende, rot vor Fieber oder blass und vom Schmerze sichtbar geplagt.

~

Dieser Menschenhaufe rollt und staut sich und stöhnt am Kreuzweg, wo sich die Höhlen des Verbandspostens auftun.

Ein Arzt schwingt die Arme, schreit und verteidigt ein freies Plätzchen gegen die wachsende Flut, die an die Stelle des Unterstandes schlägt. Draussen vor dem Eingang legt er Notverbände an; es heisst, er und seine Assistenten hätten die ganze Nacht und den ganzen Tag ununterbrochen gearbeitet und Uebermenschliches geleistet.

Ein Teil der Verwundeten verschwindet, wenn er sie freigegeben hat, in den Schacht des Verbandpostens; ein anderer Teil kommt hinter die Front, in ein grösseres Feldlazarett, das in den Schützengräben auf der Strasse von Béthune eingerichtet wurde.

In der engen Mulde jener Grabenkreuzung warten wir, wie in einem Wunderhof (cour des miracles), zwei Stunden, hin und her gestossen, gequetscht, erstickt, geblendet, hocken wir aufeinander wie das Vieh in einer Stickluft von Blut und Schlachtfleisch. Gesichter verändern sich und fallen ein von Minute zu Minute. Einer der Patienten kann die Tränen nicht mehr zurückhalten, lässt sie kopfschüttelnd laufen und übergiesst damit seinen Nachbar. Ein anderer blutet wie ein Brunnen und schreit: "He da! Vergesst mich nicht!" Ein junger Mensch mit flackernden Augen, hebt die Arme hoch und brüllt wie eine verdammte Seele: "Ich brenne!" und er flucht und faucht wie ein Scheiterhaufen.

~

Joseph ist verbunden. Er drückt sich durch zu mir und reicht mir die Hand.

* Es ist nicht schlimm, haben sie gesagt; leb wohl, sagt er zu mir.

Im gleichen Augenblick trennt uns das Gedränge voneinander. Der letzte Blick, den ich ihm zuwerfe, zeigt mir noch sein abgezehrtes Gesicht; er ist zerstreut und völlig in seinen Schmerz versunken; er liess sich von einem Divisions-Wärter fuhren, der ihm die Hand auf die Schulter legte; plötzlich aber sehe ich ihn nicht mehr.

Im Kriege trennt einen das Leben wie der Tod, ohne dass man nur Zeit hätte, es zu merken.

Man sagt mir, ich solle nicht hier bleiben, sondern in den Verbandposten hinunter gehn und mich dort zuerst ausruhn, bevor ich zurückkehre.

Im Boden selbst öffnen sich zwei sehr niedrige, sehr enge Eingänge; durch diese gleitet man in eine schiefe Galerie; sie ist eng, wie eine Kloake. Will man hineinsteigen, so muss man sich zunächst kehren und rücklings mit gebücktem Oberkörper in diese enge Leitung schlüpfen; dabei fühlt der Fuss Tritte unter sich, alle drei Schritt eine hohe Stufe.

Steckt man schliesslich drin, so ist man wie gefangen und hat das Gefühl, dass es aus dieser Enge weder nach unten noch nach oben mehr einen Ausweg gibt. Je tiefer man dann in den Schlund untertaucht, um so erstickender wird der Traum, der den Eintretenden schrittweise befallen hatte, als er in diese Eingeweide drang, und endlich hier unterging. Nach allen Seiten hin schlägt man an, streift die Wand, und es packt einen die Enge des Durchganges; man kommt nicht mehr vorwärts, man ist eingekeilt. Man muss die Patronentaschen verrücken, indem man sie über den Gurt zieht; dann nimmt man die Brotbeutel in die Arme und drückt sie an die Brust. Bei der vierten Stufe wird es noch enger; ein beklemmendes Gefühl würgt die Kehle: hebt man das Knie und will man rückwärts vor, so stösst man mit dem Rücken an die Decke. An dieser Stelle muss man auf allen Vieren kriechen, immer rücklings. Je tiefer man aber rutscht, um so erdrückender lastet auf einem die verpestete Luft, schwer wie die Erde. Die Hand fühlt die kalte, klebrige und grabhafte Berührung der Lehmwand. Die Erde hüllt einen von allen Seiten, schaurig einsam, in ihr Todeslaken und haucht einem ihren blinden und vermoderten Atem ins Gesicht. Erreicht man schliesslich nach langer Anstrengung die letzten Stufen, so faucht einem das verhexte Geräusch aus dem Loch warm entgegen, wie aus einer Küche.

Ist man endlich unten angelangt in diesem Treppendarm, der einem bei jedem Schritt Püffe versetzt und den Leib würgt, so ist der böse Traum noch nicht zu Ende; man steht in einem sehr langen, aber engen und finstern Keller, der nichts anderes als ein Gang von einem Meter fünfzig Höhe ist. Richtet man sich auf und streckt die Knie, so stösst man mit dem Kopf heftig an die Balken, die den Unterstand bedecken. Jeden Ankömmling, ohne Ausnahme, hört man fluchen, mehr oder weniger heftig, je nach Laune und Zustand: "Ein Glück, dass ich den Helm aufhab!"

In einer Ecke sieht man ein Wesen hocken, das die Arme bewegt: "Schabt den Dreck von den Schuhen, bevor ihr rein geht." So häuft sich unten an den Stufen, an der Schwelle jener Unterwelt ein Kothügelchen an, in das man stolpernd hineinglitscht.

~

Zunächst suche ich mich zurechtzufinden in diesem flutenden Geräusch von Klagelauten und Flüchen, in dieser beissenden Stickluft, die ein wimmelnder Herd von Wunden nährt und in dieser flackernden Höhle, die ein verworrenes und unfassbares Durcheinander bevölkert. Schwache Kerzenlichter blinzeln durch den Unterstand und verwischen die Dunkelheit nur gerade an dem Punkte, in den sie hineinstechen. Im fernen Hintergrund scheint wie am Endloch eines unterirdischen Verliesses ein schwaches Tageslicht herein; dieses trübe Kellerloch lässt grosse Gegenstände, die an der Wand des Ganges angereiht sind, erkennen: Tragbahren wie niedrige Särge; gebückte und gebrochene Schatten stehn herum oder liegen darüber; an den Wänden aber drücken sich Gespenster in langen Reihen oder hocken wie Trauben aufeinander.

Ich drehe mich um. Dem fernen, durchsickernden Licht gegenüber staut sich am entgegengesetzten Ende ein Gedränge vor ein Zelttuch, das vom Gewölbe zum Boden hängt. Dieser Vorhang schliesst einen Raum ab, dessen Beleuchtung durch die ölige Ockerfarbe des Tuches schimmert In diesem Raum werden beim Schein einer Azetylenlampe Einspritzungen gegen den Starrkrampf vorgenommen. Und jedesmal, wenn sich der Vorhang lüftet, um einen Patienten heraus und den nächsten hinein zu lassen, sieht man das Licht herzlos auf die zerlumpten und zerfetzten Kleider der Verwundeten fallen, die davor stehn und auf die Einspritzung warten; sie hocken, gebückt unter der niederen Decke, knien oder kriechen und drängen sich vor, um ihre Reihe nicht zu verpassen oder sich an die Stelle eines andern zu drücken; dabei rufen sie: "Ich!", "ich!", "ich!". Es klingt wie ein Gebell. In dem Winkel, in welchem sich dieser unaufhörliche Ringkampf bewegt, muss man den schrecklichen lauen Gestank des Azetylens und der blutenden Menschen hinunterschlucken.

Ich drücke mich und suche einen andern Platz zum sitzen. Ich mache einige Schritte, taste mich gebückt und zusammengeschrumpft, mit vorgestreckten Händen weiter.

Am Scheine einer Pfeife, die ein Rauchender in Brand steckt, sehe ich vor mir eine mit Menschen belastete Bank.

Meine Augen gewöhnen sich an das Halbdunkel, das in jenem Keller wie stehendes Wasser stockt; dann unterscheide ich ungefähr diese Menschenreihe, denen die Verbände und die Wickel Kopf und Glieder bleich verhüllen.

Da hocken sie, verstümmelt, verwundet, missgestaltet, regungslos oder unruhig und klammern sich wie an ein Boot. So bilden sie, festgenagelt, eine zusammengeworfene Leiden- und Jammerschau.

Plötzlich schreit einer unter ihnen, steht halb auf und setzt sich wieder. Sein Nachbar, der einen zerrissnen Mantel trägt und barköpfig ist, schaut ihn an und sagt zu ihm:

* Schreien nützt dir 'n Teufel, was!

Und er wiederholt diesen Satz mehrere Male in den Raum hinein, mit vorwärts starrenden Augen, die Hände auf den Knien.

Ein junger Mann, der in der Mitte sitzt, spricht ganz allein für sich. Er sagt, er sei Flieger. An der einen Körperseite und am Gesicht hat er Brandwunden. Im Fieber brennt er weiter, und ihm ist, als bissen ihn noch die scharfen Flammen, die aus dem Motor schlagen. Er murmelt deutsch: "Gott mit uns!" und dann: "Dieu est avec nous!"

Ein Zuave, der den Arm in einer Binde trägt und der seitwärts gebeugt seine Schulter wie eine schmerzvolle Last trägt, spricht ihn an:

* Bist du der Flieger, der gestürzt ist, was?

* Ich hab Dinge gesehn ... antwortet der Flieger mühevoll.

* Ich auch! unterbricht ihn der Soldat; anderen würde 's Herz still stehn, wenn sie gesehn hätten, was ich gesehen habe.

* Setz dich her, sagt mir einer, der auf der Bank sitzt, und rückt einen Platz frei. Bist du verwundet?

* Nein, ich hab einen Verwundeten hergeführt und geh jetzt wieder.

* Dann bist du noch mehr als verwundet. Komm, sitz her.

* Ich bin Bürgermeister in meinem Dorf, sagt einer auf der Bank, aber wenn ich nach Haus zurückkomme, kennt mich kein Mensch wieder, so lange bin ich traurig gewesen.

* Jetzt hock ich schon vier Stunden auf der Bank, jammert eine Bettlergestalt, der die Hand zittert, und die mit gesenktem Kopf und rundem Rücken, den Helm wie einen bebenden Kübel auf den Knien hält.

* Wir warten, dass wir abtransportiert werden, weisst du, erklärte mir ein dicker, schnaufender Verwundeter: er schwitzt und sieht aus, als ob er koche an seinem ganzen, dicken Leib; sein Schnurrbart hingt herab, als sei er durch die Feuchtigkeit seines Gesichtes halb aus dem Leim gegangen.

Er hat zwei breite, undurchsichtige Augen; man sieht seine Wunde nicht.

* Eben gerade, meint ein anderer. Alle Verwundeten der Brigade hocken, einer nach dem andern hier her, abgesehn von denen, die anderwärts herkommen. Jawohl, schau dir mal das an: das Loch hier, das ist die Kehrichtkiste der ganzen Brigade.

* Ich bin inwendig brandig, zerquetscht, in Fetzen, leierte ein Verwundeter, der seinen Kopf in den Händen hielt und durch die Finger sprach. Und doch war ich bis vorige Woche noch jung und sauber; sie haben mich anders gemacht, jetzt hab ich nur noch einen alten Dreckleib, den ich rumschleppen kann.

* Ich, sagt ein anderer, war gestern sechsundzwanzig Jahre alt und jetzt wie alt bin ich?

Er versuchte aufzustehn, und zeigt sein wackeliges und welkes Gesicht, das eine Nacht zerstört und zum Skelett hat einfallen lassen, mit seinen Augen- und Wangenhöhlen und einem Tranflämmchen im öligen Auge.

* Es tut weh! sagt eine schlichte und unsichtbare Stimme.

* Das Klagen hilft dir kein Teufel was! wiederholt der andere automatisch.

Ein Schweigen trat ein. Dann schrie der Flieger auf:

* Die Messpriester dämpften ihre Stimme, so gut sie konnten.

* Was hat der? fragte ein Zuave verwundert.

* Dein oberstes Stockwerk zieht wohl aus, du armer Teufel? meinte ein Jäger; er hatte eine Handwunde und den Arm am Körper festgebunden; er schaute einen Augenblick von seiner Mumienhand weg und betrachtete den Flieger.

Dieser schaute verstört vor sich hin und versuchte das geheimnisvolle Bild zu erklären, das ihm nicht mehr aus den Augen wollte.

* Von oben, am Himmel, sieht man nicht sehr viel, wisst ihr. In den Ackervierecken und den kleinen Dorfhäufchen schlängeln sich die Wege durch wie weisse Fäden. Man entdeckt auch gewisse hohle Fasern, die aussehn, als seien sie mit einer Stecknadel in den Sand eingeritzt. Dieses Netz, das einen regelmässig zittrigen Strich an den Saum der Ebene hinzeichnet, ist der Schützengraben. Sonntag morgen flog ich über die Feuerlinie. Zwischen unserer ersten Linie und ihrer ersten Linie, zwischen den äussersten Rändern, dem Saum jener zwei ungeheuren Armeen, die einander gegenüberstehn und sich anglotzen, ohne sich zu sehn, und abwarten, ist kein grosser Zwischenraum: manchmal vierzig Meter, manch-

mal sechzig. Mir kam's nur eine Schrittbreite vor, so ungeheuer hoch war ich aufgestiegen. Plötzlich unterscheide ich bei den Deutschen und bei uns, in diesen Parallelen, die sich scheinbar berühren, ein gleiches Gedränge auf beiden Seiten: in der Mitte eine Masse, ein beseelter Kern und um diesen herum schwarze Sandkörner auf grauem Sand zerstreut. Das alles bewegte sich kaum; es sah nicht nach Alarm aus! Dann bin ich ein paar Kehre runter, um den Vorgang zu verstehn.

Und ich habs verstanden: Es war ein Sonntag und es wurden gerade zwei Messen unter meinen Augen abgehalten: der Altar, der Priester und die Landserherde drum herum. Je tiefer ich flog, desto deutlicher sah ich, dass beide Gruppen gleich waren, so genau gleich, dass es an Blödsinn grenzte. Die eine Zeremonie war das Spiegelbild der andern und umgekehrt. Es war mir, als ob ich doppelt sähe. Dann bin ich noch tiefer hinunter; angeschossen wurde ich nicht. Warum? Weiss ich nicht. Dann hab ich was gehört. Ein Murmeln hab ich vernommen, ein einziges. Als einziges Gebet stieg es auf, wie ineinandergeschmolzen, das Geräusch eines einzigen Liedes flog an mir vorbei zum Himmel. Ich ging und kehrte in der Luft, um diese verschwommene Vermengung zweier Lieder zu vernehmen, die gegeneinander gerichtet waren und sich doch mischten * und je mehr sie einander überholen wollten, desto inniger verschlangen sie sich in den Höhen des Himmels, in denen ich hing."

"Im Augenblick aber, als ich in sehr geringer Höhe flog und das zweifache Erdengejammer hörte, wobei sie auf der einen Seite "Gott mit uns" schrien und auf der andern "Dieu est avec nous", da hab ich Schrapnells erwischt und bin fortgeflogen.

Der junge Mann schüttelte den Kopf, der in Tücher gewickelt war. Wie besessen war er noch vom Eindruck seiner Erinnerungen.

* In dem Augenblick hab ich mir gesagt: "Bist verrückt!".

* Die Wirklichkeit ist verrückt, sagte der Zuave.

Mit Augen, die vor Wahnsinn leuchteten, versuchte der Erzähler den grossen, erschütternden Eindruck wiederzugeben, der ihn beklemmte und gegen den er sich wehrte.

* Stellt euch den Schwindel vor! machte er, seht ihr die beiden identischen Gruppen, die identisches Zeug brüllen, was doch gegeneinander gerichtet ist, diese feindlichen Ausrufe, die doch dieselbe Form haben. Was sagt denn der liebe Gott

eigentlich dazu? Ich weiss schon, er weiss alles; aber wenn er auch allwissend ist, in dem Fall wird er auch nicht wissen, was er anstellen soll.

* Das ist 'ne Geschichte! rief der Zuave.

* Er futiert sich schon um uns, hab nur keine Angst.

* Und dann ist das gar nicht so merkwürdig; die Gewehrschüsse reden auch die gleiche Sprache, nicht? und die Völker schnauzen sich doch damit an, und wie!

* Schon wahr, sagt der Flieger, aber es gibt doch nur einen Gott. Nicht der Abgang der Gebete ist mir unverständlich, aber die Ankunft.

Darauf verstummte die Unterhaltung.

* Ein Haufen Verwundeter liegt da drin, sagte mir ein Mann mit matten Augen. Ich frage mich, ja, ich frage mich, wie man sie überhaupt hier hinunterbrachte. Schrecklich muss diese Rutschpartie für sie gewesen sein.

Zwei harte, dürre Kolonialsoldaten stützten sich gegenseitig wie zwei Betrunkene, stiessen an uns, stolperten zurück und suchten auf dem Boden einen Platz, wo sie sich hinfallen liessen.

* Jawohl Alter, schloss der eine mit heiserer Stimme, in dem Schlauch, wo ich dir gesagt habe, waren wir drei Tage ohne Futter, drei volle Tage ohne etwas, rein nichts. Unsern eignen Urin haben wir getrunken; was willst du machen? Fett wirst du allerdings nicht dabei.

Der andre erkürt als Antwort, dass er früher mal Cholera gehabt hatte:

* Ha! 'ne Sauerei ist das! Fieber hast du, erbrechen musst du und Durchfall kriegt man: krank bin ich geworden davon.

* Was denkt eigentlich, fluchte plötzlich der Flieger, der sich in das Riesenrätsel eingebissen hatte und es nicht mehr loslassen wollte, an was denkt denn dieser Gott; lässt einfach die ganze Welt glauben, dass er's mit allen hält? Warum lässt er uns alle, alle nebeneinander wie's tolle Vieh brüllen: "Gott ist mit uns!" "Nein, bewahre, ihr irrt euch, Gott ist mit uns!".

Ein Stöhnen ging von einer Tragbahre aus und flog einen Augenblick ganz allein über die Lautlosigkeit, als wäre es die Antwort.

~

* Ich, sagte dann eine Schmerzensstimme, ich glaube nicht an Gott. Ich weiss, dass er nicht existiert * wegen der Schmerzen. Sie können uns lang ihre Sprüche herleiern, und alle Worte hineinschmuggeln, die sie finden und erfinden: All diese Schmerzen, die unschuldigen, die kämen von einem vollkommenen Gott? das ist nur ein verdammtes Hirngespinnst.

* Ich, meinte ein anderer auf der Bank, ich glaube nicht an Gott wegen der Kälte. Ich habe gesehn, wie Leute ganz allmählich zu Leichen wurden, nur durch die Kälte. Gäb's einen gütigen Gott, so gäb es keine Kälte; da hilft alles reden nichts.

* Wenn man an Gott glauben sollte, da dürfte es, von allem was existiert, nichts geben; und drum kannst du lange warten!

Mehrere Krüppel schütteln gleichzeitig, ohne einander zu sehn, den Kopf als gemeinsames Zeichen der Verneinung.

* Recht habt ihr, meint ein anderer, recht habt ihr. In diesem Menschenschutt, in diesen einsamen, zerstreuten und besiegten Siegern dämmert langsam eine Offenbarung. Es gibt Minuten in der Tragödie der Geschehnisse, da die Menschen nicht nur offen sind, sondern auch die Wahrheit aussprechen, und die Wahrheit leuchtet in ihnen und man sieht ihr in's Auge.

* Ich, meinte noch einer, wenn ich an Gott nicht glaube, so hat das seinen Grund ...

Der Satz aber erstickt in einem furchtbaren Hustenanfall. Als er ausgehustet hatte, waren seine Wangen violett, die Augen feucht und der Atem beklommen; da fragte ihn einer:

* Wo bist du verwundet, du?

* Ich bin nicht verwundet, ich bin krank.

* Ja so! klang es zur Antwort, als solle es heissen: du bist nicht interessant.

Er verstand es und pries seine Krankheit an:

* Verratzt bin ich. Blut spucke ich und hab keine Kräfte mehr; und weisst du, wenn's mal da hinausläuft, kommt's nicht wieder.

* Ja, ja, murmelten die Kameraden unentschlossen; aber trotzdem waren sie von der Minderwertigkeit der Zivilkrankheiten den Wunden gegenüber überzeugt.

Er aber schickte sich drein, senkte den Kopf und wiederholte ganz leise für sich:

* Ich kann nicht mehr laufen, wo willst du, dass ich noch hin soll?

~

In diesem horizontalen Schacht, der sich von Tragbahre zu Tragbahre hinzieht und sich, so weit das Auge reicht, bis zur fahlen Oeffnung hin verkleinert, in diesem wirren Gang, in welchem hie und da armselige Kerzenlichter rötlich und fiebernd blinzeln und wo von Zeit zu Zeit Schattenflügel durchfahren, bewegt sich ein Strudel, man weiss nicht weshalb. Man sieht wie das Durcheinander der Glieder und der Köpfe in Bewegung gerät und hört Rufe und Klagen, die sich gegenseitig wecken und sich fortbewegen, wie unsichtbare Gespenster. Die Leiber auf dem Boden wellen sich, klappen zusammen und kehren sich. Ich unterscheide in dieser Art Spelunke, mitten in der Menge unfreier Menschen, die der Schmerz erniedrigt und straft, die mächtige Gestalt eines Wärters, dessen schwere Schultern schwanken wie ein quer aufgeschulterter Sack, und dessen Stentorstimme im Galopp durch den Keller hallt:

* Hast deinen Wickel wieder angerührt, du Kalbskopf, Ungeziefer du! brüllt er. Ich will dir's noch mal wickeln, weil du's bist, aber lass ein andermal die Finger weg, sonst kannst du was erleben!

Und er wickelt im grauen Kellerlicht eine Binde um den Schädel eines ganz kleinen Menschen; dieser steht fast aufrecht, hat Stachelhaar auf dem Kopf und einen nach vorn geblasnen Bart; die Arme hängen ihm am Leib herunter und er lässt sich behandeln, ohne ein Wort zu äussern.

Dann lässt ihn der Wärter stehn, schaut zu Boden und schreit, dass es schallt:

* Was fällt dir denn ein! He da, alter Freund, bist du verrückt? Legt der sich auf einen Verwundeten! Was ist das nur für ein Benehmen?

Und seine fasskräftige Hand schüttelt einen Leib und befreit schnaufend und fluchend einen zweiten, schlaffen Körper, auf dem der erste, wie auf einer Matratze, ausgestreckt lag; unterdessen hatte der verbundene Knirps, ohne ein Wort zu sagen, die Hände schon wieder am Verband, der ihm den Schädel quetschte, und suchte ihn wieder abzunehmen.

... Ein Gedränge, Schreie werden laut und Schatten auf einem lichten Hintergrunde sichtbar; sie scheinen im Dunkeln der Krypta wie aus dem Häuschen geraten. Es stehn mehrere beieinander im Kerzenlicht um einen Verwundeten, den sie schwankend und mit grosser Mühe auf eine Bahre drücken. Der Mensch hat keine Füsse mehr. An den Beinen hat er schreckliche Verbände mit Knebeln, die den Blutfluss aufhalten. Seine Stummel haben in den Tuchverband hineingeblutet, so dass es scheint, als ob er eine rote Hose an hätte. Sein Gesicht ist teuflisch, leuchtend und finster; er phantasiert im Fieber. Sie drücken ihm auf die Schultern und auf die Knie, denn dieser Mensch, dem die Füsse abgeschnitten sind, will von seiner Bahre springen und davonlaufen.

* Lasst mich los! röchelt er mit einem atemlosen und zornigen Gemäcker und mit einer tiefen, geräuschvollen Stimme, die wie eine Trompete tönt, in die man zu leise bläst. Herrgott, lasst mich los, wenn ich euch sage. Auf! ... Was meint ihr denn? Glaubt ihr, ich bleib hier liegen! Vorwärts, Platz, sonst tret ich euch auf die Pfoten!

Er zieht sich zusammen und fährt so heftig auseinander, dass er die andern hin und her reisst, die sich mit ihrer ganzen Last an ihn klammern und ihn zur Unbeweglichkeit zwingen wollen; dabei wackelt die Kerze hin und her, die ein Kniender in der einen Hand hält, während er mit der andern den verstümmelten Wahnsinnigen festschnallt; dieser aber schreit so laut, dass er die Schlafenden weckt, und die Betäubung der Andern erschüttert. Von allen Seiten kehrt man sich nach ihm um, stützt sich halb auf oder horcht nach diesem abgebrochenen Jammergeschrei hin, das schliesslich doch in der Dunkelheit erstickt. Im gleichen Augenblick zanken sich zwei Verwundete, die in der andern Ecke gekreuzigt auf dem Boden liegen; man muss den einen forttragen, um dem tobsüchtigen Zwiegespräch ein Ende zu setzen. Ich entferne mich und gehe nach dem Punkte, der das Tageslicht durch das verzwickte Gebälk wie durch ein zerstörtes Gitter durchlässt. Ich schreite über die endlose Reihe der Tragbahren, die die ganze Breite dieses unterirdischen, niederen und zu engen Ganges ausfüllen; ich ersticke. Die menschlichen Gestalten, die hingeschmissen auf den Bahren liegen, regen sich kaum mehr im Schein der Kerzen, die wie Irrlichter flackern, und erstarren im dumpfen Gejammer ihres Röchelns.

Einer hat sich auf den Rand einer Bahre gesetzt und an die Wand gelehnt; aus den Schatten seiner halbgeöffneten, abgerissenen Kleider scheint eine weisse, vom Martyrium abgezerrte Brust durch. Der Kopf hängt nach rückwärts, vom Schatten verschleiert; aber man sieht sein Herz klopfen.

Das Tageslicht, das tropfenweise am Ende des Ganges durchsickert, rührt von einem Zusammensturz her: Mehrere Geschosse schlugen an derselben Stelle ein und stiessen schliesslich das Erddach des Verbandpostens durch.

Hier schimmern weisse Lichtflecken auf dem Blau der Mäntel an den Schultern und längs der Falten. Jetzt drückt sich, wie ein Trupp halberwachter Leichen, eine Männergruppe aus der Nacht dieser Todesstätte an das Schlupfloch heran, um ein wenig blasses Licht zu gemessen; sie sind gelähmt vom Schatten und von der

Müdigkeit. Am Ausgang der schwarzen Nacht flackert diese Stelle wie ein Ausblick, eine Oase, in der man aufrecht stehn kann, und wo einen das Himmelslicht engelhaft bestreicht.

* Es waren dort Leute, die sind ausgeweidet worden, wie die Granaten reinpfefferten, erzählt mir einer, der beschienen von diesem armseligen Lichtstrahl mit offenen Munde auf etwas wartete. Das war ein Gulasch, sag ich dir! Da, das ist der Pfarrer, der angelt alles herunter, was davon in die Luft geflogen ist. Der mächtige Sanitätssergeant in einer braunen Jagdweste sieht aus wie ein Gorillatorso. Er entfernt die Gedärme und Eingeweide, die dort an den Balken des eingestürzten Holzgerüstes hängen. Er bedient sich dabei eines Gewehres mit aufgestecktem Bajonett, denn er konnte keinen Stock finden, der für diese Arbeit lang genug wäre; jener dicke, kahle, bärtige und asthmatische Riese aber handhabte die Waffe mit Ungeschicklichkeit. Er hat einen sanften, gutmütigen und unglücklichen Gesichtsausdruck. Indem er so in den Ecken nach Darmfetzen hascht, murmelt er mit einer bestürzten Miene einen Rosenkranz von Seufzern vor sich hin. Seine Augen bedeckt eine blaue Brille; er atmet geräuschvoll. Er hat einen kleinen Schädel und einen masslos dicken, kegelförmigen Hals.

Wenn man ihn so stehen und aus der Luft Gedärmelappen und Hautfetzen abhängen sieht, die Füsse im emporstarrenden Schutt, so glaubt man einen Metzger vor sich zu haben, der am Ende dieses langen, jämmerlichen Sackgewölbes steht und sich irgend einer teuflischen Verrichtung hingibt.

Aber ich habe mich in irgend eine Ecke geworfen, habe die Augen halb geschlossen und sehe kaum mehr, was sich zitternd um mich herum auf dem Boden ausstreckt und niederfällt.

Ich vernehme nur einzelne, verworrene Bruchstücke. Immer dieselbe schreckliche Eintönigkeit der Geschichten von Verwundungen.

* Gottverdammich! Ich glaub an der Stelle waren die Kugeln alle dicht aneinander.

* Er hatte 's Gesicht durch, von einer Schläfe zur andern. Hättest eine Schnur durchziehn können.

* Eine Stunde hat's gedauert, bis die verreckten Kerle ihre Schussweite in die Länge zogen und uns nicht mehr alle niederknallten ...

Näher zu mir zittert der letzte Satz einer Geschichte.

* Und wenn ich schlafe, träume ich, dass ich ihn nochmal töte!

Andere Erinnerungen summen durch die Reihen der Verwundeten, die hier begraben liegen; und es schnurrt wie die zahllosen Räder einer Maschine, die in einem fort weiter surrt, ununterbrochen weiter läuft ...

Und auf der Bank sitzt immer noch derselbe und wiederholt in einem fort: "Das Klagen nützt dir 'n Teufel was!" Er sagt es in allen Tonarten, gebieterisch oder klagend, bald wie ein Prophet, bald wie ein Schiffbrüchiger; und er skandiert mit seinem Ausruf jenen erstickten und klagevollen Chor, der in schrecklichen Tönen seine Schmerzen singen möchte.

Jetzt sehe ich einen Blinden, der die Mauer betastet und an einem Stock auf mich zukommt. Es ist Farfadet! Ich rufe ihn an. Er kehrt sich langsam nach mir um und sagt, er habe ein Auge verloren. Auch das andere Auge ist verbunden. Ich stehe von meinem Platz auf und setze ihn hin und halte ihn dabei an den Schultern. Er lässt es ruhig geschehn und wartet am Fuss der Mauer mit seiner Beamtenbescheidenheit, geduldig wie in einem Wartezimmer. Ich lass mich etwas weiter weg an einem leeren Platze nieder. Dort sprechen zwei ausgestreckte Männer leise zueinander; sie liegen ganz in meiner Nähe, so dass ich sie verstehe ohne hinzuhorchen. Es sind zwei Fremdenlegionäre mit dunkelgelbem Helm und Mantel.

* 's hat keinen Wert lang zu reden, spottet der eine. Diesmal hat's mich. Totsicher: hab den Darm durch. Wenn ich in einem Spital war, in einer Stadt, würde man mich rechtzeitig operieren und die Sache könnte klappen. Aber hier! Gestern hat's mich erwischt. Von hier ist es zwei oder drei Stunden bis zur Strasse von Bethune, nicht? Und von der Strasse, weisst du, wie lange man braucht bis zu einer Ambulanz, wo man operieren kann? Und wann heben sie uns hier überhaupt auf? Da ist freilich niemand dran schuld, verstehst du, aber es ist doch so. Augenblicklich geht's mir ja nicht allzuschlecht, allerdings; aber von einem Augenblick auf den andern kann's umkippen; ich hab doch ein Loch der Länge nach am ganzen Darmpaket. Deine Pfote, die wird wieder gut, oder sie schrauben dir 'ne neue an. Aber ich werde sterben.

* So! sagte der andre, dem die Logik seines Genossen einleuchtete.

Dann fuhr dieser wieder fort:

* Hör mal, Dominique, du hast ein schlechtes Leben geführt. Gestohlen hast du, und der Wein bekam dir schlecht. Hast ein dreckiges Strafregister.

* Ich könnte nicht behaupten, dass es nicht wahr sei, wenn's doch wahr ist, meinte der andere. Aber das kann dir ja doch schnuppe sein!

* Nach dem Krieg wirst du dein schlechtes Leben wieder weiter führen, was denn sonst? Und dann kriegst du noch Scherereien wegen der Küfergeschichte.

Die Bemerkung bringt den andern in Wut und er antwortet bissig:

* Halt's Maul, das kann dir doch scheissegal sein!

* Ich hab nicht mehr Familie als du. Nur die Luise * die keine Familie für mich ist, weil wir nicht verheiratet sind. Ich hab nichts auf dem Kerbholz, ausser ein paar Militärlappalien. Mein Name ist noch nicht belastet.

* Na, was denn? Ist mir doch Wurst!

* Hör nur zu: Nimm du meinen Namen. Nimm ihn, ich schenk ihn dir; weil wir ja doch keine Familie haben.

* Deinen Namen?

* Du heisst dann einfach Leonard Carlotti, und fertig. Was ist da weiter dabei? Kann dir doch egal sein. Dann bist du dein Strafregister los. Sie werden dich in Ruh lassen und du kannst glücklich werden, wie ich's gewesen wäre, wenn mir die Kugel die Bauchkommode nicht eingerannt hätte.

* Gottverdammich noch einmal! Ist das dein Ernst? Na, weisst du, da war ich platt!

* Nimm ihn nur. Er ist dort in meinem Militärbuch, dort im Mantel. Geh, hol ihn und gib mir dein Militärbuch * dass ich den ganzen Schwindel mitnehme! Dann kannst du leben, wo's dir passt, nur nicht bei mir zu Hause in Longueville, in Tunesien; dort kennen sie mich ein bisschen. Vergiss das nicht, steht übrigens im Buch. Lies es mal durch, das Buch. Ich sag's niemand; damit so was klappt, heisst es: Maul zu! J

Dann sinnt er über etwas nach und sagt bebend:

* Vielleicht sag ich's doch der Luise, damit sie weiss, dass ich anständig gewesen bin und sie besser an mich denkt * wenn ich ihr den Abschiedsbrief schreibe.

Aber er überlegt es sich noch einmal und schüttelt mit einer wunderbaren Willensgebärde den Kopf:

* Nein, ich werd's ihr doch nicht sagen, obwohl sie es ist, aber die Weiber, die schwatzen so viel!

Der andre staunt ihn an und wiederholt:

* Gottverdammich!

Dann habe ich mich unbemerkt entfernt von jenem Drama, das sich in der Enge jener armseligen Ecke, mitten im lärmenden Hin und Her des Verkehrs, abgespielt hat.

Die friedvolle, genesende Unterhaltung zweier armer Teufel bestreift mein Ohr.

* Wie der seine Reben besorgt, weisst du! Ueberall zwischen jedem Rebstock ist was angepflanzt.

* Mein Kleiner, mein ganz Kleiner, wenn ich mit ihm ausging und seinen kleinen Schädel in der Hand hielt, da meinte ich, ich hätt' ein kleines, warmes Schwalbenhälschen in den Fingern, weisst du?

Und neben diesen weichen Gefühlen, die zur Aussprache kommen, offenbart sich mir dort im Vorübergehn eine ganze Geistesart:

* Das 547. Regiment? und ob ich's kenne! Allerdings. Hör mal zu: es ist ein komisches Regiment, das Regiment. Da hat's 'n Haufen Kerle, die heissen Petitjean, ein anderer Petitpierre und noch ein anderer Petitlouis ... also Tatsache. Jetzt kannst dir vorstellen, so'n Regiment.

Als ich mich aber aus dem Gedränge dieser Tiefgründe hinausarbeitete, hörte man plötzlich ein lautes, fallendes Geräusch und gemeinsam ausgestossene Schreie.

Der Sanitäts-Sergeant ist umgefallen. Durch die Bresche, aus der er jene weichen und blutigen Ueberreste holte, ist ihm eine Kugel in den Hals gefahren. Dann hat er sich der Länge nach auf die Erde gestreckt. Er rollt ein Paar dicke, verblüffte Augen, schnauft und schäumt. Um den Mund und die untere Gesichtspartie legt sich bald ein Wölkchen rötlicher Luftblasen. Man legt ihm den Kopf auf eine Verbandtasche. Im Augenblick ist die Tasche mit Blut überschwemmt. Ein Krankenwärter schreit, es mache die Verbände kaputt, die man brauche. Dann sucht man eine Unterlage für diesen Kopf, der ununterbrochen einen leicht gefärbten Schaum von sich gibt. Man findet nur ein Brot und schiebt es ihm unter die schwammigen Haare.

Während man den Sergeant bei der Hand fasst und ihn ausfragt, geifert er nur in einem fort neue Blasen, die sich aneinander setzen, und sein dicker, schwarzbärtiger Kopf schimmert durch das rötliche Wölkchen hindurch. Während er so daliegt, sieht er aus wie ein schnaufendes Meerungeheuer; der durchsichtige, rötliche Schaum bläst sich auf und bedeckt ihm sogar die beiden verwornnen Augen, die ihre Brillen verloren haben. Dann röchelt er. Er röchelt wie ein Kind und stirbt;

er bewegt dabei den Kopf nach rechts und nach links, als ob er leise nein sagen möchte.

Ich betrachte die ungeheuere, erstarrte Masse und denke dran, dass dieser Mensch ein guter Mensch war. Er hatte ein reines und gefühlvolles Herz. Und ich mache mir bittere Vorwürfe, ihn manchmal angefahren zu haben, wegen der naiven Engherzigkeit seiner Ideen und wegen einer kirchlichen Naseweisheit, die bei jeder Gelegenheit zum Vorschein kam. Wie glücklich bin ich angesichts dieses Unglücks, ja, glücklich, überglücklich bin ich, dass ich mich eines Tages beherrscht habe, als er von der Seite einen Brief, den ich schrieb, beschielte; glücklich, dass ich damals meinen Zorn an ihm nicht ausgelassen und ihn nicht ungerechterweise verletzt habe! Ich erinnere mich, wie er mich damals mit seinen Ausführungen über die heilige Jungfrau und Frankreich ausser Rand und Band brachte. Damals schien es mir unmöglich, dass er ehrlich an seine Ausführungen glaubte. Und warum sollte er nicht ehrlich gewesen sein? War er heute nicht wirklich gefallen? Ich denke auch daran, dass er sich öfters aufgeopfert hatte und dass dieser dicke Mann, der im Krieg wie im Leben nicht daheim war, eine dienstfertige Geduld an den Tag gelegt hatte * alles andere war doch nur Nebensache. Selbst seine Ideen sind nur Nebensache im Vergleich zu seinem Herzen, das nun in diesem Höllenwinkel zerschmettert auf dem Boden lag. Wie heftig hab ich um diesen Menschen getrauert, von dem mich alles trennte!

... Dann fuhr der Donner hinein. Die fürchterliche Erschütterung des Bodens und der Mauern warf uns wuchtig gegeneinander. Es war, als sei die gewölbte Erde über uns zusammengestürzt. Die eine Wand des Balkengerüstes brach zusammen, und riss das Loch, das im Untergrunde klaffte, noch weiter auf. Dann gab es einen zweiten Ruck und eine zweite Wand platzte dröhnend zu Staub. Die Leiche des dicken Sergeanten rollte wie ein Baumstamm gegen die Wand. Das ganze Kellergebälk knackte in allen seinen schwarzen Rippen, dass uns die Ohren barsten, und alle Gefangenen dieses Kerkers gleichzeitig einen Schreckensschrei ausstiessen.

Andre Explosionen dröhnen Schlag auf Schlag und jagen uns nach allen Seiten. Die Beschiessung zerfetzt und verschlingt das ganze Rettungsasyl, durchbohrt und zerstückelt es. Während jener pfeifende Niederschlag von Geschossen mit Blitzschlägen das klaffende Ende des Postens behämmert und zermalmt, bricht das Tageslicht durch die Risse. Und sie erscheinen klarer und übernatürlicher, die flackernden, todesblassen Gesichter, die Augen, die im Todesröcheln erlöschen oder sich im Fieber entzünden, die weiss eingewickelten, geflickten Körper mit den ungeheuerlichen Verbänden. Alles das verschwand im Schatten und steigt jetzt ans Tageslicht. Die Verwundeten stehn auf, fahren auseinander und versuchen zu fliehn; sie haben starre Blicke und blinzeln gebückt unter der überschwemmenden Eisen- und Rauchsalve, die ein Lichtsturm begleitet. Und diese verstörte Bevölkerung wogt in dichten Massen durch die niedere Wölbung, als rollte sie auf dem schwankenden Grund eines grossen, berstenden Schiffes.

Der Flieger streckt sich, so hoch er kann, wirft den Nacken an die Wölbung und die Arme hoch, ruft Gott an und fragt ihn, wie er heisse und welches sein wahrer Name sei. Dann sieht man einen vom Winde umgeschleudert sich auf die andern hinwerfen; zerlumpt und mit offenen Kleidern, die wie eine breite Wunde klaffen, zeigt er wie Christus sein Herz. Der Mantel dessen, der vorhin eintönig wiederholte: "Da nützt dir's Klagen den Teufel was", richtet sich auf; er ist giftig grün, wahrscheinlich von der Pikrinsäure der Explosion, die sein Hirn erschüttert hat. Die Uebrigen, die Gelähmten und die Krüppel, winden sich, kriechen und schlängeln sich wie arme, verwundbare Tiere, die die schreckliche Meute der Geschosse hetzt.

Die Beschiessung lässt nach und endet mit einer Rauchwolke, in der ein Krachen durch die zuckende und heisse Gasluft nachhallt. Ich steige durch die Bresche hinaus; ich gelange gelähmt und umbrüllt vom wahnsinnigen Lärm, unter freien Himmel, auf die weiche Erde, wo Balken ertrinken und Beine ineinander verschlungen liegen. Ich klammere mich an Trümmerstücke fest und erblicke die Böschung des Laufgrabens. Während ich dann in die Laufgräben einbiege, sehe ich in der Ferne immer noch das düstere Fluten jener Menge, die aus dem Schützengraben fliesst und endlos nach den Verbandstellen strömt. Tage lang, Nächte lang wird man sie noch fluten und zusammenfliessen sehn, die endlosen Bäche jener Menschen, die den Schlachtfeldern entrissen werden und den Eingeweiden der Ebene, die dort in der unendlichen Ferne blutet und verfault.

~

XXII. Der Gang durch die Stadt

Wir gehen über den Boulevard de la République und die Avenue Gambetta und bleiben am Place du Commerce stehen. Die Nägel unserer gewichsten Schuhe klingen auf dem Pflaster der Stadt. Es ist schönes Wetter. Der sonnenbeschienene Himmel spiegelt sich und glänzt wie ein Treibhausdach, und die Schaufenster auf dem Platze blitzen im Sonnenlicht. Unsere Mäntel sind gut ausgebürstet und die Vorderzipfel hängen abgeknöpft nach unten; da sie aber gewöhnlich aufgeschlagen sind, bilden sie jetzt zwei wehende Vierecke, die ein tieferes Blau zeigen.

Wir bummeln und bleiben einen Augenblick nachdenklich vor dem Café de la Sous-Préfecture stehn; das Lokal heisst auch Grand-Cafe.

* Wir haben schon 's Recht reinzugehn! sagt Volpatte.

* Es hat zu viel Offiziere drin, meint Blaire; er hat sein Gesicht über den Spitzenvorhang, der hinter den Fenstern hängt, gehoben und einen Blick zwischen die Goldbuchstaben ins Fenster gewagt.

* Und ausserdem, sagt Paradis, haben wir noch lang nicht alles gesehn.

Darauf gehn wir weiter, wir einfachen Soldaten, und betrachten der Reihe nach die reich ausgestatteten Läden, die auf dem Platz im Kreis stehn: Modegeschäfte, Papierhandlungen, Apotheken; wie eine besternte Generalsuniform glitzert das Schaufenster eines Schmuckwarenhändlers. Unsere Gesichter schmückt ein Lächeln. Bis zum Abend sind wir erlöst von jeglicher Arbeit, wir sind frei, Herr unserer eigenen Zeit. Die Füsse haben ein sanftes und ausruhendes Auftreten; die leeren Hände baumeln; auch sie spazieren, hin und her.

* Weiss Gott, bemerkt Paradis, die Ferien geniesst man gründlich.

Die Stadt, die sich vor unsern Schritten auftut, macht auf uns einen sehr bedeutsamen Eindruck. Man nimmt wieder Fühlung mit dem Leben, mit dem bürgerlichen Leben der Menge, dem Leben hinter der Front, dem normalen Leben. Wie oft hatten wir daran gezweifelt und glaubten nicht mehr, dass wir von dort jemals wieder hierher kommen würden! Man begegnet Herren, Damen, mit Kindern behangenen Ehepaaren, englischen Offizieren, Fliegern, die man von weitem an ihrer geschmeidigen Eleganz und ihren Auszeichnungen erkennt; man sieht Soldaten, die ihre abgenützten Kleider und ihre polierte Haut spazieren führen mit ihrem Erkennungsplättchen auf dem Mantel, das als ihr einziger Schmuck an der Sonne glitzert; sie wagen sich schüchtern in die schöne Stadt, in die von bösen Träumen reine Stadt.

Wir machen laute Bemerkungen, wie solche, die von sehr weit hergereist sind.

* Da hat's 'ne Masse Leute! sagt Tirette verblüfft.

* Eine reiche Stadt! sagt Blaire.

Eine Arbeiterin geht an uns vorüber und schaut uns ab.

Volpatte stupft mich mit dem Ellenbogen, verschlingt sie mit den Blicken, streckt seinen Hals und deutet auf zwei andere Frauen, die auf uns zu kommen; dann stellt er leuchtenden Auges fest, dass die Stadt mit Weiblichkeiten reichlich versehn ist:

* Schinken ist vorhanden, was!

Eben hat sich Paradis an ein paar vornehm liegende Kuchen herangewagt, musste aber erst eine gewisse Scheu überwinden, bevor er sie berührte und davon ass; alle Augenblicke muss man mitten auf dem Trottoir stehn bleiben und auf Blaire warten; er lässt sich durch die Schaufenster anziehn und aufhalten, betrachtet die Phantasie-Litewken und die Käppis, die Halsbinden aus zartblauem Zwillich und die roten Schnürstiefel, die wie Mahagoni glänzen. Blaire hat den Höhepunkt seiner Verwandlung erreicht. Er, der in der Nachlässigkeit und der Schwärze der erste war, ist sicher der geschniegelste von uns allen, namentlich nachdem sein Gebiss, das während einer Attacke abgebrochen war, wieder in Ordnung gebracht worden ist. Er befleissigt sich jetzt eines flotten Ganges.

* Er sieht jung und jugendlich aus, sagt Marthereau.

Plötzlich stehn wir gerade vor einer zahnlosen Kreatur, die bis in ihre Kehle hinein lacht ... Spärliche, schwarze Haare sträuben sich um ihren Hut. Die breiten und undankbaren Züge des Gesichtes, das mit Blatternnarben besät ist, erinnert an gewisse Köpfe, die auf grobkörnige Leinwand gemalt an Jahrmarktbuden hängen.

* Schön ist sie, sagt Volpatte.

Marthereau aber, dem sie zugelacht hat, ist stumm vor Ergriffenheit.

So plaudern die Soldaten, die sich plötzlich in den Zauber einer Stadt versetzt fühlen. Sie geniessen mit immer wachsender Freude jene schöne adrette und ungewöhnlich saubere Umgebung. Sie fühlen sich in das ruhige und friedliche Leben wieder ein und denken wieder an die Behaglichkeit und sogar an das Glück, für welches die Häuser letzten Grundes ja erbaut worden sind.

* Man könnte sich eigentlich schon wieder dran gewöhnen, meinst du nicht?

Unterdessen drängt sich das Publikum vor ein Schaufenster, hinter welchem ein Kleiderhändler aus Holz und Wachspuppen ein lächerliches Bild zusammengestellt hat:

Auf einem Boden, der wie ein Aquarium mit kleinen Kieseln besät ist, kniet ein Deutscher in einem nagelneuen Anzug mit Bügelfalten und sogar mit einem angesteckten, eisernen Kreuz aus Pappe; er streckt seine zwei rosigen Holzhände einem französischen Offizier entgegen, dessen frisierte Perücke einem Kinderkäppi als Kissen dient; seine fleischfarbigen Backen sind aufgeblasen und sein unzerbrechliches Bébé-Auge guckt anderswohin. Neben diesen zwei Personen liegt ein Gewehr, das der Waffensammlung irgend eines Spielwarenladens entnommen ist. Auf einer Tafel steht als Ueberschrift dieser belebten Zusammenstellung: "Kamerad!"

* Du! Herrgott nochmal! ...

Diese kindische Aufmachung ist das einzige, was hier an den gewaltigen Krieg, der irgendwo unter dem Himmel tobt, erinnert; wir aber zucken die Achseln, und lachen schliesslich bittersüss, beleidigt und tief gekränkt in unsern frischen Erinnerungen; Tirette sammelt seine Gedanken und schickt sich an, ein paar beleidigende Spottwitze auszuspritzen; aber er findet in seinem Gehirn die Worte nicht, denn wir erfahren eine zu gründliche Ortsveränderung und das Gefühl, anderswo zu sein, hat uns verblüfft. Da rauscht eine sehr elegante Dame in violett- und schwarzleuchtender Seide heran; eine Duftwolke umweht sie, sie streckt den Handschuh ihrer kleinen Hand aus und betupft Volpattes Aermel und Blaires Schulter. Beide bleiben augenblicklich unbeweglich stehn, versteinert durch die direkte Berührung jener Fee:

* Sagen Sie mal, meine Herrn, Sie sind doch echte Soldaten, das haben Sie wohl im Schützengraben gesehn?

* He ... ja ... ja ... antworten, furchtbar eingeschüchtert und bis ins Innerste geschmeichelt, die beiden armen Männer.

* Aha, siehst du! Die waren dabei! geht's unter dem Publikum murmelnd herum.

Dann, nachdem wir wieder allein unter uns auf den tadellosen Steinplatten des Trottoirs stehn, schauen sich Volpatte und Blaire gegenseitig an und nicken mit dem Kopf.

* Eigentlich, meint Volpatte, ist es schon ungefähr so, nicht?

* Hei, freilich!

Dies aber waren an diesem Tage die ersten Worte der Verleugnung.

~

Wir gehn in das Café de l'Industrie et des Fleurs. Ein Spartoteppich läuft in der Mitte auf dem Parkett. An den Wänden, an den viereckigen Pfeilern, die die Decke stützen, und auf der Vorderseite des Schanktisches sind violette Winden, grosse johannisbeerfarbne Mohnblumen und rotkrautähnliche Rosen gemalt.

* Das muss man sagen, Geschmack hat's in Frankreich, meint Tirette.

* Da hat's einen Sack voll Geduld gebraucht, bis das fertig war, bemerkt Blaire, der diese bunten Verzierungen bewundert.

* In so 'nem Lokal, fügt Volpatte hinzu, da hat's noch andre Genüsse als das Trinken!

Paradis erklärt uns, dass er viel in den Cafés verkehrt hat. Früher hat er oft am Sonntag ebenso schöne und noch viel schönere Cafés aufgesucht. Nur ist es schon lange her und er hat, sagt er, ihren Duft aus der Nase verloren. Er deutet auf ein kleines Emaillewasserbecken, das an der Wand hängt und mit Blumen geschmückt ist.

* Da kann man sich sogar die Hände waschen.

Wir treten sittsam an das Becken. Volpatte nickt dem Paradis zu, er solle den Hahn aufdrehn.

* Lass mal die Spucke laufen.

Dann gehn wir alle fünf in den Saal, in dem ringsherum bereits Gäste sitzen, und lassen uns an einem Tische nieder.

* Fünf Wermut mit Kassis, nicht?

* Man wird sich schon wieder dran gewöhnen, nachher, wiederholen wir.

Bürger stehn auf und rücken in unsre Nähe. Man hört halblaute Bemerkungen:

* Sie haben alle das Kriegskreuz, siehst du, Adolphe ...

* Das sind echte Poilus!

Die Kameraden haben's gehört; sie sprechen wohl miteinander, aber ihre Gedanken sind abwesend, ihr Ohr lauscht anderswohin, und sie brüsten sich unbewusst.

Dann beugt sich das Ehepaar, das diese Aeusserungen gemacht hatte, zu uns herüber; sie haben die Ellenbogen auf den weissen Marmor gestützt und fragt uns aus:

* Na, wie ist es im Schützengraben? Schon hart, was?

* Ha ja ... Ja! 's ist einem schon nicht immer um's Lachen.

* Aber die körperliche und moralische Ausdauer, die ihr habt! Und schliesslich gewöhnt ihr euch an das Leben, oder?

* Freilich, ja, man gewöhnt sich dran, man gewöhnt sich ganz gut daran ...

* Und doch ist es ein schreckliches Dasein, und was man da alles aushalten muss, murmelt die Dame; dabei blättert sie in einer illustrierten Zeitung, in der man einige furchtbare Ansichten von überranntem Gelände sieht. Man sollte das nicht veröffentlichen, Adolphe! ... Der Schmutz, das Ungeziefer, die harten Arbeiten ... So tapfer ihr auch seid, unglücklich seid ihr wohl doch? ...

Volpatte, zu dem sie spricht, errötet. Er schämt sich des Elendes, aus dem er kommt und das seiner noch harrt. Er senkt den Kopf und lügt, ohne sich seiner vollen Lüge vielleicht bewusst zu sein.

* Nein, eigentlich, unglücklich ist man nicht ... so schlimm ist es nicht, bewahre.

Die Dame ist auch seiner Ansicht.

* Ich weiss ja schon, sagt sie, es hat dafür das andere! So ein Ansturm muss doch was grossartiges sein, was? Alle diese Männer, die wie zum Fest drauflos stürmen! Und die Trompete, die im Felde zum Angriff bläst. Und die kleinen Soldaten, die man nicht mehr zurückhalten kann und die "Vive la France!" schreien, oder die lachend sterben! ... Ach, wir sind nicht zu dieser Ehre geboren wie ihr. * Mein Mann ist an der Präfektur angestellt, und jetzt gerade hat er Urlaub wegen seinen Rheumatismen.

* Ich wäre gern Soldat gewesen, sagt der Herr, aber ich hab kein Glück: mein Bureauchef kanns ohne mich nicht machen.

Die Gäste kommen und gehn, rempeln einander an, machen einander Platz. Die Kellner winden sich mit ihrer zerbrechlichen, grünen, roten, knallgelben und weissgeränderten Ladung durch die Tischreihen. Die Schritte auf dem mit Sand bestreuten Boden knirschen und mischen sich unter die lauten Worte der Stammgäste, die sich hier einfinden und teils herumstehen, teils mit aufgepflanztem Ellenbogen an den Tischen sitzen; dazu kommt das rutschende Geräusch der Gläser und der Dominosteine auf den Marmorplatten. Im Hintergrund knallen die Elfenbeinkugeln aneinander und locken Zuschauer an, die im Kreis herumstehn, und die klassischen Witze machen.

* Jedem sein Handwerk, sagt zu Tirette vom andern Tischende her ein Mann, dessen Gesicht kräftig gefärbt ist. Ihr seid Helden. Wir, wir arbeiten für das wirtschaftliche Gedeihen des Landes. Auch wir müssen kämpfen, wie ihr. Ich bin dem Land nützlich, nicht mehr als ihr, das will ich nicht sagen, aber auch nicht weniger.

Da sehe ich, wie Tirette, der Spassvogel der Korporalschaft, die Augen hinter den Rauchwolken der Zigarren rundet und ich höre aus dem Lärm der Gäste mit Mühe seine Antwort heraus, die er mit demütiger und gelangweilter Stimme hervorbringt:

* Ja, schon wahr ... jedem sein Handwerk.

Darauf haben wir uns hinausgedrückt.

~

Nachdem wir das Café des Fleurs verlassen hatten, sagten wir fast nichts zu einander. Uns ist es, als hätten wir die Sprache verloren. Ein gewisser Missmut verstimmt meine Kameraden und legt ihnen einen hässlichen Zug über ihre Gesichter. Es ist, als hätten sie das Gefühl, in einem wichtigen Augenblick ihre Pflicht nicht erfüllt zu haben.

* Was die uns nicht alles weiss gemacht haben in ihrem Kauderwelsch, die Rotzkerle! knurrt endlich Tirette mit einem Groll, der sich Luft macht und anschwillt, je deutlicher wir wieder unsere Zusammengehörigkeit fühlen.

* Besaufen hätten wir uns heute sollen, wie Vieher! ... antwortet Paradis.

Dann gehn wir weiter, ohne ein Wort zu sagen; nach einer Weile fängt Tirette wieder an:

* Kamele sind's, dreckige Kamele. Die Nase haben sie uns voll spucken wollen, aber bei mir hat's nicht gezogen! Wenn ich sie wieder antreffe, meint er in wachsendem Zorn, werd ichs ihnen schon sagen!

* Wirst sie nicht mehr antreffen, antwortet Blaire.

* In acht Tagen sind wir vielleicht verreckt, meint Volpatte.

Wie wir wieder auf den Platz kommen, stossen wir auf ein Gedränge, das aus dem Rathaus flutet und aus einem andern öffentlichen Gebäude mit einem griechischen Giebel und mit Tempelsäulen. Es ist Bureauschluss: Zivilisten aller Gattungen und jeden Alters, Militärs, alte und junge, deren Uniformen von weitem ungefähr wie die unseren aussehen. In der Nähe aber errät man die Geborgenen und die Kriegsdeserteure hinter ihrer Soldatenmaske und ihrem Aermelabzeichen.

Frauen und Kinder erwarten sie wie anmutige Glückshäufchen. Die Geschäftsleute schliessen liebevoll ihre Läden, lächeln dem vollbrachten Tage und dem kommenden Morgen zu im erwartungsheissen und ungestörten Wonnegefühl angehäufter Verdienste und sie begeistern sich am wachsenden Geldgerassel ihrer Kasse. Sie sind im Herzen ihres heimeligen Herdes sitzen geblieben und brauchen sich nur zu bücken, wenn sie ihre Kinder küssen wollen.

Die ersten Strassensterne flackern auf, und an ihrem Lichte sieht man sie glänzen, all diese reichen Leute, die sich täglich bereichern, all die ruhigen Leute, die sich täglich beruhigen und die trotz allem, man fühlt es, voll einer heimlichen Bitte sind. Alle gehn sie heim, denn es ist Abend, und lassen sich nieder in ihren Häusern mit allem Zubehör und in den Cafes, in denen man bedient wird, junge Frauen und junge Männer, Zivilisten oder Soldaten mit irgend einem gestickten Schutzzeichen auf dem Aermel oder dem Kragen finden sich in Paaren zusammen und verschwinden eilig, während die übrige Welt sich in Dunkelheit hüllt, dem Lichte ihres Zimmers entgegen, der Nacht entgegen, die ihnen Ruhe und Liebe schenkt. Als wir am halbgeöffneten Fenster eines Erdgeschosses vorbeigingen, sahen wir, wie der Abendwind einen Spitzenvorhang rundete und ihm die leichte und süsse Form eines Hemdes verlieh ...

Die Menge, die sich vordrängt, stösst uns arme Fremdlinge zurück.

Wir irren auf dem Strassenpflaster umher, in der Dämmerung, die bereits sich zu vergolden beginnt; in den Städten behängt sich die Nacht mit Schmuckwerk. Das Schauspiel dieser Welt hat uns endlich, ohne dass wir uns ihrer erwehren können, die grosse Wirklichkeit offenbart: ein Unterschied trennt die Menschen, ein viel tieferer Unterschied mit unüberbrückbareren Gräben als die, welche die Rassen voneinander trennen: die klare, scharfe und wirklich unüberwindbare Spaltung im Volke eines Landes, zwischen denjenigen, die den Gewinn haben und den andern, die sich abarbeiten ... diejenigen, von denen man verlangt, alles hinzugeben, alles, und diese, die bis zum Schluss ihre Zahl, ihre Kraft und ihr Martyrium bieten, und über welche die andern hinwegtreten, vorwärtskommen, lächeln und ihr Ziel erreichen.

Einige Trauerkleider werfen schwarze Flecken in die Menge und stimmen mit uns überein; das übrige trägt Festgepräge, aber keine Trauer.

* Nein, sagt plötzlich Volpatte mit einer seltsamen Klarheit. Es hat nicht nur ein Land, es ist nicht wahr; es hat zwei; ich sage euch, wir sind getrennt in zwei fremde Länder; dort vorn, weit vorn das eine, wo es zu viel Unglück hat und hier, das hintere Land, wo es zu viel Glückliche gibt.

* Ja nun, was willst du machen! Die sind auch zu etwas da ... solche muss es auch geben ... der Grundstock ... und übrigens ...

* Weiss schon, aber trotzdem, trotzdem, es hat zu viel, und dann, sie sind zu glücklich, und immer sind's die gleichen, und dazu hat's doch gar keinen Grund.

* Was willst du machen? sagt Tirette.

* Meinetwegen! fügt Blaire noch einfacher hinzu.

* In acht Tagen sind wir vielleicht verreckt! begnügt sich Volpatte zu wiederholen, während wir gesenkten Hauptes weiter gehn.

~

XXIII. Dienst

Der Abend sinkt auf den Schützengraben nieder. Während des ganzen Tages hat er sich genähert, unsichtbar wie das Geschick; jetzt verschlingt er die Böschungen der langen Gräben, wie die Ränder einer unendlichen Wunde.

In unserer Erdspalte verborgen, haben wir uns seit dem Morgen unterhalten; wir haben gegessen, geschlafen und geschrieben. Als der Abend kam, ging ein Gedränge durch den grenzenlosen Schacht, rüttelte und ordnete das müssige Durcheinander und die Einsamkeit der zerstreuten Leute. Es ist die Stunde, wo man sich zur Arbeit aufrichtet.

Volpatte und Tirette treten zusammen an.

* Noch ein Tag vorüber, ein Tag wie die andern, sagt Volpatte, und betrachtet die dunkelnde Wolke.

* Das kannst du noch nicht wissen, unser Tag ist noch nicht fertig, antwortet Tirette.

Er ist im Unglück sehr erfahren und es hat ihn gelehrt, dass man hier, wo wir leben, niemals über die bescheidene Zukunft eines nichtssagenden und bereits angeschnittenen Abends urteilen darf.

* Vorwärts, antreten!

Man geht zum Antreten mit der trägen Geistesabwesenheit, mit der man Gewohntes ausführt. Ein jeder schleppt sich und sein Gewehr, seine Patronentaschen, seine Kanne und seinen Brotbeutel mit einem Stück Brot darin. Volpatte kaut noch etwas hinter seiner spitzen und zitternden Wange. Paradis knurrt und klappert mit den Zähnen; seine Nase ist veilchenbläulich. Fouillade zieht sein Gewehr wie einen Besen nach sich. Marthereau betrachtet sein trauriges, zerknülltes und steifes Taschentuch und steckt es wieder in die Tasche.

Es ist kalt, es rieselt. Alles schlottert.

Dort hört man eine Litanei:

* Zwei Schaufeln, eine Hacke, zwei Schaufeln, eine Hacke ...

Dann schlängelt sich die Rotte nach der Gerätablage, stockt an ihrem Eingang und geht, mit Werkzeug beladen, wieder weiter.

* Alles fertig? Hü! sagt der Korporal.

Dann rollt man bergab, der Front zu, man weiss nicht wohin. Nichts weiss man, nur eines weiss man: dass ein und dieselbe Finsternis Himmel und Erde Verseilungen wird.

~

Man steigt aus dem Schützengraben; er ist bereits schwarz, wie ein erloschner Feuerberg; dann steht man auf der Ebene in der nackten Abenddämmerung. Grosse, graue Wolken hängen wasserschwer vom Himmel herab. Die Ebene ist grau, blass beschienen, mit kotigem Gras und Wasserwunden bedeckt. Stellenweise strecken entblätterte Bäume nur noch schattenhafte und verrenkte Glieder ins Leere. Man sieht nicht weit umher im nassen Rauch. Uebrigens schaut man nur den Schlamm an, der auf dem Boden liegt und auf dem man ausrutscht.

* Satansdreck!

Auf den Feldern knetet und zertritt man einen schleimigen Teig, der sich unaufhörlich vor den Schritten hindehnt und zurückfliesst.

* Schokoladencrème ... Mokkacrème!

Auf den steinigen Stellen * den verwischten Ex-Landstrassen, die wie die Felder unfruchtbar geworden sind, * zerreibt die vorwärtsschreitende Abteilung den Kieselstein, der unter einer klebrigen Schicht liegt, sich lockert und unter dem Druck der benagelten Sohlen kreischt.

* 's ist grad so, als liefest du über Rostbrot mit Butter drauf!

Manchmal liegt, auf dem Abhang eines Erdhügels, ein dichter, tiefgefurchter, schwarzer Kot, wie er sich um die Dorftränken ansammelt. In den Löchern stehn Pfützen, Lachen und Teiche, deren unregelmässige Ränder wie zerfetzt aussehen. Die Witze der Spassvögel, die beim Abmarsch noch frisch und munter ein Entengeschnatter losliessen, wenn man durch das Wasser tappte, werden seltener und düsterer. Allmählich erlöschen die Witzbolde. Der Regen fällt jetzt dicht. Man hört ihn. Das Tageslicht nimmt ab, der verworrne Raum schrumpft zusammen. Auf dem Boden liegt im Dreckwasser ein letzter gelber, fahler Lichtfetzen.

~

Gegen Westen erblickt man das dunstige Schattenbild verregneter Mönche. Es ist eine Kompagnie vom 204ten Regiment; die Leute sind in ihre Zelttücher eingewickelt. Man sieht im Vorübergehn die abgezehrten und abgefärbten Gesichter und die geraden Nasen dieser grossen, nassen Wölfe. Dann sieht man sie nicht mehr. Wir gehn der Spur nach; sie läuft mitten durch die spärlich mit Gras bedeckten Aecker, wie ein lehmiges Feld, durch das sich unzählige, parallele Furchen ziehn; die Füsse und die Räder haben es aufgewühlt, nach vorwärts und nach rückwärts, immer in der gleichen Richtung.

Man springt über klaffende Schachte, was nicht immer leicht ist. Die Ränder werden klebrig, glitschig und Erdrutsche haben sie angefressen. Die Müdigkeit lastet obendrein allmählich schwer auf den Schultern. Lärmende Fahrzeuge begegnen uns und spritzen Kot. Die Protzwagen der Artillerie patschen im nassen und bespritzen uns mit Wasserstrahlen. Um die Räder der Lastautos drehen sich flüssige Kreise, die über polternde Rollkarren hinausspritzen.

Je dunkler die Nacht wird, desto phantastischer erscheinen unter der wolkigen Himmelsflut die gerüttelten Gespanne, aus denen Pferdehälse emporschnellen und Reiterprofile aufsteigen mit ihren flatternden Mänteln und ihren Karabinern quer über der Brust. Dann fahren Munitionswagen in eine Stockung hinein. Sie halten an und stampfen, während wir vorübergehn. Man hört ein Durcheinander von kreischenden Achsen, Stimmen, Zankereien und aufeinanderplatzenden Befehlen; und dazu rauscht der mächtige Regen-Ozean. Ueber dem dunklen Gedränge dampfen die Pferderücken und die Mäntel der Reiter.

* Achtung!

Rechterhand dehnt sich etwas auf dem Boden aus. Es sind Leichen. Instinktiv meidet sie der vorübergehende Fuss und das Auge forscht sie aus. Man sieht aufgerichtete Sohlen, gestreckte Kehlen, hohle, verworrene Gesichter, halbgeschlossene Fäuste, die aus dem schwarzen Wirrwarr starren. Und weiter geht's und immer weiter über jene noch fahlen Felder, die die Schritte abschinden, und unter dem Himmel, über den sich Wolken ausbreiten, wie zerfetzte Tücher, durch die dunkelnde Weite, die nach so vielen Tagen, durch die lange Berührung mit soviel armseligen Menschenhaufen, schmutzig geworden zu sein scheint.

Dann geht's wieder in die Laufgräben. Sie liegen tiefer als das Feld. Um sie zu erreichen, macht man einen weiten Umweg, so dass die Hintersten auf ungefähr hundert Meter die ganze Kompagnie sehn, die in der Dämmerung ausschreitet. Kleine dunkle Leutchen, die sich an die Abhänge klammern, zerstreut einander nachgehn, mit ihrem Werkzeug und ihrem Gewehr, die an den beiden Seiten ihrer Köpfe emporstarren; und sie sind wie die dünnen, unbedeutenden Striche flehender Wesen, die mit emporgestreckten Armen untergehn.

Diese Laufgräben liegen noch in der zweiten Linie und sind bevölkert. An der Schwelle der Unterstände hängt oder flattert ein Tierfell oder ein graues Tuch, verwilderte Menschen schauen uns mit ausdruckslosen Augen an, als ob sie nichts sähen. Andre Zelttücher hängen bis zum Boden herab; darunter ragen Füsse hervor, und es schnarcht hinter ihnen.

* Herrgott, ist das lang! knurrt einer in der Reihe auf.

Man stockt, wird zurückgedrängt.

* Halt!

Wir müssen stehn bleiben und andre durchlassen. Man drängt sich fluchend aneinander und drückt sich an die schiefe Grabenwand. Es ist eine Maschinengewehrkompagnie mit ihrer seltsamen Bürde.

Es will kein Ende nehmen. Die langen Pausen erschöpfen uns; die Muskeln schmerzen allmählich; das endlose Stehnbleiben zermalmt uns.

Kaum ist man wieder im Gang, muss man schon wieder in den Seitengraben zurück; denn die Telephonablösung muss durchgelassen werden. Man geht rückwärts, unbeholfen wie's Vieh.

Und das Weitergehn wird schwerer.

* Achtung, Draht!

Der Telephondraht läuft über dem Schützengraben in einer Wellenlinie und liegt stellenweise zwischen zwei Pfählen quer darüber. Mitunter ist er nicht genügend gespannt, so dass er in den Hohlgraben hineinhängt und die Gewehre und die Menschen einfängt; dann zerren die Leute sich aus der Schlinge und fluchen über die Telephonisten, die ihre Schnüre nie richtig anbinden können. Da aber der elastische Wirrwarr der kostbaren Drähte zunimmt, hängt man das Gewehr an die Schulter mit dem Kolben nach oben, hält den Kopf der Schaufeln nach unten und schreitet mit gebückten Schultern weiter.

~

Plötzlich geht's langsamer und man kommt nur noch Schritt für Schritt, in die Fusstapfen des Vordermannes tretend, vorwärts. Die Spitze der Kolonne drückt sich offenbar durch einen schwierigen Durchgang.

Man erreicht die Stelle: der abschüssige Weg führt uns vor eine klaffende Spalte. Es ist der gedeckte Laufgraben; die vorderen Leute sind schon in dieser niederen Tür verschwunden.

* Also in die Blutwurst rein?

Ein jeder stutzt, bevor er sich von jener engen, unterirdischen Finsternis verschlucken lässt. Die Summe dieser zögernden Verschleppung übt ihre Rückwirkung auf die hinteren Abteilungen der Kolonne aus, lässt sie hin- und herschwanken, sich zusammenziehn und mitunter plötzlich stoppen.

Kaum stecken wir im gedeckten Laufgraben drin, so umfängt uns eine schwere Finsternis und wir sehn einander nicht mehr. Ein schimmliger Keller- und Sumpfgeruch steigt uns in die Nase. An der Decke dieses Erdganges, der uns aufsaugt, sieht man einige bleiche Striche und Löcher: es sind die Zwischenräume und die Risse an den Deckbrettern; Wasserfäden fliessen manchmal reichlich durch; trotz tastender Vorsicht stolpert man über Holzanhäufungen; man stösst seitwärts an den dunklen Schatten senkrechter Stützbalken.

Ein dumpfes Zittern erschüttert die Luft dieses endlosen, geschlossenen Durchganges: es ist die Scheinwerfermaschine, die dort aufgestellt ist und an der wir gleich vorbeikommen. Wir tappen bereits eine Viertelstunde durch diese Finsternis; da knurrt plötzlich einer, dem das Wasser und die Dunkelheit die Nerven aufs äusserste spannt und der es satt hat, über Unbekanntes zu stolpern:

* Ach was, ich mach Licht!

Und eine elektrische Lampe sprüht Licht aus ihrem blendenden Punkt. Im gleichen Augenblick hört man den Sergeanten brüllen:

* Herrrr! Wer ist das Kamel! Bist du verrückt? Siehst du denn nicht, dass man's durchs Parkett durchsieht, du grindiges Schaf du!

Und die elektrische Lampe, die mit ihrem leuchtenden Kegel die tropfenden Wände aus der Finsternis geschüttelt hatte, sinkt wieder in die Nacht zurück.

* Das gibts nur selten, dass man's sieht, spöttelt der Soldat, wir sind doch hier nicht in der ersten Linie, Herrgott noch einmal.

* So! man siehts nicht! ...

Und der Sergeant, der in der Kolonne eingeschachtelt ist, läuft ununterbrochen weiter; aber man errät, dass er sich dabei umdreht und sich in eine stockende Erklärung einlässt.

* Du Knoten, du, Herrgottskünstler ...

Aber plötzlich, brüllt er von neuem:

* Wer raucht da schon wieder! Hurerei, verdammte!

Diesmal möchte er stehn bleiben, aber wie sehr er sich auch gegen den Strom stemmt und sich keuchend anklammert, muss er doch weiter; denn es reisst ihn fort samt seinen hinuntergeschluckten Schnauzereien, die ihn würgen, während die Zigarette, die seinen Zorn verursachte, ohne Widerrede verschwindet.

~

Das stotternde Gehämmer der Maschine wird deutlicher und eine dicke Hitzluft verdichtet sich um uns. Je tiefer wir eindringen, desto heftiger erzittert unter heftigen Schlägen die Luft des Laufgrabens. Bald hämmert die Erschütterung des Motors um die Ohren und erschüttert unsern ganzen Körper. Jetzt wird es noch heisser, als fauche uns der Atem eines Tieres ins Gesicht. Durch den teuflisch anschwellenden Lärm, durch den heissen Wind und durch das Licht hindurch wälzt sich die Kompagnie zum Höllenfeuer. Man ist betäubt und hat den Eindruck, als stürze sich uns durch den Gang der Motor wie ein tolles Motorrad entgegen, als käme der Wahnsinnige mit leuchtendem Zermalmen immer näher,

Jetzt gehn wir halb geblendet und verbrannt am roten Herd und am schwarzen Motor, dessen Schwungrad wie ein Sturmwind saust, vorbei. Man hat kaum Zeit die Menschen zu gewahren, die an dieser Stelle arbeiten müssen. Man schliesst die Augen und erstickt in der Glut dieses dröhnenden Atems. Dann wüten der Lärm und die Hitze hinter uns und werden schwächer ... Da knurrt mein Nachbar in seinen Bart;

* Und das Kamel vorhin sagte, man könnte meine Lampe sehen.

Jetzt kommen wir wieder an die frische Luft! Der Himmel ist in ein sehr dunkles Blau getaucht, das sich kaum vor der Erde abhebt. Es regnet in Strömen. Man kommt im teigigen Lehmboden mühsam vorwärts. Der ganze Schuh sinkt ein und jedesmal, wenn man den Fuss herauszieht fühlt man die marternden Schmerzen der Müdigkeit. Es ist stockfinster. Dennoch sieht man beim Ausgang des Loches ein Durcheinander von Balken, das in dem erweiterten Graben liegt und alle Glieder von sich streckt; wahrscheinlich ist es ein zertrümmerter Unterstand. Ein Scheinwerfer hält jetzt seinen grossen, gegliederten und feenhaften Arm über uns, und spaziert im Unendlichen herum; dann entdeckt man tote Soldaten in einem Wirrwarr von entwurzelten und eingeschlagenen Balken und zertrümmertem Holzwerk. Ganz in meiner Nähe hängt ein Kopf an einem unbestimmt knienden Körper auf dem Rücken: auf der Backe hat er einen schwarzen, gezackten Flecken mit einem Rand von geronnenem Blut. Ein anderer Körper umarmt halb aufrecht stehend einen Pfahl. Wieder ein anderer liegt kreisförmig auf dem Boden; das Geschoss hat ihm die Hose abgerissen, so dass man seinen Bauch und seine blassen Lenden sieht. Ein anderer liegt am Rand des Haufens ausgestreckt und seine Hand liegt lang über dem Weg. Diese Stelle kann nur nachts begangen werden, denn der Graben ist mit Schutt überhäuft und tags nicht gangbar, und jeder tritt in der Dunkelheit auf jene Hand. Ich habe sie wohl gesehn; der Scheinwerfer beschien gerade dieses zerschundene Handskelett, das nur noch einer verkümmerten Flosse glich.

Der Regen fällt wütend auf die Erde. Sein platschender Lärm überrauscht alles. Man spürt seine furchtbare Trostlosigkeit am ganzen Körper, als sei man nackt. Wir treten in den offenen Graben; die Nacht und das Gewitter setzen von neuem ein und zerwühlen diesen Leichenwirrwarr, wo sich die gestrandeten Toten an das Erdfleckchen wie an ein Floss anklammern. Der Wind fährt uns eisig übers Gesicht und lässt Tränen und Schweiss erstarren. Es ist bald Mitternacht. Sechs Stunden laufen wir schon im zunehmenden, schweren Kot.

Es ist die Stunde, wo die Theater in Paris unter dem Sternengeflimmer glühender Leuchter und Lampen erglänzen, im fiebernden Luxus aufgeregter Toiletten, wo in festlicher Wärme eine strahlende Menge redet, lacht, lächelt, klatscht, sich auslebt und sich langsam von den geschickt gesteigerten Empfindungen ergreifen lässt, die ihr das Schauspiel bietet und wo sich der befriedigte Glanz und der Reichtum der militärischen Apotheosen breit macht und die Szenen der Music-Halls erfüllt.

* Ist man immer noch nicht da? Herrgott, wie lang geht das noch? Ein Gejammer entsteigt der langen Reihe, die unter dem endlosen Regenguss durch die Erdrisse stolpert, beladen mit Gewehren, mit Schaufeln oder Hacken. Weiter gehts und immer weiter. Wir sind betrunken vor Müdigkeit und torkeln hin und her. Schwer und aufgeweicht vom Wasser schlagen wir mit der Schulter an die Erde, die wie wir nass ist.

* Halt!

* Sind wir da?

* Ja, Kuchen!

Vorläufig entsteht ein Gedränge, das uns zurücktreibt und ein Gemurmel läuft durch die Reihe:

* Wir haben uns verlaufen.

Die Wahrheit bricht sich durch die verwirrte, umherirrende Horde Bahn: An irgend einer Zweigstelle sind wir falsch gegangen und jetzt ist es eine verflixte Sache, dem richtigen Weg wieder auf die Spur zu kommen.

Jetzt wirds noch schlimmer; von Mund zu Mund geht das Gerücht, dass eine bewaffnete Kompagnie hinter uns her in den Schützengraben einmarschiert. Somit ist der Weg, den wir zurückgelegt haben mit Menschen verstopft, und wir sitzen in einer Sackgasse.

Koste es, was es wolle, man muss versuchen den Schützengraben, den wir verloren haben und der, wie es scheint, linker Hand liegt, durch irgend eine Sappe wieder zu erreichen. Die Uebermüdung der Leute hat den Höhepunkt erreicht und kommt in Geberden und heftigen Schimpfereien zum Ausdruck. Sie schleppen sich fort, werfen ihr Gerät weg und bleiben stehn. Stellenweise sieht man im bleichen Lichte der Raketen dichte Menschenbündel niederfallen. So warten die Leute jener Kolonne, die sich vom Süden nach Norden in die Länge dehnt, unter dem unerbitterlichen Regen, Der Leutnant, der die Kompagnie führt und uns auf den falschen Weg gebracht hat, drückt sich mit Mühe an den Leuten vorbei und sucht nach einem seitlichen Ausgang. Ein kleiner, niederer und enger Laufgraben tut sich auf.

* Da müssen wir durch, unbedingt, sagt der Offizier schnell. Vorwärts, Kinder!

Ein jeder nimmt knurrend seine Last wieder auf ... Aber ein Schwall von Verwünschungen und Flüchen wird von jenen ausgestossen, die bereits in die kleine Sappe hineingeschlüpft sind.

* Das sind Aborte!

Ein übler Geruch steigt aus dem Graben und lässt über seine Herkunft keine Zweifel bestehn. Diejenigen, die hineingegangen waren, bleiben stehn, schrecken zurück und weigern sich weiter zu gehn. Man drängt und sitzt einander auf und stoppt an der Schwelle jener Aborte!

* Ich geh lieber über die Ebene! schreit einer.

Aber die Blitze zerreissen von allen Seiten her die Wolken über dem Hügel: der Anblick dieses Loches, in dem wimmelnde Schatten stehn, und darüber jene donnernden Flammengarben, die vorn Himmel herabhängen, ist so erschütternd, dass den Worten des Wahnsinnigen keine Antwort wird.

Ob man will oder nicht, man muss hierdurch; denn der Rückweg ist versperrt.

Vorwärts in die Scheisse! schreit der vorderste Mann.

Und man stürzt sich, erstickend vor Eckel, hinein. Der Gestank wird unerträglich. Man tritt in den Dreck und fühlt, wie seine Weichheit unter dem Erdkot nachgibt.

Kugeln pfeifen.

* Köpfe ducken!

Da der Graben nicht sehr tief ist, muss man sich tief bücken, um dem Tod zu entgehn; und man schreitet gebückt über jene angehäuften, mit Papier bedeckten Exkremente, in die man tritt. Endlich erreicht man dann den Laufgraben, den man irrigerweise verlassen hat; dann geht's wieder weiter. Man marschiert nur immer und kommt nie an. Der Bach, der sich jetzt auf dem Boden des Grabens bildet, wäscht den Gestank und den gemeinen Dreck von unsern Füssen ab, während wir stumm, mit leerem Kopf, stumpfsinnig und taumelnd vor Müdigkeit, weiterirren.

Die Artillerie dröhnt in stets abnehmenden Zwischenpausen und geht in ein einziges ununterbrochenes Gedröhn über. Von allen Seiten wirft das Abfeuern und das Einschlagen blitzartige Strahlen und wirre Bänder über unsere Köpfe an den Himmel. Dann schwillt die Beschiessung derart an, dass das Leuchten nicht mehr aufhört. In dieser ununterbrochenen Kette von Donnerschlägen sieht man einander deutlich; die Helme triefen wie Fischleiber, das Lederzeug ist durchnässt, das Eisen der Schaufeln leuchtet schwarz und man sieht sogar die weissen Tropfen des ewigen Regens. Noch nie wohnte ich einem derartigen Schauspiel bei; es ist tatsächlich, als ob die Kanonenschüsse einen Mondschein inszenierten. Gleichzeitig fahren von unsern Linien und von den feindlichen Stellungen scharenweise Raketen auf, die sich kreuzen und Gestirne bilden; es bildet sich einmal von den Raketen ein grosser Bär im Himmelstal, das man zwischen den Böschungen erblickt; und dieses Gestirn leuchtet uns auf unserer schrecklichen Wanderung.

~

Wir haben uns schon wieder verlaufen. Diesmal sind wir offenbar ganz in der Nähe der ersten Linien; aber eine Vertiefung im Gelände bildet hier in der Ebene einen verschwommenen Kessel, in dem sich Schatten bewegen.

Wir sind eine Sappe hinauf, dann wieder hinuntergelaufen. In der phosphoreszierenden Lufterschütterung der Kanonen erblickt man wie im zitternden Kinolicht über der Böschung zwei Krankenträger, die mit ihren Bahren den Graben zu überschreiten versuchen.

Der Leutnant, der allerhöchstens weiss, wohin er die Mannschaft führen soll, ruft sie an:

* Wo ist der neue Graben?

* Weiss nicht.

Aus der Reihe heraus werden andre Fragen an die Krankenträger gerichtet: "Wie weit sind die Deutschen von hier entfernt?" aber sie antworten nicht, sondern sprechen unter sich:

* Ich geh nicht mehr weiter, sagt der Vorderste. Ich bin zu müde.

* Vorwärts, weiter, Herrgott! sagt der andere barsch und tappt schwerfällig vorwärts, während ihm die Bahre die Arme hinunter zieht. Wir können doch hier nicht versauern.

Sie stellen die Bahre auf die Böschung ab, so dass das eine Ende über dem Graben hängt. Im vorbeigehn sieht man die Füsse dessen, der darauf liegt; der Regen, der auf die Bahre fällt, fliesst schwarz an ihnen herunter.

* Ist's ein Verwundeter, fragen sie von unten her.

* Nein, eine Leiche, knurrt diesmal der Träger, er wiegt mindestens achtzig Kilo. Wenn er verwundet war, würde ich nichts sagen * seit zwei Tagen und zwei Nächten geht's in einemfort * aber sich abschinden und Tote rumschleppen, das ist doch zum heulen.

Und der Träger, der aufrecht auf der Böschung mit weitgespreizten Beinen mühsam im Gleichgewicht steht, setzt den einen Fuss über das Loch auf den entgegengesetzten Grabenwulst; dann packt er die Bahre und macht Anstalten, sie auf die andere Seite zu ziehn; dabei ruft er seinen Kameraden zu Hilfe.

Ein wenig weiter erblickt man die gebückte Gestalt eines Offiziers, die Kapuze über dem Kopf. Der Offizier hat die Hand am Gesicht und man sieht dabei zwei Goldstreifen an seinem Aermel.

Er wird uns Auskunft geben, der ... aber er selbst spricht uns an und fragt, ob wir seine Batterie nicht gesehn hätten.

Niemals werden wir ankommen.

Und dennoch kommen wir an.

Wir erreichen ein kohlenhaltiges Feld, in dem ein paar magere Pfähle stecken; wir besteigen es und verteilen uns schweigend darüber. Hier ist es.

Bis wir richtig stehn, vergeht eine ganze Weile. Viermal müssen wir vor und wieder zurück, bis die Kompagnie sich über die Länge des Grabens, der ausgeschaufelt werden muss, regelmässig verteilt hat; auch muss zwischen je einem Schanzgräber und zwei Schaufelnden der gleiche Abstand eingehalten werden.

* Noch drei Schritt vor ... Zuviel. Ein Schritt zurück. Vorwärts, ein Schritt zurück, seid ihr taub? ... Halt! ... So! ...

Diese Aufstellung besorgt ein Oberleutnant und ein Genie-Unteroffizier, der plötzlich da steht. Zusammen oder getrennt mühen sie sich ab, laufen die Front ab und rufen die Befehle mit gedämpfter Stimme den Leuten ins Gesicht, packen sie mitunter beim Arm und führen sie an ihre Plätze. Dieses Manöver geht zunächst ganz in Ordnung vor sich, wird aber dann durch die schlechte Laune der erschöpften Mannschaft gestört. Denn jedesmal müssen sich die Soldaten von der Stelle losreissen, an der sie sich in flutendem Gedränge hingeworfen haben.

* Wir stehn vor der ersten Linie, heisst es ganz leise um mich her.

* Nein, murmeln andere Stimmen, wir stehn gerade dahinter.

Man weiss es nicht. Es regnet immer weiter, weniger stark allerdings, als mitunter auf dem Marsch. Aber, was schert uns der Regen! Man liegt auf dem Boden, die Hüften und die Gliedmassen im molligen Kot; dabei ist es einem so wohl, dass man das Wasser, das einem ins Gesicht sticht und über die Haut rinnt, ebensowenig beachtet, wie das schwammige Bett, auf dem wir liegen.

Aber man hat kaum Zeit zum Ausschnaufen. Wir dürfen uns nicht unvorsichtigerweise der Ruhe ergeben, sondern müssen ohne Pause an die Arbeit. Es ist zwei Uhr morgens; in vier Stunden wird uns die Helligkeit nicht mehr erlauben, hier zu verweilen. Es ist keine Minute zu verlieren.

* Ein jeder soll, so wird uns befohlen, 1,5 Meter Länge auf 0,7 Meter Breite und 0,80 Meter Tiefe graben. Jeder Gruppe fallen also 4,5 Meter zu. Und haut tüchtig drein, den Rat geb ich euch: Je früher ihr fertig seid, desto schneller könnt ihr gehn.

Man kennt das schon. Die Annalen des Regiments weisen kein einziges Beispiel auf, wonach eine Mannschaft beim Graben hätte früher gehn können, als es notwendig gewesen war, um nicht gesehn, signalisiert und samt den Schanzarbeiten vernichtet zu werden.

Man murmelt:

Ja, ja, schon recht ... nur nichts weiss machen wollen. Spar dir deine Worte auf.

Aber, ausser einigen unbesiegbaren Schläfern, die dann übermenschliche Arbeit werden leisten müssen, macht sich alles mutig ans Werk.

Man gräbt die erste Schicht der neuen Linie ab, Erdschollen mit faserigem Gras. Die Leichtigkeit und Schnelligkeit, mit der die Arbeit beginnt, erweckt, wie bei allen Erdarbeiten in voller Erde, die Illusion, dass dieselbe bald vollendet sein wird und dass man bald in dem ausgegrabenen Loch wird schlafen können; dieses Gefühl weckt eine gewisse Arbeitsfreudigkeit. Aber, sei es durch das Geräusch der Schaufeln, sei es, dass einige Soldaten trotz der Verweise fast laut miteinander reden, kurz, unser Hantieren weckt eine Rakete; rechterhand fährt ihre Flammenlinie senkrecht über uns und lässt ihr Schnurren hören.

* Liegen!

Alles legt sich auf die Erde, und die Rakete bewegt sich hin und her und fährt in ihrer ungeheuren Blässe über eine Art Totenacker.

Nachdem sie erloschen ist, hört man zuerst stellenweise und dann auf der ganzen Linie, wie die Leute aus der Unbeweglichkeit, die sie schützte, wieder aufstehn und vorsichtiger wieder weiter arbeiten.

Bald darauf wirft eine zweite Rakete ihren goldnen Schweif hoch, leuchtet hell auf und wirft die Grabenarbeiter noch einmal in regungsloser Erstarrung nieder. Dann sieht man noch eine und noch eine andere.

Kugeln zerreissen um uns die Luft. Jemand schreit:

* Einer verwundet!

Der Verwundete geht vorbei; Kameraden stützen ihn; es scheinen sogar mehrere verwundet zu sein. Man erblickt den Menschenknäuel, der sich gegenseitig stützt, sich vorüberschleppt und verschwindet.

Die Stelle wird gefährlich. Man duckt sich und kauert zusammen. Einige kratzen kniend die Erde auf. Andere arbeiten auf dem Boden liegend, mühen sich ab, drehn und winden sich wie im Alpdruck. Die Erde, deren obere Schicht leicht abgeschaufelt wurde, wird lehmig und klebrig, ist schwer zu bearbeiten und bleibt am Werkzeug wie eine Knetmasse kleben. Nach jedem Schaufelwurf muss man die Schaufelplatte abschaben.

Schon schlängelt sich ein dünner Wulst aufgeschaufelter Erde über dem Boden und ein jeder ergibt sich dem beruhigenden Gedanken, dass er diese angehende Böschung noch um seinen Brotsack und den gerollten Mantel erhöhen kann und knäuelt sich hinter dem dünnen Schattenhaufen zusammen, wenn ein Geschoss heransaust ...

Solange man arbeitet, schwitzt man; hört man aber auf, so friert man gleich bis an die Knochen. Dann muss man die Müdigkeit überwinden und die Arbeit wieder aufnehmen.

Nein, niemals wird die Arbeit fertig sein ... Die Erde wird immer schwerer. Ein Fluch scheint uns zu verfolgen und lähmt unsre Arme. Die Raketen lassen uns keine Ruhe, spüren uns auf und verdammen uns immer wieder zur Unbeweglichkeit; nachdem uns aber eine Rakete in ihrem Licht versteinert hat, fällt es jedesmal schwerer, die Arbeit wieder aufzunehmen. Mit verzweifelnder Trägheit und erst nach schmerzhaften Schlägen senkt sich das Loch in die Tiefe.

Der Boden wird weicher, jeder Schaufelwurf tropft und fliesst und löst sich von der Schaufel mit schlaffem Geräusch. Schliesslich schreit einer:

* 's hat Flüssigkeit.

Dieser Ausruf wiederholt sich und fliegt durch die ganze Reihe der Erdarbeiter.

* 's hat Flüssigkeit. Nichts zu machen!

* Die Gruppe, in der Mélusson arbeitet, hat tiefer gegraben und da hat's Wasser. Wir kommen auf einen Teich.

* Nichts zu machen.

In der Verwirrung lässt man die Arbeit fahren. Man hört mitten in der Nacht das Geräusch der Schaufeln und Hacken, die man wie leere Waffen wegwirft. Die Unteroffiziere suchen tastend nach den Offizieren, um Befehle einzuholen.

Und stellenweise fallen die Leute ohne weiteres unter dem liebkosenden Regen und unter den strahlenden Raketen in einen süssen Schlaf.

~

In diesem Augenblick hat, soviel ich mich noch erinnere, die Beschiessung begonnen. Das erste Geschoss fuhr mit schrecklichem Krachen durch die Luft, als ob es sie in zwei Teile zerreissen wolle; weitere Geschosse sausten uns bereits entgegen, als das erste mitten in der Nacht und im Regen an der Spitze der Abteilung in den Boden einschlug und die Erde aufwühlte; dabei sah man auf einem roten Hintergrund menschliche Glieder verzweifelt sich gebärden.

Die unermüdlichen Raketen hatten uns offenbar verraten, so dass der Feind drüben das Feuer auf uns gerichtet hatte ...

Die Mannschaft stürzte und rollte in den kleinen, überschwemmten Graben, den sie ausgeschaufelt hatte. Man drückte sich hinein und vergrub sich darin, tauchte ins Wasser und hielt die Schaufel über den Kopf. Rechts und links, vorn und hinten platzten die Geschosse so nahe, dass sie uns jedesmal erschütterten und wir in der Lehmerde erzitterten. Bald war es eine ununterbrochene Erschütterung; es bebte der Leib dieser ausgehöhlten Gosse, in der dichte Menschenmassen und Schaufeln wie Schuppen unter Rauchschichten und stürzendem Licht lagen. Die Sprengstücke und Splitter kreuzten sich von allen Seiten in einem lärmenden Durcheinander über dem geblendeten Feld. Schon in der ersten Sekunde durchfuhr uns alle der Gedanke, den einige aussprachen:

* Diesmal verrecken wir.

Nicht weit vor mir hatte sich eine Gestalt aufgerichtet und schrie:

* Kommt, Kinder, wir gehn!

Liegende Leiber krochen halb aus dem Leichentuch des Kotes, der von ihren Gliedern in Klumpen und triefenden Fetzen zur Erde floss; dabei schrien die tollen Gespenster:

* Fort, fort!

Man lag auf den Knien, auf allen Vieren; man drängte nach dem schützenden Ort.

* Vorwärts! Macht doch, vorwärts!

Aber die lange Reihe rührte sich nicht. Die wahnsinnigen Klagen der Schreienden brachten sie nicht von der Stelle. Diejenigen, die an der Spitze lagen, rührten sich nicht und versperrten dem Haufen den Weg.

Verwundete krochen über liegende Leiber, schleppten sich über sie hinweg wie über Schutt, und begossen die ganze Kompagnie mit ihrem Blut.

Endlich erfuhr man den Grund jener erschreckenden Unbeweglichkeit, in der das Ende der Abteilung erstarrt war:

* Ein Sperrfeuer.

Eine seltsame, würgende Panik mit unverständlichen Schreien und stockenden Gebärden bemächtigte sich der Leute, die dort lagen. Sie wehrten sich auf ihren Plätzen und schrien. Aber so geringen Schutz der angestochene Graben auch bot, es wagte sich dennoch Keiner aus dem Loch, das uns verhinderte, über die Erdfläche hinaus dem Tode zu entfliehn und den Quergraben zu erreichen, der dort irgendwo sein musste ... Die Verwundeten, die über die Lebenden hinwegkriechen durften, setzten sich einer fürchterlichen Gefahr aus; jeden Augenblick wurden sie getroffen und stürzten nieder.

Der reinste Feuerhagel fiel über alles her und mischte sich in den Regen. Vom Scheitel bis zu den Sohlen erzitterte man mitten in dem übernatürlichen Getöse. Der hässlichste Tod stieg auf und hüpfte und tauchte um uns herum aus der Lichtflut hervor. Sein Auftreten zerrte die Aufmerksamkeit nach allen Richtungen und peitschte sie auf. Und der Leib war gefasst auf das fürchterliche Opfer! ... Der grässliche Eindruck, der uns niederschmetterte, war derart stark, dass es uns jetzt erst zum Bewusstsein kam, schon etliche Male dasselbe erfahren und diesen Geschossregen mit seinen brüllenden Brandwunden und seinem Gestank erlitten zu haben. Nur wenn man im Feuer steht, erinnert man sich wirklich an das, was man schon früher erlitten hat.

Ohne Unterlass krochen neue Verwundete vorüber und flohen aller Gefahr zum Trotz; sie jagten einem Angst ein, und wenn man mit ihnen in Berührung kam, jammerte man, denn man dachte jedesmal:

* Hier gibt's kein Entwischen mehr, keiner wird übrig bleiben.

Plötzlich entstand eine Lücke im Menschenhaufen; die Mehrzahl drückte sich rückwärts und säuberte den Platz.

Dann kroch man allmählich vorwärts, lief, duckte sich in den Kot und in das Wasser, in welchem sich Blitze und purpurroter Widerschein spiegelten; man stolperte und fiel über die Unebenheiten, die das Wasser verdeckte; wir selbst waren gleichsam schwere, spritzende und stürzende Geschosse, die die einschlagenden Blitze dicht am Boden umherjagten. Wir erreichten den Anfang des begonnenen Laufgrabens. Kein Schützengraben da; nichts ist da.

Nirgends in der Ebene, in der wir die Erdarbeiten angefangen hatten, nirgends erblickte das Aug einen Unterstand.

Man sah nur die Ebene, nur eine tolle Wüste, auch dann, wenn die Raketen mit stürmendem Flügelschlag darüberleuchteten. Weit von hier konnte der Schützengraben nicht sein, denn wir waren ihm auf dem Wege hierher gefolgt. Aber wohin sollte man gehen, um ihn ausfindig zu machen? Der Regen setzte stärker ein. Wir blieben einen Augenblick unschlüssig in furchtbarer Enttäuschung stehn, dicht am Rande des beschossenen Unbekannten; dann lief alles auseinander, die einen nach links, die andern nach rechts, andere wieder liefen gerade aus, alle verwischten sich schnell winzig klein im donnernden Regen; flammende Rauchschleier und schwarze Lawinen trennten sie voneinander.

~

Die Beschiessung liess über unsern Köpfen nach. Sie wütete besonders dort, wo wir vorhin gestanden hatten. Aber von einer Sekunde zur andern konnte sie uns jeden Ausgang versperren und alles zermalmen.

Es goss und goss immer wütender. Es war eine Sündflut in der Nacht. Die Nacht war so finster, dass die Raketen davon nur dunstige Fetzen mit Wasserstreifen beleuchteten, durch welche ratlose Gestalten hin und her liefen und sich im Kreise drehten.

Ich kann unmöglich sagen, wie lange ich mit der Gruppe, der ich mich angeschlossen hatte, umher geirrt bin. Wir tauchten in Sumpflöcher. Unsere Blicke eilten uns voraus und tasteten vorwärts nach der Böschung des rettenden Grabens, nach dem Schützengraben, der irgendwo im Schlunde der Nacht wie ein Rettungshafen lag.

Ein Erlösungsschrei wurde endlich laut im Getöse des Krieges und der Elemente:

* Ein Schützengraben.

Aber die Böschung jenes Grabens bewegte sich. Man sah ein Durcheinander von Leuten, die sich scheinbar von ihr trennten und den Graben verliessen.

* Bleibt nicht hier, Kinder, schrieen die Fliehenden, kommt nicht her, bleibt weg! Es ist schrecklich hier! Alles stürzt ein. Die Schützengräben verrecken, die Unterstände sind voll. Der Dreck fliesst überall rein. Morgen hat's keinen Graben mehr. Hier ist es aus mit sämtlichen Schützengräben!

Man drückte sich fort. Wohin? Man vergass, irgend eine Auskunft zu bitten, und die triefenden Leute verschwanden in der Finsternis ebenso plötzlich, wie sie aufgetaucht waren. Sogar unsre kleine Gruppe zerstreute sich in dieser Verwüstung. Man wusste nicht, mit wem man noch lief; jeder ging für sich: bald stürzte der eine, bald der andre in die Nacht hinein und verschwand, einer rettenden Möglichkeit entgegen. Man ging Abhänge hinauf und hinunter. Ich erblickte vor mir gebückte und buckelige Menschen; sie krochen einen glitschigen Hang hinauf, wo sie der Kot nach rückwärts zerrte und der Wind und der Regen unter einem matt aufblitzenden Nachtgewölbe zurückstiess.

Dann stürzte man zurück in einen Sumpf und sank bis zu den Knien ein. Man zog beim Gehn die Füsse hoch wie Badende. Man arbeitete sich mit ungeheurer Anstrengung vorwärts, und bei jedem Schritt schwand erschreckend die Kraft.

Dann fühlten wir das Nahen des Todes; aber wir landeten auf einem lehmigen Damm, der einen Sumpf durchschnitt. Wir folgten dem glitschigen Rücken dieser dünnen Insel und ich erinnere mich, dass wir uns plötzlich, um von diesem weichen Schlangenrücken nicht abzurutschen, an Leichen festhalten mussten, die dort halb eingesunken waren. Meine Hand fühlte Schultern, harte Rücken, ein Gesicht, kalt wie ein Helm, und eine Pfeife, auf die ein Mund verzweifelt seine Zähne presste.

Als wir von da herauskamen, blickten wir unentschlossen dem Zufall entgegen; da hörten wir, nicht weit von uns, ein paar Stimmen.

* Stimmen! Stimmen! Gott sei Dank!

Süss klangen diese Stimmen, als riefen sie uns beim Namen. Dann näherten wir uns miteinander dem brüderlichen Menschengemurmel.

Die Worte wurden deutlicher; sie klangen ganz nahe auf diesem Hügel, der uns wie eine Oase erschien; und doch verstand man nicht, was die Stimmen sagten. Sie klangen undeutlich; man verstand nichts.

* Was sagen sie denn? fragte einer von uns mit seltsamem Ton.

Instinktiv hielten wir inne und suchten nicht weiter zu kommen.

Ein Zweifel, ein würgender Gedanke packte uns. Dann hörten wir sehr deutlich ausgesprochene, deutsche Worte:

* Achtung! ... Zweites Geschütz ... Schuss ...

Und weiter zurück antwortete eine Kanone diesem telephonischen Befehl.

Vor Bestürzung und Schrecken versteinert, blieben wir zunächst stehn.

* Wo sind wir? Donner und Doria! Wo sind wir?

Dann machten wir trotz allem langsam kehrt; wir waren übermässig erschöpft und enttäuscht; dann flohen wir gebrochen vor Ermattung, als hätten wir lauter Wunden am Leib; und zum Feinde hingezogen wehrten wir uns dennoch mit der letzten Kraft gegen den süssen Gedanken, dem Tode in die Arme zu laufen.

Wir kamen in eine grosse Ebene. Dort blieben wir stehn und warfen uns, am Fusse eines Hügels, auf die Erde und lehnten uns daran; denn wir waren unfähig, einen Schritt weiter zu gehn.

Dann rührten wir uns nicht mehr. Der Regen floss uns über's Gesicht, rieselte uns über den Rücken und über die Brust, drang durch den Stoff an die Knie und füllte uns die Schuhe.

Vielleicht sind wir morgen tot oder gefangen. Aber man dachte an nichts. Man konnte nichts mehr, man wusste nichts mehr.

~

XXIV. Das Morgengrauen

An der Stelle, an der wir niedergesunken waren, erwarten wir den Tagesanbruch. Er kommt ganz allmählich, eisig und düster, und fliesst finster über die fahle Ebene.

Es regnet nicht mehr. Der Himmel hat allen Regen hergegeben. Die bleifarbne Ebne taucht mit ihren blinden Wasserspiegeln nicht nur aus der Nacht, sondern scheinbar aus einem Meer hervor.

Halb eingenickt, halb schlafend, öffnen wir dann und wann die Augen, um sie wieder zu schliessen; wir sind gelähmt, entkräftet und erstarrt. So erleben wir die unglaubliche Wiedergeburt des Lichtes.

Wo sind die Schützengräben?

Man sieht Seen und zwischen den Seen milchige Streifen stehenden Wassers.

Es hat noch mehr Wasser, als man glaubte. Das Wasser hat alles aufgesogen; es hat alles überschwemmt und die nächtliche Prophezeiung der Leute ist in Erfüllung gegangen: es hat keine Schützengräben mehr; sie sind in jenen Kanälen untergegangen, die man dort sieht. Das Schlachtfeld schläft nicht, es ist tot. In der Ferne dauert das Leben vielleicht fort, aber so weit sieht man von hier aus nicht. Ich richte mich mühsam halb auf, um mir die Gegend anzusehn, und schwanke wie ein Kranker. Mein Mantel erdrückt mich mit seiner ungeheuren Last. Neben mir liegen drei unförmige Gestalten. Die eine ist Paradis; ein ungewöhnlicher Kotpanzer bedeckt ihn und sein Gurt ist an der Stelle, wo die Patronentaschen hängen, aufgebläht. Er richtet sich ebenfalls auf. Die andern schlafen regungslos.

Welch eine Stille! Eine gewaltige Stille. Nicht ein Geräusch; nur dann und wann hört man inmitten der geisterhaft gelähmten Welt eine Erdscholle ins Wasser fallen. Niemand schiesst ... Kein Geschoss, es würde ja doch nicht platzen. Keine Kugel, denn die Menschen ...

Die Menschen, wo sind die Menschen?

Allmählich sieht man sie. Nicht weit von uns liegen welche auf der Erde und schlafen. Der Kot bedeckt sie von oben bis unten; es sind beinahe nur noch Gegenstände. Etwas weiter sehe ich andre Soldaten; sie sind in sich zusammengesunken und kleben wie Schnecken an dem runden Hügel, den das Wasser halb aufgesogen hat. Es ist eine unbewegliche Reihe roher Klumpen, die wie Haufen nebeneinander liegen, von Kot und Wasser triefend und sie haben die gleiche Farbe, wie die Erde, zu der sie gehören. Ich raffe mich auf und unterbreche das Schweigen und sage zu Paradis, der nach derselben Richtung blickt:

* Sind sie tot?

* Gleich wollen wir sehn, antwortet er leise. Aber bleiben wir noch ein bisschen hier. Nachher werden wir den Mut finden, hinzugehn.

Wir schauen uns beide an und wenden unsre Blicke auf die, die sich bis hierher geschleppt haben und hier niedergefallen sind. Die Gesichter sind so müde, dass es keine Gesichter mehr sind; nur etwas schmutziges, verwischtes und zerschundenes, mit blutigen Augen oben im Kopf. Wir haben seit Anfang schon nach allem Möglichen ausgesehn und dennoch erkennen wir uns jetzt nicht mehr.

Paradis dreht den Kopf und schaut anderswo hin.

Plötzlich seh ich, wie ihn ein Zittern packt. Er streckt die Kotkruste seines ungeheuren Armes aus:

* Dort ..., dort ..., ruft er aus.

Auf dem Wasser, das in einem besonders zerhackten und ausgehöhlten Gelände aus dem Schützengraben fliesst, schwimmen runde Massen wie Felsriffe.

Wir schleppen uns dorthin. Es sind Ertrunkene.

Ihre Köpfe und ihre Arme stecken im Wasser. Man sieht ihre Rücken mit dem Lederzeug durch die Oberfläche der kalkigen Flüssigkeit durchschimmern, und ihre Waffenröcke aus blauem Tuch sind aufgeblasen; die Füsse sitzen schief an den aufgeblähten Beinen wie an den schwarzen, unförmigen Beinen von Lederpuppen. Auf einem eingesunkenen Schädel stehn die Haare senkrecht im Wasser wie Seegräser. Hier schwimmt ein Gesicht oben auf: der Kopf hängt am Ufer fest und der Leib verschwindet im trüben Grab. Das Gesicht ist gegen den Himmel gekehrt. Die Augen sind nur noch zwei weisse Löcher, der Mund ein schwarzes Loch. Die gelbe, aufgeblasne Haut dieser Maske ist weich und gefältelt wie kalter Teig.

Es sind die im Schlamm erstickten Wachtposten. Die steile Böschung der Grube war schlüpfrig, das Wasser stieg, und die Anstrengung herauszukommen, zog die Leute nur noch tiefer hinein, * langsam und rettungslos. Sie starben angeklammert am Ufer der Erde, die ihnen entwischte.

Dort liegen unsre ersten Linien und auch die deutsche vorderste Linie, über beide die gleiche Stille, beide unter Wasser.

Wir gehen bis zu jenen aufgeweichten Trümmern über das Gelände, das gestern noch eine Gegend des Schreckens war, über den furchtbaren Zwischenraum, an dessen Schwelle der kolossale Ansturm unserer letzten Attacke stehen blieb, über das Gelände, über welches seit anderthalb Jahren die Kugeln und die Geschosse ohne Unterlass den Raum durchfurcht hatten und wo sich in diesen Tagen ihr wagerechter Platzregen über die Erde hin wütend kreuzte, von einem Horizont zum andern. Jetzt ist es ein übernatürliches Feld der Ruhe. Ueberall liegen fleckenartig schlafende Wesen; andere bewegen sich leise, heben einen Arm oder den Kopf und denken wieder ans Leben oder liegen gerade im Sterben.

Der feindliche Graben stürzt, kotüberladen, vollends im Schosse wogender Hügel und sumpfiger Trichter in sich zusammen; dort zieht sich der Graben durch Lachen und Wassergraben. Stellenweise bewegt sich sein Ufer, bröckelt ab und wirft die noch überhängenden Ränder ab. An einer Stelle kann man sich darüberbeugen. In diesem unglaublichen Kotgelände sieht man keine Leiche. Aber dort ragt, schrecklicher als ein Leichnam anzusehn, starr und einsam, nackt und bleich wie ein Stein, ein Arm aus dem Loch einer verworrenen, feuchten Wand. Der Mann wurde in seinem Unterstand verschüttet und konnte nur noch seinen Arm ausstrecken.

Ganz in der Nähe erkennt man gewisse Erdschichten, die auf den Trümmern der Böschung dieses erstickten Schlundes nebeinander liegen; es sind menschliche Wesen. Sind sie tot? Schlafen sie? Man weiss es nicht. Jedenfalls ruhen sie.

Sind es Deutsche oder Franzosen? Man weiss es nicht.

Einer von ihnen hat die Augen aufgeschlagen und schaut uns kopfschüttelnd an. Man fragt ihn:

* Franzose?

Dann:

* Deutsch?

Er antwortet nichts; er schliesst die Augen und verfällt wieder in seinen Todesschlaf. Wir haben nie gewusst, wer es war. Man kann die Identität dieser Wesen unmöglich feststellen, weder an den Kleidern, die eine dichte Kotschicht bedeckt, noch an der Kopfbedeckung; denn die Leute sind barhäuptig oder in Wollzeug eingewickelt und stecken in nassen und stinkigen Kutten; auch an den Waffen erkennt man sie nicht; das Gewehr haben sie verloren, oder ihre Hand gleitet über ein Etwas, das sie hergeschleppt haben, eine unförmige, klebrige Masse, die einem Fisch ähnlich ist.

Alle diese Männer mit Leichengesichtern vor uns und hinter uns, die am Ende ihrer Kräfte sind, ohne Stimme und ohne Willen, alle diese erdbeladenen Männer, die sozusagen ihre eigene Bestattung besorgen, sehn sich gleich, als wären sie nackt. Aus dieser furchtbaren Nacht tauchen hin und wieder einige Uebriggebliebene auf; sie tragen die gleiche Uniform des Elendes und des Schmutzes.

Alles hat jetzt ein Ende. Es ist die Stunde der ungeheuren Rast, die epische Pause des Krieges. Einst glaubte ich, das höllischste im Kriege seien die Flammen der Geschosse; dann habe ich lange gemeint, es sei das Ersticken in den Erdlöchern, die sich für ewig über uns schliessen. Auch das ist es nicht, sondern die Hölle ist das Wasser.

~

Der Wind setzt ein. Er ist eisigkalt und sein Eishauch dringt uns durch die Haut. Auf dieser wässerigen und schiffbrüchigen Ebene, wo die Leichen zwischen wurmartigen Wasserschlünden liegen, zwischen den starren Menscheninseln, die wie Reptilien aneinanderkleben, in diesem Chaos, der sich senkt und untergeht, sieht man leichte, wellende Bewegungen: Gruppen bewegen sich leise in abgebrochenen Karawanen von Menschen, gebückt unter der Last ihrer Helme und des schweren Kotes; sie schleppen sich, zerstreuen sich und kriechen im Widerschein des verdunkelten Himmels. Das Morgenlicht ist so schmutzig, dass es aussieht, als sei der Tag schon zu Ende.

Die Ueberlebenden wandern durch die trostlose Steppe; es jagt sie ein unsagbares Unglück, das sie elendiglich erschöpft und sie bestürzt; einige darunter haben bei genauerem Hinsehen etwas theaterhaft groteskes an sich; das ewige Einsinken, vor dem sie sich retten, hat sie halb entkleidet.

Im Vorübergehn blicken sie um sich, betrachten uns und erkennen Menschen in uns; dann sprechen sie in den Wind hinein.

* Dort ist es noch schrecklicher als hier. Die Leute sinken in die Löcher und man kann sie nicht mehr herausziehn. Alle diejenigen, die nachts auf den Rand eines Geschosstrichters getreten sind, sind umgekommen ... Dort, wo wir herkommen, siehst du einen eingesunkenen Kopf, der die Arme bewegt; dort hat's einen Weg und Flechtwerk drüber, das ist eingestürzt und 's hat ein Loch gegeben, wie eine Menschenfalle. Dort, wo's kein Flechtwerk mehr hat, steht das Wasser zwei Meter hoch ... Und 's Gewehr haben manche nicht mehr rausziehn können. Schau dir die an: man hat ihnen die untere Hälfte des Mantels abgeschnitten, jetzt hat der Mantel keine Taschen mehr, aber es schadet nichts; man musste ihn rausziehn; zudem konnte er das Gewicht nicht mehr tragen ... Dem Dumas haben sie den Mantel abgenommen, der war bestimmt vierzig Kilo schwer: zwei hatten dran mit beiden Händen zu tragen ... Da, der da mit den nackten Beinen, der Dreck hat ihm alles abgerissen, seine Hose, die Unterhose, die Schuhe, alles das von der Erde abgerissen. Nie hat man so was erlebt.

Und diese zerstreuten Nachzügler haben wiederum ihre eignen Nachzügler; sie fliehen in der allgemeinen Schrecknis, wobei ihre Füsse schwere Kotwurzeln aus dem Boden reissen. Man sieht hergewehte Menschen wieder verwehn und die Blöcke ihrer ungeheueren Kleider, die sie einmauern, werden immer kleiner.

Wir gehn mit kurzen Schritten weiter, quer übers Land; eine seltsame Masse zieht unsre Aufmerksamkeit auf sich; zwei merkwürdig ineinander verschlungene Menschen stehn dort, Schulter an Schulter, die Arme gegenseitig um den Hals gelegt. Ist es der Nahkampf zweier Ringer, die einander in den Tod gezerrt haben und sich, auf ewig aneinander gekettet, festhalten? Nein, es sind zwei Soldaten, die zum Schlafen aneinander lehnen. Sie konnten sich nicht auf die tückische Erde legen, da sie darin ertrunken wären; so beugten sie sich einer zum andern und sind, bis zu den Knien in der Ebene steckend, eingeschlafen.

Dann bleiben auch wir stehn. Wir haben unsere Kräfte zu hoch eingeschätzt. Wir können noch nicht fort. Es ist noch nicht aus. Von neuem stürzen wir in ein Kotloch mit dem Geräusch eines hingeworfenen Mistklumpens.

Man schliesst die Augen. Von Zeit zu Zeit öffnet man sie. Stolpernd kommen Leute auf uns zu. Sie neigen sich über uns und sprechen leise mit matter Stimme. Der eine von ihnen sagt auf deutsch:

* Sie sind tot. Wir bleiben hier.

* Der andere antwortet seufzend: Ja.

Aber sie sehn, dass wir uns bewegen. Dann sinken sie plötzlich vor uns nieder. Mit leiser, tonloser Stimme sagt der eine zu uns:

* Nous levons les bras, sagt er.

Dann rühren sie sich nicht mehr.

Sie lassen sich vollends niederfallen, getröstet, als ob ihr Leiden ein Ende hätte; der eine, dem der Kot wie einem Wilden das Gesicht bemalt, lächelt leise.

* Bleib da, sagt ihm Paradis, ohne seinen Kopf, der nach hinten auf einem Erdrücken liegt, zu drehen. Nachher kommst du mit uns, wenn du willst.

* Ja, sagt der Deutsche. Ich hab's satt.

Man gibt ihm keine Antwort.

Dann fragt er:

* Die andern auch?

* Ja, sagt Paradis, sie sollen auch hier bleiben, wenn sie wollen.

Darauf haben sich vier Leute auf die Erde gelegt. Der eine von ihnen fängt an zu röcheln. Es ist wie ein schluchzender Gesang, der aus seinem Munde kommt. Dann richten sich die andern halb auf, knien vor ihm nieder und rollen grosse Augen in ihren kotbespritzten Gesichtern. Wir stehn auf und betrachten die Gruppe. Aber das Röcheln erlischt, und die schwarze Kehle, die sich an jenem grossen Körper wie ein kleiner Vogel bewegte, erstarrt.

* Er ist tot, sagt einer von ihnen.

Er fängt an zu weinen. Die andern legen sich wieder schlafen. Auch der Weinende schläft schluchzend ein.

Ein paar Soldaten sind hergetorkelt, bleiben plötzlich hängen, wie Betrunkene, oder kriechen wie Würmer und flüchten hierher, in das Loch, wo wir schon eingesunken liegen, und alles schläft durcheinander liegend im Massengrabe ein.

~

Paradis und ich wachen auf und schauen einander an; alles kommt uns wieder zum Bewusstsein. Wir sinken wieder ins Leben und in den Tag zurück, wie in einen bösen Traum. Vor unsern Augen taucht die zerstörte Ebene wieder auf; verschwommene Erdhügel ragen aus der Stahlebene und werden sichtbar; stellenweise ist die Ebene verrostet und Wasserlinien und feuchte Flächen glänzen * und in dieser Unendlichkeit liegen hie und da gleich verwehten Schuttabfällen die zerstörten Leiber, atmend oder verwesend.

Paradis sagt zu mir:

* Das ist der Krieg.

* Jawohl, das ist der Krieg, wiederholt er mit abwesender Stimme. Nichts anderes.

Ich verstehe, was er sagen will:

"Mehr noch als die Attacken, die einer Parade gleichen, mehr als die sichtbaren Schlachten, die wie Oriflammen sich ausbreiten, mehr noch als der ringende Nahkampf, bei dem man schreiend sich ereifert, mehr als das alles ist dieser Krieg: es ist die furchtbare, die übernatürliche Erschöpfung, Wasser bis an den Unterleib, und der Kot, und der Schmutz, und der gemeine Dreck. Dazu die verwesten Gesichter, zerfetzte Leiber und die Leichen, die keinem Leichnam ähnlich sind und auf der gefrässigen Erde schwimmen. Das ist der Krieg, jenes endlose, eintönige Elend, unterbrochen durch wilde Tragödien; das ist der Krieg, und nicht das Bajonett, das wie das Silber blitzt, auch nicht der Hahnenruf der Trompete im Sonnenglanz!"

Paradis dachte so ernsthaft darüber nach, dass er eine Erinnerung widerkaute und knurrend sprach:

* Weisst du noch, das Weib in der Stadt, wo wir vor kurzem waren, wie sie vom Angriff sprach, dass ihr die Spucke heraustropfte, als sie sagte: "Ein schöner Anblick muss das sein! ..."

Ein Jäger, der auf dem Bauch lag, flach wie ein Mantel, hob den Kopf aus dem Schatten, der ihn verdeckte, und schrie:

* Schön! Ha! Verdammich! * Das ist grad, wie wenn eine Kuh sagen würde, der Anblick der Ochsenherden, die man in der Villette vorwärtspeitscht sei schön!

Und der besudelte Mund seines tierischen Leichengesichtes spie in den Kot.

* Wenn sie sagen, es sei nötig, meinetwegen murmelte er mit seltsam abgebrochener, zerrissner und gähnender Stimme. Aber schön! Ha! Gottverdamm mich!

Er wehrte sich gegen diesen Gedanken und fügte laut hinzu:

* Mit solchem Zeug schwatzt man uns zu Tode und futiert sich um uns bis auf's Blut!

Dann spie er wieder aus; die Anstrengung aber, die er gemacht hatte, erschöpfte ihn und er fiel zurück in seine Kotlache und legte den Kopf in seinen Speichel.

~

Paradis, den sein Gedanke nicht ruhn liess, fuhr mit der Hand über die unbeschreibliche Landschaft und wiederholte starren Blickes seinen Satz:

* Das ist der Krieg ... und überall ist er so. Und wir, was sind wir, und was hat das hier alles zu bedeuten? Gar nichts. Alles, was du hier siehst, ist nur ein Punkt. Stell dir vor, heute morgen gibt's auf der Welt dreitausend Kilometer Menschen, die ebenso, oder nicht viel weniger unglücklich, oder noch unglücklicher sind als wir.

* Und dann, sagt neben uns ein Kamerad, den man auch an der Stimme, die aus seinem Inneren kommt, nicht mehr erkennt, und dann geht's morgen wieder von neuem los. Vorgestern und früher hatte es auch wieder von neuem angefangen.

Der Jäger riss seinen Köper mühsam von der Erde hoch, als ob er sie zerreissen wolle; feucht wie ein Grab war die Mulde, die er in die Erde eingedrückt hatte und er setzte sich in dieses Loch. Er zwinkerte mit den Augen, schüttelte den Kot von seinem Gesicht ab und sagte:

* Diesmal kommen wir noch davon. Und vielleicht kommen wir morgen auch noch davon! Wer weiss?

Paradis sass, den Rücken gebeugt, unter einer Humus- und Lehmschicht und versuchte zu erklären, dass man sich den Krieg nicht vorstellen könne, dass er unermesslich sei in der Zeit und im Raum.

Wenn man vom ganzen Krieg sprechen will, dachte er ganz laut, ist's, als ob man nichts sagen könnte. Es ersticken einem die Worte. Man sitzt da und starrt es an wie ein Blinder ...

Eine etwas entferntere Stimme rollte ihren Bass und meinte:

* Nein, man kann sich's nicht vorstellen.

Diese Worte zerriss ein plötzliches Lachen.

* Ueberhaupt, wie soll sich's einer vorstellen, der nicht dabei war?

* Da müsste einer schon verrückt sein! sagte der Jäger.

Paradis beugte sich über eine Masse, die neben ihm ausgebreitet lag.

* Schläfst du?

* Nein, aber ich rühr mich nicht, murmelte gleich darauf eine erstickte und angsterfüllte Stimme; sie rieselte aus der Masse, die eine dichte und derart höckerige Lehmschicht bedeckte, dass es aussah, als sei man darauf getreten. Ich will dir was sagen: ich glaub, ich hab ein Loch im Bauch, ich weiss es nicht sicher, und ich fürchte mich, es zu wissen.

* Lass mal sehn ...

* Nein, jetzt noch nicht, sagte der Soldat. Ich möchte noch ein wenig so liegen bleiben.

Die andern plätscherten im Dreck herum, schleppten sich auf den Ellbogen vorwärts und schüttelten die höllische, teigige Kotschicht ab, die sie erdrückte. Allmählich taute dieses gemarterte Häuflein aus der lähmenden Kälte auf, obwohl der Tag über dem grossen, unregelmässigen Teiche der sinkenden Ebene nicht heller wurde. Die Trübsal ging weiter, aber der Tag blieb stehn.

Einer von uns sprach traurig wie eine Glocke und sagte:

* Und nachher kannst du lange erzählen, keiner wird's glauben. Nicht aus Böswilligkeit oder um dich aufzuziehn, aber man wird's einfach nicht können. Wenn du später mal sagst, wenn du überhaupt noch lebst und reden kannst: "Wir haben Nachtarbeiten gemacht, dann sind wir beschossen worden und dann sind wir beinah im Kot ertrunken": "So!", wird's da einfach heissen; oder vielleicht sagt einer: "Um's lachen war's euch wohl nicht dabei." Weiter nichts. Keiner wird davon eine Ahnung haben, nur du alleine wirst es wissen.

* Nicht einmal wir, nicht einmal wir! schrie einer.

* Ich glaub's auch, wir werden's vergessen, wir ... werden's schon vergessen, Alter!

* Wir haben zu viel gesehn!

* Und alles, was wir gesehn haben, ist zuviel. So viel Zeug kann man gar nicht aufbewahren; dazu ist man nicht geschaffen. Es entwischt nach allen Seiten; unsereins ist halt zu klein.

* Und nicht zu knapp werden wir vergessen! Nicht nur wie lang's gedauert hat mit dem Elend, das unberechenbar ist, wie du sagt; nicht nur die Märsche, die die Felder pflügen und überpflügen, die Füsse abschinden, die Knochen abnützen unter der Last des Gepäcks, das in den Himmel hineinwächst und die Müdigkeit, dass du deinen Namen nicht mehr weisst, das Rumstehn und die Unbeweglichkeit, die einen erschöpft, die Arbeiten, zu denen die Kräfte nicht ausreichen, die endlosen Wachen, wo du dem Feind auflauerst, der überall ist, und dich gegen den Schlaf wehrst und gegen das Mist- und Läusekissen. Nicht nur das, sondern die Hundsgeschichten mit den Platzgranaten und den Maschinengewehren, den Minen, dem Stickgas und den Gegenangriffen. Im Augenblick selbst ist man voll vom Eindruck der Wirklichkeit. Aber das verblasst in der Erinnerung und verfliegt, du weisst nicht wie, und weisst nicht wohin; und es bleibt nur der Name übrig, nur die Worte, wie in einem Generalstabsbericht.

* Er hat recht, sagte einer, der seinen Kopf unbeweglich wie in einem Schandpfahl hielt. Als ich auf Urlaub war, hab ich gemerkt, dass ich schon manches vergessen hatte. Ich hab Briefe von mir wieder durchgelesen; dabei glaubte ich, in einem fremden Buche zu lesen. Und auch das hab ich vergessen, was ich im Krieg gelitten hab. Vergess-Maschinen sind wir. Der Mensch ist ein Ding, das ein wenig nachdenkt; vor allem aber vergisst er. Das ist der Mensch.

* Wir nicht, und die andern werden's auch nicht wissen! Soviel Unglück ist also verloren gegangen.

Diese Aussicht erhöhte noch das Elend dieser Menschen und bedeutete für sie soviel wie die Nachricht eines noch grösseren Unheils, das sie noch tiefer in den Untergang zerrte.

* Ja! wenn einem das alles in der Erinnerung bliebe! rief einer aus.

* Wenn man's nicht vergessen würde, sagte der andere, so gäb's keinen Krieg mehr!

Ein dritter aber fügte feierlich hinzu:

* Ja, wenn die Erinnerung daran bliebe, so wäre dieser Krieg weniger nutzlos, als er es ist.

Da hob sich mit einemmale einer dieser liegenden Ueberlebenden auf die Knie, schüttelte seine schmutzigen Arme, von denen der Kot herunterfiel, und schrie dumpf und schwarz wie eine grosse, klebrige Fledermaus:

* Nach diesem Kriege darf es keinen andern Krieg mehr geben!

Aus der kotigen Ecke heraus, in der uns Schwache und Machtlose der Wind anfauchte und so wütend anpackte, dass die Erde wie ein Wrack zu beben schien, drang der Schrei jenes Menschen, der davonzufliegen schien, und weckte andre ähnliche Ausrufe:

* Es darf nach diesem Kriege kein andrer Krieg mehr kommen!

Die dumpfen, wütenden Worte dieser Menschen, die an die Erde gefesselt, von Erde durchdrungen waren, stiegen und flogen in den Wind wie Flügelschläge.

* Keinen Krieg mehr, keinen Krieg mehr!

* Ja, es ist genug!

* Es ist zu blöd ... zu blöd, murrten sie. Was soll das alles eigentlich bedeuten, all das, was nicht einmal in Worte zu fassen ist!

Sie redeten alles mögliche durcheinander und knurrten wie wilde Tiere, mit düsteren, zerfetzten Gesichtsmasken, auf ihrer Eisbank, von der sie die Elemente zu vertreiben trachteten. Die Empörung, die sie aufpeitschte, war so gross, dass sie an ihr erstickten.

* Zum Leben ist man doch geboren und nicht um derart zu verrecken!

* Die Männer sollen doch Gatten und Väter sein * Menschen überhaupt! * und nicht Bestien, die einander hetzen, erwürgen und verpesten.

* Und überall, überall sind's Bestien, wilde Bestien oder zertretene Tiere. Schau, schau dich um!

... Nie werde ich den Anblick jener grenzenlosen Felder vergessen, deren Farben vom Wasser zerfressen waren, und die Höcker, die, von der Fäulnis angefressen, allenthalben zerbröckelten, überall an den zerschlagenen Gerippen der Pfähle, der Drähte, der Holzgerüste * und über die finstren Endlosigkeiten des Styx die Vision, das Beben einer Vernunft, einer Logik und einer Einfachheit, die jene Menschen urplötzlich wie ein Wahnsinn erschüttert hatte.

Man sah, wie sie der Gedanke quälte: dass nämlich der Versuch, auf Erden sein Leben zu leben und glücklich zu sein, nicht nur ein Recht sei, sondern eine Pflicht * ein Ideal sogar und eine Tugend; dass die Gesellschaft nur dazu da ist, jedem Innenleben mehr Lebensmöglichkeit zu verschaffen.

* Leben! ...

* Wir! ... Du ... Ich ...

* Kein Krieg mehr ... Nein, nie wieder! ... Es ist zu dumm ... Schlimmer noch als das, es ist ...

Da kam ein Wort und antwortete wie ein Widerhall ihrem wirren Gedanken, und dem zerstückelten Gemurmel dieser Masse ... Ich sah eine kotgekrönte Stirne sich erheben, und der Mund sprach am Rande der Erde:

* Zwei Armeen, die sich bekämpfen, sind eine grosse Armee, die Selbstmord an sich übt!

~

* Was sind wir denn seit zwei Jahren? Arme, unglaublich unglückliche Menschen, aber wir sind auch Wilde, brutale Banditen, Hunde.

* Noch mehr als das! knurrte einer, der keinen andern Ausdruck mehr fand.

* Ja, ich gestehe es!

In der trostlosen Stille jenes Morgens begannen diese Männer, die die Erschöpfung gefoltert, der Regen gepeitscht und eine ganze Donnernacht erschüttert hatte, diese Ueberlebenden, die dem Feuer und dem Ertrinken entwischt waren, diese Menschen begannen zu verstehn, wie scheusslich der Krieg ist, moralisch und physisch, und dass er nicht nur den Verstand schändet, die grossen Ideen beschmutzt und alle Verbrechen befiehlt * sondern sie erinnerten sich, wie sehr er in ihnen und in ihrer Umgebung die schlechten Triebe ohne Ausnahme entfesselt hatte: die Bösartigkeit bis zum Sadismus, die Ichsucht bis zur tierischen Wut, die Genussucht bis zum Wahnsinn.

Alles das stellen sie sich jetzt vor, wie sie sich vorhin ihr Elend vorgestellt haben. Verwünschungen bersten in ihnen, versuchen auszubrechen und möchten in Worten aufgehn. Sie stöhnen; sie schreien. Es hat den Anschein, als möchten sie sich mit aller Anstrengung vom Irrtum und von der Unwissenheit befreien, die sie wie der Kot beschmutzt, und als möchten sie endlich den Grund ihrer Strafe erkennen.

* Und was dann? rief der eine.

* Was dann? wiederholt der andere noch feierlicher.

Der Wind lässt die überschwemmte Ebene erzittern, und indem er die knienden und liegenden Menschenhaufen aufrüttelt, entreisst er ihnen bebende Worte.

* Es wird keinen Krieg mehr geben, schimpft ein Soldat, wenn's kein Deutschland mehr gibt

* Nein, so ist es nicht richtig gesagt! schreit ein anderer. Das genügt noch nicht. Erst wenn der Geist des Krieges besiegt sein wird, wird's keinen Krieg mehr geben!

Da aber der tobende Wind seine Worte halb erstickt, hebt er den Kopf und wiederholt, was er gesagt hatte.

* Deutschland und der Militarismus, stottert schnell die Wut eines andern, das ist dasselbe. Sie haben den Krieg mit Vorbedacht gewollt. Sie sind der Militarismus.

* Der Militarismus ... fährt ein Soldat fort.

* Was ist Militarismus? fragt eine Stimme.

* Es ist ... es ist die brutale Gewalt, die plötzlich und zu einer gewissen Zeit niederfährt. Es heisst ein Bandit sein.

* Jawohl und heute heisst der Militarismus Deutschland.

* Ja, aber morgen, wie wird er morgen heissen?

* Ich weiss es nicht, sagt eine Stimme feierlich wie ein Prophet.

* Solang der Geist des Krieges nicht getötet ist, wird's Keilereien geben, solang die Weltgeschichte geht.

* Man muss ... Man muss ...

* Man muss den Krieg auskämpfen! gurgelt die rauhe Stimme eines Körpers, der seit unserm Aufwachen in dem alles verschlingenden Kot zum Steinklotz geworden ist. Man muss! * und der Körper dreht sich schwerfällig um. * Alles was wir haben, müssen wir hergeben, unsre Kraft und unsre Haut, und unsre Herzen und unser ganzes Leben, auch die Freuden, die uns noch übrig blieben! Unser Sklavenleben müssen wir mit beiden Händen annehmen! Alles muss ertragen werden, sogar die Ungerechtigkeit, die jetzt regiert, und der Skandal und alle Schweinereien, die man sieht * alles das, um dem Krieg ein Ende zu setzen, um zu siegen!

Aber, wenn ein derartiges Opfer gebracht werden muss, fügt die unförmige Gestalt verzweifelt hinzu, indem sie sich noch mehr umkehrt, so ist das nur, weil man für einen Fortschritt kämpft und nicht für ein Land; gegen einen Irrtum und nicht gegen ein Land.

* Der Krieg muss getötet werden, sagt der erste, der Krieg muss in Deutschlands Bauch getötet werden!

* Jawohl, meint einer, der wie ein Schössling im Boden eingewurzelt dasass, allmählich wird's einem klar, wofür man in den Krieg gezogen ist.

* Und doch, murmelt seinerseits der Jäger, der zusammengekauert sass, es gibt welche, die sich mit einer andern Idee im Schädel schlagen. Ich hab welche gesehn, junge Kerle, die sich nicht schlecht über die Humanitätsgedanken lächerlich machten. Die Hauptsache war für sie die nationale Frage und weiter nichts und der Krieg eine vaterländische Sache: dabei rückt ein jeder das eigne Vaterland ins hellste Licht, und weiter nichts. Und die schlugen sich und schlugen sich tapfer.

* Sie sind noch jung, die kleinen Burschen, die du meinst. Jung sind sie, musst ihnen verzeihn.

* Man kann schon seine Pflicht tun, ohne recht zu wissen, was man eigentlich tut.

* Wahr ist es schon, die Menschen sind verrückt. Das wird man nie oft genug wiederholen können!

* Die Chauvinisten, das ist das Ungeziefer ..., knurrt ein Schatten.

Dann wiederholten sie mehrere Male, als ob sie sich daran vorwärtstasteten:

* Man muss den Krieg töten. Den Krieg, ihn! Einer von uns, der seinen Kopf im Gerüste seiner Schultern unbeweglich hielt, versteifte sich auf seine Idee:

* Das sind alles leere Sprüche. Ob du dies oder jenes glaubst, ist ganz Wurst! Siegen musst du, weiter nichts.

Aber die andern hatten zu grübeln angefangen. Sie wollten wissen und über die Gegenwart hinausblicken. Sie bebten und versuchten aus sich selbst eine leuchtende Weisheit und einen Willen zu erzeugen. Unzusammenhängende Ueberzeugungen wirbelten ihnen im Kopf herum und über ihre Lippen kamen verworrene Glaubensfragmente.

* Jawohl ... Ja ... Aber man muss die Dinge ins Auge fassen ... Alterchen, musst immer ans Endresultat denken.

* Das Endresultat! In diesem Kriege Sieger sein, versteift sich der Ecksteinmensch, ist das kein Endresultat?

Da antworteten zwei Stimmen miteinander:

* Nein!

~

In diesem Augenblick entstand ein dumpfer Lärm. Schreie fuhren auf und ein Schaudern überkam uns.

Eine ganze Lehmwand hatte sich vom Hügel, an dem wir durcheinander angelehnt waren, losgelöst und deckte mitten unter uns eine Leiche auf, die mit gestreckten Beinen auf dem Boden sass.

Vom Erdrutsch barst oben am Hügel eine Erdfalte, in der sich das Wasser angesammelt hatte; ein Wasserfall ergoss sich über die Leiche und spülte sie, während wir herumhockten und zuschauten.

* Er hat ein ganz schwarzes Gesicht! schrie einer.

* Was ist das für ein Gesicht? fragte ein andrer mit bebender Stimme.

Die es noch konnten, krochen wie Kröten im Kreise heran. Das Gesicht stand wie ein Relief an der Wand, die der Erdrutsch blossgelegt hatte, aber man konnte seine Züge nicht mehr erkennen.

* Sein Gesicht! Das ist gar nicht sein Gesicht!

An Stelle des Antlitzes entdeckte man einen Haarschopf.

Dann bemerkte man, dass dieser scheinbar sitzende Leichnam geknickt und im Kreuz gebrochen war.

Wir betrachteten in schrecklichem Schweigen den senkrechten Rücken, den uns diese ausgerenkten Ueberreste zukehrten, diesen hängenden und nach vorn gebogenen Arm und die beiden Beine, die auf dem Boden ausgestreckt waren und ihre Fusspitzen in der weichen Erde stützten. Dann begann die Diskussion angesichts dieses grauenhaften Schläfers von neuem. Dabei schrien sie wütend, als ob der Tote lauschte.

* Nein! der Sieg ist kein Resultat, nicht sie, sondern den Krieg muss man erwischen.

* Hast du's denn noch nicht verstanden, dass man erst mit diesem Krieg aufräumen muss? Wenn das verschoben werden soll, dann nützt alles, was bis jetzt gemacht worden ist, rein nichts. Schau her, es nützt nichts. Die zwei oder drei oder noch mehr Jahre, die ganze Katastrophe war für die Katz.

~

* Ja, wenn alles, was man erlitten hat, nicht das Ende dieses grossen Unglückes bedeutet, * ich halte am Leben fest: hab Frau und Kinder und 's Haus drum herum; ich hab mir schon für nachher alles zurecht überlegt, ja ... und doch, möcht ich sonst lieber sterben.

* Ich sterbe, klang es genau in demselben Augenblick neben Paradis wie ein Echo; der Verwundete hatte offenbar seine Bauchwunde angesehn; dann sagte er noch:

* Ich sterbe ungern wegen meiner Kinder.

* Ich, murmelte eine andre Stimme, ich sterbe gern, weil ich Kinder hab. Ich sterbe, also weiss ich, was ich sage, und sag mir: "Sie werden Frieden haben, die Kinder!"

* Ich werde vielleicht nicht sterben, sagte ein andrer mit zitternder Hoffnung, die er selbst angesichts der Verurteilten nicht beherrschen konnte, aber ich werde leiden. Darum sage ich: meinetwegen, ich sage sogar: um so besser; ich werd noch mehr Leiden ertragen können, wenn ich weiss, dass es für etwas nützlich ist!

* Ja, wird man sich nach dem Krieg noch weiter rumhauen müssen?

* Vielleicht ja ...

* Hast du so noch nicht genug!

* Grad weil ich keinen Krieg mehr will! schimpfte einer.

* Und diesmal vielleicht nicht gegen Fremde.

* Kann schon sein ...

Ein noch wütenderer Windstoss blies uns die Augen zu und erstickte uns. Als er vorbei war und man sah, wie der Sturm über die Ebene jagte, ihre Kotfetzten schüttelte und in die Wassergräben fuhr, die wie das lange Grab eines Heeres klafften, meinte einer:

* Was macht letzten Endes die Grösse und die Schrecken des Krieges aus?

* Die Grösse der Völker.

* Und die Völker, das sind wir!

Der dies sagte, schaute mich fragend an.

* Ja, sagte ich zu ihm, es ist wahr, alter Bruder! Mit uns allein macht man die Schlachten. Wir sind der Stoff, aus dem der Krieg gemacht wird. Der Krieg besteht allein aus dem Leib und aus der Seele des einfachen Soldaten. Wir bilden die Totenfelder und die Blutströme, wir alle, die wir als einzelner unsichtbar und stumm in der ungeheuern Zahl aufgehn. Die verlassenen Städte, die zerstörten Dörfer, alles das ist Wüste, weil wir nicht mehr dort sind. Ja das alles sind wir selbst, voll und ganz.

* Ja, es ist wahr. Die Völker sind der Krieg; ohne sie wäre nichts, nichts oder nur ein wenig Lärm, ein Gekreische aus der Ferne. Aber es sind nicht die Völker, die den Krieg entscheiden. Das besorgen die Herren, die ihn führen.

* Die Völker kämpfen heute, um sich frei zu machen von den Herren, die sie führen. Dieser Krieg ist, wie die Fortsetzung der französischen Revolution.

* In diesem Falle also arbeiten wir auch für die Preussen?

* Hoffentlich wohl, sagte einer jener Unglücklichen, die in der Ebene lagen.

* Das soll der Teufel holen! knirschte der Jäger. Aber er nickte mit dem Kopf und schwieg.

* Denken wir an uns! Die fremden Angelegenheiten gehn uns nichts an, murrte der verdriessliche Dickkopf.

* Doch! Die gehn uns wohl was an ... denn was du die Fremden nennst, das sind eben nicht die Fremden, sondern die sind wie wir!

* Warum sollen wir denn immer für die ganze Welt herhalten!

* Das ist mal so, sagte einer und wiederholte die Worte, die er soeben ausgesprochen hatte: Um so schlimmer oder um so besser!

Die Völker bedeuten nichts und sollten doch alles sein, meinte der, der mich befragt hatte; dabei sprach er, ohne es zu wissen, einen historischen und über hundert Jahre alten Satz aus, verlieh ihm aber endlich seine grosse, universelle Bedeutung.

Der Sprechende, der der Katastrophe entkommen war, hockte auf allen Vieren im öligen Schlamm der Erde, hob sein aussätziges Gesicht und blickte gierig vor sich hin ins Unendliche.

Er schaute und schaute. Er versuchte die Tore des Himmels zu öffnen.

~

* Die Völker müssten sich verständigen durch die Haut derer und auf dem Bauch jener, die sie auf die eine oder die andere Art ausbeuten. Alle Massen sollten sich verständigen.

* Alle Menschen sollten endlich gleich sein.

Dieses Wort tönte uns wie eine Rettung entgegen.

* Gleich ... ja ... ja ... Es gibt grosse Gedanken der Gerechtigkeit und der Wahrheit. Es gibt Dinge, an die man glaubt, denen man entgegensieht und an die man sich festklammert wie an eine Lichtquelle. Vor allem die Gleichheit.

* Es gibt auch Freiheit und Brüderlichkeit.

* Vor allen gibt es Gleichheit!

Ich sage ihnen dann, dass die Brüderlichkeit ein Traum sei, ein verschwommenes Gefühl, ohne Bestand; es ist zwar nicht menschlich, einen Unbekannten zu hassen, aber es ist auch nicht menschlich, einen Unbekannten zu lieben. Auf die Brüderlichkeit kann man nichts aufbauen. Ebenso wenig auf die Freiheit: sie ist etwas zu relatives in einer Gesellschaft, in der die Gegenwart eines jeden die Existenz des andern beeinträchtigt.

Aber die Gleichheit bleibt sich ewig gleich. Die Freiheit und die Brüderlichkeit sind Worte. Die Gleichheit (die soziale Gleichheit natürlich, denn die Individuen haben mehr oder weniger Wert; aber jeder soll im gleichen Mass an der Gesellschaft Anteil haben; dies ist gerecht, denn das Leben des einen ist ebenso gross wie das Leben des andern). Die Gleichheit ist die grosse Formel der Menschheit. Ihre Bedeutung ist ungeheuer. Die Gleichheit der Rechte einer jeden Kreatur und die Gleichheit des heiligen Willens der Mehrheit sind unfehlbar und müssen unbesiegbar sein * sie wird alle Fortschritte bringen, alle, mit einer wahrhaft göttlichen Kraft. Vor allem wird dieses Prinzip die grosse, ausgeglichene Basis für jeden Fortschritt schaffen: die Regelung der Streitigkeiten durch die Gerechtigkeit, was dem allgemeinen Interesse genau gleichkommt.

Diese Männer aus dem Volk, die hier beisammen liegen, ahnen eine noch unbestimmte Revolution, die noch grösser sein wird als die andre und deren Quelle sie sind und die ihnen bereits in die Kehle steigt; sie rufen aus:

* Gleichheit! ...

Es ist, als ob sie das Wort buchstabierten und dann überall klar geschrieben sähen * und als gäb es auf der Welt kein Vorurteil, kein Vorrecht und keine Ungerechtigkeit, die davor nicht zu Schanden würde. Das Wort birgt die Lösung aller Fragen und ist ein göttliches Wort. Sie betrachten es von allen Seiten und entdecken in ihm eine Art Vollkommenheit. Und sie sehn alle Ungerechtigkeiten in einem blendenden Lichte brennend untergehn.

* Es wäre schön, sagt einer.

* Es ist zu schön, um wahr zu sein! antwortet ein anderer.

Aber ein dritter sagt:

* Es ist schön, weil es wahr ist; das ist seine einzige Schönheit. Und dann ... nicht weil es schön ist, wird es einmal sein. Die Schönheit ist nicht im Kurs, ebensowenig wie die Liebe. Aber es ist wahr, und ist deshalb unabwendbar.

* Wenn doch die Völker Gerechtigkeit wollen und die Völker die Macht vorstellen, so sollen sie auch die Gerechtigkeit einführen.

* Sie beginnen bereits damit, sagte eine dunkle Stimme.

* So wie alle Dinge ins Rollen kommen, verkündete eine andere Stimme.

* Wenn alle Menschen gleich sein werden, werden sie notgedrungen zusammenstehn.

* Dann werden nicht mehr dreissig Millionen Menschen unter dem Himmel Dinge ausführen, die sie selbst nicht wollen.

Das ist wahr. Dagegen lässt sich nichts sagen. Welchen Schatten eines Argumentes, welchen Schein einer Antwort könnte man, wagte man, diesem Satze entgegenzuhalten: "Dann werden nicht mehr dreissig Millionen Menschen unter dem Himmel Dinge ausführen, die sie selbst nicht wollen." Ich lausche und folge der Logik jener Armseligen, die in die Schmerzensebene verschlagen sind und aus deren Wunden und aus deren Schmerzen die Worte quellen, die Worte, die sie blutend von sich geben.

Und jetzt bedeckt sich der Himmel. Dichte, bläuliche Wolken bepanzern ihn nach der Erde zu. Darüber fegen Riesenstreifen feuchten Staubes durch den zinnernen Glanz des schwachen Lichtes. Ein düsteres Wetter steigt auf. Es wird noch regnen. Der Sturm ist noch nicht zu Ende und auch die lange Leidenszeit ist noch nicht vorbei.

* Und das wird man sich fragen, sagte der eine: "Weshalb schliesslich wird Krieg geführt?" Weshalb, man weiss es nicht; aber für wen er geführt wird, das kann man sagen. Schliesslich wird man notgedrungen erkennen, dass, nachdem alle Nationen dem Kriegsgötzen die frischen Leiber von fünfzehnhundert jungen Männern täglich als Schlachtopfer bringen, es nur im Interesse einiger Führer geschieht, die man an den Fingern abzählen kann; dass sich ganze Völker herdenweise zur Schlachtbank führen lassen, damit eine goldbetresste Kaste ihre Prinzennamen ins Buch der Geschichte schreiben kann, und damit die andern, ebenfalls goldgeschmückten Leute, die zur selben Gesellschaft gehören, mehr Geschäfte machen können * aus persönlichen Rücksichten und im Interesse einzelner Krämer also. * Und den sehenden Augen wird es klar werden, dass die Trennung, die zwischen den Menschen besteht, nicht diejenige ist, die man annimmt, und dass jene, an die man bisher glaubte, gar nicht besteht.

* Horch! unterbrach ihn plötzlich einer.

Man verstummt und hört in der Ferne das Donnern der Kanone. Dort erschüttert ihr Rollen die Luft, und das ferne Gewitter schlägt schwach an unsre vergrabenen Ohren; um uns aber dringt die Ueberschwemmung immer tiefer in die Erde und zieht langsam die Höhen mit hinein.

Es geht wieder los ...

Dann meint einer von uns:

* Herrgott, wogegen werden wir nicht alles noch ankämpfen müssen!

Schon spricht eine Angst, ein Zweifel aus der tragischen Unterredung, die sich unter diesen verlorenen Menschen wie ein ungeheures Meisterwerk des Schicksals verbreitet. Es beginnt nicht nur das endlose Leiden wieder und die Gefahr und die elenden Zeiten, sondern auch die Feindseligkeit der Dinge und der Menschen gegen die Wahrheit, gegen die aufgestapelten Vorrechte, gegen die Unwissenheit, gegen die tauben Ohren und den schlechten Willen, gegen die vorgefassten Meinungen und die Starrköpfigkeit der bestehenden Zustände, die nicht ins Schwanken zu bringen und deren Knoten nicht zu lösen sind. Und der tastende Traum der Gedanken geht in jene Vision über, in der die ewigen Feinde aus den Schatten der Vergangenheit hervortreten und in die wütenden Schatten der Gegenwart hineinstürmen.

Da sind sie ... Als fahre am Himmel die Vision über die Kämme des Gewitters, das die Welt in Trauer stürzt; sie kommen, die reitenden Kämpfer, im blendenden Galopp * Schlachtpferde und Rüstungen, Tressen und flatternde Federbüsche,

Kronen und Schwerter ... Man sieht sie deutlich, sie wälzen sich vorüber und blitzen in prunkender Pracht, und hängen voller Waffen. Und die kriegerischen Reiter spalten mit ihren altmodischen Gesten die Wolken, die am Himmel stehn wie auf der Theaterbühne. Von allen vier Ecken des Horizontes wogt es heran über die fiebernden Blicke hinweg, die von der Erde aufsteigen, über die Leiber, die der gemeinste Kot der Erde und der zertretenen Felder überhäuft, es verdrängt die Unendlichkeit des Himmels und verdeckt die blauen Tiefen.

Und es sind Legionen. Nicht nur die Kaste der Krieger, die zum Kriege brüllen und ihn anbeten, nicht nur die, denen die allgemeine Knechtschaft eine magische Macht verleiht: die erblichen Machthaber, die hier und dort aufrecht stehn über der kniefälligen Menschheit und plötzlich auf die Wage der Gerechtigkeit drücken, weil's gilt, für sie zu einem bedeutenden Schlag auszuholen. Ihnen gesellt sich die grosse Masse, die bewusst oder unbewusst, ihren fürchterlichen Privilegien dienen.

* Es gibt, schreit in diesem Augenblick einer jener finstern und dramatischen Zwischenredner, und streckt dabei die Hand aus, als ob er's sähe, es gibt solche, die sagen: "Wie ist das alles schön!"

* Und solche, die sagen: "Die Rassen hassen einander!"

* Und solche, die sagen: "Ich werde fett vom Krieg, und mein Bauch wächst dabei!"

* Und solche, die sagen: "Es hat von jeher Kriege gegeben, also wird es auch fürderhin Kriege geben!"

* Dann gibt es solche, die sagen: "Ich sehe nicht weiter als meine Nasenspitze und verbiete den andern, weiter zu sehn!"

* Es gibt solche, die sagen: "Die Kinder kommen zur Welt mit roten oder blauen Hosen am Hintern!"

* Es gibt, fluchte eine heisere Stimme, es gibt solche, die sagen: "Schlagt die Augen nieder und glaubt an Gott!"

~

Jawohl! Recht habt ihr, ihr arme, zahllose Handwerker des Krieges, ihr, die ihr den ganzen, grossen Krieg mit euern eignen Händen vollbracht haben werdet, du Allmacht, die der Erfüllung des Guten noch nicht dient, du irdischer Haufe, darunter jedes Antlitz eine Welt voll Schmerzen ist, ihr, die ihr unter dem Himmel, wo lange Wolken zerreissen und wie böse Engel sich wirr entfalten, träumt gebeugt unter dem Joch eines Gedankens! * Ja, ihr habt recht. Alles das ist gegen euch. Alles das ist gegen euch, gegen euer grosses, allgemeines Interesse, das in der Tat eins ist mit der Gerechtigkeit, * und nicht nur die Säbelrassler, die Hamsterer und die, die im Trüben fischen, sind eure Feinde.

Es hat nicht nur die verruchten Anteilhaber, die Geldleute, die grossen und kleinen Geschäftemacher, die eingepanzert in ihren Banken und in ihren Häusern vom Kriege leben und während des Krieges in Frieden davon leben, mit ihrer versteckten Doktrin, die ihre Stirnen vernagelt, mit ihren Gesichtern, die wie ein Geldschrank verschlossen sind.

Es hat solche, die die Blitze der gekreuzten Klingen bewundern, und wie die Frauen von dem bunten Tuch der Uniformen träumen und schreien. Solche, die sich berauschen an der Militärmusik oder an Liedern, die man dem Volk einschenkt wie Schnaps, die Geblendeten, die Schwachen an Geist, die Fetischisten, die Wilden.

Die, die von der Vergangenheit leben und deren Wort im Munde führen, die Traditionellen, für die eine Vergewaltigung Gesetzeskraft hat, weil sie von jeher besteht; die, die sich von den Taten regieren lassen und die Zukunft und den leidenschaftlichen, bebenden Fortschritt den Geistern der Verstorbenen und den Ammenmärchen unterwerfen.

Zu ihnen gehören alle Priester, die euch aufreizen und mit dem Morphium ihres Paradieses einlullen möchten, damit alles beim Alten bleibe. Dazu die Advokaten * Nationalökonomen, Historiker und weiss ich noch was alles! * die euch mit theoretischen Phrasen verwirren, die den Kampf der nationalen Rassen unter sich proklamieren, wobei doch die geographische Einheit der modernen Nationen nur willkürlich durch die abstrakten Linien ihrer Grenzen bestimmt ist, und aus künstlich zusammengewürfelten Rassen besteht; und die zweifelhaften Geneologen, die der Eroberungssucht und der Raubgier falsche, philosophische Atteste und erfundene Adelsbriefe ausstellen. Die Gelehrten sind vielfach in einer Hinsicht Unwissende, die die Einfachheit der Dinge aus dem Auge verlieren und sie auswischen und durch Formeln und Einzelheiten verdunkeln. In den Büchern lernt man die kleinen Dinge, nicht die grossen.

Und wenn sie auch sagen, dass sie den Krieg nicht wollen, so machen sie doch alles, um ihn am Leben zu erhalten. Sie nähren die nationale Eitelkeit und die

Vorliebe für das Machtprinzip. "Wir allein, schreit ein jeder hinter seinem Gitter, wir allein haben den Mut, die Ehrlichkeit, das Talent und den guten Geschmack für uns gepachtet!" Unter ihnen wird die Grösse und der Reichtum eines Landes zu einer gefrässigen Krankheit. Aus der Vaterlandsliebe, die wohl recht und gut ist, solange sie die Grenzen des Gefühlsmässigen und Künstlerischen nicht überschreitet, genau wie der ebenso heilige Familiensinn und die Vorliebe für die Provinz, aus all dem machen sie einen utopistischen und unmöglichen Begriff, der das Gleichgewicht der Welt stört, eine Art Krebsschaden, der alle Lebenskräfte aufsaugt, alles für sich in Anspruch nimmt und das Leben würgt und schliesslich durch Ansteckung den Krieg heraufbeschwört, oder einen gewappneten Frieden, der zur Erschöpfung und zur Lähmung führt.

Sie fälschen die anbetungswürdige Moral: Wie viele Verbrechen haben sie mit einem Wort zu Tugenden gemacht, indem sie sie nationale nannten! Selbst die Wahrheit gestalten sie um. An Stelle der ewigen Wahrheit setzt ein jeder seine nationale Wahrheit. Soviel Völker, soviel Wahrheiten, die einander nicht gelten lassen und die Wahrheit fälschen und sie verzerren.

Alle die Leute, die jene kindischen, ekelhaft lächerlichen Reden führen und die sich über eure Köpfe hinweg herumzanken: "Ich hab nicht angefangen, du hast angefangen! * Nein, ich bin's nicht gewesen, du warst es! * Fang doch du an! Nein, fang du an!" Alle diese Kindereien, die die ungeheure Weltwunde offen halten; denn nicht die eigentlichen Beteiligten haben das Wort, im Gegenteil; somit fehlt aber auch der rechte Wille, der Geschichte ein Ende zu machen; alle die Leute, die auf Erden keinen Frieden machen können oder wollen; alle die Leute, die sich aus dem einen oder andern Grund an die frühere Weltordnung anklammern, sie begründen und zu ihren Gunsten Beweise erfinden, diese Leute sind eure Feinde!

Sie sind eure Feinde wie heute die deutschen Soldaten, die hier bei euch liegen, eure Feinde und nur arme Leute sind, die man schnöde betrogen und abgestumpft hat, und die zu zahmen Tieren geworden sind ... Jene sind eure Feinde, wo sie auch geboren sind, ganz gleich, wie man ihren Namen ausspricht, ganz gleich, in welcher Sprache sie lügen. Schaut sie euch an im Himmel und auf Erden. Schaut sie euch überall an! Und merkt sie euch ein für allemal, damit ihr sie nie wieder vergesst!

~

* Sagen werden sie, schimpfte einer, der schief auf den Knien lag, die beiden Hände in der Erde hatte und seine Schultern wie eine Dogge schüttelte: "Mein

Lieber, ein Held bist du gewesen, wunderbar!" Ich will nicht, dass mir einer so was sagt!

"Helden, ausserordentliche Wesen, Götzen? Dummes Zeug! Henker sind wir gewesen. Wir haben ehrlich das Henkerhandwerk ausgeübt. Und wir werdens noch weiter betreiben und sogar gründlich weil es gross und wichtig ist, dieses Handwerk auszuführen, um den Krieg zu rächen und zu ersticken. Die Hand, die zum Töten ausholt, ist immer gemein * manchmal muss sie es, aber sie ist immer gemein. Jawohl, rohe und unermüdliche Schlächter sind wir gewesen, weiter nichts. Aber es soll mir keiner kommen und von Soldatentugenden sprechen, weil ich Deutsche getötet habe.

Mir auch nicht, rief eine andre Stimme so laut, dass ihr niemand hätte antworten können, selbst wenn es einer gewagt hätte, auch mir nicht, weil ich Franzosen das Leben gerettet habe! Denn sonst lasst uns die Feuersbrunst verherrlichen, weil sie uns Gelegenheit gibt, uns als edle Retter zu zeigen!

* Es wäre ein Verbrechen, die schönen Seiten des Krieges zu zeigen, murmelte einer jener düstren Soldaten, selbst wenn es welche gäbe!

* Und man wird dir's doch sagen, fuhr der erste fort, als Ruhmeslohn und auch als Lohn für das, was man nicht getan hat. Aber der Kriegerruhm selbst ist nicht für uns einfache Soldaten. Der gehört einigen wenigen; sonst aber, abgesehn von diesen Auserwählten, ist der Soldatenruhm eine Lüge wie alles, was im Kriege nach Schönheit riecht. In Wirklichkeit ist das Opfer des Soldaten ein dunkles Verschwinden. Die, die in Haufen die Angriffswellen bilden, tragen keinen Lohn davon. Nie wird man ihre Namen, ihre kleinen, winzigen Namen zusammenbringen können.

* Geht uns 'n Dreck an, antwortete einer. Wir haben an anderes zu denken.

* Aber darfst du das laut sagen? meinte ein verdecktes Gesicht, das der Kot wie eine hässliche Hand versteckte. Verdammen, auf den Scheiterhaufen brächten sie dich! Um den Helmbusch haben sie eine Religion gedichtet, die ebenso bös, ebenso dumm und verbrecherisch ist, wie die andere!

Dann richtete sich der Soldat auf, stürzte zusammen und richtete sich abermals auf. Unter dem schmutzigen Kotpanzer trug er eine Wunde und befleckte den Boden; als er aber seinen Satz ausgesprochen hatte, starrte er mit weitgeöffnetem Auge sein ganzes Blut an, das er zur Genesung der Welt geopfert hatte.

~

Die andern richten sich nacheinander auf. Das Gewitter verdichtet sich und senkt sich auf die weiten, zerschundenen und gefolterten Felder. Der Tag ist mit Nacht geschwängert. Und es ist, als ob unaufhörlich feindliche Menschengestalten und Männerbanden auf den Gipfeln der Wolken neu erständen, geschart um die barbarischen Silhouetten der Kreuze, der Adler, der Kirchen, der Herrscherpaläste und der Heerestempel, als ob sie ungeheuerlich anwüchsen und die Sterne verdunkelten, die Sterne, deren Zahl kleiner ist als die der Menschen. Es ist sogar, als ob sich jene Geister überall in allen Erdlöchern rührten, hier und dort zwischen den wirklichen Lebewesen, die über die Ebene zerstreut sind, und wie Samenkörner halb in der Erde stecken.

Meine überlebenden Gefährten sind endlich aufgestanden; sie stehn nur mühsam aufrecht auf dem eingestürzten Boden, eingeschlossen in ihren schmutzigen Kleidern, in ihren engen, seltsamen Kotsärgen, und sie ragen in ungeheuerlicher Einfachheit aus der Erde, die so tief ist wie die Unwissenheit; sie bewegen sich, schreien, starren den Himmel an und strecken Arme und Fäuste gegen ihn, der den Tag und das Unwetter auf die Erde schickt. Sie wehren sich gegen siegreiche Phantome wie Cyranos und Don Quichottes, die sie noch immer sind. Man sieht, wie sich ihre Schatten auf dem grossen, traurigen, glänzenden Boden bewegen und wie sie die fahle, starre Fläche der alten Gräben wieder spiegelt, die alten, bleichen Gräben, in denen einzig die unendliche Leere wohnt, mitten in der Polarwüste mit ihrem dunstigen Horizont. Aber die Augen sind ihnen aufgegangen. Sie verstehn allmählich die grenzenlose Einfachheit der Dinge. Und die Wahrheit weckt in ihnen ein hoffnungsvolles Morgenrot und richtet Kraft und Mut wieder frisch auf.

* Jetzt haben wir genug über die andern gesprochen, befiehlt einer von ihnen. Lassen wir die andern jetzt! ... Wir! wir alle! ...

Die Verständigung der Demokratien, die Verständigung der Massen, das Aufstehn des Weltvolkes, der Glaube an seine brutale Einfachheit. Alles andere, alles andere in der Gegenwart und der Zukunft ist vollständig gleichgültig. Und ein Soldat wagte es, diesen Satz hinzuzufügen, den er dennoch mit fast leiser Stimme begann:

* Wenn dieser Krieg den Fortschritt um eine Stufe weiter gebracht hat, so wird sein Unglück und wird seine Schlächterei wenig zu bedeuten haben.

Und während wir uns aufmachen, die andern einzuholen und den Krieg wieder auf's neue aufzunehmen, spaltet sich der schwarze Wolkenhimmel leise über unsern Häuptern. Zwischen zwei finstren Wolkenmassen dringt ein ruhiges Licht;

dieser Lichtstreifen aber, so dünn er auch ist, so trauerschwer und so armselig, dass er nachdenklich erscheint, verkündet uns, dass es dennoch eine Sonne gibt.

Dezember 1915.